Allardt
Politik vor und hinter den Kulissen

Helmut Allardt

# Politik vor und hinter den Kulissen

## Erfahrungen eines Diplomaten zwischen Ost und West

Econon Verlag
Düsseldorf · Wien

1. Auflage 1979

Gesetzt aus der Times der Linotype GmbH
Satz: UNI-SET GmbH, Düsseldorf
Papier: Papierfabrik Schleipen GmbH, Bad Dürkheim
Druck und Bindearbeiten: Ebner Ulm
Printed in Germany
ISBN 3 430 11027 0

# Inhalt

# Vorwort

Ursprünglich sollte dieser Bericht unter dem Titel »Erlebte Zeitgeschichte« erscheinen, aber ein Kollege, Werner Freiherr von Rheinbaben, ehemals Staatssekretär des Auswärtigen Amtes unter Gustav Stresemann, hatte ihn bereits früher erfunden. Er trifft einfach den Inhalt der Memoiren-Literatur am knappsten und präzisesten, und wenn heutzutage Memoiren viel mehr als früher in den Buchläden zu finden sind, dann deshalb, weil in den zurückliegenden Jahren weit mehr Zeitgeschichte erlebt, erlitten, erduldet worden ist als etwa im vergangenen Jahrhundert.

Sie zu erleben ist eine Sache, sie sich von der Seele zu schreiben eine ganz andere. Die Begebenheiten, aus denen sich Zeitgeschichte zusammensetzt, werden mit den Augen, den Ohren, den Nerven aufgenommen, unterschwellig verarbeitet, nach Wichtigem und Unwichtigem sortiert und je nachdem verdrängt, vergessen oder konserviert. Bezeichnend übrigens, daß das Wort »verdrängen« – mit dem Sinn des Vergessen*wollens* früheren Generationen wohl kaum geläufig – im deutschen Sprachschatz von heute einen bevorzugten Platz einnimmt! Aber damit sind wir ja schon mitten drin im Geschehen.

Was mich in der politischen Landschaft unseres Jahrhunderts am meisten bewegt, sind drei Komplexe:

- Das Verhältnis Deutschland–Sowjetunion, wie es sich nach dem Ersten Weltkrieg – auch unter dem Einfluß des Rapallo-Vertrages – entwickelt hat, und die Frage, ob es nach dem Zweiten Weltkrieg und dem Abschluß des Moskauer Vertrages vom 12. August 1970 keine Chance geben sollte, die latenten Spannungen zu überwinden und zu »normalen«, wenn nicht sogar fruchtbaren, gutnachbarlichen Beziehungen zu gelangen.

- Der nicht zuletzt auch eng damit zusammenhängende Kampf Weimars ums Überleben.
- Schließlich der erfolgreiche Versuch Adolf Hitlers, unter Ausnützung aller Schwächen des demokratisch-parlamentarischen Systems die Macht zu erobern und sie – unter Duldung einer ganzen Nation – mit den infamsten Verbrechen und der Entfesselung eines Weltkrieges zwölf Jahre lang zu behaupten.

Diesen drei Bereichen insonderheit – allerdings mit Ausflügen auf Auslandsposten wie Iran, Dänemark, die Türkei, Indonesien – sind die hiermit vorgelegten Aufzeichnungen entnommen – gewiß keine tiefschürfend historisch-philosophischen Betrachtungen, sondern einfach die Schilderung von Vorgängen durch einen Mann, der dabei war; Vorgängen auch, die die Periode kennzeichnen, deren sie ihre Entstehung verdanken. »Geschichte lernt man am besten durch Geschichten«, hieß es kürzlich in einer Tageszeitung, und ich meine, so ganz und gar unwahr ist das nicht.

Mein eigenes Leben bleibt dabei im Hintergrund, schon deshalb, weil es keine Besonderheiten aufweist – es sei denn, man nähme es als besondere Leistung, zwei Weltkriege, Hungerjahre, kleinere Revolutionen, das »Tausendjährige Reich« und ein Attentat gesund und heil überlebt – und trotzdem das Gefühl für das Lächerliche allen tierischen Ernstes nicht ganz verloren zu haben.

Überlebt – nicht dank besonderer Pfiffigkeit wie weiland der brave Soldat Schwejk, sondern eher, weil an den Haarnadelkurven meines Lebens gütige Schutzengel dafür sorgten, daß die richtige Richtung beibehalten wurde. Dazu zähle ich vor allem auch die Berufswahl, die mehr zufällig als zielbewußt erfolgte und mir einen Wirkungskreis bescherte, der meinen Interessen entsprach und der mich voll ausgefüllt hat. Bedenkt man, daß die Karriere 1945 abgebrochen war und ich mich fünf Jahre später erneut um den Eintritt in den auswärtigen Dienst bewerben mußte, war sie mit 31 Jahren relativ kurz.

Als ich 1972 pensioniert wurde, überreichte man mir als Dank des Vaterlandes eine Urkunde und 200,– DM – in bar –, für jedes Dienstjahr also 6,45 DM... Als materielle Anerkennung etwas dürftig, als symbolische aber viel zuviel – vor allem wenn man in Betracht zieht, daß ja auch in der ersten Hälfte meiner diplomatischen Mitwirkung die Deutschen, den Lemmingen gleich, zielbewußt und mit jedem Jahr erkennbarer dem tiefsten und in jeglicher Hinsicht auch kostspieligsten Abgrund ihrer Geschichte zustrebten.

Für mich waren diese 31 Jahre, und von ihnen vor allem die zweite Hälfte im diplomatischen Dienst der Bundesrepublik, den Nachkriegsjahren des Aufbaues und der Konsolidierung der Demokratie, der wesentlichste Teil eines Lebens, auf den ich mit großer Dankbarkeit zurückblicke.

Was in den folgenden Kapiteln an Überlegungen, Gedanken, Vorkommnissen notiert ist, mag für diejenigen Leser, die, wie ich, dies eher makabre Jahrhundert fast von Beginn an auf seinem Wege zum nächsten begleitet haben, von Interesse sein, weil es eigene Erinnerungen wachruft oder abrundet. Für diejenigen, die bereits jetzt der Wende zum Jahr 2000 mit Spannung entgegensehen, dienen diese Aufzeichnungen vielleicht dazu, es besser zu machen als die abtretende Generation und dem neuen Jahrhundert dank ihrer Hilfe günstigere Chancen einzuräumen, als sie dem alten bis heute beschieden waren.

Im Februar 1979
Helmut Allardt

# 1. Teil

# Weimarer Reminiszenzen

*Die Gaststätte »Wilhelma« und die Konservativen · Studienjahre*

Bei der Erinnerung an erste Kindheitsjahre fällt mir auf, daß ich mich schon sehr frühzeitig gewundert habe: darüber nämlich, daß meine Mutter vielfach nicht als Frau Allardt, sondern als »Frau Oberleutnant« angesprochen wurde. Mein Gefühl fürs Protokollarische war stets wenig ausgeprägt. Jedenfalls konnte ich schon als Kind keinen rechten Sinn darin entdecken, weshalb eine Witwe – mein Vater war Berufsoffizier und bereits 1907, in meinem Geburtsjahr, verstorben – mit dem letzten Titel ihres lange verstorbenen Mannes anstatt mit ihrem Namen angesprochen wurde. Trotz des Metiers, das ich später ergriffen habe und in dem das Protokoll bekanntlich eine wichtige Rolle spielt, ist es mir nie geglückt, vor den mit Titeln gekrönten Häuptern diejenige Ehrfurcht zu empfinden, die so manche von ihnen als Tribut ihrer Mitmenschen erwarten.

Ein Foto aus dem Jahre 1903, das ich auch heute noch besitze, zeigt etwa vierzig Offiziere des Artillerie-Regiments meines Vaters. Als ich es zum ersten Mal mit Bewußtsein betrachtete – ich war wohl acht Jahre alt –, fiel mir vor allem auf, daß die Mehrheit den sorgfältig gepflegten und mit viel Salbe hochgezwirbelten Bart Wilhelms II. trug. Ich empfand diese beflissene Nachahmung einer kaiserlichen Marotte als peinlich und würdelos, zog mir mit diesem Urteil das Mißfallen der Familie zu und nährte fortan in mir eine Abneigung gegen die Monarchie. Der Krieg und das mit ihm einhergehende und ihm folgende Elend, der Anblick der Verkrüppelten und Verwundeten, die Hekatomben der Opfer und schließlich auch der als Flucht vor der Verantwortung empfundene Übertritt des Kaisers nach Holland taten ein übriges, um einen in einer stramm monarchistisch gesinnten Familie aufgewachsenen Jungen zum überzeugten Republikaner zu machen.

Soweit noch letzte Zweifel übriggeblieben waren, wurden sie durch den Besuch der »Wilhelma« – eines bald nach dem Zusammenbruch 1918 nahe dem Zoologischen Garten in Berlin aufgemachten, der »nationalen Wiedergeburt« geweihten, Bierrestaurants – weggefegt. Neben der ständigen Persiflage aller Lebensäußerungen der jungen Republik durch Berufskomiker wurde eine Traditionspflege geboten, die vor allem aus permanenten gymnastischen Exerzitien der Gäste bestand: jedermann hatte sofort aufzustehen, sobald die schneidige Militärkapelle bekannte Parademärsche oder nationale Lieder wie »Heil Dir im Siegerkranz«, dessen gemeinsames Absingen sich gerade nach dem eben verlorenen Kriege ja besonders anbot, und andere Hymnen der Kaiserzeit intonierte. Weh dem, der sitzen blieb! Wen selbst die spontane Empörung seiner Nachbarn nicht veranlassen konnte, aufzuspringen, wurde ergriffen und unter dem donnernden Beifall aller Gäste, dem häufig das Deutschlandlied folgte, hinausgeworfen. Ein glaubwürdiges Gerücht wollte wissen, daß es stets dieselben zwei Männer waren, die sich – vom »Wilhelma«-Boß fest angestellt – den nicht eben dankbaren, aber wohl gut honorierten Job teilten, jeweils abwechselnd den Volkszorn zu provozieren, um sich anschließend ein wenig lädiert, aber guten Mutes, auf der Straße wiederzufinden.

Auch den Ruf »Juden raus« habe ich dort zum ersten Mal gehört. Nicht, daß welche dagewesen oder gar unangenehm aufgefallen wären. Er kam mehr stereotyp und war eine Art Imponiergehabe einer Versammlung, die sich bereits lange vor dem böhmischen Gefreiten des Weltkriegs als »Herrenrasse« betrachtete. Knapp 25 Jahre später traf ich einen Schulkameraden, mit dem ich besagte »Wilhelma« zweimal besucht hatte. Er war gerade noch vor dem Einmarsch der Sowjets aus einem Königsberger Lazarett entkommen und hatte nur die nackte Haut gerettet. Er sagte: »Entsinnst du dich des alten Wahlspruchs: Wer auf die preußische Fahne schwört, hat nichts mehr, was ihm selbst gehört? Wie hat er sich doch bewahrheitet...«

Die in der »Wilhelma« und anderswo gesammelten Erfahrungen summierten sich im Laufe der folgenden Jahre und führten zu der Erkenntnis: Nicht Radikalinskis von rechts oder links, nicht Nationalsozialisten oder Kommunisten waren es, die die neue Demokratie systematisch unterminierten. Es waren die Konservativen, die »Deutschnationalen«, die Restaurations-Fanatiker, die nicht und unbedingt die Monarchie wiederherstellen, sondern zunächst einmal das unbegriffene, zutiefst suspekte Gebäude der parlamentarischen

Demokratie weghaben wollten. Es waren weit mehr negative, nicht zuletzt vom Mißtrauen gegen die Sozialdemokratie beeinflußte als aufbauende Ziele, von denen sie sich leiten ließen. Häufig genug fanden sie ungewollte, aber wirksame Unterstützung bei den Linksintellektuellen und ihrem von Carl von Ossietzky geleiteten Sprachrohr »Weltbühne«. Er und Kurt Tucholsky, um nur die bekanntesten zu nennen, ließen selten eine Gelegenheit aus, die Weimarer Republik anzugreifen und zu diskreditieren.

Des unvergeßlichen Tucholskys stets geistreich-boshafte Glossen, Kommentare, Apercus trafen stets irgendwie ins Schwarze oder jedenfalls einen wunden Punkt, machten die Runde und dank ihres beißenden Witzes oder sarkastischer Tiefgründigkeit auch diejenigen nachdenklich, die bislang von der degenerierten Hinfälligkeit ihres Staates und seiner Parteienherrschaft noch nicht viel bemerkt hatten. Manches von dem, was da gesagt und geschrieben wurde, war nicht so böse gemeint, eher als konstruktive Kritik gedacht oder einfach nur aus Lust an spritziger Formulierung zu Papier gebracht, aber es wirkte zersetzend und war Munition für diejenigen, die den Staat nicht konsolidieren, sondern zerstören wollten.

Anstatt die staatspolitische Substanz zu mehren, aus der die neue Demokratie geformt werden mußte, nachdem die Monarchie ein unrühmliches Ende gefunden, sich selbst entleibt hatte, wurde ein gefährliches Vakuum geschaffen. Die Erbitterung über den Versailler Vertrag, die schleichende Wirtschaftskrise, die immer größer werdende Arbeitslosigkeit taten ein übriges. Machthungrige Abenteurer von rechts, zielbewußte, in Moskau geschulte und von Moskau geführte Berufsrevolutionäre von links standen bereit, um das Vakuum bereitwilligst auszufüllen. Der Machtkampf zwischen beiden Antipoden – häufig genug auch gemeinsam gegen den gemeinsamen Gegner, die Weimarer Republik, geführt – wurde schließlich von den Konservativen zugunsten der Nationalsozialisten entschieden, obwohl der »Trend« der Wähler für die Nationalsozialisten nicht unbedingt günstig war und die parlamentarische Demokratie trotz der Zusammensetzung des Parlaments auch noch andere Mittel erlaubt hätte. Aber es fehlte der Mann, der im vollen Bewußtsein des tödlichen Ernstes der Situation die Führung hätte übernehmen können.

Jedermann, der die anfängliche Begeisterung über den raschen Abbau der Arbeitslosigkeit – von Hitler versprochen und prompt eingelöst –, über das Ende des dilettantischen Hin- und Herregierens der Cliquen- und Intrigenwirtschaft um den noblen, aber dieser schweren Mission nicht gewachsenen Reichspräsidenten und seines Staatssekretärs Meissner oder auch dessen Sohn Oskar von Hindenburg nicht miterlebt hat, tut sich schwer, die zunehmende Enttäuschung der öffentlichen Meinung und ihre Passivität gegenüber der Zerstörung des Rechtsstaates, die ja doch nicht verborgenblieb, nachzuvollziehen. Ich glaube nicht, daß zu irgendeinem Zeitpunkt, wie Sebastian Haffner (»Anmerkungen zu Hitler«) meint, »mehr als 90 Prozent aller Deutschen von allgemeiner Führergläubigkeit« erfaßt gewesen seien. Wer sich der stets überfüllten Predigten der »Bekenntnispfarrer« – Niemöller in der Berlin-Dahlemer Dorfkirche an der Spitze – erinnert, wer noch um das hörbare Aufatmen weiß, das anläßlich von Papens mutiger »Marburger Rede« quer durch Deutschland ging, wer weiß, wie groß die allgemeine Furcht vor einem neuen Kriege war und wie sehr sich mit dem Münchner Abkommen im Herbst 1938 die Hoffnung verband, es möge mit außenpolitischen Abenteuern nun endlich genug sein, wird dieser Meinung beipflichten.

Objektiv über jene Jahre zu urteilen, ist heute wohl kaum möglich, weder über jene Jahre insgesamt oder die damalige Reaktion der Deutschen noch über das Verhalten jener Männer, die ihrem eigenen Zeugnis zufolge das Unheil klar erkannten, die auch als einzige die psychologischen und technischen Mittel besaßen, um es noch zu verhindern und die doch in ihrer großen Mehrheit als oberstes Gebot ihres Handelns den beschworenen Gehorsam respektierten, selbst dann, wenn es sich um die Durchführung als verhängnisvoll erkannter Befehle handelte.

Die Annahme des Ermächtigungsgesetzes durch den Reichstag im März 1933 (gegen die Stimmen der SPD) symbolisierte die Bereitschaft, dem neuen Regime zu vertrauen. Der fast begeisterte »Ja«-Schrei auf Goebbels Frage im Berliner Sportpalast: »Wollt ihr den totalen Krieg?« symbolisierte die Bereitschaft zum totalen Untergang. Diese beiden Ereignisse markieren Anfang und Ende eines Weges, der Deutschland den Platz wieder einräumen sollte, den es durch den verlorenen Krieg und den Vertrag von Versailles eingebüßt hatte und der es in Wirklichkeit in einen Verbrecherstaat verwandelt hat. Erst England und den USA, erst dem um nichts weniger ruchlosen, aber um soviel schlaueren Rivalen Hitlers um die Weltherrschaft, Josef Stalin, gelang es schließlich, diesen Staat zu zertreten.

Etwa 55 Millionen Tote waren die stolze Strecke, auf die Hitler zurückblicken konnte, als er sein Leben endlich selbst auslöschte, und wenn die Sowjets nicht buchstäblich in Berlin vor seiner Tür gestanden wären, hätte sich diese Zahl noch potenziert.

Die Ungeheuerlichkeit dieser Jahre wird spätere Generationen noch eingehend beschäftigen, und sie werden mit mehr Wissen, größerer Dokumentation und – mit weniger Emotionen als die heute Lebenden an die Dinge herangehen können.

Die Schulzeit in Berlin verlief bis zum Abitur im Steglitzer Gymnasium ohne bedeutende Vorkommnisse. Danach ließ ich mich – weniger aus Passion für Jurisprudenz als aus Mangel an hervorstechenden Talenten – an der Friedrich-Humboldt-Universität bei der juristischen Fakultät immatrikulieren und hörte Martin Wolffs »Einführung in die Rechtswissenschaft«. Der kleine, später nach London emigrierte Professor, dem stets eine Kiste hingestellt wurde, damit er über das Katheder hinwegschauen konnte, war – als Jurist wie vor allem auch als Lehrer – einer der Großen an der Berliner Universität, dem die Studenten von damals unendlich viel zu verdanken haben. Er verstand es, das trockene Thema mit soviel Leben und soviel Leidenschaft zu erfüllen, daß das Auditorium maximum stets bis zum letzten Platz gefüllt war und ich so manche hörenswerte Vorlesung, aber niemals die seine, versäumt habe.

»Die Universitäten sind«, so bemerkte einmal einer seiner Kollegen von der Harvard-Universität, »gigantische Speicher des Wissens: man denke doch nur daran, wieviel an Wissen und Können die Studenten auf die Universität mitbringen und wie wenig sie davon wieder mitnehmen, wenn sie sie verlassen...« Diese sarkastisch-amüsante Interpretation des Studentseins mag heute noch mehr als damals auf so manch einen dieser Spezis zutreffen – bei Martin Wolff indessen blieb selbst er still und bescheiden und schaute, daß ihm kein Wort des Professors verlorenging.

Dank der am Schwarzen Brett der Universität angeschlagenen Suche großer Filmgesellschaften wie der »UFA« und »Terra« nach Komparsen für ihre Filme und dank eines am Broterwerb solcher Art gleichermaßen interessierten Freundes mit Motorrad fuhren wir häufig nach Babelsberg oder Marienfelde, chargierten in Filmen wie »Dichter und Bauer« mit Werner Krauss, »Alraune« mit Brigitte Helm, »Königin Luise« mit Mady Christians und kassierten dafür pro Tag 12,50 oder 25,– RM für die Nacht. Das Geld wurde auf unterhaltsame Weise verdient und unterhaltsam wieder vertan, wobei die beim Filmen ergatterten Bräute eine nicht geringe und rühmliche Rolle spielten.

Während des Studiums trat ich dem Corps Normannia des »Kösener SC« bei: Bei aller Skepsis gegenüber den mancherlei Auswüchsen dieser Art kameradschaftlichen Zusammenschlusses bin ich gern Waffenstudent gewesen, habe gefochten und das Band zu den Freunden von damals nie abreißen lassen.

Der sittlich-moralische Wert des Farbentragens und anderer Besonderheiten, dazu bestimmt, den kameradschaftlichen Zusammenhalt und die innere Disziplin zu fördern und zu pflegen, hat sich inzwischen in mehr als anderthalb Jahrhunderten bestätigt und bewährt. Über den Gedanken, das Biertrinken zum Erziehungsprinzip zu erheben, läßt sich freilich nicht einmal mehr streiten, und die Bereitschaft vieler – keineswegs aller – Korporationen, ihre jüdischen oder jüdisch versippten Kameraden auszuschließen oder zum Austritt aufzufordern, weil es im Dritten Reich so verlangt wurde, gehört zu den dunkelsten Kapiteln ihrer Geschichte. Da wäre einmal Gelegenheit gewesen, die ach so häufig beschworene Unverbrüchlichkeit der Freundschaft unter Beweis zu stellen...

Viele, ja die meisten der »schlagenden« Korporationen haben sich, nachdem sie im Dritten Reich schließlich ganz verboten wurden, später wieder aufgetan. Manche von ihnen haben Lehren aus der Vergangenheit gezogen und suchen heute menschlichen Zusammenhalt und gegenseitige Erziehung mehr im geistigen und sportlichen Bereich als in der Ausdauer, das Sitzfleisch nächtens zu strapazieren. Sich von Traditionen zu befreien, die geschichtsträchtig sein mögen, sich aber bei näherer Betrachtung nur noch als überflüssiger und gefährlicher Ballast erweisen, ist nicht immer einfach, aber um so nötiger, je mehr man das christliche oder politisch-vaterländische Ethos bejaht, dem diese Korporationen ihre Entstehung verdanken.

Es gab einmal Zeiten, wo die Studentenschaft einer Universität sich als Gemeinschaft verstand – gleichviel ob frei oder inkorporiert. Das ist lange vorbei, und niemand weiß das besser als die Studenten von heute. Es gab auch einmal die Zeit, wo die Zugehörigkeit zu einer bestimmten Korporation oder zu gewissen Corps eine relativ verläßliche Garantie für die Karriere war. Auch die ist vorbei; wir müssen nur aufpassen, daß sie nicht etwa durch Zugehörigkeit zu bestimmten Parteien ersetzt wird.

Der Student von heute *darf* nicht mehr der Student von gestern sein. Er hat Stellung zu beziehen, und er muß sich seinen Staat, seine Freiheit, die Privilegien, die ihm der Steuerzahler einräumt, ständig neu erkämpfen – ein Blick auf die Hochschulen von heute zeigt weshalb. Unsere Demokratie ist ein sehr empfindliches, ein sehr manipulierbares Gebilde, in dem es dank der ihm immanenten Toleranz möglich ist, daß Minderheiten sich als Mehrheiten aufspielen und der wirklichen Mehrheit ihren Willen aufzwingen – ein Vorgang, der tagtäglich an zahlreichen Universitäten praktiziert wird.

Lenin hat das übrigens trefflich erkannt, als er 1917 bei den ersten Wahlen zum Obersten Sowjet mit 25 Prozent seiner Bolschewiken gegenüber den Sozialrevolutionären in der Minorität blieb, darauf das Parlament auflöste und erklärte, in einer wahren Demokratie komme es nicht auf die arithmetische, sondern auf die politische Majorität an. Und die habe *er*! Die Tatsache, daß dieses Beispiel neuerdings an den Universitäten zunehmend praktiziert wird, ist der beste Hinweis dafür. Die schweigende Mehrheit der Studenten, die um der Ruhe willen sich eher terrorisieren läßt, als an Wahlen teilzunehmen, die eher bereit ist, wichtige Vorlesungen platzen zu lassen, als sich zu formieren und ihre Majorität in die Waagschale zu werfen – sie ist eine enorme Gefahr für die Universitäten und für den Staat.

Sic tacet consentire videtur!

Nach einer mit Freuden und Nachdenklichkeit genossenen Aktivitas war es hohe Zeit geworden, sich konzentriert auf die unvermeidlichen Staatsexamen vorzubereiten. Um den vielerlei Versuchungen der inzwischen legendär gewordenen Berliner »roaring twenties« zu entkommen, beschloß ich, das Studium in Göttingen fortzusetzen. Der Monatswechsel von 120,– RM, den ich von zu Hause erhielt, war nicht gerade üppig, aber es ließ sich damit auskommen.

Im Oberlandesgericht Celle bestand ich 1931 den Referendar und wurde während meiner Ausbildung am Amtsgericht von Hannoversch-Münden Assistent bei dem Staatsrechtslehrer und späteren Bundesverfassungsrichter Gerhard Leibholz, bei dem ich 1935 dann auch über das Thema promovierte: »Das deutsche Volk als Gemeinschaft. Eine kritische Wertung der deutschen Staatslehre.«

Eine die diversen Haupttheorien zusammenfassende Abhandlung darüber bot sich um so mehr an, als den Deutschen damals Tag um Tag eingehämmert wurde, daß eine ganz neue, alle bisherigen Werte in Frage stellende oder umstoßende Epoche angebrochen sei; bei deren Beginn sei natürlich vor allem auch die Lehre vom Wesen des Staates in seiner Bezogenheit auf das deutsche Volk als Gemeinschaft und in seinem Verhältnis zur nationalsozialistischen Bewegung neu zu überdenken.

Die Sache interessierte mich, und so entstand ein kurzes Kompendium der verschiedenen Lehren vom Staate – von Kant über Hegel, Gierke, Jellinek, Leibholz bis zu dem NS-Wegbereiter Karl Schmitt. Weit davon entfernt, profunden wissenschaftlichen Anspruch erheben zu können, mag das Büchlein manch einem Studenten, der sich mal eben kurz über Lehrmeinungen informieren wollte, nützlich gewesen sein.

Dem damals gebotenen Opportunismus folgend, ist auch viel von Blut, Boden und Rasse die Rede. Trotzdem verstimmte es den Rezensenten des »Völkischen Beobachters«, daß die Staatstheorie des »Führers« mit und neben den Staatstheorien jüdischer Gelehrter abgehandelt wurde. Ebensowenig befriedigte ihn meine Anmerkung, daß der Führer nur solange Führer bleiben könne, wie er sich im Einklang mit der von ihm geführten Gemeinschaft befinde.

»Grau, theurer Freund, ist alle Theorie...«, sagt schon Mephisto im »Faust«!

Von der Spruchkammer in Hamburg 1947 als »entlastet« eingestuft, war ich im Grunde eben doch ein »Mitläufer« – einerseits weit entfernt, die vom Regime verordnete Meinung ernst zu nehmen oder gar als die richtige zu akzeptieren, andererseits aber bestrebt, mit der eigenen möglichst wenig unangenehm aufzufallen. Und insofern hatte ich Glück. Aus der SA ausgetreten und in die Partei sehr spät und unter Zwang eingetreten zu sein, hat mir kaum geschadet. Etliche Jahre dieser Periode der deutschen Geschichte im Ausland zu verbringen und die Entwicklung aus der Distanz verfolgen zu können, war ein glücklicher Zufall. Er ermöglichte zu überleben, anderen gelegentlich helfen zu können, die eigene Meinung trotz allem doch nicht zu verraten und dank ähnlich denkender Vorgesetzter vor Handlungen bewahrt zu bleiben, bei denen zwischen dem eigenen Gewissen und dem Willen zum Überleben entschieden werden mußte.

Einer, der mir auf dem Wege, den ich gegangen bin, geholfen hat und dem ich es nicht vergessen habe, ist Gerhard Leibholz, 1932 jüngster ordentlicher Professor für Staatsrecht an der Universität Göttingen. Bald nach meiner Promotion emigrierte er nach England und lehrte bis zum Ende des Dritten Reiches in Oxford, kehrte dann aber wieder auf seinen alten Lehrstuhl zurück und ist als Bundesverfassungsrichter und Staatsrechtler ein Begriff geworden. Der Theologe Dietrich Bonhoeffer, ein Bruder seiner Frau, war maßgeblich am Versuch, Hitler zu beseitigen, beteiligt und mußte mit seinem Leben bezahlen.

In Berlin absolvierte ich meine weiteren Referendar-Stationen, am Landgericht, bei einer Strafkammer in Moabit, beim Anwalt und schließlich am Kammergericht in Schöneberg. Ein halbes Jahr hauptberuflich als Stations-Referendar, aber auch wiederholt nebenberuflich war ich bei dem mit Professor Alsberg oder Dr. Frey bekanntesten Strafverteidiger Berlins, Dr. Alfons Sack, tätig. Bei ihm gab es mancherlei zu lernen und zu beobachten: interessante Prozesse, wie den in seinen Hintergründen nie völlig aufgeklärten Reichstagsbrand-Prozeß, bei dem Sack den DKP-Chef Torgler erfolgreich verteidigte und damit wohl auch auf die Abschußliste des 30. Juni 1934 geriet. Über die Tat und den Prozeß ist viel gerätselt und noch mehr geschrieben worden. Eine volle Aufklärung ist aber nicht gelungen. Die in diesem Bericht mitunter zitierte Geneviève Tabouis alias »Cassandra« steuert in einem ihrer Bücher eine seltsame Geschichte bei:

Der damalige Reichsfinanzminister Graf Schwerin-Krosigk sei an jenem Abend Gast des französischen Botschafters François-Poncet gewesen. Als dieser, durch einen Anruf verständigt, die Tafelrunde informierte, »der Reichstag brennt«, hätte Schwerin-Krosigk die Hände über dem Kopf zusammengeschlagen und gerufen: »Gott sei Dank.«

Dann gab es den »Tscherwonjez-Prozeß«, in dem – mit anderen – der letzte Geheimdienstchef des Zaren, Fürst Orloff, angeklagt war, riesige Mengen sowjetischen Geldes – Tscherwonjez – hergestellt und mit der Absicht in den Verkehr gebracht zu haben, die sowjetische Währung und damit das ganze Regime zu unterminieren. Meiner Erinnerung nach wurden die Angeklagten verurteilt, was das nationalsozialistische Regime veranlaßte, die Anregung aufzugreifen und durch äußerst geschickte Fälschung britischer Pfundnoten ähnliches zu versuchen.

Es gab Wirtschaftsprozesse, Scheidungsaffären aus dem Berliner »Jet-set«, wie man im Nachkriegsjargon sagen würde, und Kapital-Ganovenprozesse, wie den damals spektakulären der beiden Brüder Sass, die sich am Wittenbergplatz mühsam einen Tunnel zu einer Bankfiliale gegraben hatten, aber dann doch erwischt wurden. Zu Gefängnisstrafen verurteilt, wurden sie später von der Gestapo umgebracht. Beide habe ich sehr viel sympathischer in Erinnerung als so manchen jener »Goldfasanen«, wie man damals die SA-Führer nannte, die in mehr oder weniger anrüchigen Frauen- oder Geldaffären Sacks Hilfe wünschten. Auf der anderen Seite gingen bei dem Junggesellen Sack viele bildhübsche Frauen der seidenen oder halbseidenen Society aus und ein, die Sack natürlich für sich behielt, mit denen die armen, hart arbeitenden (aber gut bezahlten) Referendare (Büroschluß kaum je vor 23 Uhr!) jedoch gelegentlich flirten durften. Die ganze Welt, in der man sich nicht langweilt oder in der – nach einem Wort von Karl Kraus – der Skandal immer erst dann anfängt, wenn die Polizei ihm ein Ende gemacht hat, kam zu Besuch, brachte Farbe – »Berlin wie es weint und lacht« – in die gar nicht so trockene Juristerei und half uns Anfängern, uns über nichts mehr zu wundern.

Sack – keinesfalls ein Nationalsozialist, aber doch darauf bedacht, als Anwalt den Anschluß nicht zu verlieren, freundete sich mit Kurt Ernst an. Ernst war von Beruf Kellner im Homo-Lokal »Eldorado« in der Berliner Lutherstraße, entschloß sich aber dann Politiker zu werden und avancierte rasch zum SA-Obergruppenführer von Berlin und zum Freund und Gönner Sacks, der sogar sein Privatflugzeug feierlich auf den Namen »Ernst« taufte. Aber diese Bemühungen rentierten sich nicht: Ernst wurde anläßlich des angeblichen Röhm-Putsches am 30. Juni 1934 ermordet – am gleichen Tage, an dem er seine Hochzeitsreise hatte antreten wollen. Sack entging – durch SS-Freunde vorgewarnt – dem gleichen Schicksal nur durch rasches Untertauchen in den Wäldern des Darß, dem malerischen Naturschutzgebiet an der Ostseeküste. Nachdem der Blutrausch vorüber war und Sack wieder auftauchte, wurde er zeitweise in den berüchtigten Gestapo-Kellern der Prinz-Albrecht-Straße eingesperrt, wo ich ihn einige Male besucht habe. Zehn Jahre später fand er auf der Flucht aus seinem zerbombten Hause am Charlottenburger Lietzensee zusammen mit seiner jungen reizvollen Frau und seiner Sekretärin den Tod durch britische Tiefflieger.

Sein Hausarzt und Intimus hingegen, Dr. Theo Morell, der in der Bayreuther Straße und später am Kurfürstendamm eine vorwiegend jüdische Praxis betrieben hatte, avancierte zum Leibarzt und Vertrauten des Führers. Hitler glaubte, in dem dicken, pfiffig-jovialen, allen Genüssen des Lebens aufgeschlossenen praktischen Arzt eine der großen Koryphäen des Jahrhunderts entdeckt zu haben. Der Streit darum, ob die Adolf Hitler von Morell verpaßten, mitunter von diesem selbst erfundenen Spritzen, Wässerchen und Pülverchen die geistige und körperliche Kapazität des größten Führers aller Zeiten, des »Gröfaz«, wie man damals abgekürzt sagte (und wofür man, falls denunziert, ins Konzentrationslager kam), potenziert oder ob gerade sie ihn zu dem Wrack gemacht haben, zu dem er schließlich verkommen war – die letzten Fotos zeigen es deutlich –, als er seinem Leben ein Ende machte, ist ebenso müßig wie mit Gewißheit wohl nicht mehr zu beantworten.

Bevor Morell in die höheren Sphären der nächsten Umgebung des »Führers« eintauchte – die freilich, was Herkunft, Niveau und geistige Substanz anbelangte, erschreckend niedrig waren –, war ich mitunter Gast in seinem Hause und bei seiner charmanten Frau. Nach meinem Empfinden war er als Mensch zu gutmütig, als Arzt zu anständig und als Politiker viel zu einsichtslos, als daß ihm Heilkuren mit gezielt tödlichem, aber politisch sinnvollem Ausgang zuzutrauen gewesen wären.

Nach dem Assessor-Examen im September 1935 wurde meine schon ein Jahr früher eingereichte Bewerbung beim Auswärtigen Amt akzeptiert. Die Klippe: Ich stand nicht »auf dem Boden der Tatsachen«. Ich war kein Parteigenosse. Die mir bei den verschiedensten Gelegenheiten als Referendar überreichten Formulare zum Aufnahmeantrag hatte ich stets in den Papierkorb befördert. Als der »Deutsche Hochseesportverband Hansa«, dem ich seit vielen Jahren angehörte, eines Tages als »Marinesturm« in die »SA« integriert wurde, wurde ich automatisch SA-Mann, ohne jemals ein diesbezügliches Bedürfnis geäußert zu haben.

Ich erklärte also meinen Austritt – gewiß nicht als »Widerstand« gegen das Regime, sondern auf Grund der völlig unzeitgemäßen Auffassung, daß niemand gegen seinen Willen in einen Verein oder eine Organisation »eingetreten werden« könne. Der Vorfall hatte zwar zur Folge, daß der für unsere Straße in Berlin zuständige Blockleiter der NSDAP einen Bericht über meine Familie und mich anzufertigen hatte und sich alle dazu nötigen Informationen bei uns besorgte, aber ich legte dem kein Gewicht bei. Daß die Angelegenheit nicht überall vergessen war, erwies sich 34 Jahre später in Moskau: verschiedene meiner ausländischen Kollegen wurden in einer vermutlich von der DDR-Botschaft produzierten Postwurfsendung davon informiert, ich sei alter Parteigenosse und Mitglied der SA gewesen.

Nicolai Samjatin, damals noch Pressechef des Außenministeriums, bei dem ich mich alsbald über diesen Schuß aus dem Hinterhalt beschwerte, hörte sich die Story in aller Ruhe an und protestierte auch nicht etwa, als ich die Botschaft der DDR als mutmaßlichen Täter nannte. Als ich ihn schließlich fragte, was das Ministerium nun in dieser Angelegenheit zu tun gedenke, erwiderte er: »Verlassen Sie sich darauf, so etwas wird ganz gewiß nicht noch einmal passieren.« Die Bestimmtheit, mit der er diese Erklärung abgab und auf alle Umwege verzichtete, zeigte deutlich – und sollte es wohl auch –, daß er über den Vorfall und auch dessen Hintermänner bereits unterrichtet war.

Ich insistierte also nicht weiter und sagte lediglich, ich verließe mich auf diese Zusage. Sie ist auch eingehalten worden.

Anonyme Postwurfsendungen in diplomatischen Briefkästen waren – schon angesichts der ständigen Überwachung der ausländischen Missionen durch Milizionäre – zwar eine Rarität, aber der oben geschilderte Fall war während meiner Moskauer Amtstätigkeit nicht die einzige Ausnahme von der Regel: Im Sommer 1970 fanden die meisten Kollegen in ihrer Post die nachstehende Traueranzeige.

Sie spricht – auch heute noch – für sich selbst:

| We sadly announce<br>The Death<br>In the prime of her life<br>of Our Dearly Beloved<br>EGYPTIAN INDEPENDENCE<br><br>Born 1956<br>(Evacuation of British Forces)<br>Succumbed 1970<br>(Establishment of Russian military bases)<br><br>*May Allah have*<br>*pity on her* | Please refrain from<br>visits of condelence<br><br><br><br><br><br><br><br><br><br><br><br>Flowers will be appreciated |
|---|---|

Auf der Rückseite steht:

All messages should now be adressed:
c/o His Excellency
The Lord Vinogradov
Soviet High Commissioner for Egypt
UdSSR Embassy
Cairo

# Dienstantritt im Auswärtigen Amt

*Aufnahmeformalitäten · Erste Aufgaben · Begegnung mit dem »BDM« · Schulungslager in Bad Tölz*

Anfang 1936, als ich gemeinsam mit dem stellvertretenden Personalchef des Auswärtigen Amtes, Dr. Ludwig Mayr, wegen seines SA-Ranges »Standartenmayr« genannt, die zur Aufnahme ins Auswärtige Amt erforderlichen Personalbögen ausfüllte, machte ihm mein politischer Status einiges Kopfzerbrechen. »Also, ich nehme doch an, daß Sie, auch ohne Pg. oder SA-Mann zu sein, auf dem Boden der Tatsachen stehen«, meinte er schließlich. »Ganz sicher haben Sie recht«, sagte ich. »Also – worin manifestiert sich das?« fragte er. »Sie haben doch sicherlich gute Referenzen, ich meine zum Beispiel Spezis bei der Partei – oder?« »Tja«, sagte ich, »der 1930 ermordete Horst Wessel war mein Corpsbruder«. »Sehr gut«, sagte er und schrieb in den Fragebogen: »Enger Freund Horst Wessels.« »So kann man das eigentlich nicht sagen«, warf ich ein. »Ich habe ihn nämlich erst kurz vor seiner Ermordung kennengelernt.« »Also«, unterbrach mich »Standartenmayr«, »wenn Sie es darauf anlegen, sich bei jeder unpassenden Gelegenheit selber ein Bein zu stellen, werden Sie es nie zu etwas bringen. Es geht hier, wenn Sie das bitte endlich begreifen wollen, nicht um die Intensität Ihrer Beziehungen zu Horst Wessel, sondern um die Überwindung gewisser ideologischer Schwierigkeiten. Sie waren ein enger Freund von ihm und damit basta! Manch einer in diesem Hause wäre schon verdammt froh, könnte er angeben, daß er wenigstens an seiner Beerdigung teilgenommen hätte.«

Ich kam nicht mehr dazu, ihm zu berichten, daß ich teilgenommen und daß ich mit dem zum Idol der »Bewegung« hochstilisierten Horst Wessel politisiert und diskutiert hatte, ohne daß wir je zu einer

Annäherung der Standpunkte gelangt wären. Da Wessel aber stets sachlich blieb und fair kämpfte, auch wenn der eine oder andere Diskussionsteilnehmer seinen missionarischen Eifer und seinen keinem Einwand zugänglichen Fanatismus ironisierte, habe ich ihn als anständigen Kerl und Kameraden im Gedächtnis behalten. Nach seiner – in ihren Hintergründen – nie ganz aufgeklärten Ermordung hatte ich ihn auch auf seinem letzten Wege zum Friedhof am Prenzlauer Berg in Berlin-Wedding begleitet.

Im Anschluß an die Trauerfeier brachte die Polizei uns, Wessels Berliner und Wiener Corpsbrüder, zusammen mit Joseph Goebbels und Hermann Göring aus einer Nebenpforte des Friedhofs in ein Taxi. Dem Sarge zum Friedhof gefolgt waren wir zwar in einem von Pferden gezogenen Landauer. Inzwischen hatten sich aber vor dem abgeriegelten Haupteingang mit Zaunlatten, Fahrradketten, Totschlägern und anderen für die politische Diskussion unentbehrlichen Utensilien ausgerüstete Schlägertrupps der Kommunisten versammelt und warteten auf die Trauergäste...

Dies und noch manches andere hätte ich dem netten, um meine Karriere besorgten »Standartenmayr« noch erzählen können, aber er war froh, das diffizile Thema abschließen zu können.

Am 1. April 1936 meldete ich mich also zum Dienstantritt im Auswärtigen Amt, jener Behörde, die gerade kurz zuvor – aber das wußte ich damals noch nicht – Adolf Hitler seinem Außenminister gegenüber anerkennend als »einen wahren Schuttplatz der Intelligenz« bezeichnet hatte.

Der Chef der Handelspolitischen Abteilung, Karl Ritter, war ein lebenslustiger Junggeselle, ein harter Arbeiter und ein Handelspolitiker von Format. Ihm und seinen beiden Stellvertretern, Karl Clodius und Karl Schnurre, hatte es das Auswärtige Amt vor allem zu verdanken, wenn Reichswirtschaftsministerium und Industrie die schon Anfang der zwanziger Jahre durch die Schülersche Reform festgelegte beziehungsweise neu bestätigte Federführung des Auswärtigen Amtes für die Handelspolitik akzeptierten und sich daran trotz aller Querschüsse und Intrigen der Parteicliquen des Dritten Reiches nichts änderte.

Nach einer recht ausgiebigen Unterhaltung beschloß Ritter, mich als mutmaßlichen handelspolitischen Gewinn in seine Abteilung zu vereinnahmen und teilte mich dem Devisenreferat zu. Dessen Leiter, der Legationsrat Emil Leo Baer, war der hochintelligente älteste Sohn eines Schwarzwaldbauern und nach Hjalmar Schacht das »As«

unserer komplizierten Devisengesetzgebung. Er sah so jüdisch aus, daß ihm niemand die urarische Abstammung glauben wollte. Als er zum Generalkonsul in Chicago ernannt wurde und Hitler die Ernennungsurkunde unterzeichnen sollte, schickte sein Büro das Dokument an das Auswärtige Amt mit der Bemerkung zurück, der Name des Neuernannten sei so auffallend, daß erneut um Bestätigung der lückenlosen Nachprüfung seiner arischen Abstammung ersucht werde. Als dies geschehen, die Urkunde unterzeichnet war und Emil Leo Baer zwecks Abmeldung einen Termin beim »Führer« erbitten wollte, sagte der Personalchef: »Mensch, hauen Sie bloß endlich ab! Wenn der Führer nochmals Ihren Namen hört und ihn dann mit Ihrer Physiognomie vergleicht, ist der Teufel los.« Am 1. April 1936 trat ich also meinen Dienst bei ihm an. Kurze Begrüßung und dann die Frage: »Haben Sie irgendwas Brauchbares gelernt?« »Vermutlich nicht«, kam er mir zuvor, »sonst würde man Sie ja nicht gerade in mein Referat stecken. Also versuchen wir es mal mit Ihnen! Hier haben Sie eine Einladung! Ich müßte eigentlich jetzt sofort zur Eröffnungsfeier der Firma Marx & Co. Nachdem unser wichtigster Korkenlieferant, Spanien, wegen des Bürgerkrieges seine Lieferungen eingestellt und unsere Getränkeindustrie in die größten Schwierigkeiten gestürzt hat, haben die Leute so eine Art Plastikkorken erfunden und verkaufen ihn bereits mit großem Erfolg – sogar an Sekt-Produzenten. Also gehen Sie da mal hin und versuchen Sie, die hohe Behörde, der Sie nunmehr angehören, halbwegs so würdig zu vertreten, wie ich das getan hätte.«

Der von »Marx«-Korken befreite Sekt floß in Strömen, und es war recht gemütlich, bis Herr Marx seine Gäste begrüßt, die Geschichte der Erfindung des Korkens erläutert hatte und sich dann mit den Worten an mich wandte: »Ich darf nunmehr dem Herrn Vertreter des Auswärtigen Amtes das Wort erteilen!« Ich habe keine Ahnung mehr, was ich da aus dem Stegreif an »warmen Worten des Dankes für eine großartige Erfindung zur rechten Zeit« produziert habe und möchte von meinen damaligen Zuhörern Gleiches erhoffen.

Nach diesem eher fragwürdigen Akt diplomatischer Bewährung folgten zwei Jahre intensiv-faszinierender Lehre, aus der mir neben vielen anderen ein psychologisches Erlebnis am Rande des Geschehens in Erinnerung geblieben ist:

Im August 1936 ging ich – jung verheiratet – in die Schweiz, dem Heimatland meiner Frau, auf Urlaub. Kaum in Luzern angekommen, befahl mir ein Telegramm vom Auswärtigen Amt, nach Stuttgart zurückzukehren, um an der Jahrestagung der »Auslandsorganisation der NSDAP« als Gast des Gauleiters Ernst W. Bohle teilzunehmen. Wutentbrannt fuhr ich nach Stuttgart. Als ich, schwer mit Gepäck beladen, versuchte, den Bahnhofsplatz zu überqueren, erwies sich dies als unmöglich. Er war gesperrt. Etwa 2000 BDM-Mädchen hatten ihn besetzt und sangen Lieder der »Bewegung«. Dazwischen riefen sie im Stakkato einen Namen, den ich nicht verstand, und starrten gebannt auf das gegenüber dem Platz gelegene Hotel »Zeppelin«. Nach einer ganzen Weile öffnete sich hoch oben im dritten Stockwerk eine Balkontür, und der Reichsjugendführer der NSDAP, Baldur von Schirach, betrat die Szene.

Im gleichen Augenblick entwickelte sich vor mir eine Metamorphose, die mir ebenso unerklärlich war, wie sie mich tief erschreckte. Die unzähligen fröhlichen, trotz ihrer läppisch-unfemininen Uniformierung jede in ihrer Art erfreulich anzuschauenden jungen Mädchen verschmolzen plötzlich zu einer Einheit, einer amorphen Masse hysterisch schreiender Weiblichkeit. Sie alle schienen einem Rausch verfallen, der ihr Bewußtsein aufgehoben, ihre weibliche Würde zerstört, ihre Individualität ausgelöscht hatte. Was blieb, war die geballte Masse Mensch mit einer Fratze.

Was war geschehen? Ein junger adretter Mann war erschienen, allen per Renommee gut bekannt, nicht sonderlich ansehnlich, aber nett, glücklich verheiratet, ein passabler Redner. Ein Mann also wie ungezählte andere auch. Ihn aber, Baldur von Schirach, hatte der »Führer« auserwählt, die deutsche Jugend zu organisieren, sie seiner »Bewegung« zu erschließen und sie ihm gefügig zu machen.

Ein Grund, bei seinem Anblick in Ekstase, in eine Art Kollektivorgasmus zu verfallen?

Das Rätsel, das mir damals blieb, scheint heute lösbarer. Wir wissen, sehen, hören – vor allem hören –, was sich tut, wenn eine große Rock-and-Roll-Veranstaltung stattfindet. Das »Idol« erscheint auf der Bühne, wirft sich in Pose, hebt an zu singen oder produziert mit seiner Band musikähnliche Geräusche. Im gleichen Augenblick transformieren sich eben noch vergnügt miteinander plaudernde junge Mädels in heulende Derwische – immer vorausgesetzt, ihre Zahl ist groß genug, um die einzelne in der Anonymität der Masse aufgehen zu lassen. Dann aber, nur dann kann es passieren, daß sie aufhören, sich selbst noch zu kennen, im eigentlichen Sinn des Wortes »außer sich« sind.

Gut – da ist dann ein Fluidum besonderer Art, das wie eh und je den erfolgreichen Darsteller auf der Bühne mit »seinem« Publikum verbindet. Aber was für ein Fluidum verband – über gut hundert Meter Luftlinie hinweg – den Mann noch eben auf dem Balkon mit den Mädchen unten auf dem Platz? Sie waren ja nicht einmal freiwillig erschienen, sondern – allein schon die Uniform bewies es – dort hin kommandiert! Sein Aussehen? Gewiß nicht. Sein Charisma? Hatte er welches? War es über so weite Distanz überhaupt erkennbar? Sein Beruf – Jugendführer? Doch kaum. Was blieb also? Die von oben her verordnete, aber begeistert freiwillig hingenommene Unterwerfung unter einen Mann, der ein Symbol verkörperte – das Symbol einer Macht, nach der man sich unterschwellig gesehnt hatte und von der man nun selbst ein Teil geworden war? Oder war das ganze Phänomen nichts anderes als der sattsam bekannte Herdentrieb? Einer mimt Ekstase und alle folgen ihm?

Den Mann auf dem Balkon jedenfalls schien diese zu seinen höheren Ehren »abgezogene« Show nicht sonderlich zu beeindrucken. Er winkte einige Male wohlwollend und recht »von oben herab« und verschwand wieder in seinem Zimmer. Der Spuk war vorbei, Kommandorufe ertönten, die Mädchen formierten sich diszipliniert zum Abmarsch, der Bahnhofsplatz leerte sich. Ich stand immer noch da, geekelt, bewegt und mir bewußt, zum ersten Mal etwas von dem gespenstischen Phänomen des Dritten Reiches und der von seiner Führung systematisch betriebenen, jedem rationalen Denken entzogenen Massenpsychose miterlebt zu haben.

Dreißig Jahre, nachdem das Dritte Reich zu bestehen aufgehört hatte, wurde der Film »Adolf Hitler – eine Karriere« gezeigt. Abgesehen von der, wie ich meine, gänzlich verunglückten Wahl dieses Titels – wer interessiert sich heute noch für die »Karriere« des Herrn Hitler? – schien mir diese Zusammenstellung von Dokumentaraufnahmen zunächst gut geeignet, der Jugend einen unter die Haut gehenden Abriß jener Zeit zu vermitteln. Aber angesichts der viel zu häufigen, mit ekstatischem Jubel um den Führer vorgeführten Massenaufmärsche entsann ich mich auch jener spontan begeisterten Zustimmung, die Joseph Goebbels im Berliner Sportpalast entgegenbrandete, als er – 1944 – die gespenstische Schicksalsfrage stellte: »Wollt ihr den totalen Krieg?« Nun gut – die Menschen, die die Halle füllten, waren ebenfalls kommandiert und wußten, was sie dem Propagandaminister des Dritten Reichs auf diese Frage schuldig waren. Schon allein die Tatsache, daß Tausende bereit waren, unisono ein begeistertes, jauchzendes »Ja« – also eine infernalische Lüge – zu brüllen, ist zutiefst erschreckend. Es paßt so gar nicht in die Absicht der Jugend, die nichts davon selbst erlebt hat, die aber heute wieder mehr und mehr resignierend nach Symbolen für ein Leben sucht, wie sie es sich wünscht, und dabei nur auf Konsumwaren trifft. Dieser Jugend die ganzen Schrecken einer Zeit zu zeigen, in der ihr Männer wie Hitler, Goebbels, Schirach als Sinnbilder lebenswerten Daseins vorgeführt werden, halte ich für unverantwortlich.

Und natürlich standen wieder jene Bilder vom Stuttgarter Bahnhofsplatz vor mir. Jemand, der all das – so scheint es mir – nicht mit wachen Augen und Sinnen miterlebt hat, wird in diesem Film von Hitlers Karriere mehr positive als negative Aspekte entdecken und dabei die schauerliche Verwandlung des deutschen Volkes in eine willfährige Masse Mensch übersehen.

Der Eindruck dieses Stuttgarter Spektakulums im Juli 1936 ist jedenfalls stets in mir haften geblieben und hat viel dazu beigetragen, meine Einstellung gegenüber Diktaturen im allgemeinen und dem Nationalsozialismus im besonderen zu formen.

Bei dem Aufenthalt in anderen Diktaturen mit ähnlichem Ritual schien es mir, daß – abgesehen vielleicht von der sehr gemäßigten »guided democracy« Sukarnos in Indonesien – nirgendwo eine so nachhaltige Auflösung der Individualität zu beobachten war wie im Deutschland Hitlers.

Mein erster Amtschef, Emil Leo Baer, ging also nach Chicago und vererbte mich dem neuen Abteilungschef Dr. Emil Wiehl, dem Nachfolger des zum Botschafter in Brasilien ernannten Karl Ritter.

Als persönlicher Referent des Abteilungsleiters war das Leben nicht zum Totlachen, zumal Hitlers Vertrauter für auswärtige Fragen, Joachim von Ribbentrop, inzwischen als Nachfolger Freiherrn von Neuraths das Auswärtige Amt übernommen hatte. Er hatte die Angewohnheit, sehr spät ins Büro zu kommen, machte dann aber die Nacht zum Tage.

Aufzeichnungen über Aufzeichnungen mußten formuliert, Vorträge, Reden und Erlasse entworfen, Berichte in Umlauf gesetzt, Termine vereinbart und zwischendurch zwecks Vorbereitung auf die diplomatische Abschlußprüfung Lehrgänge besucht und verarbeitet werden. Der tägliche Kontakt mit dem Ausland, den erfahrenen älteren Kollegen, die sich mir gegenüber allein deshalb, weil eine Vorsprache beim Boß von einer Terminvereinbarung mit mir abhing, zumeist von ihrer umgänglichsten Seite zeigten, Unterredungen mit ausländischen Missionschefs, Beobachtung laufender Wirtschaftsverhandlungen, telefonischer Dialog mit London, Paris, Madrid etc. – das war, wie mir schien, die ganze Welt in der Nußschale, die täglich auf meinem Schreibtisch munter umherschaukelte.

Ein Partei-Schulungslehrgang in Bad Tölz wurde eingeschoben, der für alle Anwärter für den öffentlichen Dienst Pflicht war, bevor sie zum Beamten auf Lebenszeit ernannt wurden. Der Gedanke war gar nicht so schlecht. Aus allen deutschen Gauen kamen hier junge Leute zusammen, die in den regionalen Verwaltungen ihrer Heimat im sogenannten »gehobenen« oder »höheren Dienst« bereits eine Zeitlang tätig waren und nun einen Monat lang auf Kameraden trafen, die sie nie vorher gesehen hatten, vermutlich kaum je wieder sehen würden und mit denen mitunter sogar die Verständigung im jeweils heimischen Dialekt schwierig war. Der angehende Finanzinspektor aus Insterburg traf dort den Polizeisekretär aus Wasserburg am Inn, der Attaché aus Berlin den Kollegen vom Gewerbeamt in Bautzen, und alle mußten – in Zimmern zu je sechs untergebracht – miteinander auskommen. Mir gefiel das Ganze schon deshalb, weil hier die schon rein sprachlich wie auch psychologisch ungeschickte Unterscheidung zwischen »gehobenen« und »höheren« Bediensteten endlich einmal wegfiel. So manch ein Mitglied eines Berliner Reichsministeriums, der es den Kameraden »aus der Provinz« einmal zeigen wollte und wie gewohnt nun auch in Tölz »mit Schirm, Charme und Melone« auftrat, hat bei diesen Lehrgängen manches gezwungenermaßen hinzugelernt, was ihm später im Leben von Nutzen war. Ob er nun »gehoben« oder »höher« war – in Tölz wurde er nach seiner Kameradschaftlichkeit und seiner sportlichen Leistung bewertet. Wohlgemerkt – dies nur unter den Kollegen und Stubengenossen!

Der Nationalsozialismus wäre nicht gewesen, was er war – hätte er nicht mit diesen Lehrgängen in erster Linie den Zweck politischer Schnüffelei verfolgt. Die angehenden Beamten hatten politisch einwandfrei zu sein und die Auffassungen der NSDAP zu vertreten. Um das im Einzelfall festzustellen, gab es – aber das lernte ich erst später – auf jeder Stube einen Spitzel, der die Aufgabe hatte, in gezielten politischen Diskussionen, zum Beispiel über die Judenfrage, über parlamentarische Demokratie und das Führerprinzip, über politische Jugenderziehung, das Problem der Beseitigung »unwerten Lebens« etc., die wirkliche Meinung der Kameraden zu erforschen und sie in eine Gesamtbewertung über die politische Zuverlässigkeit des einzelnen festzuhalten.

Damit war es gelungen, den guten ideellen Sinn des Unternehmens – nämlich den gesamten öffentlichen Dienst des Reiches in extenso für einige Wochen unter einem Dach zu vereinigen und den Teilnehmern, etwa dem Attaché des Auswärtigen Amtes und dem Steuersekretär in Traunstein, das sie Verbindende ihrer Berufswahl vor Augen zu führen – ins gerade Gegenteil zu verkehren.

Aus Anlaß dieses Kursus wurden wir auch einmal zum Tee bei Adolf Hitler eingeladen; ein schwerer Unfall des einen unserer zwei Autobusse auf der Alpenstraße nach Berchtesgaden verzögerte unsere Anfahrt so sehr, daß wir den Obersalzberg erst nach der Abreise Hitlers nach Berlin erreichten. Der traumhafte Blick von seinem Hause auf die im Abendlicht verdämmernden Berge und Täler mit Salzburg im Hintergrunde ist mir tief in Erinnerung geblieben.

# Teheran – erster Auslandsposten

*Die iranische Kronprinzenhochzeit · Das Geschenk des »Führers« · Gesandtenwechsel · Heimkehr ins Reich · Dienstreise nach Bern · Zwischenspiel in Kopenhagen*

Nach bestandener diplomatisch-konsularischer Abschlußprüfung im Auswärtigen Amt wurde ich – im Juni 1938 – an die Gesandtschaft Teheran versetzt. Ich bin besonders gern in diesem geschichtsträchtigen Lande gewesen. Die Einsamkeit der Steppen und Wüsten, die überwältigende Schönheit islamischer Sakralbauten in Isfahan, in Schiras, Mesched, Ghom und anderen fast unbeschädigt in unsere Zeit hinübergeretteten Städte, die Zeugen der mehrtausendjährigen Vergangenheit des Landes, mit Persepolis an der Spitze, die der Erde entrissenen Schätze vergangener Kulturen – das Land bot eine solche Fülle verschwenderischer Schönheit, daß ich es stets bedauert habe, es nach kurzer Zeit wieder verlassen zu müssen.

In Berlin sowohl wie in Teheran hatte man die gewisse Distanz, die ich zum Regime der NSDAP hielt, aufmerksam beobachtet. Im April 1939 wandte sich jedenfalls der »Stellvertreter des Führers« an das Auswärtige Amt und teilte mit, der Attaché Dr. H. Allardt hätte an einem Lehrgang des Reichslagers der NSDAP in Bad Tölz teilgenommen und keinen günstigen Eindruck hinterlassen. »Insbesondere ist es aufgefallen, daß er bisher weder der Partei noch einer Gliederung der NSDAP als Mitglied beigetreten ist. Betätigungen in einem angeschlossenen Verband sind ebenfalls nicht bekannt. Sein geringes Interesse für die nationalsozialistische Bewegung wird mir auch von dem politischen Hoheitsträger bestätigt. Ich stimme seiner Ernennung zum Legationssekretär nur unter der Voraussetzung zu, daß Allardt in Zukunft sich enger an die nationalsozialistische Bewegung anschließt. Falls der Genannte auch künftig keine lebendige

Anteilnahme am Geschehen der heutigen Zeit nimmt, werde ich mich nicht in der Lage sehen, einer weiteren Beförderung meine Zustimmung zu geben.«

Das Auswärtige Amt schickte eine Abschrift jenes Schreibens an meinen Gesandten in Teheran, Dr. Smend, und forderte mich höflich auf, mir – ut aliquid fieri videatur – hinsichtlich der »Arbeit der Partei eine bessere Note zu verdienen«. Als ich bald darauf Teheran verlassen mußte, da der Nachfolger Smends nur Parteigenossen in der Gesandtschaft zu sehen wünschte und die schriftlichen Drohungen des Büros Rudolf Heß meinen Berufsweg zerstören konnten, stellte ich, bevor ich Teheran im Frühjahr 1940 verließ, einen Antrag auf Aufnahme in die NSDAP. Der Entschluß wurmt mich noch heute. Wenn es nach der Machtübernahme Hitlers noch begreiflich war, sie mit mancherlei Hoffnungen zu verknüpfen – 1940 war es schlechterdings unverzeihlich, den eigenen Namen an ein Regime zu ketten, das mit immer größerer Geschwindigkeit dem Abgrund zusteuerte.

Eine kurze Zeit nur durfte man sich in Persien noch des Friedens freuen. Ernste politische Probleme zwischen dem Iran und Deutschland gab es nicht. Die Beziehungen konnten kaum besser sein, und der Handel florierte. Der Gesandte, Dr. Hans Smend, war trotz der zunehmenden Spannungen zwischen dem Reich und seinen Nachbarn gut Freund mit deren in Teheran akkreditierten Diplomaten. Nach getaner Arbeit kamen sie oft genug herauf nach Schimran, in unsere schöne Residenz, wir versammelten uns dann in- und außerhalb des Schwimmbades und diskutierten natürlich die Neuigkeiten des Tages.

Archäologen, Unternehmer, Künstler besuchten Persien; eines Tages kam auch auf einer ihrer Weltflüge Elly Beinhorn-Rosemeyer. Sie kam mit ihrer schnittigen »Messerschmitt-Taifun« eben mal aus Indien und wollte vor dem Heimflug noch einige Ruhetage in Teheran einlegen. Als sie auf der Graspiste ausrollte, das Kabinendach hochklappte und jung, hübsch und voller Tatendurst aus der Maschine kletterte, tat es mir leid, ihr nichts Besseres als einen Blumenstrauß mitgebracht zu haben, der in der trockenen Hitze – ca. 45 Grad im Schatten – schon halb vergammelt war. Wer die Leistung, das technische Können, die Bereitschaft zum kaum kalkulierbaren Risiko und die Abenteuerlust dieser Fliegerinnen der zwanziger und dreißiger Jahre ermessen will, sollte sich ihre Flugapparate einmal in den Museen ansehen.

Ein anderes Ereignis war weniger amüsant, wirft aber ein Licht auf die Sorgen, von denen die Herrscher dieser Welt zuweilen gequält werden. In Paris fand – im Herbst des Jahres 1938 – eine Katzenausstellung statt. Eine persische Katze erhielt den ersten Preis, und das noch heute existierende Pariser satirische Wochenblatt »L'os à moelle« (Das Knochenmark) würdigte diesen Triumph unter der Überschrift: »Le chat persan est le Schah de tous les chats.«

Schah Reza, ehemals Unteroffizier der persischen Armee, Kriegsminister und schließlich Gründer der neuen Dynastie der Pahlevi und Retter seines Landes aus dem totalen Chaos, das das Herrschergeschlecht der Kadscharen, der Weltkrieg und die in Persien rivalisierenden Mächte Rußland und Großbritannien angerichtet und hinterlassen hatten, Schah Reza vermeinte in diesem freundlich und witzig gemeinten Wortspiel eine Verhöhnung seiner Dynastie zu sehen. Er brach daraufhin die diplomatischen Beziehungen zu Frankreich ab, berief seinen Botschafter Sepahbodi aus Paris zurück, und wir in Teheran verloren auf diese Weise in dem französischen Botschafter Boddard einen erfahrenen und besonders sympathischen Kollegen.

Die Hochzeit des damaligen Kronprinzen und späteren Schahs Mohamed Reza Pahlevi mit Fawzia, der Schwester König Faruks von Ägypten, im April 1939 war das letzte große gesellschaftliche Ereignis einer dem Untergang geweihten Welt. Sie dauerte fast drei Wochen, in denen die damals noch recht primitive Hauptstadt eine Unzahl hoher und höchster Persönlichkeiten zu beherbergen hatte und stand, um das betrübliche Ende vorwegzunehmen, unter einem schlechten Stern. Es war keine Liebesheirat – obschon die 16jährige Fawzia eines der bezauberndsten jungen Mädchen war, die ich je gesehen habe –, sondern der Versuch des Schahs, durch Einheirat in die alte international anerkannte Dynastie der Ägypter diejenige dynastische Reputation zu erlangen, die der von ihm gegründeten jungen Dynastie rein bäurischer Provenienz und ihm selbst bisher vorenthalten wurde. Die ägyptischen Hochzeitsgäste wußten das natürlich und kehrten während ihres Aufenthaltes in Persien eine Arroganz heraus, die Schah Reza zunehmend erbitterte. Pannen, wie sie bei einer Veranstaltung dieses Ausmaßes kaum vermeidlich sind, erhöhten die Spannung und führten schließlich dazu, daß die Mutter König Faruks, Nazli, die sich mit ihren zahlreichen hübschen und lebenslustigen Hofdamen nach der Hochzeit in ein dem Schah gehöriges Hotel in Babolsah am Kaspischen Meer zurückgezogen hatten, von einem Ausweisungsbefehl erreicht wurden.

Als meine Frau und ich wenige Tage später uns dort einquartierten, waren sie bereits Hals über Kopf abgereist, während der Schweizer Hoteldirektor in ihren Appartements nach dem Schmuck suchte, den sie angeblich in der Eile des Einpackens und der Empörung über die ihnen zuteil gewordene Behandlung umhergeworfen, zertreten, vergessen und schließlich reklamiert hatten.

Indessen wurden in Teheran hastig Triumphbögen und Straßenschmuck in den persisch-ägyptischen Farben und Emblemen demontiert und präsentierten sich in großen Müllablagen am Straßenrand, als die regelrecht hinausgeworfene Königinmutter Ägyptens die Hauptstadt auf dem Wege zum Flughafen noch einmal durchquerte. Die persische Kronprinzessin blieb in keiner beneidenswerten Lage in einem Lande, das ihr ebenso fremd war und fremd blieb wie die Familie, in die sie eingeheiratet worden war. Die Deutsche Lufthansa wie der amtliche deutsche Flugkurier übernahmen bis auf weiteres den diskreten Transport ihrer Korrespondenz mit den Angehörigen daheim.

In Europa hatte man damals ganz andere Sorgen. Unter Bruch des eben erst feierlich abgeschlossenen Münchner Abkommens hatte Hitler mit der Tschechoslowakei den Protektoratsvertrag erzwungen und das Land besetzt. Trotz der immer dunkler werdenden Sturmwolken über Europa hatten alle Staatsoberhäupter hochrangige Vertreter zur Kronprinzenhochzeit in den Iran entsandt – der König von England seinen Vetter, den Earl of Athlone, der König von Italien den Duca di Spoleto – während seines Aufenthalts ein besonders gerngesehener und amüsanter Gast in unserem Hause –, Frankreichs Staatspräsident den General Weygand und »der Führer und Reichskanzler« Adolf Hitler den deutschen Botschafter in der Sowjetunion, Graf von der Schulenburg.

Deutschland hätte keinen geeigneteren finden können, denn Graf Schulenburg hatte fast neun Jahre das Deutsche Reich im Iran vertreten, die Gründung der neuen Dynastie der Pahlevi durch den Vater des Kronprinzen miterlebt und galt als der einzige Ausländer, dem der überaus mißtrauische Schah Freundschaft und Vertrauen geschenkt habe. Daß dieser Ruf nicht unbegründet war, zeigte sich bei seiner Vorstellung. Das Protokoll sah für jeden Hochzeitsgast jeweils 25 Minuten vor, in denen er Seiner Majestät präsentiert wurde und im Beisein des Außenministers Alaam die Grüße und Wünsche seines Landesherrn übermitteln konnte. Das klappte reibungslos, bis Graf Schulenburg eintraf und wir, der Gesandte Dr.

Hans Smend, der Militärattaché Oberstleutnant von Geldern und ich, mit ihm zum Golestan-Palais, der Residenz des Schahs, fuhren. Seine Majestät begrüßte uns freundlich, trat dann mit gerunzelten Brauen auf mich zu, betrachtete meine neue ad hoc angefertigte Diplomatenuniform, die erst kurz zuvor von von Ribbentrop eingeführt worden war, nahm die grauseidene »Affenschaukel« in die Hand, warf einen prüfenden Blick auf die Uniform unseres Militärattachés und stellte dann seinem Außenminister halblaut eine Frage. Alaam beantwortete sie, das Gesicht des Schahs hellte sich auf, er drückte mir nochmals freundlich die Hand und machte ein Zeichen, daß wir bis auf den zurückbleibenden Schulenburg entlassen seien. Was war geschehen? Alaam und der Zeremonienmeister, die entgegen sonstiger Übung von dem nun anhebenden Zwiegespräch mit dem Vertreter Deutschlands gleichfalls ausgesperrt worden waren, berichteten, der Schah habe sich über meine Uniform gewundert, sie mit der des Militärattachés verglichen und sodann gefragt: »Weshalb haben die Deutschen plötzlich zwei Offiziere als Militärattachés? Wer hat das genehmigt?«

Nun – daß sein Mißtrauen gegenüber Ausländern nicht ganz unberechtigt war, zeigte sich anderthalb Jahre später, als sein Land schlagartig von Russen und Briten besetzt und er des Throns enthoben wurde, um in britisch-afrikanischer Verbannung zu sterben.

Inzwischen waren die für Deutschland reservierten 25 Minuten abgelaufen und der Vertreter Frankreichs, General Weygand, eingetroffen. Vorstellung, Begrüßung, »small talk«. Er hatte sich neben mich auf die Gartenbank gesetzt und war bester Laune, während ich mit Sorge die schweißnassen Gesichter der Protokollbeamten beobachtete, die immer wieder auf die Tür starrten, hinter der Seine Majestät und Graf Schulenburg plauderten. Eine Stunde verging, General Weygand sah betont und wiederholt auf die Uhr, während sich der Außenminister wiederholt bei ihm entschuldigte. Die zeitliche Bevorzugung des Vertreters Deutschlands begann ein Politikum erster Ordnung zu werden. Die Perser wußten das natürlich, aber die Furcht vor dem Schah war viel zu groß, als daß jemand gewagt hätte, die Unterhaltung zu unterbrechen. Der Duca di Spoleto traf ein und gesellte sich zu uns. Die Spannung wurde langsam unerträglich. Schließlich mußte man damit rechnen, daß den hohen Herren die Geduld riß und sie in ihre Gesandtschaft zurückkehrten. Endlich öffneten sich die Türen, Graf Schulenburg trat in den Garten und entschuldigte sich nach einem kurzen Hinweis von mir besonders herzlich bei den Vertretern Frankreichs und Italiens.

Es war übrigens nicht das letzte Mal, daß der Schah während der Hochzeitstage seinen alten Freund betont anderen auf Grund ihrer Stellung privilegierten Gästen vorzog. Es war auch nicht das letzte Mal, daß eine Panne passierte, an der die Deutschen allein schuldig waren.

Monate vor der Hochzeit hatte der Hof die Regierungen und Staatschefs der eingeladenen Länder wissen lassen, daß etwa beabsichtigte Geschenke ca. zwei Wochen vor Beginn der Feierlichkeiten im Palast ausgestellt werden würden, um sie damit auch dem Volk zugänglich zu machen. Der deutsche Missionschef wurde informiert, daß der »Führer« bei der »K.P.M.« in Berlin, der altrenommierten Königlichen Porzellanmanufaktur, zwei große Vasen mit Bildern aus der preußischen Geschichte in Auftrag gegeben habe.

Die Vasen kamen und kamen nicht, und das Außenministerium erkundigte sich täglich, wann wohl mit ihrem Eintreffen zu rechnen sei, damit die Ausstellung eröffnet werden könne.

Schließlich – eine Woche vor dem Eintreffen der Gäste – brachte die Lufthansa auf ihrem wöchentlichen Flug nach Kabul zwei Mahagoni-Sarkophage. Unsere kleine Behörde, die damals noch nicht von der bekannten »Parkinsonschen Krankheit« erfaßt war und mit einem Bruchteil der heutigen Belegschaft unserer Auslandsvertretungen auskam, hatte sich versammelt, um der feierlichen Öffnung beizuwohnen. Ich schloß den ersten Sarkophag auf, klappte die Scharniere hoch und den schweren Deckel zurück – drinnen lag in gefütterter Seide wie Dornröschen ein kostbar mit Potsdamer Schlössern bemalter Zierkelch, der über einen ca. 1.40 Meter langen, sehr schlanken Schaft mit einem ausladenden, ebenfalls bemalten Fuß verbunden war. Alles aus schönstem Porzellan. Aber – der Schaft war in der Mitte durchgebrochen! Wir sahen uns schweigend an und machten uns an die Öffnung des zweiten Sarkophags: der gleiche Kelch mit anderen Malereien aus der preußischen Geschichte. Der Schaft war wiederum in etwa gleicher Höhe gebrochen, aber – geleimt! Geleimt auf eine so hastige oder ungeschickte Weise, daß noch dicke Tropfen der hart gewordenen Substanz herabgeflossen waren.

Auch das war ein Politikum! Das Geschenk des deutschen Staatschefs, dessen Fehlen erst die rechtzeitige Eröffnung der Ausstellung verhindert hatte und nun zwar endlich eingetroffen war, aber wegen irreparabler Beschädigung nicht ausgehändigt werden konnte. Also erstens: Citissime-Telegramm ans Auswärtige Amt: Führergeschenk unbrauchbar, unverzügliche Beschaffung neuen Geschenks erbeten. Zweitens: Gang zum Protokoll, um zwecks Weiterleitung an den Hof die triste Nachricht zu überbringen.

Die Woche verging und der deutsche »special envoy«, Graf Schulenburg, traf ein. Auf meine Frage am Flugzeug: »Haben Sie ...« entgegnete er: »Ja, ja – ich habe! Die teuerste Silberschale habe ich mitgebracht, die in der Eile in Berlin aufzutreiben war, aber außerdem noch ein weiteres Geschenk des Führers, über das sich der Kronprinz bestimmt freuen wird.«

Es war ein Auto, ein Mercedes-Sportwagen, dessen Bau erst in Angriff genommen werden sollte, wenn zwei Ingenieure von Daimler-Benz nach der Hochzeit die Sonderwünsche Seiner Kaiserlichen Hoheit erkundet haben würde.

Sie kamen im Mai unmittelbar nach der Hochzeit und verabredeten mit dem Kronprinzen die Ausstattungsdetails des neuen Wagens.

Im September 1939 überfiel Hitler gemeinsam mit Stalin Polen, und als der Wagen Anfang 1940 lieferbereit war, gab es – auch auf dem Balkan herrschte Krieg – nur noch einen Weg von Deutschland nach dem Iran: über die Sowjetunion und das Kaspische Meer.

Inzwischen waren der Gesandte Dr. Smend und ich abberufen worden – ich immerhin mit einem zeitlichen Abstand, der es mir erlaubte, dem Gesandten noch einen Abschiedsempfang zu geben und diejenigen seiner Kollegen dazuzubitten, die auf unserer Seite waren oder sich neutral verhielten. Als das Fest längst im Gange war – es war Februar 1940 –, öffneten sich plötzlich nochmals die Türen und der britische Botschafter nebst Gattin erschienen für wenige Minuten, um bewegten Abschied von ihrem alten Freunde Smend zu nehmen. Es war eine so ungewöhnliche, jedem »Kriegs«-Protokoll widersprechende Geste, daß weder die Smends noch ich sie den beiden Briten je vergessen haben.

Nach der Abreise der Familie Smend befahl mir ein neuer Drahterlaß aus Berlin, daß ich bleiben und den neuen Gesandten abwarten solle. Irgendwie hatte sich im Auswärtigen Amt wohl herumgesprochen, daß die Gesandtschaft Teheran überhaupt nur aus zwei Beamten des höheren Dienstes bestand, dem Missionschef und dem Legationssekretär, und daß es zumindest dem persischen Außenministerium auffallen müßte, wenn beide gleichzeitig abreisten, ohne ihre Nachfolger abzuwarten.

So packten wir wieder aus und sahen ohne besondere Spannung dem neuen Missionschef, Kurt Ettel, entgegen. Er hatte nach dem Ersten Weltkrieg vorübergehend eine Firma in Persien besessen und war dann Parteifunktionär geworden.

Gleich zu Beginn seiner Tätigkeit machte er mich mit einer Interpretation seiner Dienstauffassung vertraut, die mir neu war: Zunächst ordnete er bei der ersten Besichtigung seines Büros die Entfernung der Ahnenreihe an, die in mehr oder weniger schönen Fotos der alten Missionschefs an der Wand hing. Es sei eine neue Zeit und ein neuer Stil, der zur Vergangenheit keinerlei Beziehungen besitze!

Der neue Stil manifestierte sich zum Beispiel beim Kopieren einer alten britischen Tischsitte, die darin besteht, bei offizieller Tafel die Gedanken der Anwesenden für einen Moment auf den Herrscher Großbritanniens zu lenken:

»Your Excellencies, Ladies and Gentlemen! Her Majesty the Queen!«

So auch der Gesandte Ettel. Er wartete, bis sich alle gesammelt hatten und feierliches Schweigen eingetreten war. Alsdann nahm er sein Glas und sprach mit einem leichten Tremolo in der Stimme: »Meine Damen und Herren! Der Führer!«

Ettel glaubte an ihn als den Messias, der gekommen war, die Welt vor den Mächten der Finsternis zu retten. Bald nach Ettels Ankunft in Teheran nahmen wir gemeinsam an der Frühjahrsparade teil, die der Schah regelmäßig Ende Februar vor den Toren Teherans abzuhalten pflegte. In die Gesandtschaft zurückgekehrt, schilderte Ettel in einem Telegramm nach Berlin den tiefen Eindruck, den die persische Armee bei diesem Auftritt hinterlassen hätte. Kein Nachbarstaat werde es fortan wagen, die Grenzen eines Staates anzutasten, der von einem Manne wie Schah Reza und der von ihm geführten Armee regiert werde.

Als ich ihn, zusammen mit unserem Militärattaché, Oberstleutnant von Geldern, darauf hinwies, daß die einhellige Meinung der Oldtimers und der Fachleute über die Wehr- und Verteidigungskraft der persischen Armee eine ganz andere, und zwar eine negative sei, unterbrach er uns und sagte: »Meine Herren, ich will Ihnen eine Geschichte erzählen, die ich einem alten Freund von mir, dem Botschafter Hewel, Verbindungsmann zwischen dem Auswärtigen Amt und der Reichskanzlei, verdanke und die auch meine künftige Berichterstattung bestimmt: Wenn Hewel dem Führer den Inhalt der für ihn ausgewählten Berichte der Missionschefs vorträgt oder sie ihm zur Lektüre vorlegt, pflegt der Führer meistens zu fragen: ›Positiv oder negativ?‹ Wenn Pg. Hewel dann erwidert: ›Eher negativ, mein Führer‹, dann kommt mitunter die Antwort ›Interessiert mich nicht‹ oder ›Will ich nicht sehen‹. Meine Herren, ich bin hier der Vertreter meines Führers, und ich lege Wert darauf, daß meine Berichte zu seiner Kenntnis gelangen. Das Telegramm geht deshalb genauso heraus, wie ich es diktiert habe!«

Der Gesandte Ettel war nicht der einzige, der wußte, wie sich sein Führer die Arbeit zu erleichtern pflegte: In einem Dienstbrief des britischen Botschafters in Berlin, Sir Nevile Henderson, an den Unterstaatssekretär im Foreign Office, Sir Alexander Cadogan, vom 8. Mai 1939 macht sich der Botschafter Gedanken, wie eine – möglicherweise jederzeit notwendig werdende – ernste Warnung an die Reichsregierung (die Entschlossenheit Englands betreffend, seine Bündnisverpflichtungen gegenüber Polen zu erfüllen) auch zuverlässig in die Hände Hitlers gelangt: »Die Schwierigkeit mit Ribbentrop ist nämlich folgende: Entweder will er nicht verstehen oder er hört gar nicht zu... Selbst wenn er aber zuhört oder versteht, ist man keineswegs sicher, daß das, was man sagt, an Hitler weitergeleitet wird, ›if it is not calculated to please the latter‹.« Voraussetzung sei also, daß der Inhalt der Botschaft Hitler Freude macht! Aber selbst dann, fügt Henderson hinzu, könne man keineswegs sicher sein, daß die Mitteilung nicht mißverstanden oder gefälscht werde! Er, Henderson, zöge es daher vor, den Staatssekretär von Weizsäcker anstatt dessen Chef aufzusuchen. Der mache sich wenigstens Notizen über das Gespräch, die dann die Basis für eine Vorlage an den Führer abgäben.

Soweit der britische Botschafter. Sein Brief ist übrigens auch in dem nachgelassenen Buch der Witwe des Reichsaußenministers, Anneliese von Ribbentrop, zitiert. Allerdings nicht etwa, um zu illustrieren, wie im Dritten Reich Politik praktiziert wurde – selbst die Politik, bei der es um Sein und Nichtsein ging –, sondern aus ganz anderen Beweggründen: Nicht Hitler und sein Regime hätten den Krieg zu verantworten, sondern ausschließlich die deutsche Opposition, »Beamte und Militärs in den entscheidenden Schlüsselstellungen des Deutschen Reiches, wie der Chef des Generalstabes, der Staatssekretär im Auswärtigen Amt, der Reichsbankpräsident, um nur die prominentesten Vertreter zu nennen.« Sie hätten England durch ihre Behauptung, das Regime Hitlers stehe auf so schwachen Füßen, daß es nur eines Anstoßes bedürfe, um es zu beseitigen, in den Krieg gehetzt. Und England, das sich von Hitler bedroht fühlte, hätte die Anregung aller dieser »Verräter«, die selbst den friedenswilligen Reichsaußenminister lächerlich gemacht hätten, dankbar aufgegriffen... Es lohnt nicht, sich mit diesem menschlich vielleicht begreiflichen, sachlich aber völlig unqualifizierten Elaborat länger zu befassen.

Wenn der Autor dieses seltsamen Buches sich übrigens unter den »Documents on British Foreign Policy« etwas besser umgesehen hätte, wäre ihm nicht verborgengeblieben, daß auch andere hohe britische Beamte oder auch der Völkerbundskommissar von Danzig, Carl Jacob Burckardt, ähnlich vernichtende Urteile über den Wert von Unterhaltungen mit dem Herrn Reichsaußenminister gefällt haben.

Der Wunsch, den Führer mit unguten Nachrichten zu verschonen, muß sich aber auch sonst, und nicht nur bei Herrn Ettel, in Teheran herumgesprochen haben. Ausländische Kommentare zu Reden Hitlers oder von Ribbentrops wurden leider vielfach und selbst dann, wenn sie im Gastland nur peinliches Kopfschütteln hervorgerufen hatten, vom deutschen Missionschef mit einem Drahtbericht gemeldet, der etwa mit den Worten begann: »Gestrige Rede Führers (oder Reichsaußenministers) schlug ein hier wie Bombe.«

Aber zurück nach Teheran! Bald nach diesem doch recht nachdenklich machenden Gespräch mit dem Gesandten Ettel drahtete Berlin, der cremefarbene Sportwagen für den Kronprinzen Pahlevi, das Hochzeitsgeschenk Hitlers, sei mit zwei Angestellten der Firma Daimler-Benz unterwegs von Baku nach dem persischen Hafen am Kaspischen Meer.

Wir ermittelten den Ankunftstag, erbaten bei Hofe einen Termin zur Übergabe und warteten. Als sich am Tag des mutmaßlichen Eintreffens nichts rührte, wurde mir unbehaglich, und ich fuhr gemeinsam mit meiner Frau dem Geschenk und den Abgesandten von Daimler-Benz entgegen. Wir mußten etwa 50 Kilometer fahren, als wir den weißen Wagen erblickten. Er lag schräg in einer Mulde der Kamelpiste und streckte alle vier Beine in die Luft, während die beiden Mercedes-Vertreter lustlos, aber unverletzt daneben saßen. Sie waren in eine Kamelkarawane geraten, hatten infolge des aufwirbelnden Staubes sekundenlang jede Sicht verloren und schon war es passiert. Der Wagen hatte sich nicht überschlagen, sondern war in einer tiefen Delle, der »Straße«, die eben nur eine Kamelpiste war, etwas unsanft auf die Seite gekippt.

In Teheran stellte sich heraus, daß er nur ein wenig verbeult, sonst aber unbeschädigt war. Trotzdem: Als Führergeschenk kam er nun nicht mehr in Frage. Der Kronprinz, als rasanter Fahrer wohl bekannt, könnte mit dem schnellen neuen Wagen einen Unfall bauen, und schon würde es heißen: Die Deutschen haben ihm ja auch einen Wagen geschenkt, der nicht mehr intakt war.

So blieb das schöne Auto also in der Garage der Gesandtschaft. Dort ist es nach der Besetzung des Iran durch die Sowjetunion und Großbritannien und der Schließung der deutschen Gesandtschaft im Auftrag der beiden Besatzungsmächte durch die deutsche Schutzmachtvertretung, Schweden, 1941 meistbietend versteigert worden. Mein alter Freund und Kollege aus Moskauer Zeiten, Gunnar Jarring, nach dem Weltkrieg Botschafter Schwedens bei der Sowjetunion und durch seine vergeblichen Bemühungen, als Beauftragter der United Nations im Nahen Osten Frieden zu stiften, international bekannt geworden, hat mir in Moskau erzählt, daß er als kurz zuvor nach Teheran versetzter Legationsrat die Versteigerung selbst vorgenommen habe.

Inzwischen hatte sich Daimler-Benz trotz aller vordringlichen Kriegsaufträge längst schon an den Bau eines neuen Wagens für den Kronprinzen gemacht. Als er 1942 schließlich lieferbereit war, hatte der Schah unter dem Druck der Besatzungsmächte zugunsten seines ältesten Sohns abdanken müssen und war nach Britisch-Ostafrika deportiert worden, während die Thronbesteigung seines Nachfolgers erst einige Jahre nach Kriegsende und nach dem Rückzug der Besatzungstruppen aus seinem Lande erfolgte. Sein neues Auto war aber bereits unterwegs, hatte, da Hitler mittlerweile nun auch die Sowjetunion überfallen hatte, den Weg über den Balkan genommen und war in Svilengrad, der bulgarisch-türkischen Grenzstation, eingetroffen. Da die Türken nicht recht wußten, an wen sie die kostbare Fracht liefern sollten, blieb er mitsamt den Waggons eines ebenfalls in Deutschland gebauten Hofzuges für den Schah erst einmal stehen.

Dort fiel das Hochzeitsgeschenk des Führers, das nunmehr die dritte Auflage erreicht hatte, den Sowjets in die Hände, als ihre Armee Bulgarien besetzte.

Und so konnte es geschehen, daß der letzte Schah des Iran noch heute auf sein erstes deutsches Hochzeitsgeschenk wartet...

Im April 1940 verließen wir Persien auf dem Wege über die Sowjetunion. Auf Einladung Graf Schulenburgs blieben wir einige Tage in Moskau, sahen uns in der Stadt, den Museen und den Theatern ein wenig um, ohne zu ahnen, daß ich 28 Jahre später meinen Amtssitz dorthin verlegen würde.

Anfang Mai waren wir wieder in Berlin. Wenige Tage darauf erhielt ich vom Personalchef des Auswärtigen Amtes, Ministerialdirektor Schröder – von ihm wird noch die Rede sein –, den Auftrag, am 9. Mai nach Bern zu reisen und unserem dortigen Missionschef, Gesandter Dr. Köcher, der übrigens ein Patenonkel von mir war, persönlich einen Brief auszuhändigen. Es handelte sich um die Weisung, in der Nacht zum 10. Mai den Schweizerischen Bundesrat für Äußere Angelegenheiten vom gleichzeitig erfolgenden Einmarsch deutscher Truppen in Holland und Belgien zu unterrichten und ihn außerdem der Fortdauer der freundschaftlichen Beziehungen der Reichsregierung gegenüber der Schweiz zu versichern.

Mir schien es notwendig, Herrn Schröder darauf aufmerksam zu machen, daß mein Schwiegervater Konsul Frankreichs in Luzern sei und ich vorhätte, ihn auf der Rückfahrt zu besuchen. Herr Schröder nickte und sagte: »Na, dann grüßen Sie den alten Herrn recht herzlich von mir.« Dann fragte er: »Haben Sie nun bezüglich der NSDAP etwas unternommen?« »Ja, ich habe meine Aufnahme beantragt.« »Dann sind Sie also von einem Saulus zu einem Paulus geworden?« »Nominell«, erwiderte ich, »sieht es in der Tat so aus.« »Also das ist gut so«, sagte Schröder, »aber das mit dem ›nominell‹ – ich würde das lieber für mich behalten!«

Als ich im Sommer 1941 an unsere Botschaft in Ankara versetzt wurde, tat ich übrigens noch ein Weiteres und trat dem »Nationalsozialistischen Winterhilfswerk« bei. Aufgefordert, in Berlin an einem einschlägigen Informations- und Organisationskurs der NSDAP teilzunehmen, bat ich Botschafter von Papen um Urlaub und eckte prompt wieder an. »Sie haben in Ihrem Referat wohl nicht genug zu tun?« sagte er pikiert. »Wenn Sie für derlei Mumpitz Zeit haben, warum arbeiten Sie dann nicht gleich ganz für die Partei?«

Dem oder den Parteispitzeln in Tölz, die mich ausgehorcht hatten, bin ich zu Dank verpflichtet. Der von ihnen inspirierte Brief des »Stellvertreter des Führers« an das Auswärtige Amt hat mir bei der Nachkriegs-Entnazifizierung in Hamburg viele »Persilscheine« erspart und mir den zweiten Eintritt in den Auswärtigen Dienst beträchtlich erleichtert.

Nach Erfüllung des Berner Auftrages war ich im Amt einige Wochen mit Vertretungen befaßt, bis man mich – im Juni 1940 – ins besetzte Dänemark entsandte, um für einen erkrankten Kollegen die Rechts- und Konsularabteilung der Gesandtschaft zu übernehmen. Wie es dann weiterging, ist den entsprechenden Kapiteln dieses Berichts zu entnehmen.

Nach dem Ende des Dritten Reiches wurde ich, wie sich in einem der folgenden Kapitel nachlesen läßt, von den Engländern Mitte Juni 1945 in Neumünster im 7. Civilian Internment Camp eingesperrt und am 4. November 1946 entlassen. Auf einem mir in die Hand gedrückten Zettel quittierten sie: »Dr. Allardt was not interned for political reasons.«

Da jeder, der das lesen würde – vielleicht, um mir Arbeit zu geben –, daraufhin wohl auf »criminal reasons« schließen müßte, bat ich nachdrücklichst um eine unmißverständliche Begründung für meine Internierung. Aber soweit reichten weder der Goodwill noch die Instruktionen der Lagerleitung.

# Versetzung nach Ankara

*Franz von Papen, der deutsche Botschafter*

Im Juni 1940 flog ich von Kopenhagen nach Berlin, um einige dienstliche Angelegenheiten zu erledigen. Im Auswärtigen Amt begegnete ich auf der Treppe unserem Personalchef, Ministerialdirektor Schröder. Anstatt aller Begrüßung fragte er: »Wollen Sie nach Ankara gehen? Ja oder nein?« »Als was, als Kurier?« »Nicht doch, als Leiter des Rechts- und Konsularreferats.« »Wann?« »Sofort – also in spätestens einer Woche. Sie haben eine Stunde Bedenkzeit, in der Sie übrigens auch bedenken sollten, daß Sie noch einige Kollegen haben, die nicht soviel fragen, sondern gleich ›Ja‹ sagen würden. Also – à toute à l'heure.«

Zehn Tage später setzte ich mich frühmorgens in Kopenhagen in mein mit dem Notwendigsten vollgepacktes Auto, nahm Abschied von meiner Mutter und meinem Sohn, der gerade zwei Jahre alt geworden war, und fuhr via Wien – Budapest – Bukarest – Sofia und passierte in Svilengrad die bulgarisch-türkische Grenze. Hinter Edirne, dem uralten malerischen Adrianopel, kam es während dieser keineswegs immer ganz gemütlichen Autoreise – schließlich war der Balkan ja Kriegsschauplatz – zu einem ersten Zwischenfall. Als ich in brütender Hitze durch die Sanddünen Thraziens in Richtung Istanbul rollte und das Marmarameer in Sicht kam, beschloß ich, rasch ein Bad zu nehmen. Ringsherum war kein Lebewesen in Sicht, und so verzichtete ich darauf, im Koffer nach der Badehose zu suchen, sprang ins Meer und schwamm, selig, der Hitze entronnen zu sein, weit hinaus. Als ich zurückschaute, sah ich meinen Wagen von türkischen Soldaten umringt. Plötzlich fiel mir ein, daß ich im militärischen Sperrgebiet schwamm und Schwimmen wie Parken verboten waren. Dementsprechend wurde ich denn auch von den Soldaten empfangen, als ich mich näherte. Einer saß bereits am Steuer meines Opel-Kapitäns, suchte nach dem Schlüssel zum Anlassen und machte keinerlei Anstalten, den Platz zu räumen. Verständigung war nicht möglich, und meinen Paß konnten sie nicht lesen. Schließlich fiel mir ein, was ich inzwischen gelernt hatte: »Ben – Alamanim i yi ARKADAS!« (»Ich bin Deutscher – ein guter Freund.«) Mit einem Schlag war die feindselige Stimmung weggefegt, jeder schüttelte mir die Hand, man räumte den Wagen, und selbst der Soldat, der am Steuer und auf meinen Kleidern gesessen hatte, machte endlich bereitwilligst Platz, damit ich mich anziehen und begleitet von vielen hoffentlich gutgemeinten Zurufen davonmachen konnte.

Etliche Stunden später fuhr ich auf der Suche nach meinem Hotel durch das nächtliche Istanbul. Ein Knall – der rechte Vorderreifen war geplatzt. Kaum hatte ich den Wagen verlassen, um mich auf der steil ansteigenden Straße dem besonders mühevollen Geschäft des Reifenwechsels zu widmen, sah ich vor mir ein Schild: Park-Hotel. Dort erwartete man mich bereits. Die 4000-Kilometer-Reise war zunächst beendet.

Am nächsten Morgen meldete ich mich in Therapia, der bezaubernd schönen Sommerresidenz der Botschaft am Bosporus, bei Botschafter Franz von Papen zum Dienst. Vier Jahre später, im April 1945, als der längst verlorene Krieg in den letzten Zügen lag, kam der schwedische Dampfer »Drottningholm«, um uns in die zerstörte, von den Siegern besetzte Heimat zurückzubefördern.

Fast vier Kriegsjahre in der Türkei, angefüllt mit Erinnerungen, die ich nicht missen möchte, Erinnerungen an ein Land, das ich achten und lieben gelernt habe. Das beispielhafte Geschick, mit dem es seiner Führung während fast sechs langer Kriegsjahre gelang, seine Neutralität zu wahren und seine Menschen davor zu retten, in die Strudel des Krieges hineingezogen zu werden und darin unterzugehen, hat mich immer wieder beschäftigt und fasziniert. Im Laufe der Zeit von Kriegsschauplätzen in allen Himmelsrichtungen umgeben und eingekreist, blieb die Türkei vergleichsweise eine Idylle tiefsten Friedens. Auch den vier Botschaften von Deutschland, England, den USA und der Sowjetunion war von außen nicht anzusehen, daß die Staaten, die sie vertraten, miteinander in einem ebenso mörderischen wie sinnlosen Krieg lagen.

Die deutsche Botschaft in jenen Jahren wurde geführt und geprägt von einer der umstrittensten Persönlichkeiten seiner Epoche, von Franz von Papen. Jeder, der sich mit dem Ende der Weimarer Republik und den Anfangsjahren des Dritten Reiches befaßt, trifft auf ihn, den Reichskanzler, den Berater des Reichspräsidenten von Hindenburg, den Freund und später Feind des ebenfalls ins Zwielicht geratenen Generals von Schleicher, den Mittler und Gesprächspartner Hitlers und schließlich: den Vizekanzler bei Hitlers Machtübernahme.

Später vertrat er die Reichsregierung in Wien und Ankara und war also nur noch deren Exekutivorgan. Die Erinnerung an ihn verliert sich. Als ich im Juli 1941 seiner Botschaft zugeteilt wurde, war er längst als Schrittmacher Hitlers und leichtfertiger Opportunist abgestempelt.

Dieses pauschale Verdammungsurteil wird sich sobald auch nicht ändern, zumal die Deutschen von heute in zwei Gruppen zerfallen: die junge Generation, die das Dritte Reich mit all seinen Schrecken nicht mehr erlebt hat und weder zu Hause noch in der Schule aufgeklärt wurde, und die Alten, die alles erlebt, angeblich alles vorausgesehen haben – die Mehrzahl der Memoiren sind ein tristes Beispiel dafür – und von Anfang an »dagegen« waren. Da bleibt für eine objektive, ausgewogene Bewertung einer Persönlichkeit, die damals in ein erbarmungsloses Kreuzfeuer der Geschichte geraten ist, gewiß nicht viel Raum. Eben deshalb soll er bei der Schilderung türkischer Kriegspolitik und eigener Erlebnisse oder Beobachtungen dieser Jahre erneut vorgestellt werden. Er wird dabei – nun nicht mehr Politiker, sondern als Diplomat und Botschafter – eine respektablere Rolle spielen, als ihm die Geschichte bei der Bewertung seiner mit der Machtübernahme Hitlers beziehungsweise dem 30. Juni 1934 endenden Rolle insgesamt wohl einräumen wird.

Der langjährige Abgeordnete der Zentrumspartei, dessen politische Heimat wohl mehr die Partei der Deutschnationalen gewesen wäre, der rechtskonservative Katholik, der zwischen der Welt, Gott und sich nur den Papst als Mittler anerkannte, hatte nun – als Botschafter des unchristlichen Dritten Reiches – die Rolle eines aktiven Nationalsozialisten zu spielen. Daß er eben das nicht war und auch nicht sein wollte, sah man ihm an der Nasenspitze an. Die Partei revanchierte sich mit unverhüllter Feindseligkeit. Wenn er trotzdem mit dem Leben davonkam, verdankte er es kurioserweise ausschließlich ihrem Führer. Obwohl er dessen skrupellose Verbrechernatur spätestens am 30. Juni 1934 erkannt haben mußte, war er seinem diabolischen »Charisma« so wenig gewachsen wie viele andere, Politiker und Offiziere, die ihn durchschaut hatten, aber hilflos die Sprache verloren, sobald sie ihm gegenüberstanden.

Am Ende fand er sich zwischen allen Stühlen und als des Kriegsverbrechens Angeklagter vor dem Nürnberger Rachetribunal wieder. Dort freigesprochen, wurde er aufgrund einer im Dritten Reich praktizierten Methode von den Deutschen sofort wieder verhaftet und bis zum weiteren Freispruch durch Lager und Prozesse geschleift, deren Prozedur deutlich machte, daß es noch weit mehr als in Nürnberg um Rache anstatt um Recht ging. Bis zu seinem Ende hat er sich vergeblich gegen die Rolle gewehrt, zu der ihn die öffentliche Meinung verurteilt hatte...

Alle diese zu Recht oder zu Unrecht gefällten Verdammungsurteile haben nichts zu des Rätsels Lösung beitragen können, weshalb ein so großes, fleißiges, intelligentes Volk jahrelang das Regime einer kleinen Clique von Schwätzern, Abenteurern und Verbrechern willenlos ertragen hat und sich von ihr willenlos in den längst erkennbaren Abgrund führen ließ.

Auch der vorliegende Bericht bietet nichts, was der Beantwortung dieser Frage dienlich sein könnte. Er ist lediglich ein Versuch, bei einer Schilderung der türkischen Bemühungen, nicht in den Krieg hineingezogen zu werden, auch eines Mannes zu gedenken, der sie dabei nachdrücklich unterstützt und nicht wenig dazu beigetragen hat, daß trotz des vom Zaun gebrochenen Weltkrieges und der Verbrechen Hitler-Deutschlands die alte deutsch-türkische Freundschaft ohne Risse erhalten bleiben konnte.

Von Papens Vergangenheit und sein Ruf erleichterten weder seinen Mitarbeitern noch den Türken die Zusammenarbeit mit ihm. Andererseits hatte sein Wirken zeitweise einen entscheidenden Einfluß auf den Kampf der türkischen Führung um Unabhängigkeit und Neutralität. Ob im Frack mit Orden bei diplomatischen Empfängen oder in Tennisshorts – in denen er mitunter den türkischen Außenminister in dessen Amtssitz zu einem raschen offiziellen Meinungsaustausch aufsuchte –, von Papen war und blieb ein Objekt höchster mißtrauischer Aufmerksamkeit. Den einen erschien er als hitlerhöriger geheimnisumwitterter Dunkelmann, den sie fürchteten oder verachteten, den anderen als verläßlicher Freund der türkischen Führung und – zum großen Mißvergnügen der ihn umgebenden Parteispitzel – als ein um Objektivität bemühter Mittler zwischen ihr und dem »Großdeutschen Reich«, den sie bewunderten. Je nachdem – er blieb eine Figur, die aus der hektischen, nervösen Atmosphäre des amtlichen Ankara nicht wegzudenken war.

Mit anderen Worten: Umgangsformen, Grundsätze, Arbeitsstil,

die Wertschätzung, die sich von Papen vor allem bei den Türken erwarb, widerlegten die bösartig-arrogante Bemerkung, die sein »Freund«, General von Schleicher, eine schillernde, als Politiker weit fragwürdigere Persönlichkeit, von ihm gemacht hat. Nach der – auf seine Fürsprache – erfolgten Ernennung von Papens zum Reichskanzler 1932 soll er auf die Frage eines Freundes: »Papen? Aber das ist doch kein Kopf« entgegnet haben: »Ich brauche auch keinen Kopf, ich brauche einen Hut!«

Seine Mitarbeiter in Ankara wurden durch diese Widersprüche geradezu provoziert, Hitlers »Steigbügelhalter« von damals dem Botschafter von heute gegenüberzustellen, ihn transparent zu machen, seine Vergangenheit als anrüchiger Politiker mit seiner Gegenwart als hochrespektierter Diplomat und seine offenkundigen Schwächen mit der unbezweifelbaren Honorigkeit seines Wollens auf einen Nenner zu bringen. Aber das ist wohl niemandem recht gelungen.

So überzeugend von Papen gegenüber den Türken auftrat und wirkte, so schwierig war es auf der anderen Seite für seine engsten Mitarbeiter und gewiß auch für seine ausländischen Bekannten und Kontaktpersonen, sich ein überzeugendes Bild von ihm zu machen. Persönlichkeit und Laufbahn waren zu uneinheitlich, sie wiesen zu viele eklatante Widersprüche auf, als daß es von Papen hätte gelingen können, auf der einen oder auf der anderen Seite volles Vertrauen zu erwerben.

Sein Auftreten als Aristokrat alter Schule schockierte die einen, seine Vergangenheit als Helfershelfer, »Komplize« Adolf Hitlers, irritierte die anderen. Seine unverändert guten Beziehungen zu Hitler und seine Bereitwilligkeit, in Hitlers Diensten zu verharren, blieben auch denjenigen nicht erklärbar, die ihm – vielleicht – vertraut hätten.

In seinem Auftreten war Franz von Papen ein »Herr« comme il faut – wie man vom einstigen Pagen am Hofe Kaiser Wilhelms II., vom Präsidenten des Berliner »Herren«-Clubs und vom renommierten »Herren-Reiter« füglich erwarten konnte. Vom Herrenstandpunkt, mehr als vom »Fingerspitzengefühl« bestimmt, war auch sein erstes im Juni 1932 berufenes Kabinett, das »Kabinett der Barone«.

Von Papen (laut Eick: »Die Weimarer Republik«) im Juni 1932 zu Magnus Freiherr von Braun, seinem späteren Landwirtschaftsminister: »Lieber Braun, wollen Sie mit mir ein Kabinett der Gentlemen bilden?«

Ein gleiches Weltbild galt für sein ganzes politisches Credo. Er war, ebenso wie sein Freund, Widersacher und Konkurrent um die Macht, General von Schleicher, ein Exponent jener deutsch-nationalen Kreise, die in der Restauration, der Wiederherstellung der Monarchie, einem Staat »über den Parteien«, die Zukunft Deutschlands sahen. Ein demokratischer Parteienstaat wie die Weimarer Republik war ihnen zu wesensfremd und flößte ihnen ebensoviel Mißtrauen ein wie etwa die Existenz der jahrzehntelang verketzerten großen Partei, der SPD.

Gelegentlich zog von Papen zwischen seinem sportlichen Hobby, dem Springreiten, und seiner politischen Passion Parallelen: »Auch im politischen Geschäft«, sagte er, »kommt es wie beim Springreiten darauf an, sein Herz im richtigen Augenblick über die Hürde zu werfen.« Ein Vergleich, der mitunter zutreffen mag – vorausgesetzt, daß sich der Reiter über Höhe und Beschaffenheit der Hürde keinen Täuschungen hingibt.

Die bereits erwähnte Madame Geneviève Tabouis beobachtete während der Reparationskonferenz von Lausanne im Juni 1932 den neuen Reichskanzler von Papen mit tiefem Argwohn. Alle Deutschen betrachtete sie mit tiefem Argwohn. Bei von Papen kam noch hinzu, daß er in Lausanne die Absicht angekündigt hatte, die Reparationszahlungen Deutschlands völlig einzustellen. Als sie dann eines Tages auch noch zugegen war, als er vor dem Frühstück sich mit einem Kopfsprung in das Schwimmbecken seines Hotels stürzte, war das Maß voll. »Ganz schön beunruhigend! Sogar sehr beunruhigend!« bemerkte kopfschüttelnd ein französischer Kollege, der mit ihr das Schauspiel beobachtete. Beide fanden, daß von einem Staat, dessen Regierungschef sich mit derlei waghalsigen Kunststücken die Zeit vertreibe, gewiß nichts Gutes zu erwarten sei.

Wie damals übrigens die »Großen« das Selbstbestimmungsrecht der »Kleinen« bewerteten, ist uns von Frau Tabouis durch eine Bemerkung des britischen Premiers und Delegationschefs in Lausanne überliefert. Auf Klagen und Vorschläge kleinerer Teilnehmerstaaten, wie der Tschechoslowakei, Polen, Portugal, den britischen Dominien, habe Ramsay McDonald entschieden: »Die Bürger eines Landes mit weniger als 10 Millionen Einwohnern lohnen nicht der Mühe, auf sie einzugehen. Sie sind als Eingeborene zu behandeln.« Sehr viel anders war Deutschland ja auch nicht behandelt worden. Es zeugt jedenfalls von innenpolitischer Courage, wenn von Papen, dem der Gedanke einer »Revanche«-Politik völlig fern lag und der den Schlüssel für die Befriedung Europas vor allem in der Herstellung eines Vertrauensverhältnisses zwischen Deutschland und Frankreich sah, den Franzosen in und nach Lausanne Vorschläge bilateraler Verträge unterbreitete, die eben den Sinn hatten, zunächst Vertrauen zwischen den Parteien herzustellen.

Sie scheiterten insbesondere am Widerstand Englands, das eine Einigung der beiden Kontinentalstaaten lediglich unter dem Aspekt einer Schmälerung seines eigenen Einflusses betrachtete. Diese Reaktion war vorauszusehen, war aber nicht entsprechend einkalkuliert worden.

»Cassandra« notierte sich zu diesem vergeblichen Bemühen: »Pendant ce temps von Papen brûles les étapes pour barrer encore à Hitler la route au pouvoir.« Das besagt etwa: »Von Papen nimmt die einzelnen Etappen (einer deutsch-französischen Annäherung) viel zu schnell, um Hitler doch noch den Weg zur Macht zu versperren.«

Von Papen war, wie bereits erwähnt, ein exzellenter Botschafter. Ein Staatsmann aber war er gewiß nicht. Diese ihm von seinem Freunde, dem Generalfeldmarschall und Reichspräsidenten Paul von Hindenburg (den er seinerzeit wieder im Nürnberger Prozeß als »letzten großen deutschen Staatsmann« bezeichnet hat), geschneiderte Uniform sagte ihm zwar sehr zu, aber er hat sich wohl nie – folgt man den von ihm hinterlassenen Erinnerungen – selbstkritisch Rechenschaft darüber abgelegt, daß sie ihm zu groß war. Dieser Mangel an Einsicht mag vielleicht auch darauf zurückzuführen sein, daß von Papen Hindenburg, der sicherlich ein Grandseigneur, aber weder ein Staatsmann noch ein Feldherr von bedeutendem Rang war, ebenso überschätzt hat wie Hindenburg von Papen.

Schon gar nicht aber paßte dieser nach Herkunft, Erziehung und Habitus in die Gesellschaft der Hitlergläubigen, der Abenteurer, der Glücksritter, von denen Deutschland mittlerweile regiert und »umerzogen« wurde. Obwohl ihm im Umgang mit dem »Führer und Reichskanzler« etwas Diabolik sehr von Nutzen hätte sein können, war er noch eher ein politisches »lightweight«, ein Leichtgewicht, wie ihn Sir Horace Rumbold, der britische Botschafter in Berlin, eintaxierte, als etwa der »devil in tophat«, der Teufel im Zylinder, wie ihn im Jahre 1942 das »Colliers Magazine« den Amerikanern vorstellte.

Von Papen konnte diese letztere Bezeichnung übrigens mit Fug und Recht als »Epitheto epitheton ornans«, als Auszeichnung, auffassen, denn sie bezog sich auf die herausragende, den Briten wie den

Russen immer unbequemere und ärgerlicher werdende Rolle, die er als Botschafter in der Türkei spielte. Bezeichnend ist, und das muß man wohl mehr für als gegen ihn auslegen, daß die westlichen Alliierten und die Russen – die es ja auch versucht haben – ihn ebenso gern umgebracht hätten wie die NSDAP und die Gestapo in Berlin. Der aus Wien stammende Landesgruppenleiter der NSDAP für die Türkei, Dr. Friede, hatte diesen Wunschtraum sogar ganz offen geäußert und wurde von Hitler deshalb auf Verlangen von Papens abberufen – vermutlich der einzige Fall, wo ein alter Parteigenosse einem Nichtnationalsozialisten weichen mußte.

Von Papen erhielt von Hitler auch das Parteiabzeichen in Gold und band ihn damit – jedenfalls nach außen – noch stärker an das von ihm ebenso abgelehnte wie unterstützte Regime. Auch hier war ohne Zweifel schlaue Berechnung im Spiel. In Berlin wußte man damals sehr wohl, was man an von Papen in Ankara hatte. Die Standhaftigkeit der Türkei gegenüber wachsendem Druck der Alliierten, ihre Bereitschaft, trotz dem Allianzvertrag mit England die kriegswichtigen Chromlieferungen an uns fortzusetzen, waren nicht zuletzt der Persönlichkeit und den Beziehungen von Papens zu verdanken. Hätte man im Sommer 1942, wie von Ribbentrop es wünschte, von Papen zugunsten des Parteigenossen Dr. Friede geopfert, wäre eine Abkühlung der deutsch-türkischen Freundschaft mit schwerwiegenden politischen Konsequenzen wohl unvermeidbar gewesen.

Wie dem auch sei – der alte Herrenreiter stand auf verlorenem Posten. Er blieb freiwillig dabei, teils weil er es Hindenburg (dessen Foto mit der Widmung »Ich hatt' einen Kameraden...« auf seinem Schreibtisch stand) schuldig zu sein glaubte, nicht zuletzt aber auch, weil Politik seine Passion und weil der Kampf ums Dabeisein, der Ehrgeiz, »avoir la main dans la pâte«, stärker wirkten als seine Kraft, nach dem völligen Mißlingen eigenen Wollens Konsequenzen zu ziehen.

Die katastrophalen Irrtümer, die ihm wie so manchem anderen unserer Politiker unterlaufen sind, als sie Hitler mit der Absicht zur Macht verhalfen, ihn so besser zähmen zu können, mögen zwar angesichts des damaligen innenpolitischen Chaos in Deutschland Nachsicht verdienen. Auch die Tatsache, daß er als Vizekanzler – auf ausdrücklichen Wunsch Hindenburgs – in das Kabinett Hitler eintrat, ist aus den gleichen Gründen noch begreiflich, obwohl das Chaos wiederum nicht zuletzt das Resultat politischer Unfähigkeit der damaligen Führungsschicht war. Es zu beseitigen – dafür gab es wohl mancherlei Pläne, aber keinen Kopf. Ein Typ aber wie Adolf Hitler war den bürgerlich-konservativen Politikern und Zentrumsabgeordneten noch nicht vorgekommen. In den »Kategorien bürgerlichen Denkens« (von Papen) befangen, meinte man wohl, sich seiner Popularität und seiner hinreichend bekannten hemdsärmeligen Methoden – fürs erste einmal – bedienen zu können, um mit seiner Hilfe und der Masse seiner Anhänger nach innen wie nach außen Früchte einzuheimsen, um die sich Deutschland bislang vergebens bemüht hatte. Überdies glaubte man, ihn so »führen« zu können, daß unerwünschte Folgen seines Tuns vermieden, seine Umgebung als sachlicher Arbeit unfähige Demagogen entlarvt würden und er selbst zu gegebener Zeit entweder auf dem natürlichen parlamentarischen Wege oder mit Hilfe der Reichswehr wieder im Dunkel der Geschichte verschwindet.

»Das alles ergab ein Bild der aufgeblasenen Dummheit und Schwäche ... die zwar frei von Arglist war, aber nicht frei von Schuld und – obwohl sie nichts Böses beabsichtigte – entscheidend dazu beitrug, über unsere Welt die Schrecken und Verhängnisse hereinbrechen zu lassen, die ... über jeden Vergleich mit allem von Menschen Erlebtem hinausgehen.« Das schreibt zwar Winston Churchill über die britischen Regierungen bis 1933 und später. Ebensogut könnte es auch auf die letzten Kabinette der Weimarer Republik gemünzt sein.

In seinem Buch »Der Wahrheit eine Gasse« rechtfertigt von Papen seine Mitwirkung am Geschehen bis 1933 und danach mit dem Hinweis: »Ich und meine Kabinettskollegen waren der Auffassung, die Entwicklung werde sich vom Radikalen zum Gemäßigten und nicht umgekehrt vollziehen.«

Einen Tag vor der Berufung Hitlers zum Reichskanzler hatte Reichspräsident von Hindenburg von Papens Bedenken mit den Worten beschwichtigt: »Ich weiß wirklich nicht, was passieren könnte. Sie sind Vizekanzler und preußischer Ministerpräsident ... Und außerdem werden Sie jedem Vortrag beiwohnen, den Hitler mir halten wird...«

Kaum hatte Hitler seine Amtsgeschäfte aufgenommen, verbat er sich bei von Hindenburg die ständige Begleitung durch seinen Vizekanzler. Von Hindenburg wie von Papen gehorchten... Wenn man heute liest, wie einfach man sich damals Hitlers Um-Erziehung vom gesichtslosen Abenteurer zum verantwortungsbewußten Staatsmann vorstellte, wird das Ausmaß der unbegreiflichen Täuschung deutlich, der man unterlegen war. Sie war um so schicksalsträchtiger, bedachte man die Größe der Verantwortung, die der Vizekanzler und die sechs konservativen Minister mit ihrem Eintritt in das Hitler-Kabinett übernommen hatten. »Seht her«, schienen sie dem Volk zu sagen, »wenn wir – keine Anhänger Hitlers – bereit sind, mit ihm zusammenzuarbeiten, dann dürft auch ihr zur neuen Reichsregierung Vertrauen haben.« Von Papen war immerhin der einzige unter ihnen, der bemüht schien, dieses ihm entgegengebrachte Vertrauen zu rechtfertigen.

Als Vizekanzler bei den damals noch üblichen Kabinettssitzungen – die bald danach abgeschafft wurden, nachdem sich die bisher selbständigen Ressortchefs zu »Sachberatern des Führers« hatten herabstufen lassen – hatte er nachdrücklich für Verständigung mit Frankreich und Polen, gegen SA-Exzesse, den »Arier«-Paragraphen im Berufsbeamtengesetz, gegen den Austritt Deutschlands aus dem Völkerbund, gegen Hitlers Österreich-Politik plädiert. Viel Unterstützung bei seinen konservativen Kollegen dürfte er dabei nicht gefunden haben, obwohl sie über eine geradezu erdrückende Mehrheit verfügten: von Papen, von Neurath, Graf Eltz von Rübenach, Graf Schwerin-Krosigk, Gürtner, Seldte, Hugenberg und von Blomberg gegen Hitler, Göring, Frick und – ab März 1933 – Goebbels. Sie hätten also Kabinettsvorlagen blockieren, zurücktreten, mit dem Rücktritt oder der Mobilisierung der öffentlichen Meinung drohen können. Aber unter der Führung Hitlers schienen sie zu einer amorphen willfährigen Masse zu werden und – so Bracher – »zu gemeinsamer Widerstandsleistung im Grunde unfähig«. Von Papen war es, der schließlich mit drei und, wie ich mich noch gut erinnere, mit größter Genugtuung in Deutschland aufgenommenen Reden – der ersten im Juli 1933 in Dresden, der zweiten im Dezember 1933 in Bremen und der dritten auch heute noch lesenswerten am 17. Juni 1934 im Auditorium maximum der Universität Marburg – die Öffentlichkeit alarmierte. Er warnte Hitler vor den Konsequenzen seines Tuns und die Deutschen vor den sich immer deutlicher abzeichnenden Konsequenzen der nationalsozialistischen Machtergreifung. Mit den Tönen, die er dabei anschlug, setzte er, wie sich bald zeigen sollte und worüber er sich gewiß auch vorher im klaren war, sein Leben wie das seiner Mitarbeiter aufs Spiel.

»Zwischen dem geistigen Wollen und der täglichen Praxis der deutschen Revolution hat sich eine gewisse Kluft aufgetan«, sagte er. »Mangelnder oder primitiver Intellekt berechtigen noch nicht zum

Kampf gegen den Intellektualismus. Und wenn wir uns heute über 150prozentige Nationalsozialisten beklagen, dann sind das Intellektuelle ohne Boden, die Wissenschaftlern von Weltruf ihre Existenz bestreiten, weil sie kein Parteibuch besitzen.«

Und an die Adresse Hitlers: »Ein weltbewegender Mensch hat zwei Ämter. Er vollzieht, was die Zeit erfordert; dann aber – und dies ist sein schwereres Amt – steht er wie ein Gigant gegen den aufspritzenden Gischt des Jahrhunderts und schleudert hinter sich die bösen Buben, die mittun wollen, das gerechte Werk ... schändend.«

Mit hallend-hohlem Pathos wird hier Hitler zurechtgewiesen und getadelt, vorsichtshalber aber gleichzeitig in die vierte Dimension gehoben und als »Gigant«, als »weltbewegender Mensch«, hofiert. Immerhin – die von seiten seines – jedenfalls nominell – engsten Mitarbeiters und Stellvertreters an Hitler geübte Kritik war die härteste, die man seit seiner Ernennung zum Reichskanzler bis dahin in Deutschland vernommen hatte.

Für den, der in unserer liberalen Demokratie aufgewachsen ist und täglich liest, hört und sieht, welche Vorwürfe Massenmedien und Abgeordnete dem System und der Regierung, gleichviel, wer gerade an der Macht ist, an den Kopf werfen, ist es schwer vorstellbar, daß diese vergleichsweise behutsam kritischen Bemerkungen damals das Todesurteil bedeuten konnten.

Entgegen vorheriger Abrede wurde die Veröffentlichung der Rede von Goebbels denn auch verboten, doch hatte sie sich mit Windeseile herumgesprochen. Von Papen protestierte zwar, nahm den Affront aber schließlich ebenso hin wie die wenige Tage später erfolgte Verhaftung seines Mitarbeiters Edgar Jung, der die Rede verfaßt hatte. Kurz darauf, am 30. Juni 1934, folgte mit der Niederschlagung eines angeblich bevorstehenden SA-Aufstandes, der – jedenfalls zu diesem Zeitpunkt – weder geplant noch vorbereitet und lediglich von Hitler als Vorwand zur Ausschaltung mißliebiger SA-Führer und Politiker konstruiert war, die deutsche Bartholomäusnacht. Sie offenbarte auch dem letzten, der bisher noch nichts begriffen hatte, die ganze eiskalte Bestialität des Regimes, das sich die Deutschen ins Haus geholt hatten. Von Papen hatte wohl begriffen und deshalb wiederholt versucht, den auf sein Gut Neudeck gereisten alten Reichspräsidenten von Hindenburg zu erreichen, um ihn zur Verhängung des Ausnahmezustandes zu veranlassen. Sein, Hindenburgs, Wille hätte die Reichswehr zur Intervention gezwungen und das Unheil abwenden können. Sohn Oskar von Hindenburg und

Staatssekretär Meissner aber verhinderten jeden Kontakt von Papens mit dem alten Herrn, und alles nahm seinen Lauf. Von Papen wurde unter strengster Bewachung in seinem Berliner Haus eingesperrt, während zwei seiner engsten Mitarbeiter, Herbert von Bose und der oben erwähnte »Ghostwriter« Edgar Jung, von der SS erschossen wurden.

Später hat man sich bemüht, von Papens Verdienst an der Marburger Rede mit der Feststellung abzuwerten, er hätte sie ja gar nicht verfaßt. Als ob es darauf ankäme! Entscheidend ist doch, daß er sie in Auftrag gegeben hat und er damit vor die Öffentlichkeit getreten ist. Der Mut Edgar Jungs und Herbert von Boses und ihre Verdienste um diesen Appell werden dadurch ja in keiner Weise geschmälert. Sie wurden übrigens vermutlich nicht nur wegen dieser Rede ermordet, sondern weil Hitlers Schergen (dank der Redefreudigkeit Edgar Jungs) das Büro des Vizekanzlers als »Verschwörernest« ausgemacht und es Hitler denunziert hatten. Tatsächlich wurden dort ständig Pläne zum Sturz Hitlers entworfen, verworfen, neu geplant und diskutiert.

Die Führung der Reichswehr sah indessen, paralysiert oder auch recht befriedigt über die Ausschaltung ihrer immer stärker gewordenen Konkurrenz, der SA, dem Morden zu. Die Waffen dafür hatten die Wehrkreiskommandos zum größten Teil der SS zur Verfügung gestellt. Von Papens ebenfalls eingesperrter, aber mit dem Leben davongekommener und später nach England geflüchteter Mitarbeiter von Tschirschky hat die Apokalypse jener Tage anschaulich geschildert (»Erinnerungen eines Hochverräters«).

Auch nach seiner Befreiung ließ man von Papen nicht zu Hindenburg vor. Offenbar sollte nach dem Willen des Staatssekretärs Meissner der alte Herr nicht beim Unterschreiben von Telegrammen gestört werden, mit denen er Hitler und Göring beglückwünschte... Die führenden Köpfe der Reichswehr wußten deshalb immer noch nicht, was zu tun sei, obwohl auch zwei ihrer Generale, von Bredow und von Schleicher, ermordet worden waren ... Um zu intervenieren und den Rechtsstaat zu wahren, brauchten sie einen Befehl, selbst wenn dieser Befehl von einem Greis stammte, der von seiner Umgebung nur noch erfuhr, was er erfahren sollte und längst jeden Überblick über die Lage verloren hatte. Dem Oberbefehlshaber, von Blomberg, war die Ausschaltung der Konkurrenz, der SA, ohnehin wichtiger als das Vorgehen gegen einen Mann, dem er schließlich seinen Posten verdankte.

Aber Hitler hatte an alles gedacht. Auch der Rechtsstaat sollte nicht zu kurz kommen: Am 3. Juli beschloß das – auch ohne den inzwischen demissionierten Vizekanzler noch vorwiegend bürgerliche – Kabinett: »Die zur Niederschlagung hoch- und landesverräterischer Angriffe am 30. Juni, 1. und 2. Juli vollzogenen Maßnahmen sind als Staatsnotwehr Rechtens.«

In diesem ungeheuerlichen, vom Reichsjustizminister Gürtner eingebrachten sozusagen zur »Rettung des Rechtsstaates« gefaßten Beschluß, der in Wirklichkeit eine einzige Verhöhnung des deutschen Volkes und der deutschen Justiz darstellte, ist jedes Wort eine Lüge: Es gab – jedenfalls zu diesem Zeitpunkt – keine hoch- und landesverräterischen Angriffe und daher auch keine Notwehr. Die »Maßnahmen« wurden auch nicht von staatlichen Organen, also Polizei oder Reichswehr, sondern von der SS, dem privaten Saalschutz der NSDAP – freilich auf Befehl des deutschen Reichskanzlers –, vollzogen. »...so war der wahre Unterlegene die deutsche Nation, denn sie hatte (mit dem 30. 6. 1934) als ›Staatsnation‹ aufgehört zu existieren.« (Karl F. Brachers »Die Auflösung der Weimarer Republik«.)

Wer danach noch aufrecht stand, beeilte sich nunmehr, in die Knie zu gehen: Die Reichswehr legte am 2. August den Eid auf Hitler ab, der soeben zwei ihrer Generäle nebst der Ehefrau des einen hatte ermorden lassen; ein namhafter Rechtslehrer, Karl Schmitt, veröffentlichte in der »Deutschen Juristenzeitung« einen Artikel mit der Überschrift: »Der Führer schützt das Recht.«

Wer eine Antwort auf die Frage sucht, wann und wie der preußisch-deutschen Armee mit ihrer uralten stolzen Tradition von Hitler das Rückgrat gebrochen wurde und wie der daraus zwangsläufig folgende Kadavergehorsam ihrer Führung den Weltkrieg, den Überfall auf die Sowjetunion, Stalingrad und das Sterben von 50 Millionen Menschen überhaupt erst ermöglicht hat – in den Geschehnissen des 30. Juni 1934 und den Tagen danach wird er den Schlüssel finden. Hitler hatte über die Armee »einen vernichtenden Sieg« (Wheeler-Bennet) errungen.

Die Fahrt Deutschlands in den Abgrund war, wenn man es recht besieht, von einer Reihe »geglückter« Rettungsversuche des Rechtsstaates begleitet. Der erste war die – legale und legitime – Machtergreifung des Nationalsozialismus. Der zweite war das sich der Röhm-Affäre anschließende »réglement des comptes«, wie die Franzosen derlei Abrechnungen in der Unterwelt nennen. Generaloberst von Fritsch – von von Papen angesprochen: »Wie ist es möglich, daß Ihr hier stillsitzt, wenn zwei Eurer Generale (von Schleicher und von Bredow) erschossen und Hunderte anderer Leute arretiert oder erschossen werden, obgleich sie mit dem Putsch nicht das geringste zu tun haben?« – erwiderte, das wäre auch seine Ansicht. Doch ohne ausdrücklichen Befehl könne er nicht handeln ... Der Oberbefehlshaber von Blomberg wolle keinen Befehl geben, und der andere Zuständige, der Reichspräsident von Hindenburg, wisse wohl überhaupt nicht, was vor sich gehe...

Die eigentliche Rettung kam dann von jenem Kabinettsbeschluß, der die Morde des 30. Juni »für Rechtens« erklärte.

Auch der Generalfeldmarschall von Manstein hatte nur die Rettung des Rechtsstaates vor Augen, als er 1942 dem Oberst von Gersdorf auf dessen im Auftrag des Generals von Tresckow überbrachte Anregung, der Widerstandsbewegung beizutreten, kurz erwidert: »Ein preußischer General rebelliert nicht.«

Der Generalfeldmarschall kannte die preußische Geschichte nicht hinreichend, sonst hätte er sich in diesem Zusammenhang an 1812, an den Grafen Yorck von Wartenburg und an Tauroggen, aber auch noch an eine andere Geschichte aus dem deutsch-österreichischen Kriege 1866 erinnern müssen: Als sich ein Bataillonskommandeur über seine Bestrafung wegen der Ausführung eines bestimmten Befehls bei seinem Armeeführer, Prinz Friedrich Karl, einem Neffen Wilhelms I., darüber beschwerte, erhielt er von ihm die Antwort: »Seine Majestät hat Sie zum Bataillonskommandeur gemacht, weil er glaubte, Sie könnten einen guten und richtigen Befehl von einem falschen unterscheiden.«

Die Alternative zur Nichtausführung von Befehlen, die als unsinnig erkannt waren, war eben deren Ausführung. Die überflüssige Opferung ungezählter Menschen war häufig die zwangsläufige Folge.

In von Papens zweitem Buch »Vom Scheitern einer Demokratie«, das sich mit der Verantwortung der Parteien und der bürgerlichen Politiker anläßlich Hitlers Machtergreifung befaßt, heißt es zum Thema »Auslieferung Deutschlands an Hitler«: »Erstaunlich ist nur die Tatsache, daß sie (die politischen Parteien) es vorzogen, den Nationalsozialisten die Republik in verfassungsmäßig korrekter Form auszuliefern, als den Versuch zu machen, durch einen Bruch der Form den Geist der Verfassung zu retten. Konsequent bis ans Ende haben sie dann auch die Todesanzeige der Weimarer Republik (das

Ermächtigungsgesetz vom 23. März 1933) in der verfassungsmäßig und protokollarisch korrekten Form veröffentlicht.« Auch wenn von Papen selbst dafür, daß es so kam, wohl einen Teil der Verantwortung mitübernehmen muß, läßt sich dieser späten Erkenntnis kaum etwas hinzufügen.

Lenin hatte so unrecht nicht, als er – enttäuscht darüber, daß der von ihm in Rußland entfachte Brand nicht auf Deutschland übergriff – feststellte, in Deutschland könne schon deshalb keine Revolution stattfinden, weil kein Deutscher es wagen würde, einen Bahnsteig ohne Lösen einer Bahnsteigkarte zu betreten oder gar einen Weg zu verlassen, wenn ein Schild angebracht wäre: »Betreten des Rasens verboten!« Freilich, an eine Revolution auf ganz »legalem« Wege – als ob die Amtsenthebung des preußischen Ministerpräsidenten Otto Braun, einer der wenigen bedeutenden Politiker seiner Zeit, durch den Reichskanzler von Papen in seiner Eigenschaft als Reichskommissar für Preußen etwa »legal« gewesen wäre –, daran hatte auch Lenin nicht gedacht!

Vom 30. Juni 1934 ab fällt es doppelt schwer, von Papens fortgesetzter Bereitschaft, dem Regime und damit den Mördern seiner Mitarbeiter zu dienen, noch Verständnis entgegenzubringen. Selbst ihm fällt es in seinen Erinnerungen nicht leicht, um Verständnis zu werben. Als Vizekanzler ausgebootet, weigerte er sich, nach diesen Ereignissen den Posten wieder zu übernehmen, und Hitler ließ die Stelle und das Amt streichen. Seiner engsten Mitarbeiter, die ermordet oder verhaftet waren, beraubt, lehnte er zwar den Posten des Botschafters am Vatikan ab, akzeptierte aber das Angebot, nach der Ermordung des österreichischen Bundeskanzlers Dollfuß durch österreichische Nationalsozialisten im Juli 1934, als Botschafter nach Wien zu gehen. Sechs Wochen vor dem »Anschluß« von dort abberufen, erschlug auf Geheiß Heydrichs die Gestapo am 13. März 1938, dem Tag des »Anschlusses«, in Wien einen weiteren seiner Mitarbeiter, Wilhelm Freiherr von Ketteler, und warf ihn in die Donau.

Bald danach entsprach von Papen der Bitte seines wenig geschätzten und eher verachteten Vorgesetzten Joachim von Ribbentrop und übernahm – im April 1939 – die Botschaft in Ankara.

# Friedliche Kriegsjahre in der Türkei

*Türkische Balancepolitik zwischen den Kriegführenden · Besuch des Meisterzauberers Kalanag · Bombenattentat am Boulevard Atatürk · Besuch zweier Gauleiter · Erste Informationen über die »Endlösung«*

Mit der Ernennung zum Botschafter wollte man von Papen sicher nicht abschieben, im Gegenteil! In Erwartung kommender Ereignisse wollte man in Ankara durch einen Mann vertreten sein, dessen Wort und dessen Persönlichkeit für die Türken Gewicht hatten. Verhielt es sich so, dürften Hitler und von Ribbentrop richtig kalkuliert haben. Während des Ersten Weltkrieges Chef der Operationsabteilung der Heeresgruppe Falkenhayn in Mesopotamien, schloß er mit türkischen Kameraden, wie Refet Pascha, Ali Fuad Bey und anderen, Freundschaft, die wieder auflebte und ihm seine Arbeit in Ankara erleichterte, als er sie im Zweiten Weltkrieg als türkische Minister wiedertraf.

In dem überaus komplizierten Spiel um das Schicksal der Türkei – das heißt, also auch um die spätere Türkei als Südostpfeiler des Atlantikpaktes – hat Franz von Papen eine bedeutende Rolle gespielt. Sie ist ihm auch von den Türken bis heute nicht vergessen worden.

Die Türkei hatte im Ersten Weltkrieg an der Seite Deutschlands aufs falsche Pferd gesetzt und nach der Kapitulation und dem Diktatfrieden von Sèvres 1920 einen großen Teil ihres bereits im 18. und 19. Jahrhundert empfindlich geschrumpften Territorialbestandes eingebüßt. Diese Lektion war ebensowenig vergessen wie die Rettung des Staates vor dem Untergang und seine Neuschaffung durch Kemal Atatürk – einem der wenigen großen Staatsmänner dieses Jahrhunderts.

Als der Zweite Weltkrieg ausbrach, erkannte die türkische Führung rasch, daß die Existenz des Staates von strikter Bewahrung seiner Neutralität abhänge. Daß ihr – unter einem komplizierten Netz von Verträgen, die zeitweise die »Neutralität« mehr als in Frage stellten mit fast allen Kriegführenden – diese Gratwanderung vom September 1939 bis zum Februar 1945 gelungen ist und sie Deutschland (mit Wirkung vom 1. März 1945) erst den Krieg erklärte, als er praktisch schon beendet war, ist eine politisch-diplomatische Leistung, die größte Bewunderung verdient.

Ähnliches hat Francisco Franco vollbracht, als er Hitlers ständigem Drängen nach Eintritt Spaniens in den Krieg und nach Öffnung der spanischen Grenze zum Durchmarsch der deutschen Truppen nach Gibraltar mit überaus geschicktem Finassieren widerstand. Er hat damit – sieht man von seiner einzigen Konzession, Hitler für den Rußlandfeldzug eine Division zur Verfügung zu stellen, einmal ab – Spanien den Frieden erhalten und es vor Besetzung bewahrt.

Zwar sind noch längst nicht alle Archive geöffnet, weder die der Türkei noch Spaniens, noch die Archive der kriegführenden Staaten, doch ist es schon jetzt faszinierend, die von der Türkei praktizierten Schliche und Winkelzüge, das Gegeneinanderausspielen der Kriegsgegner wie auch der Verbündeten zu verfolgen. Den einen durch Versprechungen, den anderen durch – wohldosierte – Gefälligkeiten hinzuhalten, niemanden zu verprellen, Zeit zu gewinnen und dabei auch noch von jedermann möglichst handfeste materielle Vorteile einzukassieren, zeugt von einer Staatskunst der damaligen türkischen Führung unter Ismet Inonü, dem Freund und Kriegskameraden Atatürks, die Respekt verdient.

Die Situation der Türkei war auf Grund ihrer strategischen Lage zwischen West und Ost, ihrer Schlüsselposition am Ein- und Ausgang des Schwarzen Meeres und ihrer gemeinsamen Grenze mit der Sowjetunion noch weit heikler als die Spaniens. Vor allem war es die Sowjetunion mit ihren von den Zaren übernommenen Ambitionen auf den Besitz der Meerengen, die die Türkei bedrohte. Um so größer war der Schock, als am Vorabend des Krieges die Nachricht vom Bündnis Hitlers mit Stalin in Ankara eintraf. Ein Bündnispakt der Türkei mit Frankreich und Großbritannien im Oktober 1939, dem allerdings nach dem Überfall Italiens auf Albanien im April 1939 eine türkisch-britische und eine türkisch-französische Beistandsdeklaration vorausgegangen waren, war die rasche Reaktion.

Die Entwicklung des Krieges mit dem Vormarsch der deutschen Armeen an allen Fronten und ihrer Präsenz auf dem Balkan, in Griechenland, Bulgarien, Rumänien, allen Staaten also, die gemeinsame Grenzen mit der Türkei hatten, machten nun aber auch einen Gegenzug nach der anderen, der deutschen Seite erforderlich. Die Wünsche beider Seiten begegneten sich:

Deutschland wollte mit einem deutsch-türkischen Freundschaftsvertrag den türkisch-britischen Beistandspakt ausmanövrieren, die kriegswichtigen Rohstoffbezüge (Chromerze, Kupfer) sichern und den Eintritt der Türkei in den Krieg auf seiten der Achsenmächte möglichst in der Schwebe halten. Für die Türkei war der Vertrag wichtig, um mit dem an allen Fronten und auf dem Balkan – ihrem Hauptinteressengebiet – siegreichen Deutschland im Gespräch zu bleiben und Mittel und Wege zu finden, um vor denkbaren Auswirkungen der deutsch-italienischen »Stahlachse« – italienischen Versicherungen kann man nicht trauen, sagte der türkische Außenminister zum deutschen Botschafter – und vor allem gegen Auswirkungen des Hitler-Stalin-Paktes geschützt zu sein.

Ende 1940 besuchte Stalins Außenminister Molotow Hitler und von Ribbentrop in Berlin und betonte die russischen Ansprüche auf die Meerengen. Die Sowjetunion brauche gegen einen Angriff auf das Schwarze Meer Garantien »nicht nur auf dem Papier«, wie er sagte, »sondern in der Tat«. Mitte März 1941 – die Gespräche über einen Freundschaftsvertrag waren längst im Gange, aber die Türken zögerten eine Entscheidung immer wieder hinaus – versuchte Adolf Hitler, den türkischen Botschafter Gerede mit Details über seine Gespräche mit Molotow und über das geforderte Mitspracherecht der Sowjets bei der Meerengenkontrolle zu beunruhigen und so das türkische Interesse an dem Freundschaftspakt anzuheizen. Auch er, Hitler, sei für eine Revision des Abkommens von Montreux zugunsten der Sowjetunion...

Daß die türkische Regierung trotz zunehmender Sorge über die weiteren Absichten Hitlers bei der Kooperation mit Stalin und bei seinen Plänen auf dem Balkan mit dem neuen Freundschaftsvertrag zögerte, ist verständlich. Lief doch die Absicht Berlins darauf hinaus, durch das neue Abkommen mit Deutschland den türkisch-britischen Vertrag, wenn schon nicht zu annullieren, so doch wenigstens zu »kastrieren« und die Zusammenarbeit der Türkei mit Großbritannien auf formelle Beziehungen zu beschränken.

Von Ribbentrop drahtete dementsprechend am 9. Juni 1941 an von Papen: »...Die Türkei möchte zwar einen Vertrag mit Deutschland schließen..., möchte aber gleichzeitig mit England verbündet bleiben und sich anscheinend die Möglichkeit vorbehalten, mit ihm...zumindest indirekt politisch und militärisch zu kooperieren. Die türkische Regierung muß sich darüber klar sein, daß sich die Türkei...dadurch automatisch in einen Gegensatz zu Deutschland bringt...«

Von Papen drahtete am 12. Juni zurück, von Ribbentrop habe mit seiner Vermutung über die türkischen Absichten völlig recht. Genauso sei es. Der Versuch aber, die Türkei aus dem britischen Lager in das deutsche Lager herüberzuziehen, könne nicht durch einen solchen Vertrag, sondern »höchstens einmal infolge einer psychologischen Evolution, für die der abzuschließende Vertrag nur den ersten Schritt darstellt«, gelingen. Diese Ansicht habe er auch gegenüber seinen türkischen Gesprächspartnern vertreten. Er bäte daher darum, in Berlin nochmals darüber nachzudenken, ob nicht auf unerfüllbare Wünsche verzichtet werden könne. Die Türken seien »Herren« und daher gewohnt, einmal geschlossene Verträge auch zu halten.

Von Papens Vertreter, der Gesandte Hans Kroll, sekundierte ihm und karikierte, wie er in seinen Erinnerungen beschreibt, während der deutsch-türkischen Verhandlungen in Berlin die Forderungen mit der Bemerkung, jetzt fehle nur noch die Bestimmung, »daß die Türken die Wirtschaftsbeziehungen mit England und Frankreich abzubrechen und uns ihren Goldschatz auszuliefern hätten«.

Tatsächlich lenkte man in Berlin ein, und der Vertrag konnte am 18. Juni 1941 – drei Tage vor dem Angriff Deutschlands auf die Sowjetunion – in Ankara unterzeichnet werden. Er war – wie Georg Stadtmüller treffend schreibt – »eine merkwürdige und in sich widersprüchliche Konstruktion. Die türkische Republik schloß mit dem Deutschen Reich einen Nichtangriffs- und Konsultationsvertrag, während sie mit Großbritannien verbündet blieb... Während Deutschland gegen Großbritannien einen Krieg auf Leben und Tod führte, schloß es mit dem Verbündeten dieses seines Hauptfeindes einen Freundschaftsvertrag, wobei es sogar einen Vorbehalt zugunsten dieses türkisch-britischen Bündnisses anerkannte.«

Für England war der Vertrag ein großer Schock, »an exceedingly unpleasant thought«, wie Sir Knatchbull-Hugessen, der britische Botschafter in Ankara, in seinen Memoiren feststellt.

An diesem Kunststück war Franz von Papen maßgeblich beteiligt. Auf ihn wie auf seinen Vertreter, den Gesandten Hans Kroll, ging die Anregung des deutsch-türkischen Nichtangriffs- und Konsultationsvertrages zurück und auf ihre Vorstellungen auch die Entscheidung Berlins, sich lieber mit der nun einmal vereinbarten türkisch-britischen Zusammenarbeit abzufinden, als den deutsch-türkischen Vertrag scheitern zu lassen.

Im Juni 1942 folgte ein Wirtschaftsvertrag, der die dringend benötigten Chromlieferungen an Deutschland regelte und ein Jahr später auf Initiative von Papens ein Vertrag über einen 100-Millionen-RM-Kredit an die Türkei. Er diente dazu, die türkische Armee mit modernen Waffen zu beliefern. Damit hatten die Türken die Garantie, von Deutschland nicht angegriffen zu werden, gleichzeitig aber auch die Chance, sich gegen einen Angriff von dritter Seite nachdrücklich zur Wehr setzen zu können. Die Türkei war jedenfalls nun gut abgesichert und konnte sich allem Drängen einer kriegführenden Seite auf Beteiligung am Kriege oder auf Einräumung bestimmter Vorteile, wie Durchmarsch, Überflugrechte, Truppenstationierung, stets mit dem Hinweis auf ihre vertraglichen Verpflichtungen gegenüber der anderen Seite entziehen. Gewisse, ohnehin höchst abenteuerliche deutsche Pläne – Vorstoß Rommels über den Suezkanal in die Türkei und Vereinigung mit den inzwischen bereits an der russisch-türkischen Grenze vermuteten deutschen Rußland-Armeen – wären so an diesen Verträgen gescheitert, wenn nicht die Engländer Rommel bereits in Ägypten gestoppt hätten. Ebenso scheiterten aber auch bei den Konferenzen in Adana (im Januar 1943) und Kairo alle Überredungskünste Churchills, die Türkei doch noch zu einem Kriegseintritt an der Seite der Briten zu gewinnen.

Verfolgt man die inzwischen darüber entstandene Literatur und Dokumentation, ergibt sich, daß bei diesen überaus zähen und von den Alliierten mit zunehmendem Druck auf die Türkei geführten Verhandlungen die Türken diejenigen Partner waren, die über das Kriegsende hinaus stets auch an die Gestaltung des Friedens, an eine Balkanföderation, an die künftigen Beziehungen zur Sowjetunion dachten und schon auf Grund dieser Überlegungen Entscheidungen scheuten, die das Verhältnis zu einer der kriegführenden Parteien belasten mußten. Erst als nach der Jalta-Konferenz im Februar 1945 die drei Alliierten Sowjetunion, USA und Großbritannien der Türkei die Pistole auf die Brust setzten und erklärten, sie werde – mit allen sich daraus ergebenden Konsequenzen – nicht in die »Vereinten Nationen« aufgenommen, wenn sie nicht in den Krieg eintrete, erst dann entschloß sich Ismet Inonü, der Anfang August 1944 bereits die diplomatischen Beziehungen zu Deutschland abgebrochen hatte, dem Druck nachzugeben.

Im Grunde ihres Herzens, aber auch mit kühlem Verstande, waren die Türken auf der deutschen Seite. Das ergab sich schon aus den traditionell guten Beziehungen beider Länder, die sich, wenn man will, bis ins 14. Jahrhundert zurückverfolgen lassen. 1396 nämlich geriet der aus dem Dorf Hollern bei Lohof nahe München gebürtige Johann Schiltberger, der als junger Mann in ungarische Dienste getreten war, in türkische Gefangenschaft. Der Sultan Beyazit, genannt der »Blitz«, hatte die Ungarn in der Schlacht von Nekopolis besiegt und ließ danach die angeblich von ihm gemachten 60000 Gefangenen Mann für Mann enthaupten. Schiltberger dagegen wurde als Sklave mitgeführt, geriet später als Sklave in die Dienste Timurs, der Beyazit in der Schlacht bei Ankara besiegt hatte, und konnte schließlich nach über dreißigjähriger Sklaverei wieder in seine bayerische Heimat zurückkehren.

Seine Erinnerungen unter dem anspruchslosen Titel »Reise in den Orient« wurden 1460 erstmalig in Augsburg gedruckt und waren im 15. und 16. Jahrhundert lange Zeit das, was man heute einen »Bestseller« nennt.

Die Türken hatten Schiltberger nicht vergessen und erinnerten 1941, also mitten im Kriege, in einer Artikelserie des damaligen Regierungsblattes »ULUS« wie der »Türkischen Post« unter der Leitung des unermüdlich für die deutsch-türkische Freundschaft werbenden Schriftleiters, Dr. Richard Peters, an Schiltberger und sein abenteuerliches Leben, an sein Buch und die von ihm hinterlassene lateinische Übersetzung des »Vater unsers« – so wie es zu seiner Zeit von den türkischen Christen gebetet wurde. Seitdem gilt nämlich dieser Deutsche aus Bayern als Begründer der Turkologie, der Wissenschaft von Sprache und Kultur der türkischen Völker, und vielleicht ist er auch ein wenig der Begründer jener sympathischen Affinität, mit der sich Türken und Deutsche seit jeher begegnen.

Im Zweiten Weltkrieg standen natürlich handfeste Interessen und das nüchterne Kalkül im Vordergrund, daß – nach allen Erfahrungen – ein Sieg der Westmächte für die Türkei und ihre Rolle an der Nahtstelle Asien–Europa mehr Probleme und Gefahren schaffen könnte als ein Sieg Deutschlands. Als dann der Krieg gegen Rußland begann, erhoffte sich Ankara erst recht einen Sieg der Deutschen. Die wiederholt geäußerten Aspirationen Moskaus auf den Bosporus und die Dardanellen waren nicht vergessen und machten den türkischen Wunsch, der große Nachbar im Norden möge durch den Krieg an Einfluß und Stärke verlieren, erst recht begreiflich.

So sehr die türkische Regierung aus naheliegenden Gründen auf einen deutschen Sieg im Osten hoffte, so war sie doch viel zu schlau und zu gut informiert, um den wiederholten deutschen Versicherungen zu trauen, der Krieg sei praktisch eigentlich längst gewonnen! Es handele sich eher darum – so jedenfalls Hitler im November 1940 zu Molotow, als der Krieg mit England noch kaum begonnen hatte –, die 40 Millionen Quadratkilometer große »Weltkonkursmasse« des britischen Weltreichs zu verteilen. Die Türken machte so törichtes Geschwätz nur noch mißtrauischer, und sie verfolgten den Gang der Ereignisse mit steigender Unruhe. Je mehr ihnen die Lebensraum- und Führer-Mentalität von Hitler-Deutschland klar wurde, um so weniger paßte ihnen die Vorstellung, dieses Land könnte den Krieg gewinnen, ins politische Konzept. Andererseits aber war sicher, daß nur ein Sieg Deutschlands über die Sowjetunion die Türkei von der großen Gefahr einer russischen Intervention an den Meerengen befreien würde. So wußte die türkische Führung schließlich selbst nicht mehr, was sie wünschen sollte. Bereits im Frühsommer 1942 hatte sie jedenfalls nur noch ganz geringe deutsche Gewinnchancen errechnet, die ihren Niederschlag in einem geheimen Stimmungsbericht vom März 1943 über die allgemeine Lage fanden. Er wurde dem Staatspräsidenten vorgelegt und geriet auch in die Hände des deutschen Botschafters, der ihn nach Berlin weiterleitete – allerdings nicht an den Reichsaußenminister, sondern über General Rohde, den Militärattaché, an den Generalstab. Der Bericht zeigt, wie tiefgreifend sich die Bewertung der gesamtstrategischen Lage durch die türkische Führung gewandelt hatte:

Nur »eine kleine Schicht deutschfreundlicher Persönlichkeiten (in der Türkei) glaubt noch«, so heißt es darin, »an einen Sieg Deutschlands über Rußland und einen Verständigungsfrieden mit den angelsächsischen Mächten. Wenn beide Gegner im Osten (das heißt also Deutschland und Rußland) genügend Kräfte eingebüßt haben, dann wird eine Landung auf dem europäischen Festland vorgenommen, die sowohl als zweite Front zur Unterstützung Rußlands als auch zur Rettung der gegen die Achse bereits in Empörung befindlichen unterworfenen Völker dienen soll.«

Berücksichtigt man, daß die Landung in der Normandie erst im Sommer 1944 erfolgte und im Februar 1943 der Seitenwechsel Italiens wie die Landung der Alliierten auf Sizilien noch kaum vorauszusehen waren, ist diese Prognose ein ebenso bemerkenswertes Zeugnis nüchterner Klarsicht wie die daraus gezogenen Konsequenzen:

Wie einem Drahtbericht von Papens vom 19. März 1943 zu entnehmen ist, hatte Außenminister Numan am gleichen Tage dem Botschafter versichert, daß sich die türkische Politik trotz der ernsten Lage nicht geändert habe. Die Regierung sei nach wie vor der Meinung, »daß Europa ohne ein starkes Deutschland nicht zu denken sei und die Türkei niemals etwas unternehmen würde, was dieser Auffassung zuwider wäre. Aber angesichts der Spannungen zwischen den Anglo-Amerikanern und den Russen berge der weltweite Konflikt alle Möglichkeiten einer Überraschung in sich.« Der eine oder der andere der angelsächsischen Partner könne sich mit den Russen alliieren oder Deutschland könne eines Tages versuchen, sich mit den Russen zu arrangieren. (Nur wenig später – im Juni 1943 – streckte bekanntlich die Sowjetunion über ihre Stockholmer Gesandtschaft Friedensfühler aus, doch die entstehenden Kontakte wurden im September auf Weisung Hitlers abgebrochen, noch bevor man in Berlin übersehen konnte, welchen Zweck Stalin damit verfolgte.)

Die Türkei müsse jedenfalls, sagte Numan weiter, alle Eventualitäten im Auge behalten und werde daher »zu allen kriegführenden Parteien gleich freundlich sein«. Von Papen fügte in seinem Drahtbericht nach Berlin hinzu: »Wörtlich: les caresser tous.« »Alle gleichmäßig streicheln« – das war eine diplomatische, nur ein wenig verschlüsselte Sprache, die dem deutschen Vertreter begreiflich machen sollte, daß die Türkei künftig weit stärker als bisher die Anliegen der Gegenseite berücksichtigen werde.

Die Sympathie für die Deutschen in den ersten Jahren des Krieges wurde manchmal so offen zur Schau getragen, daß man sich sogar bei »Karpitsch« davon überzeugen konnte. Gregorij Karpitsch war ein russischer Ingenieur und Emigrant, der mit Hilfe seines Freundes Kemal Atatürk in Ankara ein nobles Restaurant eröffnet hatte und es während des ganzen Krieges mit der natürlichen Würde eines Gentleman, mit gutem Essen und viel diplomatischer Diskretion betrieb. Hier befand sich die Nachrichtenbörse ganzer Kontinente, hier trafen sich Freund und Feind, und nicht selten frühstückte der deutsche Botschafter mit seiner Familie oder seinen Gästen nur einige Tische entfernt von seinem britischen Kollegen, Sir Knatchbull-Hugessen. Im April 1943 passierte es mir, daß ich an Karpitschs Bar mit einem freundlichen älteren Engländer ins Gespräch kam. Es wurde aber bald abgebrochen, als er feststellte, daß ich kein Schwede oder Schweizer, sondern bei der deutschen Botschaft beschäftigt sei. Er hingegen war der britische General Wilson, der mit der türkischen Regierung über Waffenlieferungen verhandelte.

Als sich 1941 gelegentlich noch die deutschen »Siegesmeldungen« überstürzten, kam es vor, daß das Karpitsch-Orchester sein Spiel unterbrach und das britische Soldatenlied »We are hanging up our washing on the Siegfried-Line« intonierte, um britische Besucher zu ärgern und den Deutschen eine kleine Freude zu bereiten.

Zu gleicher Zeit gelang es nach umständlichen Bemühungen dem Botschafter und mir, als dem für Rechts- und Konsularprobleme zuständigen Beamten, daß einigen Deutschen, die von türkischen Gerichten bei Kriegsausbruch wegen Spionage zu hohen Freiheitsstrafen verurteilt im Istanbuler Gefängnis einsaßen, eine mitten in einer türkischen Villensiedlung gelegene Villa außerhalb Ankaras als Behausung zugewiesen wurde. Dort konnten sie sich ihr Essen von »Karpitsch« kommen lassen und sich im Garten betätigen.

Aber diese Privilegien reichten ihnen leider nicht: Eines Nachts kam ein gegenüber wohnender Villenbesitzer nach Hause und beobachtete im Mondschein, wie mit Hilfe eines aus Decken zusammengebastelten Flaschenzugs ein Mensch – offenbar weiblichen Geschlechts – aus dem Garten der unbewachten Rückseite der »Spionen«-Villa langsam emporgehievt und dann lautlos durchs Fenster gezogen wurde. Unverzüglich ging er dem unheimlichen Vorgang nach und stellte fest, daß er als Vater gut daran getan hatte. Es handelte sich nämlich um seine Tochter, die sich ein wenig – oder auch ein bißchen mehr – mit den Deutschen angefreundet hatte.

Am nächsten Tage wurden die Deutschen wieder ins Gefängnis zurückgebracht!

Wenn die deutsche Botschaft in Ankara damals ein respektables »Image« besaß, dessen man sich noch heute in der Türkei erinnert, lag es wohl vor allem an dem unbestreitbaren »Charisma« von Papens, seiner Kontaktfreudigkeit und seiner Verdienste um die Bewahrung der türkischen Neutralität. Von Papens geschickte Art, seine Anliegen zu »verkaufen«, das Vertrauen, das er den Türken einflößte, und wohl auch die Eloquenz seiner Formulierungen in deutsch, englisch oder französisch, verschafften ihm jederzeit freundschaftlichen Zugang zu Ismet Inonü, dem mißtrauischen Staatschef und Mitstreiter Kemal Atatürks, zu Saracoglou, dem anglophilen Ministerpräsidenten, und vor allem auch zu dem urbanen, fuchsschlauen Numan Menemencioglou, dem Außenminister. Er war ein Studien- und Jugendfreund Professor Sauerbruchs, der auf seine Bitte 1943 eigens von der Ostfront nach Ankara geflogen wurde, um Numan an einer Lungenfistel zu operieren. Ich entsinne mich noch an die allgemeine Verblüffung der türkischen Ehrengäste und der anwesenden Deutschen, die Sauerbruch auslöste, als er bei von Papen zum Diner war. Er unterhielt sich gerade mit einem anderen Studienfreund dem Vali aus Istanbul, ebenfalls ein Arzt, als das allgemeine Tischgespräch zufällig verebbte und nur Sauerbruchs Stimme vernehmbar war:

»Also – wenn ich in Deutschland etwas zu sagen hätte, würde manches anders sein. Vor allem würde ich alle chemisch-pharmazeutischen Fabriken in die Luft jagen...« Da Deutschlands zivile Warenlieferungen in die Türkei damals zu etwa 75 Prozent aus Chemikalien und Pharmazeutika bestanden, war weder die eine noch die andere Seite von diesem seinem Vorhaben besonders angetan. Aber die überspitzte aggressive Bemerkung klärte er rasch auf.

Sauerbruch hatte vor seinem Gesprächspartner die Oberflächlichkeit moderner Ärzte beklagt und gerade ausgeführt, daß viele Krankheiten am ehesten diagnostizierbar und heilbar seien, wenn der Arzt sich nicht nur mit dem erkrankten Organ, sondern mit der Gesamtphysis und Psyche des Patienten beschäftigen würde! Die ungezählten Arzneien und Mittelchen, die auf den Markt kämen, um zu heilen, enthielten wiederum Gifte, deren Wirkung auf den Gesamtorganismus nicht oder nicht hinreichend erforscht seien. Ihrer lokal bedingten Wirksamkeit wegen würden sie aber schon um der Bequemlichkeit halber verschrieben.

Nach dem Essen interessierte sich Sauerbruch für die teilweise hervorragenden Gemälde in den Gesellschaftsräumen der Residenz des Ehepaars von Papen, und er erzählte mir, er sei erst kürzlich im Norden Europas bei einem deutschen Missionschef gewesen und habe – auf einem mit Hakenkreuzen verzierten Teppich stehend – ein fast lebensgroßes Gemälde Hermann Görings bewundert. Von der Dame des Hauses nach seinem Urteil befragt, habe er geantwortet: Wenn man seine Räume schon mit einem Bild Görings dekorieren wolle, ließen sich gewiß, »wenn Sie schon meine Meinung hören wollen«, auch gute Bilder anstatt einer so »infantilen Pinselei« finden. Die Gastgeberin habe ihn erschrocken angesehen und sich dann brüsk anderen Besuchern zugewandt. Ein junger Attaché hätte ihn dann aufgeklärt, daß sie passionierte Malerin sei und das Bild selbst geschaffen habe...

Die Diners, die von Papen für die türkische Führung gab, erfreuten sich auch dann noch hoher Beliebtheit, als der Stern der Deutschen längst im Sinken war. Die großen deutschen Pianisten, wie Walter Gieseking oder Wilhelm Kempf, gaben Konzerte. Einmal erschien auch der Chef einer bayerischen Filmgesellschaft, G. Schreiber, der die Kunst der »Zauberei« als privates Hobby betrieb und es dabei in der internationalen Gilde der Magier zu höchstem Ansehen gebracht hatte. Von Papen hatte ihn auf Hitlers Berghof in Berchtesgaden kennengelernt und ihn zu einem Essen zu Ehren des Staatspräsidenten nach Ankara eingeladen.

Schreiber freute sich nicht wenig über diese seltene Gelegenheit einer Auslandsreise und vereinbarte über eine Artistenagentur noch weitere Auftritte in Istanbul und türkischen Provinzstädten.

Nach dem Essen bei von Papen saßen wir, Türken und Deutsche, im großen Salon und folgten den zum Teil atemberaubenden Vorführungen Schreibers, der in der Mitte stand und mit Spielkarten, Blumen, Rasierklingen und dem aus einem Kännchen, das er in der Hand hielt, pausenlos sprudelnden »Wasser aus Indien« hantierte.

Danach unterhielt sich der Staatschef mit ihm, erfuhr von seiner Absicht, auch öffentlich aufzutreten, und bat ihn um einen Besuch vor seiner Abreise. Schreiber erzählte danach, Ismet Inonü habe ihn besonders herzlich empfangen, ihn aber ebenso nachdrücklich gebeten, seine für Laien fast unglaubhaft wirkende Kunst nicht noch anderswo zu zeigen.

»Sehen Sie«, so habe er etwa gesagt, »viele Ihrer türkischen Zuschauer werden Ihnen nicht abnehmen, daß es sich bei Ihrer Kunst um manuelles Geschick, um Ausnützung optischer und anderer Effekte, um Taschenspielertricks also, handelt; sie werden vielmehr in dem festen Glauben nach Hause gehen, Zeuge transzendentaler Vorgänge gewesen zu sein, wirkliche ›schwarze Magie‹ erlebt zu haben. Und diese bei meinen Landsleuten leider weitverbreitete Neigung zum Aberglauben, zum Übersinnlichen, möchte ich um so weniger unterstützen, als ohnehin in diesem Kriege immer wieder Dinge passieren, die rational gar nicht so leicht erklärbar sind.«

So reiste Schreiber – vom Staatspräsidenten reich beschenkt und entschädigt – alsbald wieder nach Deutschland zurück.

Nach dem Kriege traf ich ihn am Pulverturm hinter dem Hamburger Hauptbahnhof wieder. Er hauste, nachdem er von den Amerikanern, fälschlich als zum engsten Kreise Hitlers gehörig, lange interniert worden war, in einem kleinen Wohnwagen und verdiente sich sein erstes Geld wieder durch Zauberei. Das Filmgeschäft hatte er an den Nagel gehängt und wurde unter dem Namen »Kalanag« berühmt.

Die herausragende Rolle, die von Papen in der Türkei zugefallen war und die der alte Soldat mit beispielhaftem Einfühlungsvermögen in die türkische Mentalität und die Gegebenheiten türkischer Kriegspolitik spielte, hätte ihm fast das Leben gekostet: Als ich am 24. Februar 1942 morgens mein Haus in der Gülden Sokak, der Rosenstraße in Cankaya, verließ, um ins Büro zu gehen, traf ich ihn zusammen mit seiner Frau an der Kreuzung zum Boulevard Atatürk. Ich überholte sie, begrüßte beide und beeilte mich dann, das Büro zu erreichen. Als ich gerade die menschen- und autolose Straße überquerte, erfolgte eine gewaltige Explosion; durch die damit ausgelösten Echos über die Richtung, aus der der Knall kam, getäuscht, lief ich in den Vorgarten der Botschaft, aus deren drei Gebäuden das Personal herausstürzte. Während wir noch über Herkunft und Platz der Explosion rätselten, klärten der inzwischen eingetroffene Botschafter und Frau von Papen die Frage. Die Explosion war in ihrer unmittelbaren Nähe erfolgt. Sie waren zu Boden geschleudert worden, waren aber, abgesehen von dem geplatzten Trommelfell von Papens, unverletzt. Von dem, was eigentlich passiert war, hatten wir keinerlei Vorstellung.

Von Papens langjährige Sekretärin, Maria Rose, die in gleicher Höhe auf der anderen Straßenseite der Botschaft zustrebte, hatte auch nur gehört, aber nichts gesehen, und hatte ihnen wieder auf die Beine geholfen. Das erste Wort von Papens: »Verdammt! Mein bester Anzug!« Frau von Papens Mantel war von unzähligen winzigen Blutflecken und Fleischfetzen übersät. Sie mußten von einem Dritten stammen, den weder von Papens noch Fräulein Rose oder ich wahrgenommen hatten. Während beide, er zunächst völlig taub, sie stark benommen, in der Botschaft blieben, lief ich mit einigen Kollegen an den noch immer fast leeren Platz des Geschehens. Ein fast runder Kreis von Blut- und Fleischspritzern, ein abgetrennter Fuß, ein verbeulter Revolver in einem Vorgarten ließen keinen Zweifel am Tatort und daran, daß ein Mensch völlig zerrissen worden war. Die Scheiben der die Straße säumenden Villen und selbst alle Fenster der ca. 100 Meter entfernt oberhalb der Straße liegenden Botschaft Italiens waren zertrümmert. Am erstaunlichsten war, daß der gewaltige Luftdruck zwar den mutmaßlichen Bombenträger getötet und umfangreiche Zerstörungen auch in der weiteren Umgebung angerichtet hatte, diejenigen aber in nächster Nähe, denen die

Bombe offenbar gegolten hatte, von ihr nur eben zu Boden geschleudert worden waren.

Inzwischen waren Polizei und Feuerwehr eingetroffen und hatten mit ihren Untersuchungen begonnen, die sich mehrere Monate hinzogen. Ein Relikt, das der Polizei auf erste Spuren half, war ein auf einem Baum entdeckter Penis. Er war beschnitten, hatte also wohl einem Juden oder einem Moslem gehört. Die weiteren Recherchen führten zu einem von den Russen gedungenen Türken namens Ömer Tokat, zu zwei kommunistischen Mazedoniern aus Ueskuep und zwei im sowjetischen Generalkonsulat in Istanbul beschäftigten Sowjets. Ömer Tokat hatte das Attentat ausgeführt und sich dabei selbst in die Luft gesprengt, während die anderen vier ihn aus dem sicheren Hort des Generalkonsulats angelernt und eingewiesen hatten. Türkische Infanterie sperrte trotz aller Proteste des sowjetischen Botschafters das Generalkonsulat hermetisch ab, um die Auslieferung der Mittäter zu erzwingen. Als die türkische Regierung schließlich den sowjetischen Botschafter ultimativ wissen ließ, sie würde sich die Gesuchten gegebenenfalls selbst aus dem Konsulat holen, wurden sie schließlich ausgeliefert.

Wie sich aus den Vernehmungen und dem Prozeßablauf ergab, waren die Attentäter, von denen nur der eine in Aktion getreten war, auf dem sowjetischen Generalkonsulat in Istanbul im Pistolenschießen ausgebildet und außerdem darüber belehrt worden, daß und wann der deutsche Botschafter die Gewohnheit habe, täglich denselben Weg zum Büro zurückzulegen. Dem Attentäter hatte man eine Pistole und eine Bombe übergeben, ihm aber eröffnet, daß es sich bei letzterem um einen nur zu seinem eigenen Schutz bestimmten Apparat handle. Wie Numan, der türkische Außenminister, von Papen erklärte und dieser am 4. März 1942 nach Berlin drahtete, sei der Plan »mit satanischer Schläue angelegt. Man hatte dem Täter eingeredet, er brauche nur auf einen bestimmten Knopf zu drücken, wodurch Todesstrahlen ausgelöst würden. Selbstverständlich hatte man ihm verschwiegen, daß er dabei gleichzeitig in die Luft fliegen würde, wodurch man also jede Spur der Urheber des Verbrechens verwischen konnte«.

Daß der Täter einen Schuß abgegeben hatte, ergab sich aus der ballistischen Untersuchung der gefundenen, durch die Explosion völlig verbeulten Pistole. Unmittelbar danach hatte er, obwohl noch keine Menschen in der Nähe waren, die Bombe betätigt, um sich in Sicherheit zu bringen.

Die beiden Russen wurden im Juni 1942 zu je zwanzig Jahren und die zwei Türken wegen Mithilfe zu je zehn Jahren schweren Kerkers verurteilt. Anfang 1943 reduzierte der Kassationsgerichtshof die Urteile gegen die Sowjets ein wenig. Als sich definitiv herausstellte, daß nicht die Deutschen, sondern die Russen den Krieg gewinnen würden und die Türkei die Beziehungen zum Reich abbrach, wurden sie in aller Stille nach Hause geschickt.

Noch später war dem Präsidenten Inonü die ganze Sache sichtlich peinlich. Nach dem Kriege von Zehra Önder, der Verfasserin des Buches »Die türkische Außenpolitik im Zweiten Weltkrieg«, darauf angesprochen, ob die Urheberschaft Rußlands am Attentat feststände, habe er erwidert: »Die Deutschen und die Russen führten ein zweifelhaftes Leben! Schließlich wurde gegen von Papen ein Attentat verübt. Die Sache ist untersucht worden, einige Sowjetbürger wurden vor Gericht gestellt, kurz danach die Beziehungen zu Deutschland abgebrochen.« Immerhin, das Attentat fand im Februar 1942, der Abbruch der Beziehungen erst im August 1944 statt...

Bevor der Verdacht auf die Russen gefallen war, wurden überall und nicht zuletzt in der deutschen Botschaft Mutmaßungen aufgestellt, wer als Urheber des Attentats in Frage komme. Der Kreis potentiell Verdächtiger war naturgemäß groß und umfaßte nicht nur die Russen, sondern auch die westlichen Kriegsgegner Deutschlands, denen die erfolgreiche diplomatische Tätigkeit von Papens ein Dorn im Auge war. Schließlich war Krieg. Bezeichnend für die damalige interne Atmosphäre aber war, daß in der deutschen Botschaft der Argwohn verschiedener Kollegen und auch der meine unwillkürlich und spontan auf Berlin, das heißt auf die Zentrale der NSDAP beziehungsweise die Gestapo, fiel. Jeder Botschaftsangehörige wußte, daß von Papen innerhalb der NSDAP verhaßt war und daß er längst abberufen und umgebracht worden wäre, hätte er nicht die Protektion Hitlers besessen.

Auf der anderen Seite wußte man das natürlich auch. Die sowjetische Agentur »TASS« teilte am 27. Februar unter Bezugnahme auf eine United-Press-Meldung vom 26. Februar mit, daß »die Papiere in der Kleidung des bei der Explosion getöteten Menschen, der möglicherweise auch die Bombe getragen habe, Stempel der deutschen Botschaft aufwiesen«. Man nehme also an, hieß es weiter, daß »Hitlerleute« einen Überfall auf von Papen inszeniert hätten, um damit auch einen Druck auf die türkische Außenpolitik auszuüben. Tatsache war, daß gar keine Papiere gefunden worden waren.

Der Verdacht, die NSDAP könnte hinter dem Anschlag stehen, kam also nicht von ungefähr, erwies sich aber im Verlauf der türkischen Ermittlungen als grundlos. Von Papen erfuhr von Numan, der sowjetische Botschafter hätte ihm offiziell erklärt, die amerikanische Regierung hätte Moskau davon unterrichtet, sie besäße »unwiderlegbare Beweise«, daß das Attentat von der Gestapo organisiert worden sei. Der amerikanische Botschafter, von Numan nachdrücklich um Aufklärung ersucht, hätte schließlich verlegen mitgeteilt, die amerikanische Regierung »verfüge leider über keine derartigen Beweise. Es seien alles nur Gerüchte gewesen«.

Je ungünstiger für Deutschland die Meldungen vom Kriegsschauplatz lauteten, um so reservierter wurde auch die türkische Regierung, ohne daß sich das Vertrauensverhältnis zu von Papen merklich geändert hätte. Er war den Türken auch weit mehr als der diplomatische Repräsentant einer der Kriegsparteien. Er war ihnen in manchen Bereichen Ratgeber und Freund geworden, dessen Urteil auch dann oder vor allem dann Gewicht hatte, wenn es sich nicht mit der offiziellen Linie seines Landes deckte. Sie wußten, daß von Papen sich mehr als Botschafter Deutschlands, als Bewahrer und Garant der alten deutsch-türkischen Freundschaft, denn als Sprachrohr des geltenden Regimes verstand. Er kannte die türkischen Positionen seit Kriegsausbruch genau und konnte sich ganz gut selbst ausrechnen, wann die Türken den Zeitpunkt für gekommen hielten, die Beziehungen zu Deutschland abzubrechen. Er verfügte nicht nur über beste Kontakte zur türkischen Regierung und wichtigen Politikern, Industriellen, Geschäftsleuten und Bankiers – er besaß auch wichtige internationale Verbindungen und war mit dem Reichsverweser Ungarns, Admiral Horty, ebenso befreundet wie mit König Boris von Bulgarien.

Da seine Laufbahn vom Reichskanzler über den Vizekanzler zum Botschafter gewissermaßen rückwärts verlaufen war, hatte er aus früheren Zeiten wie auch in seiner Eigenschaft als päpstlicher »Kammerherr« und als »Spiritus rector« des von ihm unter Hitler abgeschlossenen Konkordats Beziehungen zum Vatikan. Als apostolischer Delegat wirkte damals in Istanbul Monsignore Angelo Giuseppe Roncalli, klug-sympathisch, scharf beobachtend und mit einem ausgeprägten »sense of humour«. Zu von Papen unterhielt er freundschaftliche Beziehungen, die wohl auch bestehenblieben, nachdem 1958 der 77jährige als Johannes XXIII. zum Papst gewählt worden war. Jedenfalls ernannte er von Papen wieder zum päpstlichen Kammerherrn – ein Ehrentitel, der nach jedem Papstwechsel zurückgegeben werden muß, um gegebenenfalls erneut verliehen zu werden.

Als der Erzbischof von New York, Francis J. Spellman, auf der Ausschau nach Friedensmöglichkeiten im März 1943 auch die Türkei besuchen wollte, ließ er über Roncalli zuvor von Papen wissen, er würde gern eine deutsche Persönlichkeit seines, von Papens, Vertrauens sprechen – auch auf die Gefahr hin, daß das Gespräch negativ verlaufen sollte. Von Papen drahtete diesen Wunsch an von Ribbentrop und erhielt am 27. März folgende Antwort: »Fühlungnahme deutscher Persönlichkeit mit Spellman kommt nicht in Frage. Falls Spellman trotzdem in die Türkei kommen sollte, bitte ich, genau zu berichten, was er dort treibt.«

»...was er dort treibt.« Die ganze, durch nichts gerechtfertigte, Aufgeblasenheit des Reichsaußenministers spiegelt sich in diesem Satz. Von Ribbentrop war zu diesem Zeitpunkt gerade von einem Besuch beim »Duce« aus Rom zurückgekehrt, hatte seine eigene Bedeutung bestätigt gefunden und telegrafierte von Papen das Ergebnis. Insbesondere bestehe »völlige Einigkeit darüber, daß der Krieg kompromißlos bis zur Vernichtung unserer Feinde weitergeführt werde und daß alle Bestrebungen, mit diplomatischen Mitteln etwa eine Wiederkehr des Friedens beschleunigen zu wollen, völlig verfehlt und abzulehnen seien«.

Von Papen notierte an den Rand des Telegramms: »Also Verzicht auf jede Politik?«

Mit zunehmender Schwäche des Reiches verstärkte sich der Druck der Alliierten auf die Türkei, um endlich Farbe zu bekennen, um alliierte Truppen- und Flugzeugverbände auf türkischem Territorium zuzulassen und die rüstungswichtigen Rohstofflieferungen an Deutschland einzustellen.

Je schwieriger sich also die Gratwanderung gestaltete, die die Türkei zur Bewahrung ihrer Neutralität unternahm, um so absurder wurde das Imponiergehabe des Reichsaußenministers. Bereits zu Beginn des Krieges – Ende November 1940 – hatte er damit einen gewissen Höhepunkt erklommen, als er gegenüber Molotow beiläufig bemerkte, im Verlaufe des Krieges habe Deutschland so große Gebiete in die Hand bekommen, daß es hundert Jahre benötige, um sie nutzbar zu machen... Ähnlichen Caesarenwahn reflektierten die Drahtweisungen an seinen Botschafter in Ankara, auch dann noch, als selbst ihm, der nie mehr war und sein wollte als die Stimme seines

Herrn (siehe G. M. Gilbert: »Nürnberger Tagebuch«), klar sein mußte, daß – vielleicht – noch ein Verständigungsfrieden, gewiß aber kein Sieg Deutschlands im Bereich des Möglichen lag.

Als von Papen Mitte April 1943 darauf hinwies, die Türkei stehe wegen der Chromlieferungen an Deutschland unter zunehmendem Druck der Alliierten, drahtete von Ribbentrop am 15. April 1943 zurück: »Falls Numan wegen der Einschränkung der Chromlieferungen etwas sagen sollte, bitte ich, sofort eine völlig ablehnende und kompromißlose Haltung einzunehmen und absolut klarzustellen, daß diese Frage für uns völlig indiskutabel ist.«

Dabei wußte er genau, daß die Entscheidung über die Chromlieferungen ganz in der Hand der Türken lag, die im Frühsommer 1943 schon allein wegen der beträchtlichen deutschen Waffenlieferungen von uns nichts mehr, um so mehr aber von den Alliierten zu befürchten hatten und bezüglich ihrer Versorgung mit Nahrungs- und Konsumgütern auch stark von ihnen abhängig waren.

Trotz oder gerade wegen der allgemeinen Lage beschloß von Papen, auch den unheilschwangeren Sommer 1943 wie üblich auf unserer Botschaft am Bosporus in Therapia zu verbringen und den größten Teil seiner Mitarbeiter dorthin mitzunehmen. Er wollte Sorglosigkeit nach außen demonstrieren und zeigen, daß die Situation keine Abweichung von der Norm erforderlich mache. Da die Regierung aber in Ankara blieb, ließ er mich als Geschäftsträger ebenfalls dort zurück, um gegebenenfalls Demarchen zu unternehmen, Wünsche der türkischen Regierung weiterzuleiten etc.

Am 2. August bat mich Numan in einer Routineangelegenheit zu sich, benutzte aber die Gelegenheit zu einigen politischen Bemerkungen. Er erwähnte, daß die am 25. Juli erfolgte Absetzung und Verhaftung Mussolinis die Kriegslage für die Reichsregierung weiter kompliziere. Ob die Botschaft Nachrichten aus Rom hätte? Die türkische Botschaft sei jedenfalls nicht mehr in der Lage, zu telegraphieren, halte aber die Kapitulation des Marschalls Badoglio und Italiens für unmittelbar bevorstehend. Während er sich aus seiner stets gefüllt auf dem Schreibtisch stehenden Whiskyflasche wieder eingoß – bei 40 Grad im Schatten und mitten am Tage bei ihm eine ebenso regelmäßige wie mörderische Gewohnheit –, sah er den jungen deutschen Kollegen nachdenklich an und sagte dann: »Einen besonders herzlichen Gruß Ihrem Botschafter! Wissen Sie, wir sitzen zwar nicht wie im vergangenen Kriege im gleichen Boot; aber das, was – wie ich fürchte – auf euch zukommt, macht uns große Pein! Um unser Land willen, aber auch um Deutschlands Schicksal willen. Wenn man Europa nimmt, sitzen wir eben doch alle in einem Boot.«

Offensichtlich spielte er damit auf eine Rede an, die von Papen am 21. März 1943 in Istanbul gehalten hatte und die wegen ihres nachdrücklichen Appells zur Versöhnung und zur Besinnung auf die »europäische Solidarität« internationales Aufsehen erregt hatte und in der anglo-amerikanischen Presse abgedruckt und kommentiert worden war. Numan hatte sich erhoben und stand nun vor der Karte, und sein Blick lag unverwandt auf dem Norden der Türkei. Dort, wo sie an die Sowjetunion grenzt.

Die erste Hälfte der Mitteilungen Numans drahtete ich an von Papen, damit er sie nach Berlin weitergeben konnte, die zweite, sehr private, Äußerung berichtete ich ihm mündlich.

Einige Monate später mußte Numan zurücktreten. Er hatte sich auf eine – hoffentlich in gutem Glauben abgegebene – ihm von von Papen übermittelte Versicherung des deutschen Marineattachés Admiral von der Marwitz verlassen und seine Regierung ersucht, einigen angeblich unbewaffneten deutschen Handelsschiffen die Fahrt aus dem Schwarzen Meer durch die Meerengen in Richtung Ägäis zu genehmigen. Die Erlaubnis wurde erteilt, eine auf Grund von Beschwerden der Alliierten vorgenommene Prüfung der Ladung des auch als U-Boot-Jäger verwendbaren Frachters »Kassel« ergab jedoch, daß er Uniformen, Munition und leichte Waffen transportierte.

Etwa zu dieser Zeit erhielt von Papen hohen Besuch aus Berlin. Zwei Parteigenossen erschienen. Der eine war vom »Führer« zum Gauleiter in Tiflis, heute Tbilisi (= Warmbrunn), Hauptstadt der georgischen Sowjetrepublik, der andere zum Gauleiter der Krim befördert und beide waren in die Türkei geschickt worden, weil man in Berlin hoffte, sie würden dort aus der Sowjetunion geflüchtete Moslems treffen, die ihnen bei der – zunächst auch von der Türkei nachdrücklich unterstützten – Absicht Berlins, aus mohammedanischen Volksgruppen der Sowjetunion unabhängige, der Türkei verbundene, »turanische« Staaten zu schaffen, hilfreich sein könnten. Nicht wenige waren auch dazu bereit, kehrten aber nach kurzer Zusammenarbeit mit den deutschen Besatzungsbehörden zutiefst enttäuscht wieder in die Türkei zurück. »Wenn das, was zur Zeit bei uns von den Deutschen praktiziert wird«, sagte mir unter Tränen einer von ihnen, »deutsche Politik sein soll, dann kehre ich lieber in die Sowjetunion zurück.«

Die beiden »Gauleiter« nahmen auch an einer der regelmäßigen Klubabende der deutschen Kolonie in Ankara teil. Der Abend ist mir deshalb in Erinnerung geblieben, weil der eine sich betrank und dabei im Detail erzählte, welche Experimente – Tötung durch Ableitung von Autoabgasen ins Wageninnere – bisher auf Befehl des »Reichsheinis«, nämlich Heinrich Himmlers, unternommen worden seien, um eine möglichst große Zahl von Juden in möglichst kurzer Zeit auf möglichst unblutige Weise umzubringen. »Dazu muß man wissen«, lallte er und klatschte sich vergnügt auf die Schenkel, »daß unser ›Reichsheini‹ doch kein Blut sehen kann.«

Es war das erste Mal, daß ich von der »Endlösung« erfuhr; in Anbetracht der abstoßenden Besoffenheit dieses Mannes, der in Deutschland damals eine bedeutende Behörde der Rüstungsindustrie leitete, hielt ich aber seine Erzählung für die Ausgeburt seiner alkoholisierten Phantasien. Ich berichtete von Papen, welch Geistes Kinder berufen seien, Deutschland in Rußland zu vertreten. Er erwähnte einige Tage später, er hätte die Geschichte privatdienstlich von Ribbentrop mitgeteilt.

Die beiden Gauleiter haben ihre Posten niemals angetreten. So wie ich mich ihrer erinnere, konnte man die Einwohner der ihnen vom »Führer« übertragenen Gebiete dazu nur beglückwünschen.

# Geheime Reichssachen

*Der Fall Cicero und anderes · Kriegsgefangene melden sich aus Rußland · Von Papen und der »Widerstand«*

»Ganz unter uns – was halten Sie von Cicero?« Da mich der legendäre römische Rechtsanwalt und Redner aus dem letzten vorchristlichen Jahrhundert schon durch viele Schuljahre hindurch mehr als genug begleitet hatte, fühlte ich mich durch eine solche merkwürdige Erkundigung nicht besonders angesprochen. Während ich den Fragesteller, den Dolmetscher Paul Schmidt, damals Chef des Kabinetts von Ribbentrop, noch musterte und überlegte, ob es sich dabei um einen Intelligenztest, eine Prüfungs-, Scherz- oder Rätselfrage handelte, fuhr er fort: »Ich meine, ist das nun Spielmaterial, was Cicero liefert oder ist es echt?« Nunmehr war mir klar, daß es sich um eine heikle Frage aus dem Geheimdienst handelte. Da ich mich aber stets sehr ungern völliger Ignoranz überführen ließ, gelang es mir, die richtige Antwort zu finden. »Das ist eben das große Problem«, sagte ich, »sehr viel spricht dafür, daß es echt ist. Wenn man andererseits wieder die Umstände bedenkt...«

»Ja, ja«, sagte Paul Schmidt, »so geht auch hier das Tauziehen hin und her. Ribbentrop macht gegenüber Hitler das Material madig, weil es von Moyzisch, dem Mann Kaltenbrunners, geliefert wird. Kaltenbrunners Bewertung ist natürlich auch subjektiv, da er nur ungern zugeben würde, von den Engländern hereingelegt worden zu sein. Aber ich neige doch dazu, es für echt zu halten.«

Das Gespräch fand statt, als ich im Herbst 1943 dienstlich in Berlin zu tun hatte. Da von Papen nur seinen ständigen Stellvertreter in die ersprießlichen Verbindungen unseres Handelsattachés Ludwig Moyzisch zu Herrn Elyesa Bazna alias »Delio« alias »Cicero« dem Kammerdiener des britischen Botschafters in Ankara, Sir Hughe

Montgomery Knatchbull-Hugessen, eingeweiht hatte, hatte ich nicht die geringste Ahnung, worauf sich die Frage Schmidts und das sich daran anknüpfende Gespräch eigentlich bezogen. Aber nun wußte ich genug, um mich am folgenden Tage bei einem für die Bearbeitung im Auswärtigen Amt zuständigen Freunde eingehender über die »Operation Cicero«, die übrigens bald danach ihr Ende fand, zu informieren.

Von Papen erwähnt in seinen Erinnerungen, die Lieferungen »Ciceros« seien für die deutsche Führung von »unschätzbarem Wert« gewesen und zitiert unter anderem als Beispiel ein Telegramm des Foreign Office an seinen Botschafter in Ankara, in dem es unter Bezugnahme auf die Moskauer Konferenz im Frühjahr 1943 heißt: »Sie müssen sich daran erinnern, daß wir durch das in Moskau unterzeichnete Protokoll verpflichtet sind, die Türken bis Ende des Jahres in den Krieg hineinzubringen...«

In der Tat – die Informationen *hätten* von unschätzbarem Wert sein können, hätte man in Berlin Folgerungen gezogen. Aber obwohl die Nachrichtendienste hervorragend organisiert waren und der deutschen Führung zu einer Informations- und Erkenntnisbreite hätten verhelfen können, wie sie im Kriege mit keinem Gold aufzuwiegen sind – Folgerungen daraus wurden grundsätzlich nicht gezogen. Hitler benötigte nur solche Informationen, die ihm die Richtigkeit seiner vorgefaßten eigenen Entschlüsse bestätigten – und dafür waren ihm auch trübste Quellen recht. Infolgedessen war der Streit um die Echtheit des Cicero-Dienstes auch relativ unerheblich.

Im Januar 1944 kündigte ein Geheimtelegramm an Sir Knatchbull-Hugessen die Bombardierung Sofias an, die am 15. Januar auch tatsächlich stattfand und damit den Echtheitsbeweis lieferte, und ein anderes sprach sogar von der Normandie als denkbarem Ziel einer alliierten Landungsoperation. Aber damit versiegte die Quelle auch: obwohl ein Diener der britischen Botschaft von seinem Kollegen »Cicero« entlarvt worden war, britisches Geheimmaterial an die Sowjets zu verkaufen, geriet auch er in Verdacht, mußte seine Tätigkeit einstellen und wurde Anfang April 1944 von den Briten fristlos entlassen.

Wie sich aus dem in Faksimile beigefügten Aktenvermerk von Papens vom 18. Mai 1944 ergibt, soll der britische Botschafter seinem hinausgeworfenen Kammerdiener allerdings Abbitte getan und ihm die Wiedereinstellung vorgeschlagen haben. Wie von Papen in seinem für den »RAM«, den Reichsaußenminister, bestimmten Ver-

Geheime Reichssache

DER AUSSERORDENTLICHE UND BEVOLLMÄCHTIGTE
BOTSCHAFTER DES DEUTSCHEN REICHES

Ankara, 18. V. 1944

43a

Betrifft: „Cicero"

Für Herrn R. A. Min.

Attaché Moyzisch teilt mit:

Der von der engl. Botschaft s. Zt. entlassene „Cicero"
sei letzter Tage zur engl. Botschaft gerufen worden, wo man
ihm mitgeteilt habe, es seien jetzt 2 Malteser von
dort fristlos entlassen, unter dem dringenden Verdacht der Spionage.
Man sei nun überzeugt, daß man damals gegen ihn einen
falschen Verdacht gehabt habe, wolle das Unrecht wieder
gut machen u. biete ihm eine Stellung als Hausfaktor an.

„Cicero" wird diese Stellung demnächst antreten.
Er wird von jetzt ab von uns mit dem Decknamen
„Iwan" bezeichnet werden.

Ich füge hinzu, daß ich der engl. Offerte skeptisch
gegenüberstehe u. habe bereits zur Vorsicht geraten.

Papen.

K209849

377493

merk schon andeutet, dürfte es sich dabei eindeutig um eine von den Engländern gestellte Falle gehandelt haben. Eine Sekretärin Moyzischs war kurz nach Ciceros Entlassung zu den Engländern übergelaufen und hatte dabei auch einige Dokumente aus dem Panzerschrank mitgehen lassen, die den unterirdischen Kanal zwischen der britischen und der deutschen Botschaft für die Engländer vermutlich hinreichend erleuchtet haben. Wenn also der britische Botschafter wenige Wochen nach diesem Vorfall überraschend seinen Kammerdiener wiederhaben wollte, muß er dafür besondere Gründe gehabt haben. Die geschäftlichen Beziehungen zwischen der deutschen Botschaft und »Cicero« sind jedenfalls nicht wieder aufgenommen worden.

In Wirklichkeit hat das ganze aufwendige Unternehmen die Beschlüsse Hitlers und seiner Handlanger überhaupt nicht beeinflußt. Die echten britischen Telegramme waren nicht einmal die falschen britischen Pfunde wert, mit denen »Cicero« unanständigerweise entlohnt wurde.

Botschafter von Papen wußte übrigens zur Zeit der Affäre nichts davon, daß die Banknoten, mit denen Ciceros Leistungen und Lieferungen honoriert wurden, in Deutschland – »Aktion Bernhard« – hergestellt wurden. Ich erinnere mich, daß er bei einem Lunch, an dem nur einige seiner Mitarbeiter teilnahmen, beiläufig erwähnte, der letzte Kurier aus Berlin habe einen ganzen Koffer voller britischer Noten mitgebracht. Sie sähen so verdächtig neu aus, daß er einige davon einem bei einer türkischen Bank tätigen deutschen Bankdirektor mit der Bitte übergeben habe, deren Echtheit testen zu lassen. Ein bei diesem Lunch anwesender Kollege sagte, in internationalen Bankkreisen sei man der Meinung, alles in der Welt zirkulierende Notengeld sei zu fälschen – mit Ausnahme des britischen. Der Echtheitstest fiel tatsächlich auch positiv aus. Glaubt man Schellenbergs »Memoiren«, waren die ersten 150000 Pfund, die an »Cicero« gezahlt wurden, auch echt. Erst die zweite Hälfte hätte aus »Blüten« bestanden und sei erst in Verkehr gebracht worden, nachdem eine Schweizer Bank 90 Prozent der ihr zur Prüfung übergebenen – gefälschten – Noten für echt befunden hätte. Der Berliner Agent hätte sie ihr mit der Bemerkung übergeben, sie eben auf dem schwarzen Markt erworben zu haben.

Die Türken ahnten von all dem vermutlich nichts und respektierten die deutsche Botschaft, die – jedenfalls nach außen – einen weit geschlosseneren Eindruck machte, als sie es in Wirklichkeit war. Vor allem litt das Verhältnis zwischen dem Botschafter und Dr. Hans Kroll, seinem ständigen Vertreter, unter beträchtlichen Spannungen.

Wenn Kroll in seinen – übrigens vom Staatssekretär des Auswärtigen Amtes zensierten und genehmigten – »Lebenserinnerungen eines Botschafters« ausführt, daß von Papen ihm Arbeit, Initiative und Verantwortung stets überlassen hätte, wenn die Probleme heikel geworden seien, so tut er von Papen unrecht. Beide verstanden sich nicht gut. Zum Teil lag das an ihren sehr unterschiedlichen Charakteren und ihrem Arbeitsstil, nicht zum wenigsten aber auch daran, daß Hans Kroll ein ebenso schwieriger Vorgesetzter wie Untergebener war. Nicht von sonderlich großer Statur, suchte er dieses kaum nennenswerte Manko durch eine mitunter fast grotesk wirkende Ichbezogenheit auszugleichen. Politik stellte sich für ihn – und seine Memoiren sind dafür ein lebendiges Zeugnis – zumeist als ein Kaleidoskop dar, dessen Bilder ständig um ihn als ruhenden Pol rotierten! So, wie er die Botschaft Ankara sah, gab es dort nur einen konstruktiven und arbeitenden Kopf, nämlich den seinigen. Er ließ leider auch keine Gelegenheit aus, diesen Standpunkt den Angehörigen der Behörde, dem Auswärtigen Amt und auch seinen ausländischen Kollegen mit der ihm eigenen Deutlichkeit klarzumachen.

Es war in etwa die gleiche Methode, mit der er – 1923 als jüngster Legationssekretär an die Botschaft Moskau versetzt – dem Botschafter Graf Brockdorff-Rantzau bei seinem Antrittsbesuch auseinandersetzte, welche Politik Rußland gegenüber die einzig denkbare sei. Der Botschafter hörte sich das eine Weile an, erwähnte dann beiläufig, selbst er habe sich darüber schon Gedanken gemacht und veranlaßte Krolls Versetzung an das Konsulat Odessa...

Die Beziehungen von Papens und Krolls dauerten kriegsbedingt zwar länger, aber die Reibungen nahmen ständig zu. Im Frühjahr 1943 wurde Kroll schließlich als Generalkonsul nach Barcelona versetzt und verließ Ankara mit tiefem Groll.

Dabei hätten von Papen und er – nimmt man nur die Sache, die sie zu vertreten hatten – sich hervorragend ergänzen können: beide waren nicht in der Partei, beide hatten über den Nationalsozialismus und Hitlers Kriegspolitik die gleiche Meinung. Beide taten aus Überzeugung alles, um der Türkei ihre schwierige Lage zu erleichtern und deren Freundschaft zu Deutschland nicht aufs Spiel zu setzen. Von Papens perfekte Beherrschung des diplomatischen Stils und Krolls Arbeitsenergie und seine Fähigkeit, politische Probleme präzise zu analysieren, waren im Grunde ideale Voraussetzungen für ihre gemeinsame Arbeit.

Botschafter und Vertreter trennten sich im Unfrieden und trafen sich erst im April 1946 im Nürnberger Gefängnis wieder – von Papen als angeklagter Kriegsverbrecher, Kroll als Entlastungszeuge. Er hat dort – seinen Angaben zufolge – keinen Augenblick gezögert, von Papens wirkliche Meinung über den Nationalsozialismus und alle seine Bemühungen um den Frieden eindrücklich darzustellen. Er betont in seinem Rückblick allerdings, daß ihm Fragen über den Charakter von Papens erfreulicherweise erspart geblieben seien.

Gewiß – über von Papens Charakter ließe sich streiten. Aber Kroll – so scheint mir – wäre in seinem eigensten Interesse gut beraten gewesen, wenn er diesen sehr verletzenden Satz unterdrückt hätte.

Nach dem Kriege wieder im auswärtigen Dienst, ging Kroll 1958 als Nachfolger von Botschafter Wilhelm Haas nach Moskau. Über die vier dort verbrachten Jahre der Chruschtschow-Ära, in die unter anderem die Verwüstung der deutschen Botschaft durch von der Sowjetführung aufgebotene Demonstranten, das Berlin-Ultimatum Chruschtschows und der Bau der Berliner Mauer fielen, hat Kroll in seinen Erinnerungen berichtet. Über die gleiche Zeit und die gleichen Begebenheiten hat auch Krolls Mitarbeiter und Dolmetscher Nikolaus Ehlert ein anschaulich geschriebenes Buch (»Große Grusinische Straße 17«) verfaßt, dessen ergänzende Lektüre sich für eine ausgewogene Urteilsbildung empfiehlt.

Kein Zweifel, daß es Krolls Temperament und Schlagfertigkeit gelang, zu dem schwierigen und unberechenbaren Chruschtschow eine gewisse persönliche Beziehung zu finden, die den wenigen politischen Gesprächen, die er mit ihm zu führen Gelegenheit hatte, zugute gekommen sind. Kein Zweifel aber auch, daß er dies persönliche Element von Mann zu Mann in seiner politischen Auswirkung auf das deutsch-sowjetische Verhältnis weit überschätzte. So kam er wohl zu dem Fehlschluß, sie beide zusammen, gewissermaßen zunächst ohne Beteiligung Dritter, würden zu dem Konzept einer sowjetischen Deutschlandpolitik kommen, die auch das deutsche Interesse an der Wiedervereinigung entsprechend berücksichtige. Jedenfalls entstand in Bonn mehr und mehr der Eindruck, Kroll mache in Moskau Politik auf eigene Faust. Nicht nur dort, sondern auch in den Moskauer Amts- und Parteistuben wurde registriert, daß über Beobachtungen, Werturteile und Demarchen des Botschafters oder auch den Inhalt mancher seiner Berichte und Telegramme die deutsche Presse mitunter rascher informiert war als das Auswärtige Amt oder das Palais Schaumburg.

Im »Narkomindel«, dem Volkskommissariat für Auswärtiges, das inzwischen in »Ministerium für Auswärtiges« (ministerstvo inostrannych del, kurz MID genannt) umgetauft worden war, fing man an, sich zu wundern, ebenso auch im ZK der Partei. Dort ging man davon aus, daß eines Botschafters Amtsdauer (unter Stalin auch Lebensdauer) nur noch nach Stunden zu zählen sei, wenn er Politik auf eigene Faust betreibe. Da Kroll aber blieb, glaubte man in Moskau kein Wort, wenn der Pressesprecher der Bundesregierung bei der Erörterung bestimmter Vorgänge gelegentlich anmerkte, Botschafter Kroll habe »insoweit« nur seine persönliche Ansicht zum Ausdruck bringen wollen. Ganz im Gegenteil hielt man diese Form des politischen Umgangs für einen »dirty trick« des hochrespektierten Bundeskanzlers Adenauer. Vermutlich, so dachte man, bediene er sich seines Botschafters, um eigene politische Ziele in einer Weise zur Diskussion zu stellen, die es ihm erlaube, sich jederzeit davon zu distanzieren und sie als persönliche Meinung des Missionschefs hinzustellen, wenn sie drüben nicht »ankämen«.

Im Sommer 1962 fand Krolls Moskauer Mission schließlich ihr Ende. Er hatte einfach übersehen, daß der Beruf des Botschafters mit der glänzenden Aura, ein ganzes Land und dessen Staatschef zu vertreten, eine ziemlich miserable Kehrseite hat: Er ist nur der Sprecher Dritter, seiner Regierung nämlich, die hinter ihm steht und ihm ins Ohr flüstert, was er sagen soll, und auch nur solange wird er bei der Regierung seines Gastlandes für voll genommen. Seine persönlichen Ansichten will dort niemand hören. Entzieht ihm seine Regierung die Legitimation als Sprachrohr, verliert er das für seinen Beruf lebenswichtige Organ – wird er gewissermaßen diplomatisch entmannt, und kein Hund im Gastland will mehr ein Stück Brot von ihm. Botschafter zu sein ist unter Umständen ein brillanter Beruf – vorausgesetzt, er bleibt sich der traurigen Tatsache bewußt, daß er im Innenverhältnis nur der Wurmfortsatz seiner Regierung ist. Der Dialog mit Medien der Öffentlichkeit ist zwar eminent wichtig, aber kein Ersatz für den Dialog mit der Zentrale, zu deren nur zu gern übersehenen Pflichten es allerdings auch gehört, ihren Außenbeamten über alles zu unterrichten, was er zur Erfüllung seiner Aufgaben wissen muß.

Krolls ungewöhnliches Temperament und sein unbezähmbarer Drang, sich zu »profilieren«, haben ihm viel Ärger eingetragen. Er wäre leicht zu vermeiden gewesen, hätte er seine großen Fähigkeiten, seine Erfahrungen und sein profundes Wissen nicht wie ein »Sandwich«-Mann vor sich hergetragen, sondern sie für sich allein sprechen lassen.

Von Papen war es gelungen, den Kreis seiner Beamten verhältnismäßig klein – ca. fünfzig Personen – und in bezug auf die Gesinnung einigermaßen »übersichtlich« zu halten. Welche Kraftanstrengung dazu gehörte, die ständigen Versuche des Auswärtigen Amtes abzuwehren, ihm für ad hoc erfundene »Sonderaufgaben« zusätzlich Beamte und Angestellte zu schicken, die durch die kriegsbedingte Schließung anderer Auslandsbehörden freigeworden waren, erhellt schon allein die Tatsache, daß die Botschaft Madrid zur gleichen Zeit eine Stärke von ca. 600 Personen aufwies! Was auch von Papen nicht verhindern konnte, war die Entsendung von Funktionären der NSDAP und ihrer Gliederungen, die sich mehr in Istanbul als in der türkischen Hauptstadt betätigten und den inneren Kreis der Botschaftsbeamten in der Erwartung belauerten, »defätistische« und Anti-Hitler-Parolen nach Berlin weitermelden zu können.

Einer davon war der bereits erwähnte Landesgruppenleiter der NSDAP, der aus Wien stammende Dr. Friede. Er haßte den Botschafter und äußerte gelegentlich in einer Parteiversammlung, von Papen gehöre ins KZ oder noch besser erschossen. Von Papen ließ sich diese ihm hinterbrachte Äußerung von Friede bestätigen, verbot ihm daraufhin das Betreten der Botschaft und unterrichtete seine Mitarbeiter durch die nachstehende Rundverfügung:

> »Wegen des unmöglichen Verhaltens des Beauftragten für Fragen der Reichsdeutschen in der Türkei, Herrn Viktor *Friede*, gegenüber dem Vertreter des Deutschen Reiches in der Türkei habe ich verfügt, daß Pg. Friede die ihm in der Botschaft eingeräumten Büros bis Sonnabend, dem 13. Juni 1942 abends, zu räumen hat und daß in Zukunft jeder Verkehr außerdienstlicher Art von Angehörigen meiner Botschaft mit Pg. Friede zu unterbleiben hat. Diese Verfügung fällt unter das Gebot der Dienstverschwiegenheit.
> Ankara, den 11. Juni 1942
>
> gez. Papen«

Die im Grunde recht belanglose Angelegenheit ist nur wegen des Staubes, den sie in Berlin aufwirbelte, berichtenswert. Es dauerte – mitten im Kriege – mehr als ein Jahr, bis entschieden wurde, daß in diesem Fall nicht der Staatsbeamte, sondern der Parteifunktionär zu gehen habe. Von Papen war hart geblieben und hatte sich durchgesetzt.

Die Türken drückten bei der Invasion von Parteifunktionären oder von, mit bestimmten Missionen beauftragten und getarnten Schlachtenbummlern aus Deutschland beide Augen zu, ließen sich aber kein X für ein U vormachen. Als eines Tages ein deutscher Volksschullehrer ein Visum beantragte und erhielt, angeblich um die deutschen Volksschulen in Istanbul und Ankara zu kontrollieren, sagte mir nach erfolgter Einreise ein Beamter des Außenministeriums: »Laßt doch endlich diese Kindereien! Der Mann heißt nicht Emil Schulze, als der er eingereist ist, sondern Otto Lehmann. Zweitens ist er nicht Volksschullehrer, wie ihr uns weismachen wollt, sondern aktiver Offizier beim Panzerregiment Nr..., übrigens mit Wirkung vom... am... vom Oberleutnant zum Hauptmann befördert und zur Dienststelle von Admiral Canaris abkommandiert. Schließlich hat er nicht den Auftrag, eure Grundschule zu inspizieren, sondern die Abwehrstelle Istanbul, und zwar die Abteilung Aufklärung Syrien, Irak. Verkauft uns nicht ständig für noch dümmer, als wir sind!«

Woher er diese Details, die alle zutrafen, hatte, verschwieg er natürlich.

Natürlich gab es unter den Angehörigen der Botschaft auch überzeugte oder sich bis zum bitteren Ende als überzeugt gebende Nationalsozialisten. Das war jedermanns gutes Recht und kein Verbrechen. Das Verbrechen beginnt immer erst dort, wo die Toleranz gegenüber einer anderen als der offiziell geforderten Meinung endet und in Haß und Denunziation umschlägt. Wir werden davon im Verlauf dieses Berichtes noch einige Beispiele kennenlernen.

Im Laufe der Zeit und der auf gedrängtem Raum konzentrierten Zusammenarbeit lernte man sich aber doch näher kennen und wußte, mit wem man in aller Offenheit diskutieren konnte. Auch der Wiener Ludwig Moyzisch, »Moderator« des berühmt-berüchtigten »Cicero«, des Kammerdieners des britischen Botschafters, der uns laufend Nachrichten verkaufte, hat sich zu Spitzeldiensten wohl kaum hergegeben, obwohl er, als Gehilfe des Handelsattachés getarnt, den »Sicherheitsdienst« und die »Geheime Staatspolizei« vertrat und die politische Überwachung des Botschaftspersonals zu seinen Aufgaben zählte.

Eines Tages sagte ihm meine Mutter, die alte Preußin – wegen ihrer Gehweise und des auf dem Pflaster weithin hallenden Krückstocks in der Botschaft »Friedrich der Große« genannt –, die fast vom ersten Tage an die Herrschaft Adolf Hitlers als eine infame persönliche Beleidigung jedes Deutschen betrachtete und daraus auch gar kein Hehl machte: »Herr Moyzisch, was verstehen Sie eigentlich unter Krieg gewinnen? Das ist doch wohl ein sehr relativer Begriff. Nach meinem Verständnis hat ihn Deutschland erst gewonnen, wenn Ihr Landsmann Hitler und alle die, mit deren Hilfe er ihn vom Zaun gebrochen hat, aufgehängt sind.« Hinterher sagte er zu mir: »Deine Mutter ist eine großartige Frau, aber wenn sie partout über Politik reden will, sollte sie aus ihrem Herzen lieber eine Mördergrube als keine Mördergrube machen.«

Als 1943 die Botschaft vom Auswärtigen Amt angewiesen wurde, den zahlreichen in der Türkei befindlichen deutschen Emigranten – unter ihnen der spätere Erste Regierende Bürgermeister von Berlin, Ernst Reuter, der Wiener Architekt Clemens Holzmeister und eine Reihe von Universitätsprofessoren – die Pässe zu entziehen und ihnen mitzuteilen, daß sie die deutsche Staatsbürgerschaft verloren hätten, war von Papen sofort bereit, die Weisung zwar hinzunehmen, aber sie zu übersehen, also nicht auszuführen. Schließlich ersuchte Berlin um Bericht. Die Botschaft drahtete zurück, wir hätten keinen Erlaß erhalten. Worum es sich denn handle?... Die Angelegenheit geriet in Berlin in Vergessenheit, und die davon betroffenen Deutschen, die mit dieser Weisung für vogelfrei erklärt worden wären, haben wohl kaum erfahren, mit welchen Problemen sich die Berliner Zentrale in der Endphase des Krieges befaßte.

Von Papen war es auch zu verdanken, daß die ersten Nachrichten deutscher Kriegsgefangener in Rußland an ihre Familien weitergeleitet wurden. Der Schweizer Delegierte des Roten Kreuzes hatte ihm beiläufig erzählt, eine Paket mit Postkarten deutscher Kriegsgefangener aus der Sowjetunion erhalten zu haben. Von Papen sah sich die Liste durch und unterrichtete durch ein persönliches Schreiben ein Elternpaar von dem Schicksal ihres Sohnes. Erst der gewaltige Widerhall, den dieser Brief – die glücklichen Eltern hatten im Bekanntenkreise natürlich davon erzählt – in Deutschland auslöste, förderte zutage, daß Hitler befohlen hatte, derlei Lebenszeichen zu vernichten und sie keinesfalls den Empfängern auszuhändigen.

Würde bekannt, daß deutsche in Kriegsgefangenschaft geratene Soldaten in der Sowjetunion human behandelt würden und sogar schreiben dürften, würde die Zahl der Überläufer größer werden und im Reich die »innere Front« schwächen. Von Ribbentrop versuchte unter entrüstetem Hinweis auf diese Anweisung Hitlers, den Briefwechsel zwischen Botschaft und Empfängern zu unterbinden. Von Papen verbat sich diese Einmischung in seine »Privat-Korrespondenz«, so daß auch dank der Einschaltung des Schweizer Delegierten unzähligen Deutschen, die sich in ihrer Verzweiflung an unsere Botschaft gewandt hatten, eine Nachricht übermittelt werden konnte.

Die Frage ist berechtigt, ob der Botschafter in Ankara nicht mehr Initiativen hätte ergreifen können, um dem Blutvergießen ein Ende zu bereiten. Er war international bekannt, besaß die Kontaktchancen und war neben den Gesandten in Stockholm und Bern der einzige Chef einer Auslandsvertretung von internationaler Bedeutung, die Deutschland nach 1942 noch verblieben war. Die Botschaft Madrid war nach dem Tode von Moltkes und der Ablösung von Stohrers mehr und mehr zu einer nationalsozialistischen »Filzokratie« denaturiert; sie hat sich ihr eigenes makabres Denkmal dadurch gesetzt, daß sie an dem Vorhaben der Gestapo, den wegen »defätistischer« Äußerungen mißliebig gewordenen Gesandten im Auswärtigen Amt, Dr. Erich Heberlein nebst Ehefrau, lebendig nach Deutschland zu schaffen, aktiv mitgewirkt hat. Nachts auf dem Gut seiner spanischen Gattin bei Toledo durch gedungene spanische Polizisten verhaftet, wurden beide mit dem Flugzeug des Luftattachés der Botschaft, General Kramer – er hat sich 1945 rasch nach Argentinien abgesetzt –, der Gestapo in Berlin überantwortet und in verschiedene KZs gebracht. Im Frühjahr 1945 wurden sie schließlich im Pustertal in Tirol von Amerikanern befreit.

Von Madrid also war damals alles mögliche zu erwarten, nur keine Mitwirkung an einer gegen die Führung des »Großdeutschen Reiches« gerichteten Maßnahme. Mit der Botschaft in Ankara standen die Dinge schon anders, doch konnte von Papen in seiner Eigenschaft als Botschafter wohl kaum mehr tun, als er getan hat.

Seinen eigenen Memoiren ist zu entnehmen, wie häufig er in den ersten Kriegsjahren das Thema »Friedensschluß« mit Hitler, von Ribbentrop, aber auch hinter deren Rücken mit ausländischen Kollegen, wie dem holländischen Gesandten in Ankara, Visser, diskutiert hat. Tatsache ist auch, daß von Ribbentrop von Papen Anfang

1941 nicht nur verboten hatte, mit Hitler über Friedensmöglichkeiten zu sprechen, sondern überdies den Beamten des Auswärtigen Amtes durch Runderlaß untersagt hatte, den deutschen Botschafter in Ankara zu empfangen, geschweige denn, sich mit ihm in eine politische Unterhaltung einzulassen! Hier ist er:

»St. S. Nr. 837 Berlin, den 21. Okt. 1939.

Persönlich!
Der Herr Reichsaußenminister hat mir soeben folgendes gesagt:
Er untersage den Mitgliedern des Amtes bis auf weiteres, den zur Zeit in Berlin anwesenden Botschafter von Papen zu empfangen oder mit ihm amtliche Gespräche, insbesondere über politische Angelegenheiten, zu führen. Diese Weisung sei den Abteilungsleitern sofort zu übermitteln.*)
Soweit ich nicht in der Lage bin, die Herren Abteilungsleiter heute noch mündlich hiervon zu unterrichten, bitte ich Sie hierdurch, von Vorstehendem Kenntnis zu nehmen. Ich bitte auch die in Betracht kommenden unterstellten höheren Beamten alsbald entsprechend zu unterrichten.
Herr von Papen soll seinerseits auf Weisung des Herrn Reichsaußenministers von mir gleichfalls unterrichtet werden.

*) (Eine Ausnahme bilden für rein türkische Angelegenheiten Gespräche, die der H. U. St. S. POL und der Referent für die Türkei zu führen hätten.)

(handschriftl.) Persönlich
Hr. Ges. Fürst Bismarck
(Handz.)

An die Herren Staatssekretäre und Abteilungsleiter.
(handschriftl.) H. U. St. S. POL.«

Ausgerechnet der Enkel des Alt-Reichskanzlers mußte dieses abenteuerliche, in der Geschichte der Diplomatie wohl höchst ungewöhnliche Dokument unterschreiben. Er war damals Ministerialdirigent im Auswärtigen Amt und Vertreter des Unterstaatssekretärs Wörmann. Da dieser am 21. Oktober ebenso wie sein Vorgesetzter, der

Staatssekretär von Weizsäcker, nicht verreist war, sondern im Auswärtigen Amt Dienst tat, soweit sich das ermitteln ließ, steht fast zu vermuten, daß beide von der Weisung ihres Ministers Kenntnis besaßen, aber es doch vorzogen, die Weiterleitung dem Jüngsten in der Hierarchie zu überlassen... Jedenfalls bleibt festzuhalten, daß es die Bemühungen von Papens um Friedensschritte waren, die ihm dies Hausverbot eingetragen hatten und die seine weiteren Versuche mit einem erheblichen Risiko belasteten.

Dank der Findigkeit unserer Dechiffrier-Experten konnte man in Berlin alle Geheimtelegramme mitlesen, die die italienische, türkische, spanische oder andere Regierungen von ihren Missionschefs im Ausland erhielten oder ihnen zugehen ließen. Jedes noch so vertrauliche Gespräch, das von Papen also mit neutralen Kollegen, wie etwa dem holländischen Gesandten Visser, führte, wurde von diesen in extenso nach Hause gedrahtet und landete mitunter früher auf den Schreibtischen Berlins als beim Adressaten. Hinzu kam, daß die Botschaft im allgemeinen und der Botschafter im besonderen ringsum von jeder Sorte von Parteifunktionären umgeben waren, die entweder dafür bezahlt waren, Spitzeldienste zu leisten, oder die es aus Begeisterung für die Sache taten, die sie zu vertreten glaubten. Jeder Kontakt von Papens mit Dritten wurde beobachtet und nach Berlin weitergeleitet – meistens als Indiz dafür, wie bedenklich es sei, einen alten, adligen, noch dazu stockkatholischen Nichtparteigenossen und Herrenreiter auf diesem wichtigen Posten zu belassen.

Aber von von Papen waren keine Impulse zum Aufstand gegen das Regime zu erwarten, wie sie von NS-Spitzeln befürchtet wurden. Er war nicht Revolutionär, sondern Offizier und Beamter, Familienvater und gläubiger Christ. Alle diese Eigenschaften standen – jedenfalls nach seiner Meinung – einer Mitwirkung an der Beseitigung Hitlers entgegen.

Von Papen wußte sehr wohl, daß es Verschwörungsgruppen gab und ist auch wiederholt – nach eigener Darstellung erstmalig von Graf Helldorf, Polizeipräsident von Berlin, und Graf Gottfried von Bismarck, Regierungspräsident in Potsdam – aufgefordert worden, mitzumachen.

Im Sommer 1943 kam der Legationsrat im Auswärtigen Amt, Adam von Trott zu Solz, unter dem Vorwand, Informationen über die Gesamtlage im Vorderen Orient einzuholen, nach Ankara. Auch er hat von Papen gesprochen und ihn über das eigentliche Ziel seiner Reise, das Netz der Verschwörung weiterzuspannen und Kontakt zu deutschen Emigranten und zum amerikanischen Geheimdienst aufzunehmen, orientiert. Namen wie Canaris, Prof. Dr. Hans Wilbrandt, Freiherr Kurt von Lersner, Prof. Alexander von Rüstow, Graf Moltke (»Kreisauer Kreis«), Johannes Posth, Direktor der Deutschen Orient-Bank in Istanbul, Dr. Leverkühn, Leiter der Abwehr in Istanbul, tauchen in diesem Zusammenhang auf; sie alle haben an dem Versuch mitgewirkt, die Widerstandsbewegung zusammenzuschließen und vor allem das amtliche Interesse der USA an ihr zu wecken. Hierher gehört dann auch das von von Papen in seinen Erinnerungen berichtete Treffen mit dem amerikanischen Marineattaché in Istanbul, George H. Earle. Zuvor Gesandter in Sofia, war er von Roosevelt als Marineattaché der US-Botschaft in der Türkei zu Beobachtungszwecken in Istanbul zugeteilt worden und war von Papen als aufgeschlossen, gesprächsbereit und als Gegner der »bedingungslosen Kapitulation« Deutschlands geschildert worden.

Mit ihm hat er im September 1943 ein oder zwei Aussprachen gehabt, über deren Inhalt auch aus von Papens Darstellung keine wirkliche Klarheit zu gewinnen ist. Von Papen erinnert sich, ihm im Einvernehmen mit den Grafen Helldorf und von Bismarck den an Roosevelt adressierten Vorschlag unterbreitet zu haben, den von der Widerstandsbewegung zu verhaftenden Hitler den Alliierten zwecks Aburteilung auszuliefern und dafür einen für die Lebensfähigkeit Deutschlands tragbaren Frieden auszuhandeln. Der Vorschlag habe bei Roosevelt kein Echo gefunden.

Der ganze Plan klingt reichlich irreal, um nicht zu sagen naiv. Ob die für die Verhaftung Hitlers vorgesehene Widerstandsgruppe, die Kavalleriebrigade des Oberst Freiherr von Böselager, die Macht und die Mittel dazu besaß, war doch wohl sehr fraglich. *Wenn* sie sie aber zu besitzen glaubte, stellt sich die Frage, weshalb sie es dann nicht getan hat und weshalb erst die höchst irrelevante Meinung des Präsidenten der USA dazu eingeholt werden mußte.

Der 1933 aus Berlin in die Türkei emigrierte Professor Wilbrandt, der in von Papens Treffen mit Earle eingeschaltet war, gibt eine andere Version. Er schreibt, der Botschafter habe auf Earles Aufforderung, sich der Widerstandsbewegung aktiv anzuschließen, gezögert und schließlich nach etlichen Wochen und einer Reise nach Berlin abgelehnt, angeblich auf Anraten von Weizsäckers (damals nicht mehr Staatssekretär des Auswärtigen Amtes, sondern Botschafter beim Vatikan). Im März 1944 sei von Papen auf die Anregung Earles zurückgekommen und habe ein neues Treffen mit ihm arrangieren wollen, aber den Bescheid erhalten, nunmehr sei es »zu spät«. (Wilbrandt in »Mitteilungen der Deutsch-Türkischen Gesellschaft« vom Dezember 1975.)

Wie dem auch sei – von Papen gehörte in einem begrenzten Rahmen zu Mitwissern des Widerstands, doch eine aktive Rolle hat er nicht gespielt – es sei denn, die relativ ungefährliche, der sich die meisten seiner und meiner Kollegen verpflichtet fühlten, ohne davon viel Aufhebens zu machen. Von Papen war vor allem seiner Kirche gehorsam, ein wie seine Frau zur Orthodoxie neigender Katholik (über den Hitler sich lustig machte, da er zur Audienz beim Papst diesen rückwärtsschreitend zu verlassen pflegte und den er über von Ribbentrop zur Ordnung rief, als er nach dem Überfall auf die Sowjetunion für die Öffnung der Kirchen in den von Deutschland besetzten Gebieten eintrat).

Vorschriften seiner Kirche waren ihm oberstes Gesetz. Sie aber lehnt den Tyrannenmord ab und lehrt – übrigens ähnlich wie die lutherische Doktrin von der Unterwerfung unter die »von Gott bestimmte« Herrschaft – nicht nur Gehorsam gegenüber jeder »legitimen« Obrigkeit, sondern auch Feindesliebe.

Diese Bindung wurde von ihm so ostentativ betont, daß er auch nach dem Sturz Mussolinis regelmäßig zusammen mit dem italienischen Botschafter die Messe in der italienischen Botschaftskapelle besuchte. Fast täglich durchquerte er, zur Verblüffung ausländischer Kollegen, bei denen sich das in Windeseile herumsprach, und zur Erbitterung der Parteibonzen, den Garten unserer Kanzlei. Jenseits des Zauns wurde er von seinem nunmehr zum »Feind« avancierten Kollegen, dem Comte Guariglia, der übrigens nach dem Machtwechsel in Rom unverzüglich alle faschistischen Embleme von seiner Botschaft entfernt und seinen Mitarbeitern den faschistischen Gruß verboten hatte, bereits erwartet. Gemeinsam mit ihren Damen strebten sie sodann in freundschaftlichem Gespräch der Kapelle zu.

Von Papen war im übrigen der festen Überzeugung, eine Ermordung Hitlers mitten im Kriege würde »einen Kampf aller gegen alle« an den Fronten auslösen und damit auch die bescheidensten Chancen eines Verständigungsfriedens zunichte machen. Ob die von ihm in Erwägung gezogene Verhaftung Hitlers eine solche Gefahr – sofern sie überhaupt vorhanden war – verringert hätte, ist sehr fraglich.

Im übrigen – wen gab es denn, der noch einen Verständigungsfrieden wünschte? Die Alliierten unter Franklin Roosevelts hatten sich auf die kriegsverlängernde Formel des »inconditional surrender«,

der bedingungslosen Kapitulation, versteift und deshalb jedes Interesse an der deutschen »Widerstandsbewegung« verloren.

Welche Ziele die Sowjetunion verfolgte, als sie im Sommer 1943 in Stockholm bei den Deutschen über Friedenschancen sondierte, wissen wir nicht – dank der Borniertheit Adolf Hitlers und seines Außenministers. Was konnte also von Papen tun? Die Zahl der Kollegen, mit denen er überhaupt noch Gespräche führen konnte, hatte sich inzwischen auf drei reduziert: den spanischen Botschafter Marques de Prat de Nantouillet, den Gesandten Portugals, de Calheiros, sowie den päpstlichen Nuntius Roncalli. Keiner von ihnen oder ihren Auftraggebern hatte irgendeinen Einfluß auf diese Entwicklung.

Bezeichnend war das Echo der Reichsführung und der USA auf einen Appell des spanischen Außenministers, Graf Jordana, an die Kriegführenden vom 16. April 1943. Er warb um Frieden, hob hervor, daß die Verlängerung des Krieges und die Aufzehrung der Kräftereserven des Westens die Gefahr des Kommunismus außerordentlich steigere. An beide Seiten gewandt rief er aus, das an sich verständliche Bestreben der kriegführenden Parteien, einen totalen Sieg und die völlige Vernichtung des Gegners zu erreichen, stimme weder mit dem wahren Interesse der Völkerfamilie noch mit dem der einzelnen Nationen, geschweige mit dem Interesse derjenigen Völker überein, die fern dem Komplott seien und ohne Schuld seine traurigen Konsequenzen erdulden müßten.

Der amerikanische Staatssekretär Hull wiederholte daraufhin, das Endziel der Alliierten bleibe die völlige Kapitulation der Achsenmächte, während das Auswärtige Amt in Berlin seinen Auslandsmissionen folgende Sprachregelung drahtete: »Kampf bis zur völligen Niederwerfung des Bolschewismus und Ausschaltung englischen und amerikanischen Einflusses in Europa.« Erfreulicherweise ging dieser fromme Wunsch nicht in Erfüllung.

Während er in Berlin zu Papier gebracht wurde, befanden sich die deutschen Armeen in Rußland bereits im vollen Rückzug. Die Amerikaner, von uns nun nicht mehr daran gehindert, ihren Einfluß in Europa aufrechtzuerhalten, sorgten vor allem dafür, daß das zertrümmerte Deutschland wieder aufgebaut werden konnte. Das deutsche Kriegsziel aber, sie in Europa auszuschalten, wurde von den Sowjets übernommen und war der Vater ihrer Forderung nach einer europäischen Sicherheitskonferenz, der KSZE, die dann ganz anders verlief und eher zu der notwendigen Verstärkung denn zu einer Abschwächung der amerikanischen Präsenz geführt hat.

# Der Botschafter Franz von Papen – ein Staatsmann?

*Von Hindenburg, von Papen und der Einfluß Hitlers · Churchill über Adolf Hitler · Die Türkei bricht die Beziehungen zu Deutschland ab*

Der Reichsminister Dr. Lammers, Chef der Reichskanzlei unter Hitler, hat, als er 1948 in Nürnberg auf der Anklagebank der Alliierten saß, erzählt, 1936 habe sich der Präsident des Reichsgerichts, Erwin Bumke, bei Hitler melden lassen, um über ihm bekannt gewordene Übergriffe, Ausschreitungen, Roheitsakte nationalsozialistischer Dienststellen Klage zu führen. Er sei, so hätte Lammers berichtet, sehr erregt gewesen und habe eine Fülle von Material mit sich geführt, um es dem »Führer« vorzulegen. Nach der Audienz habe er, Lammers, den Besucher gefragt: »Haben Sie den Führer überzeugen können?« Antwort: »Ich bin gar nicht dazu gekommen. Eher hat er mich davon überzeugt, daß es Späne geben muß, wenn gehobelt wird...«

»Es ist unbestreitbar«, schreibt von Papen in seinem Buch »Der Wahrheit eine Gasse«, »daß Hitler ganz besonders starke Einflußmöglichkeiten besaß und etwas von ihm ausstrahlte, das sich sowohl Einzelpersönlichkeiten als auch besonders der großen Masse mitteilte... wie viele andere bin ich ein Opfer dieses Einflusses geworden und habe anfangs an das geglaubt, was er mir über seine Ziele... sagte.«

Nicht nur »anfangs«. Selbst 1944 schien von Papen noch davon überzeugt, auf Hitler Einfluß zu besitzen. Noch anläßlich eines Zusammentreffens mit ihm im April 1944 stellte er, wie er in seinen Erinnerungen notiert, »erneut fest, daß dieser vernünftigen Erwägungen durchaus zugänglich war.«

Diese Bewertung eines Mannes, der ein gerade wieder aufgebautes, gerade wieder befriedetes Europa in das totale Chaos gestürzt hatte – von Papen war der letzte, der 1944 daran noch Zweifel besaß –, ist um so erstaunlicher, als sie offenbar von der Führung der Armee, die für das Sterben jedes einzelnen Soldaten die Verantwortung zu tragen hatte, weitgehend geteilt wurde. Und dabei war Hitlers Programm in Buchform (»Mein Kampf«) bereits zehn Jahre im Handel, als er die Macht in Deutschland übernahm. Man kann Hitler viel vorwerfen, aber jedenfalls nicht, daß er Deutschland und der Welt seine Mentalität und seine Vorhaben verschwiegen hätte. »Aber mein lieber Professor«, sagte von Papen zu dem amerikanischen Gerichtspsychiater G. M. Gilbert in seiner Nürnberger Gefängniszelle, »wer nahm denn ›Mein Kampf‹ schon ernst? Es wird soviel geschrieben...«

Wenn man schon nicht die gedruckten Glaubenssätze eines potentiellen Regierungschefs zur Kenntnis nehmen will – war denn der Fall Potempa vergessen? Fünf SA-Leute waren im August 1932 vom Schwurgericht in Beuthen wegen einer besonders viehischen Mordtat zum Tode verurteilt worden. Hitler nützte die Gelegenheit, um gegen das Urteil Sturm zu laufen, sich in Verbrüderungstelegrammen an die Mörder mit ihnen zu solidarisieren und damit vor aller Öffentlichkeit seine Einstellung zum Rechtsstaat deutlich zu machen. Das Kabinett von Papen erschrak und begnadigte die Verbrecher zu lebenslänglichem Zuchthaus. Das Kabinett Hitler aber setzte sie unverzüglich nach Machtübernahme in Freiheit und in ihre bürgerlichen Ehrenrechte wieder ein. Und wenn sie nicht gestorben sind, dann leben sie heute noch.

Mehr brauchte man von Hitler eigentlich gar nicht zu wissen, als seine Ernennung zum Reichskanzler zur Debatte stand. Und keine der nach der Machtübernahme von ihm begangenen Untaten konnte – danach – im Grunde noch überraschen. Hatte von Papen, hatte die Führung des Reichs, die für die Verhandlungen und Intrigen rund um die Kabinettsneubildung verantwortliche Kamarilla um Hindenburg den Fall Potempa vergessen oder – noch schlimmer – verdrängt? Hatte sie vergessen, daß der gleiche Adolf Hitler noch im November 1932 mit seinen Todfeinden, den Kommunisten, gemeinsame Sache gemacht, den Berliner Verkehrsstreik organisiert und brüderlich mit ihnen die Streikleitung formiert hatte?

Machte sich unter all jenen Rechtskonservativen, die dem immer noch zögernden Hindenburg eben diesen Mann, den Mann von Potempa, den Mann des Berliner Verkehrsstreiks, den (nach Aufhebung des SA-Verbots durch das Kabinett von Papen) für ungezählte

Bluttaten seiner SA-Verantwortlichen, als Reichskanzler empfohlen, keiner klar, wie unauslöschlich mit einer solchen Ernennung dieser unter Bismarck geschaffene und von ihm getragene Ehrentitel und die Würde des Deutschen Reichs besudelt wurden?

Rätsel über Rätsel.

Als ich im Sommer 1945 in meiner Eigenschaft als Gesandtschaftsrat von den Briten in Neumünster eingesperrt war, kam ich – durch zwei Stacheldrahtzäune hindurch – mit einem britischen Wachmann über Hitler und das Dritte Reich ins Gespräch. Er war von Beruf Metzgergeselle, ein einfacher Mann, aber mit viel Common sense ausgestattet. Am Ende sagte er: »Bei uns in England gibt es allemal soviel verbrecherisch und grausam veranlagte Individuen wie bei euch. Nur – bei uns läßt man sie nicht an die Regierung.«

Von Papens Einstellung gegenüber dem Verderber Deutschlands war in etwa die gleiche, die Thomas Mann, der Hitler freilich persönlich nicht kannte, ihm – anfangs – entgegengebracht haben soll: eine Art »angewiderter Bewunderung«. Beide Attribute waren bei von Papen emotionalen Schwankungen unterworfen, je nach dem zeitlichen Abstand, der ihn vom letzten Gespräch mit Hitler trennte. Er war immer wieder von ihm so beeindruckt, daß er erst sehr viel später merkte, wieder einmal nichts ausgerichtet zu haben.

Wir, seine Mitarbeiter, spürten das gelegentlich, wenn von Papen von einer Rückkehr aus Deutschland einige Stunden oder Tage mit Hitler in Berlin oder auf dem Obersalzberg verbracht hatte. Ein Beispiel:

Im Mai 1943 war ich von einer Dienstreise nach Berlin zurückgekehrt. Von von Papen zum Vortrag gebeten, begann ich ihn mit den Worten: »Im Auswärtigen Amt ist man hinter vorgehaltener Hand der Meinung, der Krieg sei zwar endgültig verloren, aber er werde bis zum letzten Deutschen weitergeführt.« Von Papen erwiderte, genau dies sei auch sein Eindruck. Wir hätten längst den Boden unter den Füßen verloren, aber Millionen von Menschen würden geopfert, nur um der gewissenlosen Illusion eines Sieges wegen, der bereits von Beginn an eine Illusion gewesen sei.

Einige Zeit später kam von Papen von einer Deutschlandreise zurück, rief seine Mitarbeiter im Treppenhaus der Kanzlei zusammen und hielt als Resümee seiner Erlebnisse eine überzeugt klingende Endsieg- und Durchhalterede, die vielen von uns zu diesem Zeitpunkt um so absurder erschien, als sie ganz überflüssig war. Niemand erwartete von ihm, daß er seiner Belegschaft einen Reisebericht erstattete. Der Grund? Auf dem Weg von Berlin nach Ankara war er wie üblich einige Tage Gast Hitlers auf dem Obersalzberg gewesen und wie so viele andere einmal mehr der unwahrscheinlichen Suggestivkraft seines Gastgebers erlegen. Tage vergingen und die Wirkung der Hypnose verschwand. Von Papen wurde wieder er selbst.

Im Februar 1944 mußte ich ihn vom Urlaub in Brussa zurückholen, weil ein Angehöriger der deutschen Abwehrstelle in Istanbul, Erich Vermehren, zum Feind übergegangen war. Während der kleine türkische Dampfer das Marmarameer durchquerte, wir wiederholt im Gespräch das Schiff umrundeten und uns der kalte Nachtwind um die Ohren pfiff, sagte von Papen, mehr zu sich selbst als zu mir: »War es nun der einzige oder war es der erste Fall?« Ich antwortete: »Der erste war es ja nicht gerade, es sind schon andere Übertritte erfolgt, und der letzte wird es ganz gewiß nicht sein. Ich bin weit entfernt davon, die Vermehrens, die ich gar nicht kenne, etwa als Ratten zu bezeichnen, aber eines jedenfalls steht fest: Das Schiff ist im Sinken.«

Von Papen erwiderte nach einer Weile: »Ja, leider viel zu langsam.« »Herr Botschafter, Sie entsinnen sich, als ich im Mai 1943 aus Berlin kam und Ihnen berichtete, war Ihre erste Frage: ›Nun, wie fanden Sie die Stimmung?‹ Ich erwiderte: ›Der Krieg ist verloren, aber er wird bis zum letzten Deutschen weitergeführt werden.‹«

»Ja«, sagte von Papen, »das war schon damals keine ganz neue Erkenntnis mehr.« »Eben«, entgegnete ich, »um so mehr war ich von der Durchhalterede überrascht, die Sie im August 1943 nach Ihrer Rückkehr aus Berlin und vom Besuch auf dem Obersalzberg vor der Botschaft gehalten haben. Sie mußten doch gar nicht reden?« Von Papen: »Nun, das hatte seine Gründe; die Darstellung Hitlers über die militärische Lage und die neuen Waffen hatten mich beeindruckt.«

»Noch eine ganz andere Frage in diesem Zusammenhang, Herr Botschafter, darf ich? Ich weiß, wie skeptisch oder, präziser gesagt, wie entschieden ablehnend Sie dem Regime in Deutschland gegenüberstehen, und ich würde gerne erfahren, welches die Gründe gewesen sind, die Sie seinerzeit veranlaßt haben, Hitler zur Macht zu verhelfen. Ich stand damals stark unter dem Einfluß Niemöllers, der unser Hauspfarrer war und dessen Predigten in der alten Dahlemer Dorfkirche meine Familie – sonst nicht eben kirchenfromm – damals nie versäumte. Er war der Meinung, daß wir einer Bande von Verbrechern in die Hände gefallen seien. Im Familienkreise machte er auch keinerlei Hehl daraus, und die Entwicklung hat – darüber sind wir uns ja völlig einig – diese Prognose nicht nur bestätigt, sondern weit übertroffen. Meine Frage nun: Hatten Sie damals Gründe, die Entwicklung positiver zu beurteilen? Oder anders formuliert: Wenn anderen Beratern Hindenburgs und schließlich ihm selbst die Betrauung Hitlers mit der Kanzlerschaft unumgänglich erschien – weshalb haben Sie trotz aller Klarsicht eine so schwere Verantwortung dabei übernommen und sogar die Vizekanzlerschaft akzeptiert?«

Von Papen erwiderte: »Ich war der Meinung und mit mir viele andere, die damals eine Verantwortung besaßen, der rascheste Weg, sich eines so erfolgreichen Demagogen und Abenteurers wie Hitler zu entledigen, sei, ihn mit der Macht, das heißt mit der Verantwortung zu betrauen, das heißt also, ihn zu zwingen, sich konstruktiven Aufgaben zuzuwenden. Er wie seine Vertrauten würden dann, mit der deutschen Wirklichkeit und mit der ganzen Problematik der deutschen Wirtschaftslage konfrontiert, endlich Farbe bekennen, ihre Unfähigkeit zu ernster Arbeit eingestehen müssen und schließlich die Unterstützung der Öffentlichkeit verlieren. Diese Unterstützung war das einzige Problem, denn niemand kam an der Tatsache vorbei, daß trotz der letzten Wahlverluste die NSDAP nach wie vor die bei weitem stärkste Partei war. Wollte man also nicht diktatorisch regieren und mit Reichswehr und Polizei gegen eine – immerhin demokratisch gewachsene – Partei vorgehen, blieb kein anderer Weg, die Stärke der Partei auch auf demokratische Weise wieder zu reduzieren. Schließlich durfte man auch eines nicht vergessen: Trotz der Meinung Hindenburgs, daß es notwendig sei, Hitler mit der Kanzlerschaft zu betrauen, blieb sein abgrundtiefes Mißtrauen gegenüber dem böhmischen Gefreiten bestehen. Hinzu kam, daß die Reichswehrführung doch hinter Hindenburg stand und daß niemand in Deutschland auf längere Zeit gegen den Willen der Reichswehr hätte regieren können. Die Tragik war, daß Hindenburg ausfiel und die Führung der Reichswehr, wie sich dann leider herausstellte, überhaupt keinen Willen besaß. Wenn Sie so wollen: Ich habe mich gründlich getäuscht.«

Dagegen läßt sich nicht sehr viel einwenden. Hitler war eben die weit stärkere Persönlichkeit – und leider nicht nur im Vergleich zu seinem Vizekanzler und Botschafter, sondern auch im Vergleich zu den meisten seiner Heerführer, ohne die nicht ein einziges seiner blutigen Abenteuer hätte begonnen oder beendet werden können.

Winston Churchill spricht in seinem Ende 1937 (!) erschienenen

Buch »Great Contemporaries« von den »enormous dimensions« eines Adolf Hitler, über den – wie recht er hatte – ein abschließendes Urteil freilich erst möglich sein werde, wenn sein ganzes Lebenswerk vor uns liege...

»Diejenigen«, so fährt er fort, »die Hitler in Staatsgeschäften oder gesellschaftlich gegenüberstanden, fanden einen sehr versierten, kühlen, bestens unterrichteten Funktionär vor sich, mit angenehmen Umgangsformen und entwaffnendem Lachen. Nur wenige blieben von dem ganz eigenen höchstpersönlichen Magnetismus, den dieser Mann ausstrahlt, unbeeindruckt!« Und an anderer Stelle: »Als Hitler begann, lag Deutschland niedergeschmettert zu Füßen der Alliierten. Mag sein, daß er den Tag erlebt, an dem das, was von Europa dann noch übrig ist, willenlos zu Füßen Deutschlands liegt.«

Churchill notiert dies, nachdem er zuvor die ganze Brutalität des nationalsozialistischen Regimes einschließlich der Judenverfolgung aufgezählt hat – wobei ein Unterton der Bewunderung für solche Dreckarbeit als Voraussetzung einer Wiedergeburt Deutschlands und Europas kaum zu überhören ist.

Das Porträt schließt denn auch mit der vorsichtigen Prophezeiung: »So lebt die Welt heute in der Hoffnung, daß das Schlimmste nun vorüber ist und daß wir Adolf Hitler noch als noblere Gestalt in einer glücklicheren Zeit erleben mögen.«

Nun ist Churchills damaliges Urteil über Hitler sicherlich nicht maßgebend. Einmal kannte er ihn selbst nicht, und zudem hatte er zuviel eigenes Abenteurerblut in sich, als daß ihm große – auch negative – Leistungen nicht Respekt abgenötigt hätten. Trotzdem ist die Bewertung seines späteren Gegenspielers nicht uninteressant, weil sie die magische Wirkung beleuchtet, die Hitler nun einmal ausübte.

Sie entschuldigt zwar in gar keiner Weise die Tolerierung der Verbrechen durch diejenigen, die berufen gewesen wären, sie zu verhindern, aber sie macht die »apotheosis of mediocrazy«, die Vergöttlichung der Mittelmäßigkeit transparent, die nach Dean Acheson die politische Geschichte unseres Jahrhunderts bestimmt und die mit dem Nihilisten Hitler und dank den von ihm zur Mitarbeit berufenen Männern und Mächten eine Talsohle erreicht hatte. Wenn die nüchternen Briten trotz aller Erfahrungen der Jahre zuvor diesen Mann immer noch so sahen, wie Churchill ihn 1937 beschreibt und analysiert, wird sein Einfluß auf diejenigen, die Befehle von ihm entgegenzunehmen hatten, eher begreiflich.

Wenn von Papen nach Deutschland reiste, empfahl ihm gelegentlich der gute Geist der Botschaft, seine Sekretärin Maria Rose, er solle sich zu seinen Besuchen bei Hitler einen Revolver mitnehmen. »Sie werden doch nicht kontrolliert. Schießen Sie den Kerl doch über den Haufen!« »Ja, und dann?« erwiderte von Papen. »Um mich wär's dabei ja nicht schade. Aber ihr – nicht nur meine Familie – würdet doch alle umgelegt!«

Nun – der persönliche Mut von Papens war unbestritten. Seine Marburger Rede, seine wiederholten Friedensfühler und nicht zuletzt auch seine Rückkehr nach Deutschland unmittelbar nach dem mißglückten Staatsstreich vom 20. Juli 1944 waren der beste Beweis.

Auch seine sportliche Courage war übrigens beeindruckend, wenn man 1943/44 sah, wie er – immerhin im Alter von 64 Jahren – auf seinem Pferde die Hindernisse im Springgarten von Ankara bewältigte. Der später in russischer Gefangenschaft umgekommene Oberstleutnant Freiherr von Wangenheim, Gehilfe unseres Militärattachés und weltberühmt geworden, als er bei der Olympiade 1936 trotz schwerem Sturz und gebrochenem Schlüsselbein der deutschen Militär-Equipe den Sieg sicherte, hatte die Hürden den schweren Olympiabedingungen entsprechend für seine eigenen Springübungen aufgebaut. Von Papens Reiterehrgeiz ließ ihn trotz eines Sturzes nicht ruhen, bis er sie gleichfalls hinter sich gebracht hatte – wohl eine der wenigen Freuden, die ihm der Dienst in der Türkei eingetragen hat.

Im Sommer 1944 fiel schließlich der Vorhang: Am 2. August beschloß die türkische Nationalversammlung den Abbruch der Beziehungen zu Deutschland. Die Botschaft schloß ihre Pforten, verbrannte ihre Akten und vernichtete die technischen Apparaturen.

Der Botschafter erhielt von von Ribbentrop den Befehl, unverzüglich abzureisen. Er folgte ihm auch – entgegen dem Rat türkischer Freunde, das Ende lieber in der Türkei abzuwarten und trotz der Warnung, die ihm Winston Churchill zukommen ließ! Der deutsche Botschafter in der Türkei sei zwar – so sagte er in einem Kommentar zum Abbruch der deutsch-türkischen Beziehungen vor dem Unterhaus – dem Blutbad der Nazis am 30. Juni 1934 glücklich entkommen, werde aber nun »diesmal dem Verderben kaum entgehen«. Betrachtungen darüber anzustellen, weshalb diese Warnung ausgesprochen und unter vier Augen von Papen im britischen Auftrage von dem portugiesischen Gesandten de Calheiros auch noch wiederholt wurde, sind heute müßig. Sicher hätte man in England ein Abspringen von Papens noch gern gesehen. Andererseits hatte der Zug bei Deutschlands Fahrt in den Abgrund bereits eine Geschwindigkeit erreicht, daß propagandistische Effekte dieser Art ihn kaum noch beschleunigen konnten. Jedenfalls: wenn Churchill den Mann für einen Nationalsozialisten gehalten hätte, hätte er auf diese doppelte Warnung gewiß verzichtet.

Von Papen reiste im Salonwagen des türkischen Außenministers an die bulgarische Grenze und einem höchst ungewissen Schicksal entgegen – er begegnete Hitler erstmalig wieder Anfang August, also nach dem Attentat des 20. Juli 1944, als die Suche nach den Schuldigen in vollem Gange und nicht vorauszusehen war, ob in Dokumenten oder bei Vernehmungen nicht auch der Name von Papen auftauchen würde. Wenige Tage zuvor hatte Hitler zu dem Gesandten Sonnleithner, seinem Verbindungsmann zu von Ribbentrop, beiläufig bemerkt: »Ein Glück für Papen, daß er in Ankara ist...« Und auf den fragenden Blick Sonnleithners fügte er hinzu: »Er liebt es doch, seine Finger überall im Spiel zu haben.«

Nach von Papens Abreise in die Heimat sollten die Botschafts- und die Konsulatsangehörigen mit ihren Familien rasch folgen, doch die sowjetische Armee war bereits der türkisch-bulgarischen Grenze so bedrohlich nahe, daß sich die Schweizer Regierung als Schutzmacht weigerte, den Transport über Sofia–Bukarest abzufertigen.

Als Kapitän dieses Schiffes hätte von Papen – dessen Frau allerdings gerade in Deutschland weilte und im Falle einer Befehlsverweigerung ihres Mannes dem Sippenhaft-Zugriff der Gestapo ausgeliefert war – eigentlich die Pflicht besessen, als letzter von Bord zu gehen, das heißt hier, mit den ihm anvertrauten 300 Personen, Beamten, Angestellten, Frauen und Kindern zusammen auszuharren und sie nach Hause zu führen. Daß er nicht einmal den Versuch dazu machte, sondern den für ihn weit riskanteren Weg wählte, zeugt gewiß von seiner Courage, vielleicht auch von seiner Hoffnung, zu Hause noch zu Rate gezogen zu werden, aber gewiß nicht von der Einsicht in seine gerade nach Abbruch der Beziehungen doppelt wichtige Verantwortlichkeit für die große Schar seiner Mitarbeiter und deren Familien. Sie blieben sich selbst beziehungsweise dem – recht temperierten – Wohlwollen des ganz anglophilen schweizerischen Gesandten Lardy als Schutzmachtvertreter überlassen, wurden einige Wochen später auf Verlangen der Alliierten interniert und im April 1945 – aber das ist schon wieder eine andere Geschichte repatriiert.

Zuvor – am 23. Februar 1945 – hatte die Türkei mit Wirkung vom 1. März Deutschland den Krieg erklärt, wie bereits erwähnt, nach dem Beschluß der Sieger der allerletzte Tag, um noch in den Genuß einiger Nachkriegsregelungen zu kommen.

So ist die Türkei ihrer sorgfältig abgewogenen und immer wieder überprüften Neutralitätspolitik – die, nimmt man das Wort »Neutralität« zum Nennwert, im Grunde gar keine war – so lange treu geblieben, bis ihr das Wasser am Halse stand und sie sich der neuen, längst erwarteten Lage anpassen mußte.

Wenn die Türken – und zwar nicht nur die Politiker, sondern das Volk, wie ich es nach dem Kriege gelegentlich habe beobachten können – Franz von Papen als den Mann feierten, der entscheidend dazu beigetragen habe, ihnen den Krieg zu ersparen, dann mag das zwar ein wenig übertrieben sein, aber so unrecht hatten sie nicht. Als der erste Bundespräsident Theodor Heuss im Mai 1957 der Türkei einen offiziellen Besuch abstattete, wünschte er anläßlich des zu seinen Ehren gegebenen Diners des Staatspräsidenten im Hotel »Ankara Palace« auch seinem Vorgänger Ismet Inonü, dem großen alten Mann der Türkei, der seinerzeit die entscheidenden Verhandlungen mit von Papen geführt und gesteuert hatte, guten Tag zu sagen. Inonü, der – nunmehr Führer der Opposition – ebenfalls geladen war, erkundigte sich, als er von Heuss' Wunsch erfuhr, zunächst danach, ob sein alter Gegenspieler, Gesprächspartner und Freund, Franz von Papen, inzwischen wohl aus der Internierungshaft, zu der ihn nach dem Freispruch in Nürnberg eine bayerische Entnazifizierungskammer verurteilt hatte, entlassen, und wenn ja, ob die Beschlagnahme seines Grundbesitzes rückgängig gemacht worden sei. Und erst, als Heuss' Staatssekretär Dr. Manfred Klaiber, der Inonü den Wunsch von Heuss übermittelt hatte, beide Fragen bejahen konnte, erklärte er sich gerne bereit, Theodor Heuss zu begrüßen.

Diese letzten fünfzig Jahre sind noch voll von psychologisch schwer deutbaren Rätseln, und die inzwischen erschienenen Erinnerungen einiger, die an der Spitze mitgewirkt haben, tragen – einmal abgesehen von den rücksichtslos ehrlichen Aufzeichnungen des Hitlerarchitekten Speer – sehr wenig dazu bei, sie aufzuhellen. Sie sind auch gewiß nicht das letzte Wort, das über die Hitlerzeit im ganzen und Schuld und Verantwortung einzelner geschrieben ist.

Von Papens Erinnerungen »Der Wahrheit eine Gasse« und »Vom Scheitern einer Demokratie« geben, aber unterlassen leider auch so manche notwendige Aufklärung.

Theodor Heuss, der erste Bundespräsident, sagte mir einmal, der Titel hätte wohl besser gelautet: »Die Wahrheit in die Gosse«. Nun – auch Heuss war einer jener 441 Reichstagsabgeordneten, die am 24. März 1933 trotz aller Warnungen, trotz der leidenschaftlichen, auch heute noch bewegenden Absage des SPD-Abgeordneten Wels und gegen die 94 Stimmen der SPD-Fraktion für das von Hitler beantragte Ermächtigungsgesetz gestimmt und die es mitzuverantworten haben, daß – zunächst für vier Jahre – mit diesem Gesetz die gesamte Staatsgewalt einer Organisation, die sich längst als verbrecherisch dekouvriert hatte, der NSDAP, überantwortet wurde.

Heuss mußte an diesem Tage bereits davon unterrichtet gewesen sein, daß Hitlers Innenminister Frick in der Kabinettssitzung am 15. März unter anderem ausgeführt hatte: »Das Ermächtigungsgesetz werde so weit gefaßt werden müssen, daß von jeder Bestimmung der Reichsverfassung abgewichen werden könne.« Heuss hat trotzdem dafür gestimmt.

Darüber hinaus ist sein Urteil auch nicht gerecht. Von Papens Buch enthält in und zwischen den Zeilen Bekenntnisse eines Verfassers, der um seine Verantwortlichkeit am Geschehen, um manche klaffende Widersprüchlichkeit seines Tuns weiß; der am Ende seines Lebens nach Wegen sucht, um mit seinem Gewissen und seinem christlichen Glauben ins reine zu kommen; die innere Kraft, seine eigene Schuld, weniger sein Tun als sein Unterlassen, zu erkennen und offen einzugestehen – diese Kraft und Einsicht waren ihm nicht gegeben.

In der deutschen Botschaft in Ankara gibt es, wie im Auswärtigen Dienst üblich, eine »Ahnengalerie«, also eine Sammlung aller Missionschefs, die Deutschland einmal in der Türkei vertreten haben. Aber von Papen fehlt, wie ich gehört habe, unter ihnen. Weshalb eigentlich? Erstens hat er sich unter besonders schweren Umständen um die deutsch-türkischen Beziehungen mehr Verdienste erworben als manch einer seiner Nachfolger im Amte. Und zum anderen ist mir der Gedanke, jemanden posthum durch Eliminierung aus der Ahnenreihe zu bestrafen, stets als eine besonders kleinkarierte Form der Vergangenheitsbewältigung erschienen, die überdies noch kommunistischer Praxis entlehnt ist. In Moskau gehört es bekanntlich zum täglichen Brauch der Massenmedien und der Geschichtsschreibung, Persönlichkeiten sowjetischer Zeitgeschichte immer dann verschwinden zu lassen, wenn sich ihr politisches Wirken und die von der Partei für opportun gehaltene Darstellung historischer

Fakten nicht in Einklang bringen lassen. Sie existieren dann eben nicht mehr, sie haben auch niemals existiert! Freilich, wenn eines Tages die Linie der Geschichtsschreibung modifiziert wird, werden »Unpersonen« wieder exhumiert oder, wie bei »Kalanag« das Kaninchen, aus dem Zylinder geholt. Ich meine, wir sollten uns hüten, diesen seltsamen Brauch nachzuahmen.

Auch Hitler gehört in die Ahnengalerie deutscher Reichskanzler! Seine legal erfolgte Berufung kann nicht dadurch rückgängig gemacht werden, daß man irgendwo seine Existenz unterschlägt. Die Geschichte eines Landes ist auch die Geschichte seiner Einwohner und all derjenigen Personen, die von ihnen berufen wurden, das Land zu regieren. Nichts davon läßt sich leider später wieder rückgängig machen – und eben deshalb bleibt gar nichts anderes übrig, als sich auch zu solchen Perioden unserer Geschichte zu bekennen, die noch nach Jahrhunderten als nie mehr zu beseitigende schmutzige Flecken auf dem Kleid unseres Vaterlandes erkennbar sind und auf die – machen wir uns nichts vor – noch nach Jahrhunderten von aller Welt mit dem Finger gezeigt werden wird. So wenig wie die Belgier und Holländer die spanische Blutherrschaft unter dem Herzog von Alba im 16. Jahrhundert vergessen haben, so wenig wird den Deutschen Adolf Hitler und seine Verbrechen vergessen werden.

Franz von Papen jedenfalls hat – ganz unabhängig davon, wie man sein sonstiges Wirken bewerten mag – um Deutschland und der Türkei willen nicht verdient, als Unperson behandelt zu werden. Für ihn sollte, so wie ich ihn kennengelernt habe, etwa das Wort Konrad Ferdinand Meyers über Ulrich von Hutten gelten: Er war »kein ausgeklügelt Buch, er war ein Mensch in seinem Widerspruch«.

# Ein Vortrag in Madrid – und eine Debatte im Bundestag

Im Dezember 1963 – ich hatte im Sommer des Jahres unsere Botschaft in Spanien übernommen – teilte mir der spanische Informationsminister Fraga Iribarne mit, seine Regierung habe Herrn von Papen eingeladen, vor einem Forum von Ministern, Professoren etc. einen Vortrag über die Lage in Europa zu halten. Ich schrieb dem damaligen Leiter der Politischen Abteilung des Auswärtigen Amtes, Ministerialdirektor Dr. Jansen, und fügte hinzu, daß ich von Papen »auf jeden Fall« auch zu mir bitten würde. Dr. Jansen riet von einem »offiziellen« Essen in meinem Hause ab. Von Papen kam, hielt einen Vortrag in französischer Sprache über die Entwicklung in Europa, verteilte einige Seitenhiebe an die Adresse der seiner Meinung nach zu stark links orientierten Massenmedien in Deutschland und warnte vor dem Kommunismus. Hatte er damit so unrecht?

Anschließend war von Papen zusammen mit seinem alten Freunde aus Türkeizeiten, dem Marques de Pratt de Nantouillet, bei mir privat zu Gast.

Kurz darauf richtete der SPD-Abgeordnete Herbert Wehner eine kleine Anfrage an die Bundesregierung. Der deutsche Botschafter in Madrid sei bei dem Vortrag Herrn von Papens gesehen worden. Er hätte auch dann nicht den Saal verlassen, als von Papen die parlamentarische Regierungsform der Bundesrepublik und ihre Informationsmedien angegriffen hätte. Ob die Bundesregierung dieses Verhalten ihres Botschafters billige?

Vom Auswärtigen Amt zur Stellungnahme aufgefordert, verwies ich auf meinen Brief an Dr. Jansen, den Inhalt des Vortrags und führte aus, der deutsche Botschafter habe meines Erachtens dabei zu sein, wenn ein früherer Reichskanzler, Vizekanzler und Botschafter – von allen gegen ihn erhobenen Anklagen freigesprochen und in alle seine bürgerlichen Rechte wieder eingesetzt – von der Regierung seines Gastlandes offiziell eingeladen sei. Von Angriffen des Redners gegen die parlamentarische Regierungsform in Deutschland hätte ich nichts gehört und keine Veranlassung gesehen, an seinen Ausführungen Anstoß zu nehmen.

Der damalige Außenminister Gerhard Schröder gab in der Fragestunde des Bundestages am 23. Januar 1964 meine Antwort bekannt und fügte hinzu: »Die Bundesregierung hält die Auffassung des Botschafters für falsch.« Er vermied sorgfältig, Gründe zu nennen, weshalb er sie für falsch hielt. Vermutlich war er bei Prüfung der Sachlage bereits selbst zu dem Ergebnis gelangt, daß es ihm schwerfallen würde, welche zu finden.

Anschließend wurde darüber diskutiert. Dabei wurde deutlich, daß es nicht um den Wortlaut des Vortrages ging – den niemand im Hohen Haus genau kannte –, sondern um die Meinung, daß ein Mann mit der Vergangenheit von Papens kein Recht habe, Vorträge zu halten, noch dazu auf Einladung des spanischen Caudillo. Der Abgeordnete von Friedensburg bemerkte, es wäre meine Pflicht gewesen, den Vortrag zu verhindern. Nachdem ich aber versagt hätte, sei es wohl – so der Abgeordnete Herbert Wehner – an der Bundesregierung, sich von den »Äußerungen des seinerzeitigen Herrenreiters, der im immerhin gereiften Alter geglaubt hatte, zu reiten, aber geritten wurde, abzusetzen«.

Dazu bestand nun erst recht kein Grund, denn niemand in Madrid hatte erwartet, daß der Privatmann von Papen die Auffassungen der Bundesregierung wiedergeben und erläutern würde. Der Antrag Wehners wurde denn auch von Schröder zurückgewiesen. Anderes hatte Wehner, bei dem nicht ein bestimmter Sachverhalt, sondern ausschließlich die Reizworte »von Papen« und »Franco-Spanien« seine Intervention ausgelöst hatten, nicht vorzubringen. Auch die Anmerkung des netten und sympathischen Abgeordneten von Friedensburg zeugten nur von einer emotionalen Verkennung der Rechte, die den Bürgern einer Demokratie zustehen, und dem Bewußtsein einer unbewältigten Vergangenheit.

Herbert Wehner kannte damals leider noch nicht die Erinnerungen seines alten Parteigenossen Wilhelm Högner »Flucht vor Hitler«.

Der langjährige bayerische Ministerpräsident – er übrigens hatte sich in realistischer Einschätzung der Dinge vor Hitler nicht zu Stalin, sondern in die Schweiz geflüchtet – beschreibt in diesen bereits 1937 zu Papier gebrachten, aber erst jetzt publizierten Erinnerungen anschaulich und sarkastisch den desolaten inneren Zustand, in dem sich die im Reichstag vertretenen bürgerlichen Parteien – einschließlich der SPD – in den Schicksalstagen des Winters 1932/33 befanden. Diese mit seinen Fraktionskollegen und mit sich selbst rücksichtslose Abrechnung gipfelt in dem Bekenntnis: »Ich war sozialdemokratischer Reichstagsabgeordneter und bin daher mitverantwortlich für den Untergang meiner Partei.«

Herbert Wehner war zwar nicht Mitglied des Reichstages, sondern Mitglied des Landtages – Mitglied des sächsischen Landtages –, aber mir scheint, niemand von uns Alten, die wir damals die Entwicklung miterlebten, hat die geringste Veranlassung, sich selbstgerecht an die Brust zu schlagen, »Gott sei Dank, daß ich nicht so bin wie jener«, und nach Schuldigen zu suchen, um sie aufzuspießen. Gewiß – von Papen war auch einer von ihnen, einer von vielen. Sie hatten von der Mentalität eines Hitler, eines Göring, eines Goebbels sowenig begriffen wie Wehner von Stalin, obwohl er doch sicher nach Moskau emigriert war, um dort »reiten« zu lernen und ziemlich lange gebraucht hat, bis auch er merkte, daß er geritten wurde. Und dabei war Stalin 1933 bereits ebenso bekannt wie das Ausmaß seiner Verbrechen.

# Der Fall Vermehren

In den ersten Monaten 1944 soll gegenüber der Von-Papen-Botschaft in Ankara ein Mordplan geschmiedet worden sein, dessen Durchführung Göring verhindert habe: Eines unserer schnellsten Bombenflugzeuge, eine Ju 88, sollte nach Ankara entsandt werden – von Rumänien aus kein weiter Weg. Bevor die Türken noch hätten intervenieren können, sollte von Papen nebst einigen seiner Mitarbeiter entweder nach Deutschland gebracht oder im Falle des Widerstandes an Ort und Stelle liquidiert werden.

Bald nach dem Kriege hat mir in Hamburg eine frühere Sekretärin des Staatssicherheitshauptamts in Berlin diese zwar durchaus denkbare, auch in den Erinnerungen von Papens ohne Quellenangabe genannte, aber sonst nicht belegte Story erzählt. Sie behauptete, den Plan in Berlin seinerzeit selbst geschrieben zu haben und sich seiner zu entsinnen, weil sich, außer dem Botschafter selbst, auch unser Militärattaché, General Rohde, die Sekretärin von Papens, Maria Rose, der Gesandte Gebhardt von Walther und mein Name unter den Liquidierungskandidaten befunden hätten. Sie vermeinte sich zu erinnern, das Papier sei mit dem lapidaren Vermerk Hermann Görings (»Quatsch«) an ihre Dienststelle zurückgekommen, während von Papen meinte, der von von Ribbentrop bereits genehmigte Plan sei wohl von Hitler untersagt worden. Sollte es ihn wirklich gegeben haben, hing er höchstwahrscheinlich mit der nachstehenden Begebenheit zusammen:

Die deutsche Abwehr unter Admiral Canaris unterhielt in Istanbul während des Krieges eine Dienststelle, die von Major Dr. Leverkühn, im Zivilberuf Rechtsanwalt in Berlin (und langjähriger Anwalt der angeblichen Zarentochter Anastasia), befehligt wurde. Am 27. Januar 1944 verschwand plötzlich aus dieser Arbeitsgruppe ein ihr gerade eben erst neu zugeteilter junger Mitarbeiter namens Erich

Vermehren nebst Ehefrau. Er war Soldat, Gefreiter der Wehrmacht, Sohn des Hamburger Rechtsanwalts Dr. Vermehren und jung verheiratet mit einer Gräfin Plettenberg, einer weitläufigen Verwandten Franz von Papens. Beide blieben zunächst unauffindbar, meldeten sich dann aber über Radio Kairo. »Ich bin glücklich«, so sagte er am 3. März 1944, »endlich etwas für Deutschland tun zu können und als Freiwilliger in die Reihen derjenigen einzutreten, die dem Todfeind Deutschlands den Krieg erklärt haben, den Nationalsozialisten.« Sie seien beide zur britischen Seite übergegangen, weil ihr tiefer katholischer Glaube es ihnen unmöglich mache, weiter dem Verbrecherregime Hitlers zu dienen.

Nun war Vermehren nicht wegen dienstlicher Qualifikation, sondern auf Grund inständiger Bitten und dank der freundschaftlichen Beziehungen seines Vaters zu Dr. Leverkühn nach Istanbul versetzt worden. Seine Frau, die ebenso wie die Ehefrauen der sonst bei Dr. Leverkühn tätigen Offiziere und Angestellten in Deutschland hätte zurückbleiben müssen, verdankte ihre Ausreise einer Intervention von Papens, der sie übrigens kaum kannte und der, wie sich aus einem Telegramm an von Ribbentrop vom 7. Februar 1944 ergibt, alsbald nach ihrem Eintreffen in der Türkei auf ihrer möglichst baldigen Rückreise bestanden hatte, um nicht den Eindruck zu erwecken, sie genieße als Verwandte des Botschafters Privilegien. Es mag auch sein, daß ihr »militanter Katholizismus«, wie er in einem Aktenvermerk einmal bezeichnet wird, verbunden mit allerlei Redensarten, die sich rasch herumsprachen, der Grund für diese Bitte von Papens war. Jedenfalls mußte die Flucht der Vermehrens, die übrigens gar nichts wußten, was für die andere Seite hätte von Interesse sein können, einen großen Personenkreis schwer kompromittieren. Dr. Leverkühn, dessen Gutmütigkeit sie ihren Türkeiaufenthalt verdankten, drohte die Hinrichtung – der er wider Erwarten entgangen ist –, von Papen die sofortige Abberufung und den Eltern beider Vermehrens die Sippenhaft.

Natürlich wurde von den Briten der Fall Vermehren sehr hochgespielt. Den einfachen Soldaten, der dank seines Ranges und seiner Jugend in die Interna des Abwehrdienstes gar nicht eingeweiht sein konnte, verwandelten sie in eine Schlüsselfigur der deutschen Spionage.

Botschafter von Papen war gerade mit seiner Frau nach Brussa, der überaus malerischen, mit herrlichen alten Moscheen geschmückten Hauptstadt der Provinz Brussa, auf Urlaub gefahren. Der Geschäftsträger, Gesandter Gebhardt von Walther, bat mich, von Papen zu informieren. Ich flog nach Brussa, und von Papen brach seinen Urlaub sofort ab. Noch in der gleichen Nacht per Schiff nach Istanbul zurückgekehrt, stellte sich heraus, daß ein Freund Vermehrens, ein zur Abwehr Istanbul dienstverpflichteter Österreicher, Dr. Hamburger-Hendriks, ebenfalls das Weite gesucht und im amerikanischen Generalkonsulat Asyl gefunden hatte. Da er mir freundschaftlich verbunden war und ich wußte, daß er zur Zeit seiner Flucht mit einer fiebrigen Grippe zu Hause gelegen hatte, erkundigte ich mich und erfuhr, daß seine Dienststelle (in Abwesenheit des bereits nach Berlin abgeflogenen Dr. Leverkühn) zwei Beamte zu ihm mit dem Befehl geschickt hatte, sich schleunigst anzuziehen und in ihrer Begleitung mit dem Nachtzug nach Sofia abzureisen. Dr. Hamburger-Hendriks war nicht auf den Kopf gefallen. Er schaltete schnell und erklärte, das passe ihm gut. Er hätte sowieso Urlaub beantragen und nach Hause fahren wollen. Er müsse sich also erst mal anziehen, Koffer packen etc. und bitte daher seine Kameraden, die kleine Wohnung zu verlassen und draußen zu warten. Beide hatten dafür Verständnis und nahmen auf der Treppe Platz. Dr. Hamburger-Hendriks suchte sich indes seine nötigsten Sachen zusammen und verließ die Wohnung über den Lieferantenausgang. Als die Kameraden auf der Treppe schließlich meinten, nun müsse man sich beeilen, um den Zug nach Sofia noch zu erreichen, war er bereits im amerikanischen Generalkonsulat.

27 Jahre später, 1971, besuchte mich Dr. Hamburger-Hendriks zusammen mit dem ehemaligen österreichischen Handelsminister, Dr. Bock, in Moskau. Er hätte damals – so erzählte er – keineswegs die Absicht gehabt, die Seiten zu wechseln. Angesichts des übermittelten Befehls, dessen Zusammenhang mit dem Fall Vermehren auf der Hand lag, sei ihm aber gar keine andere Wahl geblieben.

In Berlin wurde die Aufregung noch größer, zumal ein Dritter, ein gewisser von Kleczkowski, der angeblich die »Berliner Illustrierte« in Istanbul vertrat, ebenfalls das amerikanische Generalkonsulat um Asyl gebeten hatte. Zwei Jahre später verhörte mich im Internierungscamp von Neumünster ein britischer Air-Force-Offizier über die von mir während der Besetzung Syriens durch britische Truppen im Jahre 1943 dort organisierten Sabotageakte, wie Brückensprengungen, Straßenverminungen, Bombenattentate etc. Ich lachte ihn aus und sagte ihm, ich sei noch nie in Syrien gewesen. Als ich ihn schließlich fragte, wer ihm diesen für mich recht schmeichelhaften

Bären aufgebunden habe, las er mir aus einem angeblichen Protokoll der Vernehmung von Kleczkowskis entsprechende Passagen vor. Ich sei gar kein Diplomat, ich sei aktiver Abwehroffizier, hätte von Kleczkowski behauptet. Um überhaupt von der Gegenseite für ernstgenommen zu werden, hatte er diese Angaben erfunden.

Von Papen wurde ersucht, alsbald nach Berlin zu kommen oder einen Mitarbeiter zu entsenden, um zur Aufklärung der »Fluchtwelle« beizutragen. Da er gerade unabkömmlich war, bat er mich, den Termin wahrzunehmen. Er verfaßte unter dem 22. Februar 1944 eine umfangreiche Weisung und Sprachregelung für mich. 15 Personen der Abwehr müßten auf Grund des Falles Vermehren nunmehr schleunigst zurückgezogen werden, der Abwehrapparat aber müsse wegen der Aufklärung im Nahen Orient und in Ägypten aufrechterhalten bleiben. Was allerdings die Abwehr, die Türkei betreffend, angehe, hätte er bereits strengstens untersagt, in der Türkei gegen türkische Interessen zu arbeiten. Es genüge, die türkische Rüstung »in großen Zügen, nicht aber im Detail« zu kennen, zumal wir sicher sein könnten, »daß dieser Apparat – jedenfalls vorläufig nicht – gegen uns eingesetzt wird. Unser gutes Verhältnis zu den Türken und unsere vertrauensvollen Beziehungen zu ihrer Armee sind weit mehr wert als unterirdische Spionagetätigkeit«.

Hier wird in kurzen dürren Worten deutlich, wie von Papen das ja von ihm maßgeblich mitentwickelte deutsch-türkische Verhältnis noch zu der Zeit, als es bereits in seine kritischste Phase getreten war, beurteilte.

Ebenso nützlich in diesem Zusammenhang scheint mir aber auch ein Einblick in die Mentalität derjenigen Dienststelle, mit der ich in Berlin verhandeln sollte, dem Geheimen Staatssicherheitshauptamt unter Kaltenbrunner, der nach der Entlassung von Canaris nunmehr auch die Abwehr übernommen hatte.

Für Kaltenbrunner war der Fall die seit langem gesuchte Gelegenheit, den Botschafter von Papen endlich zu »entlarven«. In langen Aufzeichnungen vom 7. und 26. Februar 1944 für Hitler und von Ribbentrop breitet er das von seinen Handlangern in der Türkei fleißig gesammelte »Belastungsmaterial« gegen von Papen und seine Mitarbeiter aus: Da sei die Verwandtschaft mit Frau Vermehren. Da sei die Tatsache, daß er den »Vierteljuden« Wilhelm von Flügge, Spezialist in türkischen Wirtschaftsfragen, zu seinem ersten wirtschaftspolitischen Berater gemacht habe. Da sei ferner seine Freundschaft mit einem »Halbjuden«, dem Freiherrn von Lersner, den er übrigens auch besolde, damit er ihm politische Informationen beschaffe. Schließlich dulde er einen politisch unzuverlässigen Generalkonsul, Herrn von Twardowski, in Istanbul, obwohl dieser mit einem höchst verdächtigen Gesandtschaftsrat, Dr. Schmid-Krutina, befreundet sei. Und in der Botschaft beschäftige er den Legationssekretär Dr. Reinhard Henschel, der nicht nur eine suspekte Ehefrau besitze, sondern zur Zeit auch Gegenstände seines Hausrats gegen Devisen veräußere, was den Verdacht erhärte, daß er »mit Hilfe dieser Mittel entweder desertiere oder sonstwie zum Schaden des Reiches handele.«

Über den Fall Vermehren kaum ein Wort, er interessierte offenbar auch nicht weiter, jedenfalls trat er gegenüber der Absicht, den Botschafter als Verratsquelle zu demaskieren und ihn damit endlich abzuschießen, völlig in den Hintergrund. Da aber auch insoweit verläßliche Erkenntnisse nicht vorhanden waren, genügte es, von Papens Konfession, politische Meinung und Umgebung ins rechte Licht zu rücken. Ein – katholischer – Botschafter, der auf den Rat eines »Vierteljuden« hört und sogar einen »Halbjuden« (den hochverdienten Freiherrn Kurt von Lersner, 1919 Leiter der Versailler Friedensdelegation) zu seinen Freunden zählt, ist jeglicher Untat so verdächtig, daß er eigentlich bereits – gleichviel für was – als überführt angesehen werden kann.

Das gewissenlose Geschwätz des Chefs der Sicherheitspolizei und des SD war sogar Herrn von Ribbentrop zuviel, zumal ja mit diesen Denunziationen seine eigene Fähigkeit an der Auswahl seiner Mitarbeiter in Zweifel gezogen wurde.

Er könne zwar nicht, heißt es in seiner Gegenäußerung vom 13. März 1944, für jeden Angehörigen des Auswärtigen Amtes bürgen, aber es sei bekannt, daß er bei Fällen »defätistischer Äußerungen und direkten Verrats« schärfstens durchgegriffen und – so einfach war das damals – darauf bestanden habe, »daß diese Fälle schwer und in dem einen Verratsfalle mit dem Tode bestraft wurden«.

In Ankara lägen die Dinge nun aber anders. »Daß Botschafter von Papen kein Nationalsozialist ist und der katholischen Kirche angehört, ist allgemein bekannt«. Er habe aber in der Türkei zweifellos mit Geschick gearbeitet. »Er hat sich restlos für seine Aufgabe eingesetzt und genießt in der Türkei das Ansehen des ersten Diplomaten in Ankara«. Sollte es Zweifel an seiner Person geben, bitte er um das Beweismaterial und um Bekanntgabe der Unterlagen, »die einen solchen Eindruck, wie ihn der Bericht des SD beschreibt, als gerechtfertigt erscheinen lassen«. Man müsse vermeiden, so schließt die Aufzeichnung, »daß nicht durch die Art der Abfassung von Berichten und durch vage Kombinationen schuldlos Beamte in Affären hineingezogen werden, mit denen sie nichts zu tun haben, und daß dadurch sogar eine ganze Behörde, nämlich das Auswärtige Amt und der auswärtige Dienst mit Dingen belastet werden, mit denen sie ebenfalls nicht das Geringste zu tun haben«.

Neben der Behandlung der Affäre »Cicero« auch dies ein bemerkenswerter Ausschnitt aus dem Berliner »Unterseebootskrieg«, wie der Chef des Ausland-Nachrichtendienstes des SD, Dr. Schellenberg, die Haupttätigkeit der Reichsregierung charakterisierte.

Meine Vernehmung als Vertreter von Papens sollte am 6. März 1944 im Reichssicherheitshauptamt unter dem Vorsitz eben dieses Dr. Schellenberg, SS-Oberführer, stattfinden. Ich kannte ihn bereits aus Ankara, das er, wenn auch unter anderem Namen und mit falschem Paß, schon ein- oder zweimal besucht hatte. Er war wie ich Waffenstudent und mir dadurch aufgefallen, daß er mir ein Jahr zuvor auf meine Frage: »Wann geht der Krieg endlich zu Ende?« erwidert hatte: »Welchen Krieg meinen Sie? Wir in Berlin sind ausschließlich mit innerdeutschem Unterseebootkrieg beschäftigt. Alle Behörden führen erbarmungslos Krieg mit- und gegeneinander, denunzieren wechselseitig sich, ihre Mitarbeiter und die Früchte ihrer Arbeit, plustern sich auf, um beim Führer aufzufallen, und jeder pfuscht dem anderen ins Geschäft. Mehr ist rein zeitlich gar nicht drin. Ach richtig, da ist ja noch der Weltkrieg? Also ich wüßte wirklich nicht, wer dafür in Berlin eigentlich zuständig sein könnte. Vielleicht welche von den zahllosen Parteigenossen, die hier herumwimmeln, die Kommunikation erschweren und bei denen man nicht weiß, ob sie überhaupt etwas und falls ja, was sie zu tun haben...«

Das war für einen Mann seiner hohen Position – »einem Leben zwischen Räuberromantik und kaltem Verbrechertum«, wie Klaus Harpprecht in seinem brillanten Vorwort zu Schellenbergs nachgelassenen »Memoiren« schreibt – eine klare und keineswegs risikolose Antwort, zumal ich auch nicht wußte, daß er zu dieser Zeit, angeblich im Einvernehmen mit Heinrich Himmler, bereits Fühler nach der Gegenseite ausgestreckt hatte. Auch von Papen sei, wie er schreibt, von ihm gebeten worden, wegen dieser Friedensfühler beim Vatikan zu sondieren. Von Papen hätte aber abgelehnt – gegenüber einer so eindeutig zwielichtigen Existenz wie Schellenberg eine Selbstverständlichkeit.

In jenen Tagen bewertete man Gesprächspartner nach dem Umfang des Risikos für Leib und Leben, das sie angesichts der einzukalkulierenden mutmaßlichen Denunziationsbereitschaft ihres Partners bei der Wahl ihrer Worte auf sich nahmen.

Ich schätzte Schellenberg jedenfalls verhältnismäßig hoch ein, weil er meine Bereitschaft, diese Bemerkung alsbald weiterzumelden, verhältnismäßig niedrig einschätzte.

Zu seinem letzten Satz, betreffend die vielen Parteigenossen ohne erkennbare Beschäftigung, gibt es übrigens ein passendes Zitat aus der Feder von Frank Ashton-Gwatkin, dem Chef der Wirtschaftsabteilung des Foreign Office, der sich im Februar 1939 in Deutschland umgesehen und seine Beobachtungen und Gespräche in einem »General Report« zusammengefaßt hat. In ihm findet sich der Satz: »There are an enormous number of party officials and quasi – officials living as parasites on the country.«

Kurz bevor ich zu seiner Dienststelle am Fehrbelliner Platz in Wilmersdorf fuhr, hatte der erste Tagesangriff von insgesamt 730 amerikanischer und britischer Bomber auf Berlin stattgefunden. Berlin brannte. Die Laune Schellenbergs war entsprechend gedämpft. Mit mir erschien als Vertreter der Abwehr Oberst Hansen, der später im Zusammenhang mit dem Attentat vom 20. Juli 1944 hingerichtet wurde.

Ich hatte gerade damit begonnen, Schellenberg den zweiten eher komischen als tragischen Fall zu erzählen und die groteske Lage zu schildern, vor die sich Dr. Hamburger-Hendriks gestellt sah. Ich für meinen Teil hätte – sagte ich – unter diesen Umständen vermutlich ähnlich reagiert. Und er? Schellenberg fing an zu lachen. Im gleichen Augenblick explodierte ganz in der Nähe eine Bombe. Alle zum Teil bereits aus Pappe bestehenden Fenster des Saales, der Schellenberg als Büro diente – angeblich waren in seinem riesigen Schreibtisch zwei auf Besucher gerichtete Maschinengewehre eingebaut –, flogen uns in kleinen Stückchen um die Ohren. Da man nicht wußte, wann und wo die nächste Bombe hochgehen würde, brach er die Besprechung ab, und wir gingen gemeinsam in den bereits von Menschen gefüllten Keller.

Die »Aufklärung« der Flucht der zwei bzw. drei Abwehrmänner war abgeschlossen. Himmler hatte einen weiteren Vorwand für die Ablösung des Abwehrchefs, Admiral Canaris, gefunden, und Schellenberg konnte den alten Plan verwirklichen, möglichst die ganze Abwehrorganisation zu übernehmen und im Reichssicherheitshauptamt aufgehen zu lassen.

Auf dem Rückweg ins Hotel »Adlon« am Pariser Platz, dem einzigen Hotel der Innenstadt, das noch halbwegs heil war und über einen Tiefbunker verfügte, fand ich »Unter den Linden« Flugblätter, die von den Bombern abgeworfen waren. Als ich mich bückte und mir eines in die Tasche steckte, sagte eine Passantin zu mir: »Sie – passen Sie auf! Wenn man Sie beobachtet hat, werden Sie verhaftet!«

Das Flugblatt enthielt die Mitteilung, daß die deutsche Botschaft in der Türkei in voller Auflösung begriffen sei und ihre Beamten zu den Briten oder Amerikanern übergingen.

Nach Ankara zurückgekehrt, zeigte ich meinen – mir inzwischen leider verlorengegangenen – Fund an, bis mir auch Moyzisch sagte: »Paß auf! Das Aufheben, Lesen und Weitererzählen – jeder Tatbestand für sich genommen kann dir im Deutschland von heute die Todesstrafe einbringen!«

Einige Botschaftsangehörige fanden meine Flugblattgeschichte so interessant, daß sie davon ihren Angehörigen in Deutschland schrieben. Sie gaben, wie üblich, die bereits frankierten Briefe dem nächsten Kurier mit, der sie in seine Manteltasche und nach seiner Ankunft in Wien in den Postkasten neben dem Hotel »Bristol« steckte. Dieses wiederum bemerkte ein Gestapobeamter, der vor dem »Bristol« unauffällig den Besucherverkehr kontrollierte. Da der Kurier sich vor ihm hatte ausweisen müssen, wußte er, woher er kam. Er öffnete daher den Briefkasten und suchte sich die aus Ankara stammende Post heraus. Trotzdem erreichten alle Briefe, wenn auch mit erheblicher Verspätung, ihre Empfänger.

Mit dem nächsten Kurier aus Berlin kam aber auch ein Schreiben vom Reichssicherheitshauptamt an Herrn Moyzisch. Sein für die Türkei und die Überwachung der dortigen deutschen Kolonie zuständiger Vorgesetzter, Dr. Schubert, bat ihn darin, einige Botschaftsangehörige nachdrücklich zu warnen. Die letzte Kurierpost aus Ankara hätte Einzelheiten über in Berlin angeblich abgeworfene Flugblätter und die Affäre Vermehren enthalten... Das war fair von ihm, denn er hätte den Fall und den Fund auch anders behandeln können. Aber auch Dr. Schubert war – wir hatten bereits früher mit ihm diese Erfahrung gemacht – wie Moyzisch ein Mensch und daher nach den damals gültigen Maßstäben im Grunde für seinen Posten gänzlich ungeeignet.

Die ganze höchst belanglose Geschichte dieses Übertritts zur anderen Seite wäre nicht berichtenswert, hätte sie nicht in Berlin eine Lawine von Reaktionen ausgelöst, die doch einen gewissen Einblick in die Mentalität des Regimes vermitteln.

# Die Vertreibung der Deutschen aus Persien

*Besetzung Persiens durch Großbritannien und die Sowjetunion · Gefangennahme oder Ausweisung aller Deutschen · Übernahme deutscher Frauen und Kinder am Fuße des Ararat*

Am 25. August 1941 – ich war erst wenige Wochen an unserer Botschaft Ankara tätig – wurde Persien gleichzeitig von Rußland und England besetzt und damit wider Willen in den Zweiten Weltkrieg gezogen. Der russisch-britische Vertrag von 1907 hatte die Unabhängigkeit Persiens zwar formaliter anerkannt, aber gleichzeitig das Land in eine russische und eine britische Interessensphäre geteilt, bis 1917 die russische Revolutionsregierung unter Lenin und Trotzki den Vertrag für ungültig erklärte und auf alle dem Zaren eingeräumten Privilegien verzichtete. Inzwischen war auch die Dynastie der Kadjaren durch die von Reza Pahlevi gegründete Dynastie abgelöst worden. Der neue Schah hatte bei Ausbruch des Zweiten Weltkriegs das Land für neutral erklärt.

Trotzdem brauchte man einen Vorwand, um das Land zu besetzen und via Persien, den britischen Irak und den Persischen Golf den militärischen Nachschub in die Sowjetunion sicherzustellen. Man fand ihn in der Deutschfreundlichkeit des Schahs und vor allem seiner Weigerung, den angeblichen deutschen Einfluß auszuschalten und die deutsche Kolonie aus dem Lande zu weisen. Die ägyptische Regierung hatte von den Einmarschplänen übrigens schon frühzeitig Wind bekommen und den deutschen Gesandten in Teheran bereits Anfang Juli 1941 vorgewarnt. Aber Ettel hielt an seiner bereits erwähnten Diagnose über die einschüchternde Schlagkraft der persischen Armee fest und drahtete nach Berlin, daß er die »Gefahr eines britischen Angriffs auf den Iran infolge der von der iranischen Regierung ergriffenen militärischen und diplomatischen Schritte als weniger akut« beurteile. Anstatt die ihm anvertraute deutsche Kolonie vor den heraufziehenden Gefahren zu warnen, warnte er den persischen Ministerpräsidenten davor, »daß eine schwächliche Duldung eines britischen Angriffs in Berlin denkbar schlechtesten Eindruck hervorrufen würde«.

Reza Schah kannte seine Möglichkeiten besser und befahl seinen Soldaten, keinen Widerstand zu leisten. Er selbst wurde von den Invasoren zur Abdankung gezwungen und nach Ostafrika verbracht, wo er bald darauf starb.

Die aus ca. tausend Personen bestehende deutsche Kolonie Persiens fand sich von einem Tag zum anderen ohne Schutz. Die ca. 350 Männer im britischen Teil wurden über Indien nach Australien geschickt und dort interniert, während 68 Deutsche den Weg nach Rußland antreten mußten. Nur wenige sind von dort zurückgekehrt. Die Gesandtschaft erhielt von den Besatzern die Anweisung, das Land über Täbris in Richtung Türkei zu verlassen und gleichzeitig mit dem Rest der Kolonie, also den Frauen und Kindern, auszureisen.

Mitte September wurde ich durch einen Drahterlaß des Auswärtigen Amtes beauftragt, zusammen mit dem Vizekonsul Heinrich de Haas vom Deutschen Generalkonsulat Istanbul an die türkisch-russisch-persische Grenze zu reisen und die ausgewiesenen Deutschen dort in Empfang zu nehmen. Wir erbaten und erhielten bereitwilligste Unterstützung von der türkischen Regierung und reisten am 19. September in Richtung Norden. Ein mit einer Deutschen verheirateter, stets hilfsbereiter und tüchtiger Kollege vom türkischen Außenministerium, Semsettin Mardin Bey, begleitete uns.

Hinter Erzurum begann das militärische Sperrgebiet, das Reich des urbanen deutschfreundlichen Generals Nuri Pascha. Wir durchquerten es per Auto, bis in Dogubayazit fast die türkische Staatsgrenze erreicht war. Gegen Norden und Nordosten begann die Sowjetunion, gegen Südosten das Hoheitsgebiet des Iran. Dazwischen gab es nur noch türkische, in großen Zeltlagern kampierende Truppenteile, die uns für die nächsten Tage Gastfreundschaft gewährten.

»Wie sich der kleine Moritz den Mond vorstellt«, sagten de Haas und ich, als wir nach allen Begrüßungs- und Einweisungszeremonien etwas Zeit zum Verschnaufen fanden und uns ein wenig in der Landschaft umsahen. Im Norden versperrte der gewaltige Komplex des über 5000 Meter hohen Aru Dag, des biblischen Ararat, die Sicht. Er war unmittelbar über uns, aber doch wieder so fern, daß wir nicht müde wurden, oben im ewigen Eis die Silhouette der Arche Noah zu suchen und mit viel Phantasie auch ihre letzten Trümmer zu entdekken...

Nach Osten fiel das Massiv in hügeliges Gelände ab, das aber alsbald durch eine gewaltige, fast senkrechte Felswand aufgefangen wurde. In halber Höhe – etliche hundert Meter über unserem Lager – erhob sich auf einem natürlichen Sockel eine große Burg. Sie lehnte sich an die Felsen und war offenbar in sie hineingebaut. Von Dschingis Khan, wie wir hörten, als Fluchtburg errichtet, war sie bald wieder verlassen worden. Die Einsamkeit der Umgebung und die Unzugänglichkeit ihrer Lage hatten sie vor der Zerstörung bewahrt.

Zwischen den Ausläufern des Ararat und dieser auf türkischem Boden gelegenen Felsenmauer verlor sich die Straße auf persisches Gebiet. Auf einer Anhöhe oberhalb des winzigen Grenzortes Gürbulak lagen die Ruinen einer alten Karawanserei, die gleichzeitig als primitiver persisch-türkischer Grenzübergang gedient hatte, von den Persern jedoch verlassen und von den Russen nicht besetzt worden war. Ganz in der Nähe hatten die Türken gut getarnt einige Vorposten auf persisches Hoheitsgebiet vorgeschoben. Von dort ließ sich durch das Scherenfernrohr die Straße nach Täbris über viele Kilometer fast bis zu den Moscheen von Makú einsehen. Auf der Hälfte des Weges, auf persischem Gebiet also, waren neue Barackenbauten und ein ständiger Strom von Lastwagen auszumachen.

Obwohl uns die Sonne am stahlblauen Himmel tagsüber nie verließ, pfiff über die verkarstete Landschaft ein eisiger Wind. Wir waren immerhin in 2000 Meter Höhe, hatten uns aber leichtfertigerweise mit unserer Kleidung nicht entsprechend eingerichtet. Um so dankbarer waren wir, wenn heißer Tee oder Warmverpflegung ausgegeben wurde. Soldaten schleppten mittags einen dampfenden Kessel voller Hammelsuppe ins Offizierszelt; Koteletts und sonstige Knochen fischte man mit nacktem Arm aus den Tiefen des Kessels, sobald es die Abkühlung erlaubte. Wir drei Zivilisten waren im Handumdrehen in das Soldatendasein integriert und fanden die rauhe Landserkameradschaft und die Freundschaft, die uns die Türken wie selbstverständlich entgegenbrachten, überaus wohltuend.

Kein Mensch hatte eine Ahnung, wann die Persien-Deutschen kommen, wie viele kommen, wie sie kommen, ob sie überhaupt kommen. Unser türkischer Begleiter Semsettin Mardin Bey fuhr als Parlamentär nach Basergan, dem ersten persischen Ort hinter der Grenze, brachte aber von dem dort stationierten russischen Major nur das Versprechen mit, uns zu benachrichtigen, wenn er etwas höre. Wir waren von aller Welt abgeschnitten – auch von Telephonverbindungen. Selbst das Verlassen des Lagers war streng verboten. Kein Wunder in einem Kriegsgebiet, in dem man sich, ohne es zu ahnen, plötzlich auf feindlichem Gebiet befinden konnte.

Aber das Schloß Dschingis Khans, auf das noch helle Sonnenstrahlen fielen, wenn bei uns schon nächtliches Dunkel herrschte, hatte es mir angetan. Am dritten Tage gab mir General Nuri Pascha schließlich die Erlaubnis, in Begleitung einiger wegkundiger Soldaten nach oben zu steigen. Aber wir kamen nicht weit. Kaum hatten wir das Lager verlassen, als ein russischer Parlamentär die bevorstehende Ankunft der ersten Deutschen ankündigte. Wir fuhren also auf den von verfallenen Mauern umsäumten Hof der alten Karawanserei, durch den die Grenze hindurchlief, und warteten ab.

Stunden später – die Sonne neigte sich schon zum Horizont – erschienen sechs Personenwagen mit den Angehörigen der deutschen Gesandtschaft Teheran und dem Gesandten Ettel an der Spitze. Unsere erste Frage nach dem Verbleib der Frauen und Kinder konnte niemand beantworten. Man hätte die Diplomaten, sagte Ettel, aufgefordert, als erste die Grenze zu überschreiten. Über das Schicksal aller übrigen in offenen Lastwagen transportierten Landsleute könne er also keine Auskunft geben. Ja, es sei richtig, daß sie die lange Reise von Teheran bis hierher alle im Konvoi unternommen hätten.

Mittlerweile war es Nacht geworden. Der Sturm heulte und versuchte vergeblich, die auf den Mauerresten brennenden Pechfackeln auszulöschen. Sie tauchten die schon am Tage unheimlich wirkenden Gebäudereste in ein gespenstisch flackerndes Licht. Die Kälte drang durch Mark und Bein, und die steigende Nervosität über das Ausbleiben der nur wenige Kilometer von uns entfernten Frauen und Kinder wurde immer schwerer erträglich.

Unsere Gäste und Kollegen aus Teheran waren übermüdet, hungrig und schweigsam. Gelegentlich kam eine Meldung der hinter ihren MGs liegenden Vorposten: zwischen Makú und der Grenze zahlreiche Lastwagen mit brennenden Scheinwerfern.

Außer dem Sturm war nur gelegentlich das Kläffen von Hunden oder das Geheul der Schakale zu vernehmen. Der auf uns lastende Druck wurde so stark, daß wir nur noch halblaut miteinander sprachen und die Worte verweht waren, bevor sie das Ohr erreichten.

Zur totalen Untätigkeit verdammt, sprachen wir mit den Türken immer wieder alle von ihnen getroffenen Vorbereitungen durch: Die erste Verpflegung, Mineralwasser, kaltes Hammelfleisch, gekochte Eier, war ganz in der Nähe in Schuppen untergebracht, die wir bereits besichtigt hatten. Offene Lastwagen standen in Dogubayazit, um die Flüchtlinge nach Erzurum zur Eisenbahn zu bringen. Dort war ein zweites Verpflegungslager eingerichtet. Alles schien, soweit die primitiven Verhältnisse es zuließen, in guter Ordnung zu sein.

Endlich meldeten die Vorposten eine den Berg hinaufkriechende Kette von Lastwagen. Der erste, auf dem Menschen nur in Umrissen erkennbar waren, fuhr in den Hof ein. Ich sprang aufs Trittbrett und rief: »Alle miteinander herzlichst willkommen.«

Eine weibliche Stimme sagte: »Aber mein Gott, das war doch ein Deutscher.« Dann eine andere: »Das ist doch überhaupt Herr Allardt. Was tun Sie denn hier? Wo sind wir denn? Um Gottes Willen, was geschieht mit uns?«

»In der Türkei seid ihr«, rief ich, »in der Freiheit! Nun kommt erst mal alle herunter.« »In der Türkei?« warf eine andere Stimme ein. »Wir werden hier nicht erschossen?« »Wer zum Teufel soll euch hier erschießen«, sagte ich. »Ihr kennt mich doch von Teheran, und die Soldaten hier sind unsere türkischen Freunde, die helfen wollen.«

Langsam nur löste sich die Spannung der Frauen, bei einigen von ihnen in hemmungsloses Weinen. Vor der Abfahrt hatte ihnen eine bewaffnete Russin auf deutsch zugerufen: »Fahrt nur nach oben. Da werdet ihr alle umgelegt, wie ihr's verdient.« Ein Lastwagen nach dem anderen, acht an der Zahl, rollte nun auf den Hof. Auf allen die gleichen Fragen, die gleiche Reaktion.

Kurz vor Mitternacht teilte ein russischer Parlamentär mit, die restlichen ca. 300 Personen könnten erst am nächsten Tag abgefertigt werden. Wir wußten nun, mit wieviel Personen zu rechnen war.

Wie sich herausstellte, hatte alsbald, nachdem die deutsche Gesandtschaft die Grenze passiert hatte, die »Zollabfertigung« durch die Russen begonnen. Die Frauen wurden in Zelte geführt und mußten sich dort vor Soldaten und bewaffneten Frauen vollständig entkleiden. Sie wurden nicht nur ihres gesamten Gepäcks, des Schmucks, der Ringe etc., sondern auch der meisten Wäsche- und Bekleidungsstücke, die sie auf dem Körper trugen und die für die Russinnen einen unerhörten Luxus darstellten, beraubt. Einige der jüngeren unter ihnen mußten sich im Licht der auf sie gerichteten Scheinwerfer auf der Landstraße entkleiden, doch bestätigten sie, daß keinerlei körperliche Übergriffe vorgekommen seien.

General Nuri Pascha hatte in Dogubayazit in Kasernen und Schuppen Quartier gemacht und Matratzen und Decken bereitstellen lassen; leider aber waren in den letzten fünf Tagen die Hammelkoteletts und die Eier ungenießbar geworden. Für den Gesandten Ettel, seine Gattin und seine Mitarbeiter hatte Nuri allerdings ein vorzügliches Diner arrangiert, das gegen 2 Uhr früh eingenommen wurde.

Am nächsten Vormittag kamen dann die übrigen Frauen und Kinder mit persischen Lastwagen, die von russischen Soldaten gesteuert wurden. Auch sie waren ähnlich behandelt worden wie ihre Leidensgenossinnen am Abend zuvor und hatten alles, was irgendwie von Wert war, verloren.

Mardin Bey, de Haas und ich hatten in Dogubayazit allen vorhandenen türkischen Kanyak (Cognac) aufgekauft, um die völlig ausgefrorenen, fast nackten Frauen wenigstens innerlich etwas aufzuwärmen. Aber die Menge reichte nicht aus, um 473 frierenden, verzweifelten Menschen wenigstens auf diese Weise ein wenig Trost zu bringen.

Das Gepäck, so hatte ein russischer Major erklärt, müsse erst »zollamtlich« untersucht werden. Da aber eine richtige Zollgrenze gar nicht vorhanden sei, werde dies wohl noch einige Zeit in Anspruch nehmen. Später sagte er, das ganze Gepäck sei leider in der Nacht von Persern gestohlen worden. Tatsächlich hatten es die Russen, wie wir zuverlässig erfuhren, alsbald nach dem persisch-russischen Grenzort Dzulfa abtransportieren lassen.

Der ungarische Geschäftsträger in Teheran, der mit den Deutschen die Grenze überschritten hatte und dessen Lastwagen mit seinem Gepäck ebenfalls zurückgeblieben war, kehrte noch einmal nach Basergan zurück und erreichte durch hartnäckiges Verhandeln schließlich die Rückgabe der ungarischen sowie einer halben Lastwagenladung deutscher Koffer, die er noblerweise als die seinen ausgegeben hatte. Als schließlich alle Frauen und Kinder, die in Teheran die Reise angetreten hatten, versammelt waren, ging die Fahrt – wiederum auf offenen, diesmal türkischen Lastwagen – über schlechte Straßen 300 Kilometer nach Erzurum. Ebenso rührend gemeinte wie angesichts der Umstände gänzlich deplazierte Begrüßungszeremonien, Ehrenbezeugungen, Diners und Essen für den Gesandten Ettel verzögerten den Ablauf, bis die Kolonne in Erzurum in Eisenbahnwaggons verladen werden konnte. Die vorhandenen Sitz- und Liegeplätze gerecht zu verteilen, die stillenden Mütter, die Schwangeren, die Kranken und die Frauen mit mehreren Kindern unter zwei Jahren zu versorgen, war – zumal für zwei Männer – nicht so ganz einfach. Aber schließlich war doch alles halbwegs untergebracht, und die lange Reise konnte beginnen. Nach Siwas, der ersten Station mit längerem Aufenthalt, hatte ich bei der Botschaft telegrafisch Damen- und Kinderwäsche bestellt, aber sie war nicht eingetroffen.

In Ankara gab es sie endlich – und dazu warme Suppe, Lebensmittel und freundliche Begrüßungsworte des Botschafters und der Parteifunktionäre.

Von türkischer Seite war wirklich alles geschehen, was Gastfreundschaft, die Zuneigung für die Deutschen und die begrenzten technischen Möglichkeiten nur irgendwie zuließen. Mitunter sogar ein wenig zuviel: Im Zug von Erzurum nach Istanbul gab es zum Beispiel einmal pro Tag für 170 Personen ein hervorragendes Menü von vier Gängen. Da nun aber mehr als die doppelte Anzahl sehr hungriger Mäuler verpflegt werden mußten, baten wir den Speisewagenchef, anstatt der vier Gänge für 170 einen Eintopf oder eine Suppe für 450 Personen herzustellen. Nein – das ginge auf keinen Fall, sagte er, die vier Gänge seien vom türkischen Außenministerium zwingend vorgeschrieben.

So befaßte sich Freund de Haas mit der überaus komplizierten Aufgabe, die vier Gänge möglichst gerecht zu verteilen, während der Konsulatssekretär Hetzinger aus Teheran und ich die mitgeführte Kaltverpflegung ausgaben und auf jeder Station alles, was eßbar war, aufkauften.

Am 28. September morgens traf der Zug in Istanbul ein. Feierliche Begrüßung durch den Vali, den Bürgermeister, und seine Mitarbeiter, die unvermeidlichen Würdenträger der Partei und den Generalkonsul. Uns allen war anzusehen, daß wir keine Vergnügungsreise hinter uns hatten. De Haas und ich waren seit zehn Tagen nicht mehr aus den Kleidern gekommen; wir hatten von Erzurum bis Istanbul nicht im Abteil, sondern in den Durchgängen auf dem Fußboden geschlafen, waren ungewaschen wie unrasiert und sahen auch genauso aus.

Als ich unserem Generalkonsul Seiler die Hand schüttelte, betrachtete er mich – teils angewidert, teils anerkennend – von oben bis unten und sagte schließlich: »Was denn – einer von der Botschaft, der mal arbeitet..?«

Der rauhbeinige, aber tüchtige Seiler befand sich – wie fast jeder

Generalkonsul in Istanbul – im permanenten Kriegszustand mit der Botschaft. Die Tatsache, daß die Dienstbereiche sich da und dort überschnitten und die diplomatische Vertretung ohnehin jederzeit das Recht hat einzugreifen oder bestimmte Aufgaben an sich zu ziehen, machte gelegentliche Kompetenzkonflikte fast unvermeidlich. Wer je auf einem Konsulat oder als Konsul tätig war, weiß, daß Spannungen mit der übergeordneten diplomatischen Vertretung seines Landes eher zur Regel als zur Ausnahme gehören.

Nachdem einstmals der zuvor höchste Titel des Römischen Reiches, der »Konsul«, durch das Kaisertum abgelöst worden war und sich auch Napoleon I. auf seinem Wege zum Kaiser der Franzosen nur wenige Jahre mit dem Konsultitel geschmückt hatte, ist der Konsul inzwischen im Verkehr zweier Staaten zu einer festen Institution mit räumlich begrenzten, vornehmlich wirtschaftlichen und administrativen Befugnissen geworden und, wie erwähnt, der diplomatischen Vertretung seines Landes unterstellt. Früher lagen die begehrtesten Konsulate in Übersee, in den Territorien des britischen Commonwealth oder der Union Française, die von London oder Paris aus regiert wurden. Dort war der Konsul nämlich sein eigener Herr, denn der nächste Vorgesetzte war weit vom Schuß. Inzwischen sind diese Territorien aber zumeist in die Unabhängigkeit entlassen, und ihre Hauptstädte sind, wie überall, der Sitz der für das ganze Land zuständigen diplomatischen Vertretungen. Der Botschafter ist also auch da dem Konsul oder Generalkonsul dicht auf den Pelz gerückt. Kehrt er allzusehr den »Vorgesetzten« heraus, anstatt sich als Primus inter pares zu verstehen, und fehlt es ihm oder auch beiden am unerläßlichen »feeling«, kann ein an sich gesunder Leistungswettkampf zwischen den Behörden leicht zu Konflikten oder Verstimmungen ausarten.

Eine ganz massive Prise davon fand sich also auch in den an mich adressierten Begrüßungsworten des Generalkonsuls Seiler. Ein alter erfahrener Hase im Nahen Osten, der türkisch wie ein Türke, arabisch wie ein Araber sprach, im Bazar wie ein Armenier zu handeln und die Teppichpreise wie ein Grieche zu drücken wußte, war er der Meinung, daß die Mitglieder der noblen Botschaft im fernen »Provinznest« Ankara dem täglichen Kleinkram in Istanbul und der Knochenarbeit des diplomatischen Handwerks viel zu weit entrückt seien, um überhaupt mitreden zu dürfen.

Mitunter kam es mir vor, als hätte er so unrecht nicht, aber die Leitung der Botschaft fand nun wieder, er sei diplomatisch zu wenig »à la hauteur de la situation«, um die richtige Distanz zu den Finessen der großen Politik zu besitzen... Ich kannte Seiler am besten, denn ich hatte häufig in Rechts- und Konsularfragen und mit der Betreuung von Flüchtlingen aus benachbarten Ländern zu tun, besaß sogar direkt am Taksimplatz eine eigene Wohnung und war also darauf angewiesen, mit dem Generalkonsul und seinen Vertretern, meinen alten Freunden de Chapeau-Rouge und de Haas, gut auszukommen.

Was aber am wichtigsten war:

Der schlimmste Teil der Reise war vorüber. Die Frauen und Kinder hatten mehr hinter sich, als für Menschen normalerweise erträglich und zumutbar ist: Beim Einmarsch der Briten und Russen waren sie in die deutsche Gesandtschaft in Schimran oberhalb von Teheran geflohen und hatten dort mehr als drei Wochen unter denkbar schwierigen Bedingungen kampiert. Ihre Männer mußten zum größeren Teil an die Engländer, aber 68 von ihnen auch an die Russen ausgeliefert werden – mehr als sechzig von ihnen fanden den Tod. Auf offene Lastwagen verladen, wurden alle Frauen und Kinder wie Vieh ca. drei Wochen 700 Kilometer über miserable Landstraßen bei dürftigster Verpflegung ohne jedwede Hygiene via Täbris an die türkische Grenze transportiert, um von dort, von uns in Empfang genommen, wieder zusammengepfercht in Lastwagen und der Eisenbahn 1000 Kilometer nach Istanbul gebracht zu werden. Für ihre gute Gesundheit sprach der Umstand, daß trotz allem dort nur zwölf Personen ins deutsche Hospital zu Dr. Quincke mußten. Ein Zwillingsbaby von dreieinhalb Monaten starb dort an Entkräftung, und eine kurz vor der Entbindung stehende Frau mußte erfahren, daß der Embryo nicht mehr am Leben sei.

Der deutsche Gesandte Ettel erwies sich bei der Organisation des schwierigen Transports eher als Belastung denn als Hilfe. Er hatte sich schon in Teheran und auf dem Transport an die Grenze hoffnungslos mit den Frauen angelegt, hielt sich völlig abseits und verließ sein Schlafwagenabteil nur, um persönliche Wünsche zu äußern. Nach seiner wechselvollen Karriere einmal als »rocher de bronce« gebraucht, erwies sich, daß sein Glaube an den Führer und den Endsieg allein nicht ganz ausreichte, um den sachlichen, aber vor allem den menschlichen Problemen dieses unerwarteten Exodus gewachsen zu sein. In dem Bericht, den de Haas und ich anschließend dem Auswärtigen Amt vorlegten, hieß es unter anderem: »Die den Unterzeichneten gestellte Aufgabe gestaltete sich unvorhergesehenermaßen deshalb sehr kompliziert, weil weder ein Transportführer noch sonst irgendeine Organisation vorhanden war... Bei fast allen Frauen drehte sich das Gesprächsthema um die deutsche Gesandtschaft, der ihr Verhalten in Teheran, ihre völlige Passivität bei der Betreuung und Organisation und schließlich das Im-Stich-Lassen der Frauen und Kinder in Basergan zum Vorwurf gemacht wurde.« Ähnliches ließ sich übrigens von dem den Transport begleitenden Vertreter eines neutralen Landes, einem Konsul aus Teheran sagen: Wenn er gebraucht wurde, war er nicht da, und wenn er da war, störte er.

Als Dr. Friede, bereits erwähnter Landesgruppenleiter der NSDAP, in Istanbul den Gesandten Ettel begrüßte, war seine erste Frage, weshalb er die Grenze passiert habe, ohne sich um den Transport der Frauen und Kinder zu kümmern. Er werde dafür sorgen, daß die Angelegenheit gründlich untersucht werde. Sein Bericht und die oben zitierten Bemerkungen in dem unsrigen beschäftigten übrigens auch das Auswärtige Amt. Der Personalchef, Hans Schröder, ein Kairodeutscher, war dank zugreifender Tüchtigkeit, früher Parteizugehörigkeit und familiärer Beziehungen zu Rudolf Heß rasch vom Konsulatssekretär zum Ministerialdirektor aufgestiegen; er erwies sich als einer der loyalsten und fähigsten Personalleiter, die ich in diesem Hause kennengelernt habe. Als er bald nach den oben geschilderten Abenteuern nach Ankara reisen mußte, um im Streit zwischen Botschafter von Papen und Dr. Friede zu vermitteln, ließ er mich kommen: »Allardt«, sagte er, »de Haas und Sie – ihr beide habt offenbar überhaupt noch nicht begriffen, was in Deutschland gespielt wird. Ich rede von den Angriffen eures Transportberichts gegen den Gesandten, den Parteigenossen Ettel. Wenn ihr nicht beide gute Freunde im Auswärtigen Amt hättet, die über euer skandalöses Desinteresse an der nationalsozialistischen Bewegung bisher nachsichtig hinweggesehen haben, dann wärt ihr beide nicht mehr hier und überhaupt nicht mehr im Auswärtigen Amt.

Wenn ihr schon keinen Sinn für die Größe der Zeit habt, dann haltet wenigstens die Schnauze und attackiert nicht auch noch altbewährte Parteigenossen, deren wahre Bedeutung euren Horizont weit übersteigt.«

Was von dieser Philippika blutige Ironie, blanker Hohn oder ernste Mahnung war, dies säuberlich voneinander zu trennen, blieb uns überlassen. Ich fand sie jedenfalls so skurril und zeitgemäß, daß ich mir ihren Inhalt unverzüglich notierte.

Dank seiner Position und seinem Einfluß in Parteikreisen und zu

Rudolf Heß, dem »Stellvertreter des Führers«, hat Schröder vielen geholfen, die Partei und Gestapo in eine gefährliche Lage oder bereits ins Gefängnis gebracht hatten. Seine parteipolitische Exponiertheit hat ihm zwar nach dem Kriege den Weg ins neue Auswärtige Amt versperrt, doch seine große Personalerfahrung und die Unbestechlichkeit seines Urteils sind dem Wiederaufbau sehr zustatten gekommen.

Nach all der Mühsal, dem Ärger, dem Dreck, der Schlaflosigkeit kam das angenehme Ende nach: Im Hafen von Istanbul lagen zwei rumänische Luxusdampfer, die »Transsylvania« und die »Bessarabia«. Vor dem Kriege waren sie auf Kreuzfahrten von Konstanza über Istanbul nach Alexandrien und zurück eingesetzt, auf denen offenbar für alles gesorgt war – einschließlich ausgesucht hübscher und entgegenkommender Mädchen. Vom Kriege überrascht, waren die Schiffe in Istanbul geblieben, und die Reichsregierung hatte sie gechartert, um unseren Flüchtlingen aus Persien fürs erste eine Bleibe zu bieten.

Nachdem die Verteilung der Kabinen – diesmal gab es davon mehr als Personen – reibungslos vonstatten gegangen war und Botschafter von Papen dem Wunsch der Frauengruppe, ihr de Haas und mich als Reiseleiter noch für einige Tage zu belassen, entsprochen hatte, bezog ich meine Kabine.

Es war ein Luxusappartement – eines Hollywoodstars würdig. Ein Schlaf-, ein Wohnraum, ein WC, ein Bad. Ich brauchte einige Zeit, um mir in der schummerigen, dem eigentlichen Zweck dieser Kabine angepaßten, Beleuchtung darüber klar zu werden, daß dies Appartement für drei Tage und Nächte zu meiner eigenen – ausschließlich eigenen – Verfügung stand. Dann ließ ich mir warmes Wasser – kein Zweifel, aus den Hähnen sprudelte, je nach Wunsch, warmes oder kaltes Wasser – in die Badewanne laufen und begann mich auszuziehen. Das Unterhemd weigerte sich allerdings: Es hatte sich mittlerweile mit der Haut so fest verbunden, daß es nur noch in Streifchen vorsichtig abgeschält werden konnte.

Aber schließlich lag ich in unbeschreiblicher Behaglichkeit im warmen Wasser und bemängelte nur, daß die Badewanne meinem Gardemaß nicht ganz adäquat war. Meine Gedanken gingen zurück an die Grenze; an die Pechfackeln, an die unsäglichen Riesenkakerlaken, die die Kleider zerfraßen und über das Gesicht liefen, wenn man sich zum Schlafen auf den Boden gelegt hatte; an den eisigen Sturm, die im Mondlicht glitzernden Eisflächen hoch auf dem Ararat; an das Geisterschloß von Dschingis Khan, den General Nuri Pascha, seine Soldaten und die Hammelkoteletts im heißen Kupferkessel. Und an die Frauen, die in bewundernswerter Weise und ohne daß sie ihre natürliche weibliche Würde im Stich ließ, mit all dem fertig zu werden hatten, was ihnen Hitlers Krieg beschert hatte.

# 2. Teil

# April 1945 –
# Frühlingsfahrt durchs Mittelmeer

## *Internierung in Ankara*

Nach der Abreise des Botschafters Franz von Papen wurden auf Verlangen der Alliierten alle Zurückbleibenden interniert – teils auf dem Grund und Boden der deutschen beziehungsweise der von Deutschland vereinnahmten österreichischen Gesandtschaft, teils im Generalkonsulat Istanbul. Es war eine angenehme Internierung, denn wir durften in unseren Wohnungen bleiben und nur das Botschaftsareal nicht verlassen. Da alle Akten verbrannt, die Funkgeräte etc. zerstört waren, mußten wir jeder dienstlichen Tätigkeit entraten und beschäftigten uns den Winter damit, mehr als hundert Akazienbäume zu verpflanzen.

Nach dem Ersten Weltkrieg hatte der »Ghazi« Mustafa Kemal, der »Vater der Türkei«, beschlossen, das alte, vor sich hindämmernde Ankyra oder Angora, die Hauptstadt Anatoliens und das Zentrum der von ihm gegründeten nationalen Bewegung, zur Hauptstadt der Türkei zu machen. Am 23. April 1920 – noch mitten in den blutigen Freiheitskämpfen – berief er die Große Nationalversammlung nach Ankara ein, am 13. Oktober 1923 erklärte er Ankara zur Hauptstadt des neuen Reiches, und am 29. Oktober des gleichen Jahres ließ er in Ankara die Republik ausrufen.

Die Staaten, mit denen die Türkei diplomatische Beziehungen unterhielt, mußten nun sehr zu ihrem Mißvergnügen, ebenso wie die türkischen Ministerien und sonstigen Verwaltungen, aus dem schönen alten Byzanz, der goldenen Stadt am Bosporus, später Konstantinopel und schließlich Istanbul, in die karge, wasserarme, baumlose Steppenlandschaft Anatoliens umziehen. Als der Zweite Weltkrieg ausbrach, hatte die neue Hauptstadt unter maßgeblichem Einfluß deutscher und österreichischer Architekten, wie Walter Jansen und

Clemens Holzmeister, gerade damit begonnen, ihr eigenes Gesicht zu entwickeln, bestand im Grunde aber nur aus einer breiten Hauptstraße, dem Boulevard Atatürk, der sich vom Bahnhof und den Ministerien einige Kilometer in die Höhe wand und in Cankaya, dem Sitz des Staatspräsidenten, endete.

Viele unserer türkischen Kollegen trauerten der alten Hauptstadt am Bosporus nach und trösteten sich mit der Hoffnung, die Überlegungen, die den Ghazi bewogen hätten, in das strategische Zentrum der neuen Türkei auch die Hauptstadt zu legen, würden sich nach Beendigung des Krieges als überholt erweisen. Praktische wirtschaftspolitische Erwägungen – die Wasserstraßen, die Eisenbahnverbindung mit Europa, das Interesse der Industrie nach kurzen Wegen zu den Mächten des Balkans und endlich das Lebensgefühl der Städter – müßten die Regierung doch dazu zwingen, die Hauptstadt wieder nach Istanbul zurückzuverlegen.

Diese Hoffnung hat sich inzwischen als trügerisch erwiesen. Schon 1954, als ich Konrad Adenauer beim Staatsbesuch in die Türkei begleitete, war Ankara nicht mehr wiederzuerkennen und die Ehe zwischen Steppe und moderner Großstadt unlösbar geworden.

Damals aber war das noch ein Thema, das trotz des Respekts aller Türken vor Kemal Atatürk immer wieder aufs neue diskutiert wurde. Und damals wie heute säumten die diplomatischen Vertretungen den baumbestandenen Boulevard Atatürk auf seinem Weg hinauf zu den Hügeln. Auch der deutschen Botschaft war ein großzügig bemessenes Stück Steppe zugewiesen worden.

Seine Bebauung war bei Kriegsausbruch noch keineswegs abgeschlossen. Die Errichtung einer Residenz für den Missionschef war zwar geplant, wurde nun aber aufgeschoben. Man wies ihm die kurz zuvor »eroberte« Gesandtschaft der Tschechoslowakei als Wohnsitz zu und erweiterte mit der nach dem »Anschluß« von ihren Bewohnern befreiten österreichischen Gesandtschaft, die der unsrigen schräg gegenüber lag, unseren eigenen Bedarf an Büro- und Wohnräumen.

Der als Residenz des Botschafters vorgesehene Teil des deutschen Geländes blieb hingegen mit einem reizvollen Blick auf die Stadt und die weite anatolische Einsamkeit Steppe und ist es wohl auch heute noch. Nur ein Wäldchen junger, etwa 14jähriger Akazien erinnerte daran, daß sie ursprünglich gepflanzt waren, um später die Gartenwege der Residenz zu flankieren.

Nach irgendeiner Tätigkeit begierig, machten wir uns nun also daran, die Wege zu trassieren und sie seitwärts mit Akazien zu bepflanzen – angesichts der Größe der Bäume und des Wurzelwerks eine schweißtreibende Männerarbeit, die uns half, unsere Isolierung, die völlige Ungewißheit unseres und unseres Vaterlandes Schicksal und die eintönige Länge des anatolischen Winters zu ertragen. Dank türkischer Großzügigkeit hatten wir materiell nichts zu entbehren, aber die Lage und die Grübelei über die Zukunft wurden immer bedrückender. Angehörige des türkischen Außenministeriums, die uns im Lauf der Jahre zu Freunden geworden waren, ließen uns den Vorschlag übermitteln, in der Türkei zu bleiben, auch wenn sich eine Heimkehrgelegenheit ergeben sollte, und die Ereignisse abzuwarten. Der Gedanke war für alle, die Familie hatten, verlockend, und mancher der in der Türkei ansässigen oder amtlich tätigen Deutschen hat ihn gern akzeptiert.

Ich – junger Legationssekretär, der ich war – konnte mich mit meiner kleinen Familie, Mutter und Sohn, um so weniger dazu entschließen, als ich mit der Möglichkeit rechnete, daß die Russen den Zusammenbruch Deutschlands zu dem Versuch benutzen würden, sich in den Besitz des Bosporus und der Dardanellen zu setzen und damit einen jahrhundertealten Russentraum zu erfüllen. Wenn die USA nicht mit der Truman-Doktrin vom 12. März 1947 der Expansionspolitik Stalins unmißverständlich entgegengetreten wären und zum Schutz Griechenlands und der Türkei Vorbereitungen getroffen hätten, sähe dieser Teil der Welt heute vermutlich anders aus.

Mitte April 1945 entsandte die Reichsregierung im vertraglichen Einvernehmen mit allen kriegführenden Parteien den von Schweden gecharterten Dampfer »Drottningholm«, der uns zunächst bis Lissabon bringen sollte. Als das große Schiff am Abend des 21. April im Hafen von Istanbul drehte und ganz langsam Fahrt aufnahm, waren die Pera-Brücke, die Straßen, die Fenster, die Balkone der terrassenartig sich vor und über uns wölbenden Stadt schwarz von Menschen. Abertausende von Taschentüchern winkten uns ein wehmütiges »Auf Wiedersehen« zu – ein tiefbewegendes Zeichen der Freundschaft zwischen Türken und Deutschen, die Jahrhunderte überdauert hat.

Wir passierten das Marmarameer, die Dardanellen und bei schönstem Frühlingswetter die Inselwelt der Ägäis – eine Ferienreise, wie man sie sich unter normalen Umständen angenehmer kaum wünschen konnte. Als bei untergehender Sonne auf türkischer Seite Halikarnassos, die Heimat des Herodot, das heutige Bodrum, auftauchte, hatten sich uns zwei britische Schnellboote angeschlossen. Erst geraume Zeit im Kielwasser der »Drottningholm«, näherten sie sich immer mehr, überholten uns und lagen, als wir – mit voller Kraft voraus – in die schmale Passage zwischen türkischem Festland und der griechischen Insel Kos einbogen, unmittelbar vor unserem Bug. Im gleichen Augenblick begannen die im Küstenwald von Kos versteckten deutschen Batterien aus allen Rohren zu schießen. Tief unter uns warfen die zwischen den Schiffen explodierenden Granaten hohe Wasserfontänen auf. Der Anblick war so atemberaubend, daß niemand von uns, die wir uns oben weit über die Reling beugten, daran dachte, dem Ruf der Schiffsleitung: »Sofort unter Deck!« zu folgen. Eine feuerspeiende Rauchwolke signalisierte auf einem der beiden Boote einen Volltreffer, der aber dessen Geschwindigkeit zunächst nicht beeinträchtigte. Die Enge war passiert, das Feuer hörte auf, das getroffene Boot lief langsam auf Bodrum zu. Wir waren Zeuge des vermutlich letzten Seegefechts dieses Krieges, soweit man die Beschießung der britischen Boote, die unter dem Schutz der neutralen »Drottningholm« ihre Einsatzziele zu erreichen hofften, so nennen kann.

Wenige Tage darauf, an einem der letzten Apriltage, warf die »Drottningholm« vor der algerischen Küste Anker, um dort hellerleuchtet den nächsten Tag abzuwarten. Als uns die Schiffsglocke zum Abendessen rief, gab Radio Algier die Berliner Meldung durch, Hitler sei »bis zum letzten Atemzug kämpfend für Deutschland gefallen«.

# Kriegsende
# in Lissabon und Kopenhagen

*Über England und Schweden nach Dänemark · Erinnerungen an das Dienstjahr in Dänemark und an ein Gespräch mit dem »Reichsbevollmächtigten« · Konzertierte Aktion zur Rettung dänischer Juden · Die Identifizierung von Ribbentrops durch die britischen Besatzungsbehörden*

Ende April gingen wir in Gibraltar auf Reede und sahen im Morgengrauen einen großen Teil der britischen Flotte auf dem Wege nach Ostasien an uns vorüberziehen. Anfang Mai erreichten wir Lissabon. Inzwischen war die Nachricht vom Selbstmord Hitlers amtlich bestätigt worden. Der deutsche Gesandte in Portugal fand den Anlaß besonders geeignet, alsbald in der Gesandtschaft wie an Bord unseres Schiffes eine Trauerfeier zu veranstalten. Ich empfand diese Idee, einen Mann offiziell zu betrauern, dessen ganzes Verdienst darin bestand, Deutschland vernichtet und ganz Europa ins Unglück gestürzt zu haben, als ein solches Monstrum von Instinktlosigkeit, daß ich mit meiner Familie und einigen Kollegen, die ähnlich dachten, der makabren Veranstaltung fernblieb und die Gelegenheit benutzte, Lissabon zu durchstreifen.

Die Hauptstadt Portugals hatte sich, durch Spanien im Rücken vor dem Zugriff Deutschlands bewahrt, zur letzten Fluchtburg Europas entwickelt. Europäer aller Nationen hatten sich hierher geflüchtet, warteten ab, und die, die es sich leisten konnten, buchten einen Platz in einem der viermotorigen amerikanischen »Clipper«, die zweimal wöchentlich in die USA flogen. Lissabon war anzusehen, daß viel Geld im Umlauf war. Nachtclubs, Restaurants, Spielhallen, Hotels – und Menschen über Menschen wälzten sich durch die Straßen. Wenige Tage später, als nun auch die bedingungslose Kapitulation Deutschlands gemeldet wurde, war das nächtliche Lissabon unter einer Glocke lauer Frühlingsluft ein einziger jubelnder Jahrmarktsplatz. Wir Deutschen von der »Drottningholm« wanderten in kleinen Gruppen durch die Straßen und schauten der Kirchweih-Seligkeit zu. Wir hätten so gern miteingestimmt, wir verstanden sie so gut, aber wir blieben einsilbig, nachdenklich, bedrückt.

In der Zwischenzeit ereignete sich noch ein Vorfall, der verdient, berichtet zu werden.

Während der Überfahrt hatte ich mich ein wenig mit dem an Bord befindlichen Geschäftsträger Portugals in der Türkei angefreundet und von ihm erfahren, daß seine Regierung zahlreichen Deutschen aus aller Herren Länder, insbesondere auch aus Südamerika, Asyl gewährt habe. Auf eine entsprechende Frage von mir sagte er, sie würde vermutlich auch bereit sein, den Frauen und Kindern unserer Gruppe das Verbleiben im Lande zu gestatten, soweit sie es wünschten.

Ich selbst war zwar entschlossen, die Reise mit Mutter und Sohn fortzusetzen, hatte aber festgestellt, daß verschiedene Familienväter im Hinblick auf das ungewisse Schicksal, das sie in Deutschland erwartete, gern von einer solchen Möglichkeit Gebrauch machen würden. So bat ich den portugiesischen Kollegen, alsbald nach Ankunft in Lissabon im Außenministerium entsprechende Erkundigungen einzuziehen. Als die Antwort – vorausgesetzt, daß ein entsprechender Antrag des deutschen Gesandten in Portugal gestellt würde – uneingeschränkt positiv ausfiel, verständigte ich den nominellen Leiter unseres Transports, das heißt, den Gesandten und Schwager von Ribbentrops, Herrn Jenke, und bat ihn, die Frage dem deutschen Gesandten in Lissabon vorzulegen. Da niemand wisse, ob unser Schiff in der Turbulenz dieser Tage und Wochen überhaupt nach Deutschland komme und wenn ja, ob es dort von sowjetischen oder westlichen Besatzungstruppen in Empfang genommen werde, sei es meines Erachtens nur eine humane Pflicht der Transportleitung, das großzügige Angebot der portugiesischen Regierung den Passagieren mitzuteilen und ihnen die Entscheidung zu überlassen, ob sie davon Gebrauch machen wollten.

Herr Jenke – von ihm wird später noch die Rede sein – entsann sich seiner nationalsozialistischen Verwandtschaft und meinte, er würde sich dem Vorwurf des Defätismus aussetzen, wenn er das Angebot bekannt gäbe. Es sei besser, wenn ich das täte...

So brachte ich während einer Sitzung an Bord, an der alle Passagiere und der Gesandte in Lissabon teilnahmen, die Sache zur Sprache und fragte den Gesandten in Lissabon, ob er bereit sei, entsprechende Anträge weiterzuleiten.

Der Gesandte – offensichtlich bereits von Jenke informiert – weigerte sich, auch nur eine Diskussion darüber zuzulassen. Er fände es besonders bedauerlich, daß ausgerechnet ein Kollege sich zum Wortführer dieses Antrages mache, der »zutiefst von antinationalsozialistischer Gesinnung und verantwortungslosem Defätismus« zeuge. Als »deutscher Gesandter und Nationalsozialist« müsse er ausdrücklich erklären, daß er den Antrag gar nicht zur Kenntnis nehme und »selbstverständlich« gar nicht daran denke, der portugiesischen Regierung ein solches Ansinnen zu unterbreiten. Für die Türkeigruppe gäbe es nur eine Verpflichtung, auf dem schnellsten Wege nach Hause zu kommen und alle ihre Kräfte dem Führer für den Endsieg – der Vorfall passierte ein oder zwei Tage vor der bedingungslosen Kapitulation – zur Verfügung zu stellen. In steigender Erregung, mit einem Aschenbecher auf den Tisch hämmernd, verließ er das Schiff, eilte in die Gesandtschaft zurück und bereitete dort seine Absetzung ins Innere Portugals vor. Ein Jahr später mußte er allerdings auf Druck der Sieger dann doch das portugiesische Asyl mit dem amerikanischen Internierungslager auf dem Hohenasperg vertauschen.

Sein Verhalten war um so unbegreiflicher, als die deutsche Gesandtschaft in Stockholm bereits *vor* Eintreffen der »Drottningholm« in Lissabon sich telegrafisch mit der Bitte an ihn gewandt hatte, das Schiff in Lissabon zurückzuhalten und wegen des Verbleibens der Frauen und Kinder bei der portugiesischen Regierung zu sondieren. Als der deutsche Gesandte darauf nicht antwortete, wandte sich die schwedische Regierung unmittelbar an die Portugiesen und erhielt die Antwort, sie werde im Falle eines entsprechenden Antrages des deutschen Gesandten die Angelegenheit »wohlwollend« prüfen. Aber diesen Tatbestand erfuhren wir erst später, denn unser endsiegbeflissener Kollege in Lissabon hatte es vorgezogen, ihn uns zu unterschlagen.

Die beiden unwürdigen Vorfälle – geschehen wenige Tage vor der bedingungslosen Kapitulation (!!) – demonstrieren anschaulich die ganze hilflos-furchterfüllte und nur auf die »sauve-qui-peut«-konzentrierte Mentalität, die sich unter dem Nationalsozialismus breitgemacht hatte. Das Zittern vor dem großen »Führer«, die erbärmliche Angst, des Vorwurfs des »Defätismus« geziehen zu werden und den Komfort der eigenen Rettung möglicherweise zugunsten der Rettung Dritter einschränken zu müssen, das alles hielt noch an, als der Führer selbst und ein gut Teil Deutschlands zu Staub und Asche geworden waren.

Nach dieser denkwürdigen Unterredung mit dem deutschen Gesandten untersagten die portugiesischen Behörden mit einer Plötzlichkeit, die auf einen Kausalzusammenhang schließen ließ, uns Deutschen von der »Drottningholm« das Verlassen des Schiffes! Dafür kamen verschiedene Kollegen von unseren im Laufe des Krieges geschlossenen amtlichen Vertretungen in Südamerika an Bord. Nach dem Abbruch der Beziehungen waren sie zuletzt bis nach Portugal gelangt, konnten aber infolge der Ereignisse auf dem Wege in die Heimat die Barriere Frankreich nicht überwinden.

Bevor wir Lissabon verließen, wurden die finanziellen Ansprüche der Passagiere auf Gehalt oder Tagegeld geregelt. Die Transportleitung tauschte durch Vermittlung der deutschen Gesandtschaft bei einer Lissaboner Bank Gold gegen US-Dollars ein. Wie es dann dazu kam, daß sich diese echten US-Dollars auf dem Wege zu den Empfangsberechtigten an Bord in die gleichen falschen britischen Pfunde verwandelten, mit denen bereits die Dienste »Ciceros« entlohnt worden waren, ist ein leider niemals vollends aufgeklärtes Rätsel geblieben. Die Lösung wurde dadurch noch erschwert, daß die Transportleitung unmittelbar nach Verlassen Lissabons die eben frisch ausgezahlten Noten wieder einsammelte, um sie ersatzlos zu vernichten. Angeblich war ihr in der Zwischenzeit aufgegangen, es könnte sich um »Blüten« handeln, und die uns ohnehin nicht eben wohlgesonnenen Briten könnten verstimmt sein, wenn wir bei unserem Zwischenaufenthalt in Hollyhead oder Liverpool Einkäufe mit englischem Geld tätigten, das wir selbst angefertigt hatten...

Anfang der fünfziger Jahre setzte Bundeskanzler Adenauer ein Gremium unter dem Vorsitz des Oberlandesgerichtspräsidenten a.D. Dr. Schetter ein, das diese und andere Affären untersuchen sollte. Es förderte höchst seltsame Ergebnisse zutage, konnte aber niemanden der an diesem lukrativen Geschäft mutmaßlich Beteiligten überführen.

Unser Kapitän befahl also »Leinen los«, und die »Drottningholm« rauschte, den Tejo herab, dem Meer entgegen.

In Hollyhead und Liverpool, den nächsten Stationen in Großbritannien, nahmen sich die Engländer mehrere Wochen Zeit, um darüber nachzudenken, ob der zwischen dem Deutschen Reich und seinen mit ihm Krieg führenden Gegnern sowie mit Schweden abgeschlossene Vertrag über den »Drottningholm«-Transport durch Deutschlands »inconditional surrender« gegenstandslos geworden oder noch in Kraft sei.

Als Resultat ihrer Überlegungen schickten sie schließlich in Liverpool Militärpolizei an Bord und verhafteten eine Reihe von Personen, auf deren eingehende Vernehmung sie nicht länger warten wollten. Unter ihnen war der »Cicero«-Moderator Ludwig Moyzisch, unser Militärattaché in Ankara, General Rohde, und verschiedene Parteifunktionäre.

Außerdem wurde die schwedische Schiffsküche auf britische Militärverpflegung umgestellt, was sich als quantitativer Vorzug erwies: Die Stewards waren bisher darauf gedrillt, jedem eine gleich große Portion zu verabreichen. »It's not a trip, Sir, it's a transport«, erwiderten sie rüde, wenn sich jemand schüchtern nach einem Teller Suppe mehr erkundigte, und kippten anschließend das nicht verbrauchte Essen in mitunter riesigen Mengen ins Meer. Die neuen britischen Portionen waren zwar nicht größer, aber die Stewards toleranter geworden und offensichtlich mehr um die Ernährung der Passagiere denn um die der Fische besorgt.

In Göteborg, dem Heimat- und Endhafen der »Drottningholm«, schließlich angekommen, durften Frauen und Kinder in Schweden bleiben. Wer nicht wollte, mußte mit den Männern auf einen deutschen Bananenfrachter, die »Telde«, umsteigen, den uns die britische Besatzungsmacht in Nordwestdeutschland aus Kiel entgegengeschickt hatte. Bedauerlicherweise für weit mehr Bananen als Menschen ausgelegt und eingerichtet, gab es nur für zwölf Personen Kojen und für 36 Personen zweimal täglich Warmverpflegung. So tat sich der schmucke kleine Dampfer schwer, in Göteborg ca. 500 Menschen beiderlei Geschlechts – auf so viel waren wir in Lissabon und Liverpool inzwischen angewachsen – in seinem Bauch unterzubringen. Nach einigen Stunden Fahrt durch den Øresund tauchten die vertrauten grünpatinierten Kupferdächer von Alt-Kopenhagen auf. Die »Telde« machte unweit der »Langen Linie« fest, und das Schiff wurde alsbald durch eher beunruhigend aussehende, schwer bewaffnete dänische »Untergrundkämpfer« aus der eben zu Ende gegangenen deutschen Besatzungszeit abgeriegelt. Britische Offiziere, begleitet von dem Schiffahrtsbevollmächtigten der deutschen Gesandtschaft, Ferdinand Duckwitz, kamen an Bord, um die Formalitäten zu regeln. Duckwitz, nach dem Kriege Botschafter in Neu-Delhi,

Staatssekretär im Auswärtigen Amt und Leiter der deutschen Delegation, die 1970 in Warschau – parallel mit Bahr in Moskau – den deutsch-polnischen Vertrag aushandelte, war von der britischen Militärmission beauftragt worden, die Aufgaben der inzwischen geschlossenen Büros des deutschen »Reichsbevollmächtigten« abzuwickeln.

Als wir uns begrüßten, gingen meine Gedanken zurück zum Juni 1940. Eben aus Teheran zurückgekehrt, wurde ich in das von deutschen Truppen besetzte Dänemark entsandt, um an unserer Gesandtschaft für einen erkrankten Kollegen vorübergehend die vakante Rechts- und Konsularabteilung zu übernehmen. Duckwitz betätigte sich dort bereits als »Schiffahrtssachverständiger«. Alter »Pg.«, der er wohl war, hatte er inzwischen längst das System, dem wir dienten, durchschaut, verachtete es und machte gegenüber seinen Kollegen auch keinen Hehl daraus. Daß er neben seinen amtlichen Aufgaben auch noch streng verborgene Kontakte zu der damals im Aufbau befindlichen dänischen Widerstandsorganisation unterhielt, ahnte ich ebensowenig wie unser gemeinsamer Missionschef.

Der Gesandte und Reichsbevollmächtigte in Dänemark, Cecil von Renthe-Finck, bewohnte damals noch das schöne alte Gesandtschaftspalais am Kopenhagener Kastel's-vej. Von seinem Arbeitszimmer blickte man auf den städtischen Friedhof, den einmal große uralte Rüstern verdeckt hatten. Da ihre Stümpfe rundum den Gesandtschaftsgarten säumten, drängte sich die Frage auf, von wem und zu welchem Behufe die Bäume wohl gefällt worden waren. Ein Vorgänger von von Renthe-Finck, der Gesandte von Muthius, hatte kurz vor dem Ersten Weltkrieg die Sicht auf den Friedhof nach der einen und auf die – damals dort untergebrachte – Irrenanstalt nach der anderen Seite freischlagen lassen. Gerade den Angehörigen des auswärtigen Dienstes, so soll er diesen Amtsakt begründet haben, stehe es wohl an, mit der Vergänglichkeit alles Irdischen und mit der Torheit menschlichen Tuns täglich konfrontiert zu werden...

Von Renthe-Finck hätte diese Weisung schon deshalb nicht gegeben, weil er Natur und alte Bäume über alles liebte. Im übrigen lag ein solcher Entscheid und solche Begründung zu seiner Zeit nicht mehr in der Zuständigkeit eines Missionschefs. Gewiß wird er aber, wenn er nach der Besetzung Dänemarks grübelnd aus dem Fenster schaute, mitunter an seinen Vorgänger von Muthius gedacht haben. Von Renthe-Finck war ein bedächtiger, überaus gewissenhafter, zur »Pingeligkeit« neigender Beamter, der sich mit Leib und Seele seinem Beruf verschrieben hatte. Die überraschende Besetzung Dänemarks und die daraus resultierende Änderung seiner eigenen Stellung trafen ihn schwer. Es spricht für ihn, daß es ihm, je länger er blieb, um so weniger gelang, sich damit abzufinden.

Als höchster Vertreter Deutschlands in ein befreundetes Nachbarland entsandt, sah er sich von einem Tag auf den anderen in die Rolle eines ebenso unerbetenen wie immer unerwünschter werdenden Oberaufsehers gedrängt. Mit seiner Pflicht, die Kontrolle über die auswärtige wie die innere Politik seines Gastlandes auszuüben, dessen Wirtschaft nach ausschließlich deutschen Interessen auszurichten, dessen Staatsfinanzen zu überwachen, in das gewachsene, tief verwurzelte Eigenleben dänischer Demokratie autoritär einzugreifen und den ihm offen oder versteckt entgegengebrachten Widerwillen und Widerstand gegebenenfalls mit Brachialgewalt brechen zu müssen, war der Diplomat zu einer Art Kerkermeister seines Gastlandes und seine Gastgeber waren zu Befehlsempfängern geworden. Von Renthe-Finck und der dänische Außenminister Scavenius nutzten zwar ihr gutes persönliches Verhältnis, um aus der Situation das Beste zu machen, und führten jede Woche im Hause des Gesandten ein ausgiebiges politisches Gespräch unter vier Augen. Häufig genug drehte es sich dann um die taktische Frage, ob bestimmte, von Berlin an die dänische Adresse übermittelte Wünsche oder Auflagen besser freiwillig oder besser auf deutschen Druck hin erfüllt werden sollten. Es war eine Frage der politischen Optik und der politischen Würde, die die beiden Exekutivorgane in Kopenhagen, der deutsche Gesandte und der dänische Außenminister, naturgemäß verschieden beantworteten. Von Renthe-Finck verabscheute es, Druck auszuüben, den Dänen »Weisungen« zu erteilen. Scavenius hingegen war es zuwider, dänische Leistungen, die nur – wie jedermann wußte – auf Druck der deutschen Besatzung zustande kamen, als freiwillige auszugeben. Daß sie so heikle Dinge offen erörtern konnten, war schon ein Erfolg, dessen Wert für das Verhältnis der beiden Länder nicht zu unterschätzen war. Aber von Renthe-Finck fiel es immer schwerer, das Dekorum zu wahren und die Peinlichkeit der Situation zu überspielen, die dadurch noch erhöht wurde, daß er selbst von allen möglichen deutschen in Dänemark etablierten Instanzen kontrolliert und beschnüffelt wurde.

Daß er trotzdem blieb und nicht um seinen Abschied bat, führt in ein viel diskutiertes, generell schon gar nicht lösbares Problem. Was ist besser: Das eigene Gewissen zu salvieren und einem Nachfolger

Platz zu machen, der keine Skrupel empfindet und entsprechend handelt, oder gute Miene zu machen und mitzuspielen, um noch Schlimmeres zu verhüten? Von Renthe-Finck hat jedenfalls nichts unversucht gelassen, um die Fiktion vom Fortbestand kaum getrübter diplomatischer Beziehungen zwischen Deutschland und Dänemark so lange aufrechtzuerhalten, wie man ihn im Amt beließ. Wie »ungetrübt« die deutsch-dänischen Beziehungen in Wirklichkeit waren, spürte ich übrigens, als ich kurz vor der Abreise nach Ankara eine meiner letzten Amtshandlungen vollzog: Außenminister Scavenius war zu Hitler nach Berlin zitiert worden, und ich hatte ihn bei seiner Rückkehr vom Flugplatz Kastrup abzuholen. Als wir schweigsam nebeneinander zu seinem Wagen gingen, fragte ich ihn, um nur etwas zu sagen, nach seinen Eindrücken aus Berlin. »Eindrücke?« erwiderte Scavenius. »Na – allenfalls der nächtlich beleuchtete Bart des Barons von Dörnberg.« Der Protokollchef des Auswärtigen Amtes und der Reichskanzlei hatte einen Spitzbart, der, wie ich mir erzählen ließ, das Künstlerauge Hitlers besonders nachts entzückte, wenn sein von unten angestrahlter baumlanger Besitzer auf den Stufen der Reichskanzlei die Gäste des Führers erwartete und das Scheinwerferlicht von unten eben noch den Bart umspielte...

Scavenius' kalt-sarkastische Reaktion nach einem Besuch bei dem »Führer und Reichskanzler« machte deutlich, wie der dänische Außenminister die Scheinwelt einschätzte, in der die besetzten europäischen Länder und die deutschen Berufsdiplomaten zusammenlebten. Aber diese Fiktion aufrechtzuerhalten, so lange es eben ging, war die einzige Möglichkeit, mit der Unabänderlichkeit der Gegenwart eine wieder normalisierte Zukunft möglichst wenig zu belasten. Eine absurdere Pervertiertheit des Diplomatenmetiers ließ sich jedenfalls kaum denken, und es war nur logisch, wenn die deutschen Missionschefs in diesen Staaten Europas nach und nach durch bewährte SA- und SS-Männer abgelöst wurden, die den Umgangsformen eines »Herrenvolks« entsprechend höchstens mit dem Holzhammer umzugehen wußten.

Von Renthe-Finck wurde im September 1943 abgelöst durch den Abteilungsleiter im Reichssicherheitshauptamt, Dr. Werner Best. Da ich im März 1944 in Kopenhagen eine ebenso merk- wie denkwürdige Begegnung mit ihm hatte, sei er hier erwähnt. Alt-Parteigenosse und Richter an einem Amtsgericht in Hessen, war er der breiten Öffentlichkeit dadurch bekannt geworden, daß er bereits 1931 eine Art von nationalsozialistischem Machtergreifungscodex verfaßt hatte, der als »Boxheimer Dokumente« in den unrühmlichsten Teil der deutschen Geschichte eingegangen ist. Zur Anwendung sollte er – angeblich – nur gelangen, falls ein bolschewistischer Umsturzversuch die NSDAP zum Gegenschlag und zur »Rettung Deutschlands« zwingen sollte. Der Codex empfahl »den dann in Deutschland zuständigen« Ordnungsbehörden wie unter anderem der SA, nur »leicht faßliche« Vorschriften zu erlassen und sah – in der Tat ganz »leicht faßlich« – die Todesstrafe für jedermann vor, der nicht gehorchte. Das schmutzige Machwerk war, wenn man so will, der erste Sturmvogel, der diejenigen Terrormaßnahmen ankündigte, mit denen sich Hitler und seine Schlägertruppe, die SA, lange vor 1933 beim deutschen Volke eingeführt hatten. Das nur für parteiinterne Zwecke gedachte Papier geriet 1931 in die Hände der Presse, erregte große Empörung und hätte dem ewigen Zauderer, Reichskanzler Brüning, mehr als ein Alarmsignal, ein Befehl zum sofortigen Handeln sein müssen. Aber nichts passierte. Hitler distanzierte sich schlau, und das eingeleitete Hochverratsverfahren gegen Dr. Best wurde – um die NSDAP nicht zu reizen – niedergeschlagen.

Nach der Machtergreifung war Dr. Best eine rasche Parteikarriere im Reichssicherheitshauptamt beschieden, bis man in ihm den Mann gefunden zu haben glaubte, der nicht, wie von Renthe-Finck, durch überflüssige Rücksichtnahme die Rolle Dänemarks als höchst unfreiwilligen, aber nützlichen Bündnispartner beeinträchtigen werde. Das Ziel Berlins war offenbar – und der Oberbefehlshaber der Besatzungstruppen sprach es auch offen aus –, das widerspenstige Dänemark von nun an als »Feindesland« zu behandeln. Der »Dornröschenschlaf« höre auf, und fortan werde »mit rücksichtsloser Strenge« vorgegangen werden.

Einen willkommenen Vorwand für die neue harte Linie lieferte unter anderem ein Däne, an dem Berlin seit Beginn der Besetzung Anstoß genommen hatte: Christian X., König von Dänemark. Er hatte zwar Göring und von Ribbentrop auf deren ständiges Drängen hin den »Danebrog«-Orden (mit Diamanten) verleihen müssen – der von ihnen ursprünglich begehrte Elefanten-Orden war gekrönten Häuptern vorbehalten –, konnte aber begreiflicherweise der Besetzung seines Landes durch die Deutschen keinerlei Geschmack abgewinnen. Mußte er den deutschen Gesandten oder dessen Vertreter empfangen, nutzte er dann meist den Anlaß, um seiner Abneigung gegen das Dritte Reich und seinen Führer oder seiner Verachtung der dänischen Nationalsozialisten (»In Rußland sollte man sie an den gefährlichen Stellen einsetzen. Sie wollen doch so gerne für ihren Führer sterben.«) mit beißendem Sarkasmus Ausdruck zu geben.

Seiner Familie hatte er jeden gesellschaftlichen Umgang mit Deutschen untersagt. Eine seiner ersten Amtshandlungen nach der Befreiung war konsequenterweise die Ausweisung seiner Schwägerin Helene (der Frau seines Bruders Harald), einer gebürtigen Prinzessin zu Schleswig-Holstein-Sonderburg-Glücksburg. Sie besuchte öfter die deutsche Gesandtschaft und ließ selten eine Gelegenheit aus, um ihrer Bewunderung für Hitler Ausdruck zu verleihen.

Jeden Morgen ritt der König – ohne jede Begleitung – durch die Straßen, hielt an den Verkehrsampeln, wo ich so manches Mal – per Fahrrad oder Auto – neben ihm gehalten und ihn, wie es seine Landeskinder taten, respektvoll gegrüßt habe. Mitunter nutzte er die Pause, um mit den Umstehenden ein wenig zu schwätzen und damit seine offiziell zwar kaum noch in Erscheinung tretende, aber doch permanente Präsenz einprägsam zu demonstrieren.

Das abweisend-reservierte Verhalten des Königs verärgerte die Machthaber in Berlin. Das Auswärtige Amt versetzte sogar den Neffen der Königin Alexandrine, einer geborenen Herzogin von Mecklenburg, den Legationssekretär Erbgroßherzog Friedrich Franz von Mecklenburg, an die deutsche Gesandtschaft, in der stillen Hoffnung, die eisige Haltung seines Onkels etwas auftauen zu können. Er wurde zwar zusammen mit seiner charmanten Gattin gelegentlich zu Hofe eingeladen, aber auch sein vermutlich zutreffender Hinweis, die Deutschen seien doch lediglich einer Besetzung durch die Briten zuvorgekommen, reichte nicht annähernd aus, um dem König und seinem in Handel und Wandel stark nach England orientierten Lande die deutsche Herrschaft reizvoller erscheinen zu lassen. Christian X. erklärte übrigens öffentlich, er werde selbstverständlich die den deutschen Juden zur Kennzeichnung verordnete gelbe Armbinde beziehungsweise den Judenstern ebenfalls tragen, sollte dieser Brauch etwa in Dänemark eingeführt werden. Als ihm nun Hitler mit Telegramm vom 25. September 1941 zu seinem, des Königs, Geburtstag freundlich gratulierte – »Eurer Majestät spreche ich zur Vollendung des 70. Lebensjahres meine aufrichtigen Glückwünsche aus. Adolf Hitler« –, drahtete er am 26. September zurück: »Spreche meinen besten Dank aus. Christian R.« In der dänischen Presse und in dänischer Sprache lautete es noch kürzer: »Tak. Christian R.« Der lapidare Text dieses Telegramms verstimmten von Ribbentrop und

Adolf Hitler um so mehr, als der König im Jahre zuvor für den gleichlautenden Glückwunsch sich noch »herzlich« bedankt hatte. Überdies hatte von Renthe-Finck auf Weisung von Ribbentrops dem Außenminister Scavenius nahegelegt, bei Seiner Majestät auf eine möglichst freundliche Formulierung seines Dankes hinzuwirken. Scavenius allerdings hatte gleich abgewinkt und gesagt, die Kompetenzen des Königs beschränkten sich ohnehin nur noch darauf, Geburtstagstelegramme zu beantworten und den Elefanten-Orden zu verleihen. Ihm auch da noch hineinzureden, sei zu viel verlangt. Christian X. machte also aus seinem Herzen keine Mördergrube und damit auch das Maß an Duldsamkeit voll, das der Oberste Kriegsherr der deutschen Besatzungstruppen ihm bisher entgegengebracht hatte. Der Schuldige, der deutsche Gesandte und Reichsbevollmächtigte, von dem man erwartete, daß er Dankteleg ramme des Königs redigiert und zensiert, war rasch gefunden. Von Renthe-Finck, ohnehin gerade in Berlin, trafen Ungnade und Abberufung so schnell, daß er nicht einmal mehr nach Kopenhagen zurückkehren und sich von seinen Mitarbeitern verabschieden durfte. Immerhin konnte er seinen Nachfolger, den Autor der »Boxheimer Dokumente«, nicht ohne Erfolg davon überzeugen, daß beiden Ländern am besten gedient wäre, wenn trotz der verschärften Lage der alte maßvolle Kurs auch künftig beibehalten würde.

Der Dank Dänemarks an von Renthe-Finck bestand nach der Befreiung von deutscher Besetzung darin, daß er im Sommer 1946 in Deutschland verhaftet und nach Kopenhagen ausgeliefert wurde, um als Zeuge in diversen Prozessen auszusagen, die die dänische Justiz gegen dänische Kollaborateure und deutsche Besatzungsangehörige angestrengt hatte. Er selbst stand wie gesagt keineswegs unter Anklage, was die dänische Regierung freilich nicht hinderte, ihn zweieinhalb Jahre als Zeuge auf der Kopenhagen vorgelagerten Insel Trecrona in Haft zu halten.

Mit von Renthe-Finck wurde auch der Oberbefehlshaber der deutschen Besatzungstruppen, der zurückhaltende, sich seiner mehr als delikaten Mission wohl bewußte General Lüdtke durch einen Nachfolger abgelöst, der zwar keine Fähigkeiten für seinen neuen mehr diplomatischen als militärischen Posten mitbrachte, aber ein gesundes Gefühl für das, was man in Berlin gerne zu hören wünschte. Auch eine Reihe anderer als »laurig« angesehene Vertreter der deutschen Verwaltung wurde gegen verläßliche Parteigenossen ausgewechselt. In der Gefolgschaftstreue Dr. Bests, des neuen Reichsbevollmächtigten, täuschte man sich allerdings.

Als im Sommer 1943 von Hitler und Himmler beschlossen wurde, mit einem Schlage alle dänischen Juden verhaften zu lassen und nach dem Osten zu transportieren, begannen beide ein äußerst riskantes Doppelspiel: Nach außen die stets getreue Stimme ihres Herrn, setzten sie alle Hebel in Bewegung, um die Juden in Sicherheit zu bringen. Im Einvernehmen mit Dr. Best reiste Duckwitz nach Stockholm und erbat über seinen dortigen Kollegen bei der deutschen Gesandtschaft, Dr. Riensberg, sowie den schwedischen Legationsrat Ekblad Zugang zum Staatsminister Per Albin Hansson. Er unterrichtete ihn über das Vorhaben, und Hansson sagte ihm volle schwedische Unterstützung zu. Schließlich zog er am 13. September 1943 auch noch den Staatssekretär des Auswärtigen Amtes, Adolf Baron von Steengracht und Moyland, sowie den Unterstaatssekretär Andor Hencke ins Vertrauen. Beide versprachen, Dr. Best und ihn getarnt zu unterrichten, sobald der Führer und seine Schergen den Termin für die Judenaktion festgesetzt hätten.

Am 28. September wurde die Nacht vom 1. zum 2. Oktober dafür bestimmt. Dr. Best beauftragte Duckwitz, den Termin sofort an zwei führende Mitglieder des dänischen Widerstandes, Hans Hedtoft und M. C. Hansen, weiterzugeben. Beide – bereits vorgewarnt – gingen sofort ans Werk und versahen alle Betroffenen – ca. 5000 Personen! – mit Instruktionen. Das Unterfangen war um so risikoreicher, als es nicht wenige dänische Geschäftsleute gab, die der Gestapo Schützenhilfe leisteten. Sie hätten sich der Judenpolitik des Dritten Reiches gern bedient, um sich der lästigen Konkurrenz ihrer nichtarischen Landsleute zu entledigen. Trotzdem verlief alles planmäßig. Ein großer Teil der von Verhaftung Bedrohten fanden sich nach und nach in Küstennähe des Øresunds, der Schweden von Dänemark trennt, ein. Während der – ebenfalls eingeweihte – deutsche Hafenkommandant von Kopenhagen dafür sorgte, daß seine Patrouillenboote Auslaufsperre erhielten oder jeweils nichts bemerkten, wurden die Flüchtlinge über Nacht mit dänischen und schwedischen Fischerbooten nach Schweden verbracht und dem Zugriff der Gestapo entzogen.

So gelang es also Dr. Best und Duckwitz in der Tat, Dänemark »weisungsgemäß« in einer Nacht fast »judenfrei« zu machen. Als die Gestapo anrückte, stieß sie auf viele leere Wohnungen und Häuser. Andererseits war nicht zu verhindern, daß viele Juden dennoch gefaßt und verschleppt wurden.

Eine dänische Delegation unter Leitung des Gesandten Hvass, des späteren ersten Nachkriegsbotschafters in Bonn, hat 1944 die beiden Lager besuchen und sich über das Ergehen ihrer verschleppten Mitbürger unterrichten können.

Diese Rettungstat war eine perfekte »Konzertierte Aktion« – von Funktionären dreier Staaten überlegt organisiert und mit Schneid und viel Glück zum guten Ende gebracht. Gemessen an der Zahl der Eingeweihten, der Mitwirkenden und der Geretteten ist sie eine der historischen Widerstandsunternehmen des Zweiten Weltkriegs, die verdienen, nicht der Vergessenheit anheimzufallen.

Ohne irgendwelche Kenntnis von diesen Vorgängen flog ich Anfang März 1944 – ich war von Ankara aus dienstlich in Berlin – kurz nach Kopenhagen, um meinen bei einer Speditionsfirma untergebrachten Hausrat zu besichtigen. Er wurde übrigens – um dies vorwegzunehmen – Ende 1945 von der »Britischen Militärmission« in Kopenhagen unter Leitung des Brigadiers Head und des Majors Floyd Oles konfisziert und unter sich verteilt. Eine dänische Kommission unter dem dänischen Diplomaten Blechingberg – er wurde übrigens nur wenig später verhaftet und wegen gutbesoldeter Dienste für die sowjetische Spionage zu langjähriger Zuchthausstrafe verurteilt – erteilte die Genehmigung. Eine Sammlung frühislamischer Keramik überließen die cleveren Briten dem dänischen Nationalmuseum, von wo ich sie später aufgrund einer Intervention des dänischen Botschafters in Bonn, Hvass, umgehend zurückerhielt.

Das Foreign Office in London teilte indes auf eine Anfrage meines Anwalts mit, es könne sich um die Angelegenheit nicht kümmern, zumal ihr die Anschrift des Brigadiers Head, dem Chef der Britischen Militärmission, nicht bekannt sei! Der Diebstahl der britischen Offiziere wurde also von ihrer Regierung voll gedeckt.

Anfang März 1944 traf ich also auf dem Flughafen Kastrup ein und wurde von der Sekretärin Dr. Bests erwartet. Sie übermittelte mir den Wunsch des Reichsbevollmächtigten, mich alsbald zu sehen. Ich wußte von ihm nur, daß er als Verfasser der »Boxheimer Dokumente« zu den Nationalsozialisten gehörte, die vor nichts zurückschreckten, um die Macht ihrer Partei zu sichern. Was ihn trieb, einen jungen Legationssekretär aus Ankara zu sehen, ahnte ich nicht. Ich präparierte mich also, ihm etwas über die Lage der Türkei zu erzählen. Aber kaum saß ich ihm gegenüber, als ein wahrer Sturzbach von Anklagen gegen das Dritte Reich, die »verbrecherische Juden- und Außenpolitik« Hitlers, die »sinnlose Opferung von Millionen für die Fortsetzung eines längst verlorenen Krieges« auf mich herniederging. Jedes zweite Wort, das dieser ehemals fanatische Gefolgsmann seines Führers formulierte, während sich seine Erregung immer weiter steigerte, hätte dem Präsidenten des Volksgerichtshofes, Dr. Freisler, genügt, um ihn an den Galgen zu bringen.

Was war mit dem Mann vorgegangen? Verzweifelt suchte ich nach einer Erklärung. Weshalb hatte er mich ausgesucht, um die Wandlung, die offenbar in ihm vorgegangen war, deutlich zu machen? Wollte er mich provozieren, um meine Zustimmung alsbald der Gestapo zu übermitteln? Aber welches Interesse konnte er daran haben? Rechnete er mit irgendeiner Friedensaktion Franz von Papens und wollte er ihm über mich seine Bereitschaft zur Mitarbeit signalisieren? Aber wozu dann dieser Wutausbruch?

Ich kam zu keinem Ergebnis. Dr. Best erwartete von mir auch keine Antwort. Als alles gesagt war, was er hatte sagen wollen, wurde er ruhiger, bat mich um Grüße an von Papen und entließ mich wie nach einer Diskussion, die zur allseitigen Zufriedenheit verlaufen war.

Den Schlüssel für sein Verhalten lieferte mir viel später die Unterrichtung über die von ihm zusammen mit Duckwitz arrangierte Flucht der dänischen Juden und das Zeugnis einiger seiner Mitarbeiter. Ihre Schilderung und seine amtliche Berichterstattung aus Kopenhagen zeigen ihn als klugen, klar urteilenden Menschen, der sich längst vom überzeugten Hitlerfreund zum Hasser des Systems entwickelt hatte und auch kein Blatt vor den Mund nahm. Mit aller Schärfe verurteilte er Willkürhandlungen des Reichssicherheitshauptamtes und setzte sich mit dem ganzen Einfluß seiner hohen Parteiämter dafür ein, daß das Besatzungs- und Polizeiregime seinen Aufgaben in Dänemark wenigstens halbwegs mit politischem Takt und Mäßigung nachging.

Die Saat, die auch er – Fanatiker, der er gewesen war – gesät hatte, war aufgegangen. Das Bewußtsein von Schuld und Verstrickung wühlte so stark in ihm, daß es herausgeschrien werden mußte. Zufällig traf er dabei auf mich. Vielleicht hatte er von Duckwitz gehört, wie ich zu den Dingen stand und wußte also, daß er offen sprechen konnte. Vielleicht war das die Erklärung für sein ungewöhnliches Verhalten.

Ich habe ihn nie wiedergesehen, aber ihm einen gewissen Respekt bewahrt. Er hatte mir Einblick gewährt in eine jener zahlreichen Existenzen, die in politischer Unreife dem »Führer« geglaubt hatten – seine »Boxheimer Dokumente« enden mit dem Memento »Die letzte Hoffnung der deutschen Nation ist Adolf Hitler« – und die, nachdem sie ihn schließlich durchschaut hatten, gutzumachen versuchten, was dieser ihr Glaube der deutschen Nation eingetragen hatte.

Die Erinnerung an unser Gespräch wurde wieder lebendig, als ich – auf einmal Gefangener der Dänen – auf der »Telde« auf und ab marschierte und etwas wehmütig den Spaziergängern nachsah, die von der »Langen Linie« herab ihre Hälse reckten, um die Deutschen zu erspähen und zuzuschauen, wie auf unserem bereits bis zum Rand gefüllten Dampfer noch weitere 2000 deutsche Wehrmachtsangehörige untergebracht wurden. Der Regen strömte ohne Unterlaß, aber die Soldaten – müde, hungrig, von wochenlanger nächtlicher Lagerung auf freiem Feld verschmutzt – nahmen die Dinge mit Gelassenheit. Sie hatten weit Schlimmeres hinter sich.

Gegen Mitternacht hieß es »Leinen los«. Die »Telde« nahm – von zwei Minensuchbooten geleitet – langsam Fahrt auf in Richtung Heimat.

An einem sonnigen Vormittag Mitte Juni 1945 rasselten die Ankerketten. Aus respektvoller Entfernung sahen wir die Skyline von Kiel. Wir hatten keine Ahnung, wie wir empfangen, wie wir zu Geld, zu einem Dach über dem Kopf, ja – zu einem neuen Lebensbeginn kommen würden. Ich hoffte, mich allein – Mutter und Sohn waren in Schweden in guter Hut – schon irgendwie durchschlagen zu können. Wegen unserer völligen Ahnungslosigkeit über die Situation im besetzten Deutschland wurden diese Fragen aber für alle, die mit kleinen Kindern heimkehrten, zu einem Riesenproblem.

Einstweilen blieb uns noch Zeit, darüber nachzudenken, denn zunächst wurden die 2000 Soldaten an Land gebracht. Danach kam eine Motorjacht mit britischer Flagge längsseit, einige britische Offiziere stiegen das Fallreep hoch, ließen sich zu dem Gesandten Jenke führen und luden ihn und seine Frau nach kurzem, verbindlichem Gespräch freundlichst ein, sie nach Kiel zu begleiten.

Er, Jenke, genannt »Mummy«, war ein seit vielen Jahren in Istanbul ansässiger deutscher Kaufmann, dessen Vater als Ingenieur schon beim Bau der Galata-Brücke mitgewirkt hatte. Er war mit Inge von Ribbentrop, der gutaussehenden, gesellschaftlich ehrgeizigen Schwester des Reichsaußenministers, verheiratet. Sein Schwager hatte ihn der deutschen Botschaft in Ankara mit dem Titel »Gesandter« und vermutlich dem Auftrag zugeteilt, Botschafter von Papen, dem von Ribbentrop mißtraute, auf die Finger zu sehen.

Neben der von der Gestapo und der von dem Chef der Auslandsorganisation der NSDAP, Bohle, betriebenen Schnüffelei hatte von Ribbentrop an den wichtigeren Auslandsvertretungen einen eigenen Secret Service etabliert. Da die »verschworene Gemeinschaft« des Nationalsozialismus neben vielem anderen mit dem Kommunismus auch den Argwohn der Genossen untereinander gemein hatte und niemand dem anderen über den Weg traute, waren dem Reichsaußenminister ergebene Beamte oder Angestellte beauftragt, die Berichterstattung des Missionschefs zu überwachen und aus ihrer – systemkonformen – Sicht kritisch dazu Stellung zu nehmen. Diese Aufpasserattitüde lag den beiden Jenkes trotz ihrer zur Schau getragenen perfekten Linientreue gewiß nicht. Jenke war ein redlicher schwacher Mann, dem der ganze Mummenschanz, das heißt seine Ernennung zum Gesandten, die er der Ehe mit von Ribbentrops Schwester zu verdanken hatte, zuwider und eher peinlich war. Schließlich konnte er sich ausrechnen, wie seine Rolle als Vertreter von Papens von seinen Freunden in Istanbul wohl eintaxiert wurde... Seine Frau hingegen hatte gesellschaftlichen Ehrgeiz und daher auch den Wunsch, als Schwester des Reichsaußenministers bei Diplomatenessen höher placiert zu werden, als nach dem diplomatischen Protokoll der Gattin eines »gewissen« Herrn Jenke nun einmal zukam. Mit der Ernennung ihres Mannes zum Gesandten regelte sich die Frage von selbst, und sie konnte die Rolle spielen, für die sie viel natürliche Begabung mitbrachte.

Die Botschafterin, Frau von Papen, war eine respektgebietende, starke, vom katholischen Glauben geleitete Persönlichkeit, ihrem Mann ein Leben lang die verläßliche Stütze, die er notwendig brauchte, den weiblichen Mitgliedern von Botschaft und Kolonie eine sorgende Freundin und gegenüber der großzügigen Gastfreundschaft ihres Mannes eine mitunter zu sparsame Hausmutter. Der Weltlichkeit diplomatischer Treffs und geselliger small talks war sie bereits ein wenig entrückt, so daß Inge Jenke sie auch bei der notwendigen Betreuung der ausländischen Kollegen erfreulich ergänzte.

Die Aufnahme der Jenkes in die Botschaft hatte übrigens auch den Vorzug, daß er aus seinem alten Beruf eine Fülle wirtschaftlich wichtiger Verbindungen besaß, die er mit einbrachte und die sich für den Botschafter als eine nützliche Ergänzung seiner eigenen militärischen und politischen Beziehungen erwies.

Für Inge und »Mummy« Jenke, »Nutznießer des Systems«, »in

der Wolle gefärbte Nazis«, wie man sie gemeinhin sah – obwohl im Grunde weder das eine noch das andere zutraf –, geriet die Heimkehr ins Reich zu einer doppelten Prüfung. Der große Bruder und Protektor in Berlin war in den Tagen des Zusammenbruchs nicht nur spurlos verschwunden, sondern überdies zu einer höchst gefährlichen Belastung geworden. Sie ertrugen die Ungewißheit ihrer Zukunft mit äußerem Gleichmut und versuchten auch nicht etwa wie andere Mitglieder unseres Transports, sich – der Asche des Großdeutschen Reiches zwar ein wenig rußgeschwärzt, aber gesund entronnen – als alte Widerstandskämpfer zu adjustieren. Und nun wurden sie – entgegen aller Vermutung – als very important persons, als »VIPs« behandelt und – geleitet von Besatzungsoffizieren – bevorzugt in die Heimat entlassen...?

Ein Tag verging, am nächsten Abend waren beide wieder an Bord. Ihre Mienen und ihre Verschlossenheit ließen ahnen, daß die Gespräche nicht eben erfreulich gewesen waren. Sie berichteten dann folgendes: Nach einem sehr angenehm in einem Kieler britischen Offizierskasino verlaufenen Abendessen und der Übernachtung in Kiel seien sie nach Hamburg gebracht worden, wo sie ein britischer Brigadier zum Lunch im Hotel »Vier Jahreszeiten« erwartete. Zusammen mit britischen Offizieren, die vom Charme Frau Jenkes ebenso angetan schienen wie Jenke von der ostentativen – und ganz unerwarteten – Ritterlichkeit der Briten, aß man bei guter Laune und lebhafter Konversation. Plötzlich öffneten sich gegenüber von Frau Jenke die Flügeltüren. Vor ihr stand – von zwei Militärpolizisten flankiert – Hitlers Reichsaußenminister, ihr Bruder. »Joachim !« sagte sie und sprang auf. »Aber Inge«, rief er aus. Die Türen schlossen sich wieder vor den dreien, und der Gastgeber sagte kauend: »Thank you, Madam. That's all. And now you have to go back to the ship.«

Was dem Ehepaar verschwiegen worden war: Bruder Joachim hatte versucht, mit falschen Papieren ausgerüstet, den Alliierten zu entgehen. Im April hatte er noch in Schloß Fuschl im Salzkammergut, das nach dem »Anschluß« einem österreichischen Adeligen abgenommen worden war und das von Ribbentrop zur Filiale des Berliner Auswärtigen Amtes aufgenordet hatte, residiert. Von dort beklagte er sich in einem meines Wissens letzten Fernschreiben vom 16. April 1945 bei der Berliner Zentrale seines Hauses, daß ihm seit geraumer Zeit keine Schrift- oder Drahtberichte deutscher Auslandsvertretungen mehr zugeleitet worden seien. Anschließend wandte er sich der Vorbereitung seiner Zukunft zu.

Die beiden Schlösser, die er außer dem ehemaligen Palais des Reichspräsidenten bisher bewohnt hatte, die Burg Steinort in Ostpreußen und Schloß Fuschl im Salzkammergut, waren angesichts der strategischen Lage keine ideale Zuflucht. Außerdem war damit zu rechnen, daß ihre ins KZ geworfenen rechtmäßigen Eigentümer befreit werden und ihre Besitzansprüche wieder geltend machen könnten... So beschloß von Ribbentrop, seinen großen und kostbaren, im Reichspräsidentenpalais gelagerten, Weinbestand schleunigst nach Hamburg zu schaffen – vermutlich in der Absicht, mit diesem im Kriege und in den besetzten Gebieten gesammelten Vorrat seine alte Firma »IMGROMA« (Import großer Marken) wieder aufleben zu lassen. Zwar war er von seinen Mitarbeitern über den Entschluß der Alliierten, die Führung des Großdeutschen Reiches vor Gericht zu stellen, genau unterrichtet und hatte auch Hitler darüber informiert, doch scheint er diese Pläne nicht auf sich bezogen zu haben.

In Hamburg jedenfalls wurde er mitsamt seinen Weinen von der britischen Militärpolizei aufgespürt und verhaftet. Obwohl er dabei gesagt haben soll »Well, the game is up«, war man sich seiner Identität doch nicht ganz sicher. So traf es sich günstig, daß Schwester und Schwager eben in Kiel angekommen waren und dem Erkennungsdienst, wenn auch nicht gerade freiwillig, zur Hand gehen konnten...

Zweifellos war das nicht die so häufig gerühmte »feine englische Art«, mit der die Briten hier vorgingen, aber: die Zeiten waren wohl auch kaum danach.

Von Ribbentrop selbst wurde bekanntlich zum Tode durch den Strang verurteilt und gehängt. Angesichts des unermeßlichen Elends, das nicht zuletzt auch dank seiner Mitwirkung »eiskalt«, um eine seiner Lieblingsformeln zu gebrauchen, über die Menschheit gebracht worden war, verdient er so wenig Mitleid, wie er selbst es den Opfern des 20. Juli 1944 – von den Millionen anderen Opfern ganz zu schweigen – entgegengebracht hat. Allerdings ist das Verdikt nicht von einem nach rechtsstaatlichen Prinzipien handelnden Gerichtshof, sondern bei Gelegenheit eines von den Siegern in Nürnberg inszenierten Racheaktes, bei dem sich auch die Menschenschlächter von Katyn und Dresden durch »Richter« vertreten ließen, gefällt worden.

Jenkes kehrten übrigens bald in ihre Wahlheimat Türkei zurück, wo er, kaum angekommen, beim Segeln auf dem Bosporus ertrank. Seine Frau, die ich zuletzt besuchte, als ich 1953 Adenauer bei seinem Staatsbesuch in die Türkei begleitete, starb nur wenig später.

# Eingesperrt in Neumünster

## *Anderthalb Jahre automatischer Arrest*

Nach dieser eher makabren Episode brachte man auch uns endlich an Land, wo wir auf offene Lastwagen verladen wurden. Mein in Göteborg zu uns gestoßener Freund und Kollege, Georg Pfisterer, der als Soldat auf eine Mine getreten und beide Beine verloren hatte, also wohl der »Flucht« besonders verdächtig war, wurde infamerweise auch noch angekettet. Das Auswärtige Amt hatte ihn noch kurz vor dem Zusammenbruch nach Stockholm versetzt, damit er sich dort die in Deutschland nicht mehr beschaffbaren Prothesen anfertigen lassen konnte. Aus dieser Versetzung eine Minute vor zwölf hatten die Briten geschlossen, es müsse sich um einen besonders hochqualifizierten Dunkelmann handeln.

Das nächste Reiseziel war bei schwerster Bewachung durch Panzerwagen und Militärpolizei bald erreicht: Die große Lederfabrik der Fa. Köster & Co in Neumünster, die gerade in ein Internierungslager umfunktioniert wurde.

Britische Wachmannschaften notierten die Personalien und die Titel der Häftlinge vom »...rat« an aufwärts. Sehr genau nahmen sie das nicht. Ein alter Freund von mir aus persischer Zeit, John Freyend, hatte jahrzehntelang als Kaufmann in Teheran gelebt und sich ebenfalls beide Beine amputieren lassen müssen, weil er beim Skilaufen im Elburs-Gebirge eine Nacht lang bei einem leicht Verunglückten, der nicht gleich abtransportiert werden konnte, ausgeharrt hatte, um ihn vor dem Erfrieren zu retten. Das war ihm gelungen, aber auf Kosten seiner indessen erfrorenen eigenen Beine. Er lebte seitdem in Istanbul und hatte sich unserer Reise nur angeschlossen, um sich seine Prothesen in Deutschland reparieren zu lassen. Sie wurden ihm in Neumünster auch noch weggenommen, so daß er lange gezwungen war, sich auf den Stümpfen vorwärtszubewegen. Niemand wußte, wie er unter die »Räte« geraten war. Er saß ein Jahr und wurde, ohne je vernommen worden zu sein, so plötzlich entlassen, wie er verhaftet worden war.

Eines Tages wurde ein freundlicher älterer Werkzeugmacher eingeliefert, der zufällig auf der Straße in eine britische Ausweiskontrolle geraten war. Er konnte sich sein Schicksal nicht erklären, aber die Vermutung von uns »Räten«, die Endsilbe seines Namens Beurath könnte ihn als potentiellen Nazi entlarvt haben, traf zu. Wenn ich nicht irre, brauchte es sieben Monate, bis es sich bei den Briten herumgesprochen hatte, daß man selbst in Germany von der Endsilbe eines Namens nicht ohne weiteres auf Beruf oder politische Einstellung seines Trägers schließen durfte.

Ein anderer hatte bei einer von britischer Militärpolizei vorgenommenen Bahnbeamtenkontrolle seinen Beruf als »Stellwerksleiter« zutreffend angegeben und war daraufhin verhaftet worden – vermutlich, weil die Briten hinter dieser Berufsbezeichnung einen hohen Partei- oder SS-Grad witterten. Aber er hatte Glück. Bald darauf wurden alle Häftlinge in Neumünster per Eisenbahn in das Lager Eselheide im Teutoburger Wald verfrachtet.

Während der Zug noch auf einem Abstellgleis des Bahnhofs Neumünster stand und wir uns auf eine lange ungemütliche Nachtfahrt gefaßt machten, kam »Tito« in den Waggon, ein uns wohlbekannter fließend deutsch sprechender Österreichjugoslawe aus unserer britischen Bewachungsmannschaft. Während er jedes Abteil darauf kontrollierte, ob es voll besetzt sei, stieß er im Gang auf den Kameraden »Stellwerksleiter«, der noch die gleiche Uniform trug, die er bei seiner Verhaftung angehabt hatte. »Ich habe doch ausdrücklich gesagt, daß ich in diesem Zug kein deutsches Bahnpersonal zu sehen wünsche. Machen Sie sofort, daß Sie hier rauskommen«, brüllte er ihn an. Der ließ sich das nicht zweimal sagen. Er sprang aus dem Zug, hechtete über einen Zaun in einen Schrebergarten und ward nie mehr gesehen.

Mit weit größerem Eifer als den Personalien widmeten sich die britischen Sergeants dem ja auch viel einträglicheren Geschäft, alle Wertsachen, wie Eheringe und andere Ringe, Uhren, Geld etc., die wir besaßen, zur freundlichen Erinnerung an dieses Zusammentreffen mit deutschen Diplomaten schleunigst in die eigene Tasche zu stecken. Wenig später hatte ich – wie berichtet – Gelegenheit, festzustellen, daß die Sergeants nichts anderes taten, als was sie hohen und höchsten Vorgesetzten abgesehen hatten.

Besagter Filzung folgten 16 Monate Lagerhaft bis zu der mündlich wie schriftlich erteilten Versicherung, daß keinerlei politische Gründe für meine Festnahme vorgelegen hätten.

Der Kommandant des Lagers – Mr. Piff – war ein verträglicher Mann, dem sein Job keinen großen Spaß machte. Mr. Piff betrieb im Zivilberuf in England – welch ein Zufall! – eine Lederfabrik ähnlich derjenigen der Fa. Köster. Es muß ihm das Herz zerrissen haben, als er seinen Untergebenen den Befehl erteilte, die zahlreichen hochmodernen Maschinen in den für unseren künftigen Aufenthalt vorgesehenen Fabrikhallen aus ihrer Verankerung zu reißen und sie durch die niedergelegten Fenster in die Tiefe auf den Hof zu stürzen. Gewiß hätte er sie weit lieber der deutschen Konkurrenz erhalten, aber schließlich mußte für ca. 12 000 Internierte Platz geschaffen werden...

Auf diese Ziffer schwoll die Zahl innerhalb von drei Wochen an, und bald gab es im Lager keinen Beruf und Stand mehr, den es nicht gab: Minister, Universitätsprofessoren, Gauleiter, Friseure, KZ-Kommandanten, Bauern, Wehrwirtschaftsführer, Fliesenleger, Bürgermeister, Diplomaten, SS-Führer, Hochadel, Generäle, Rechtsanwälte, Ärzte. Zur dauernden Sicherheitsverwahrung verurteilte Berufsverbrecher, die aus deutschen KZs zunächst befreit, dann aber wieder eingefangen worden waren, weil sie dort als »Kapos« Karriere gemacht hatten, rundeten diesen Querschnitt durch den deutschen »Jet-set« von 1945 eindrucksvoll ab. Die meisten der Häftlinge hatte man nicht wegen Verdachts begangener Untaten, sondern in ihrer Eigenschaft als Parteifunktionäre oder wegen ihrer nominellen SA- oder SS-Ränge eingesperrt. Bei manch einem war der Rang mit keinerlei straffällig machender Tätigkeit verbunden, er war ihm wie auch manchen höheren Beamten der Berliner Ministerien angeboten worden. Ihn abzulehnen hätte unter Umständen die Gefährdung der eigenen Existenz bedeutet. Den Berufsdiplomaten zum Beispiel hatte es Himmler aus dem einfachen Grunde angeboten, um auf diesem Wege mehr Einfluß auf das Auswärtige Amt zu gewinnen. Und von Ribbentrop – in der Partei so wenig angesehen wie in seiner eigenen Behörde – hatte gern zugestimmt, um auf dem gleichen Wege, also umgeben von Mitarbeitern mit SS-Rängen, sich als Parteigenosse besser profilieren zu können.

Die Angehörigen der deutschen Gesandtschaft in Kopenhagen etwa konnten einen ihrem Dienstrang angeglichenen SS-Rang durch Teilnahme an einem vierwöchigen SS-Schulungskurs erwerben. Ich hatte irgendeinen plausiblen Grund gefunden, um abzulehnen; Kollegen, die nach dem Prinzip »wenn es schon nichts nützt, kann es auch nichts schaden« zugestimmt hatten, fanden sich später als Angehörige einer »verbrecherischen Organisation« in einem Besatzungs-KZ wieder und stießen bei der Entnazifizierung auf große Schwierigkeiten.

Auch das uns Diplomaten – einige darunter ohne Parteimitgliedschaft und die meisten ohne militärischen Rang – beschäftigende Problem, weshalb wir vom »... rat« an aufwärts der Kollektivhaft gewürdigt wurden, löste sich erst ein Jahr später, als endlich die ersten Vernehmungen begannen:

Briten und Amerikaner hatten vereinbart, ganze Berufsgruppen einem sogenannten »automatischen Arrest« zu unterwerfen. In betrüblicher Verkennung deutscher Beamtenmentalität hatte man sie verdächtigt, sich – ohne permanente Aufsicht gelassen – alsbald der Restaurierung des Nationalsozialismus zu widmen. Was also lag näher, als sie einfach einzusperren.

Wer wollte, konnte in Neumünster interessante, häufig genug auch deprimierende Erkenntnisse über den Homo sapiens sammeln und sich die Richtigkeit des alten Sprichwortes »homo homini lupus« nicht nur täglich, sondern auch nächtlich bestätigen lassen. Die Möglichkeiten dazu waren so vielfältig, wie es der einzigartigen Zusammensetzung dieser Gesellschaft entsprach und so skurril, wie sie nur sein können, wenn sich das Interesse von 12 000 Individuen nur noch auf die tägliche Jagd nach etwas Brot, einer Zigarette mehr oder weniger und etwas Kohlrübensuppe in einer verrosteten Konservendose konzentrierte. Eines Tages entdeckte mich durch zwei Stacheldrahtbarrieren hindurch ein Mithäftling aus besseren Tagen. Er winkte mir zu, wickelte eilig irgendeinen Gegenstand in ein Stück schmutzigen Papiers und warf ihn herüber – Teil einer Mohrrübe, auf deren weiteren Verzehr er trotz eigenen Hungers zugunsten unserer Freundschaft verzichtet hatte. Genug davon!

Gegenüber dem Schicksal der Millionen, die deutsche Konzentrationslager überlebt haben oder darin zugrunde gegangen sind, gegenüber dem Schicksal von Millionen Vertriebener, Gedemütigter, Ermordeter, reduziert sich für jemanden wie mich, der nach 16 Monaten mager, aber gesund dieses britische Asyl verließ, das ganze Erlebnis zu einer Posse, deren makabren Teil er als mithaftender und letzten Endes mitwirkender Gesellschafter schließlich selbst auch mitverschuldet hatte.

# Das alte und das neue Auswärtige Amt

*Berufung ins bizonale Amt für Wirtschaft · Personalprobleme · Intrigen · Besuche in Kairo*

Bei Verwandten in Hamburg konnte ich mich einquartieren. Mein erstes Geld verdiente ich, indem ich den Inhalt eines mir von meiner Mutter aus Schweden geschickten Care-Pakets, Kakao, Trockenmilch und Kaffee, auf der »Bremer Reihe«, einer als Schwarzmarktzentrum wohlrenommierten Straße am Hamburger Hauptbahnhof, meistbietend verkaufte.

Nach der Entnazifizierung – durch Vorlage des oben ziterten Briefwechsels, wie gesagt, beträchtlich abgekürzt – wurde ich am 2. Mai 1947 in Hamburg als Staatsanwalt angestellt. Der sehr urbane Generalstaatsanwalt Dr. Klaas und sein Vertreter, der spätere Kultursenator Dr. Kramer, wollten mich als öffentlichen Ankläger an eine Spruchkammer schicken. Meiner Weigerung, ich hätte ja schließlich dem Dritten Reich ebenso bis zum Schluß gedient wie andere, die frühzeitig der Partei und ihren Gliederungen beigetreten seien, hielt Dr. Klaas entgegen, gerade dies sei der Grund für seine Wahl und seine Erwartung, ich würde mein Amt nicht als politischer Fanatiker, deren es viele gebe, sondern als Mensch und Realist führen. Als mich auch diese sympathische Begründung nicht überzeugte, bot er mir am Gericht eines Hamburger Vororts das Amt des Schwarzmarktdezernenten an. »Aber auch das scheint Ihnen nicht recht zu passen«, sagte er, als ich ihn überrascht ansah. »In der Tat«, sagte ich. »Sie haben recht. Wenn ich mich wieder arbeitsfähig fühle und mich hier halbwegs gut ernährt bei Ihnen bewerbe, habe ich das ausschließlich dem schwarzen Markt zu verdanken. Und jetzt soll ich dazu beitragen, diejenigen, die mir das Leben gerettet haben, ins Kittchen zu bringen?« »*Den* Grund respektiere ich«, sagte Dr. Klaas.

Da andere Posten gerade nicht frei waren und ich mich bis zum nächsten Vorschlag gedulden sollte, reiste ich – einer privaten Einladung folgend – nach Österreich. Dieses Unternehmen, quer durch die amerikanische und französische Zone, war damals, im Mai 1947, kaum weniger kompliziert als heute eine Hundeschlittenfahrt zum Nordpol. Wo ich es am wenigsten vermutet hatte – in Dornbirn/Vorarlberg –, fand ich eine Tätigkeit bei der Redaktion von »Keesings Archiv der Gegenwart«, das heute – im Besitz des Bundespresse- und Informationsamtes – in Bonn herausgegeben wird.

Von dort holte mich Ende 1949 einer meiner Lehrmeister im Auswärtigen Amt (1937 wegen jüdischer Versippung in den Ruhestand versetzt), Vollrath Freiherr von Maltzan, in die gerade trizonal werdende »Verwaltung für Wirtschaft« Professor Erhards.

Als erstes Rudiment eines künftigen auswärtigen Dienstes hatte sich die Behörde ein kleines Referat unter dem früheren Legationsrat Holzhausen eingegliedert, das sich mit der Auswahl von Handelsattachés befaßte. Anläßlich der Außenministerkonferenz der drei westlichen Besatzungsmächte am 9. und 10. November 1949 in Paris war nämlich beschlossen worden, der Bundesregierung zwar die Wiederaufnahme konsularischer Beziehungen und Handelsbeziehungen zu dritten Staaten zu genehmigen, aber noch nicht die Etablierung diplomatischer Beziehungen. So wurde erst einmal mit der Vorbereitung der Einrichtung von Generalkonsulaten begonnen, die dann später, als die Alliierte Hohe Kommission mit Beschluß vom 6. März 1951 der Bundesregierung auch die Aufnahme diplomatischer Beziehungen erlaubte, in Botschaften umgewandelt wurden.

Dieser zuerst in der McNair-Kaserne in Frankfurt-Höchst als Angestellter, später als Ministerialrat im inzwischen etablierten Bundeswirtschaftsministerium in Bonn-Duisdorf ausgeübten Tätigkeit, folgte die Mitwirkung am Aufbau der Handelspolitischen Abteilung des Auswärtigen Amtes und 1951 der Übertritt (als Vortragender Legationsrat – damals auch noch »Geheimrat« genannt) in die alte Behörde. Sie bestand zunächst nur aus dem beim Bundeskanzler für alle auswärtigen Angelegenheiten zuständigen Professor Dr. Hallstein und dem unter seiner Leitung arbeitenden Organisations- und Personalamt unter den Geheimräten Wilhelm Haas und Wilhelm Melchers.

Hier nun wurde das schwierige Geschäft begonnen, den neuen

auswärtigen Dienst ins Leben zu rufen und so zu gestalten, daß zerstörte Traditionen wieder auflebten, der Geist des neuen Amtes aber so wenig wie möglich Erinnerungen an die unrühmliche jüngste Vergangenheit aufkommen ließ.

Die Geschichte dieser Zeit des Aufbaus ist von dem ehemaligen Ministerialdirektor im Auswärtigen Amt und späteren Botschafter Wilhelm Haas in seinem Buch »Beitrag zur Geschichte der Entstehung des auswärtigen Dienstes der Bundesrepublik Deutschland« bereits geschildert worden. Wilhelm Haas, altgedientes Mitglied des Auswärtigen Amtes, hatte als Wirtschaftsreferent der deutschen Botschaft in Tokio wegen »jüdischer Versippung« den Dienst verlassen müssen, aber doch die Möglichkeit gehabt, als Berater des IG-Farben-Konzerns mit seiner Familie bis zum Ende des Dritten Reiches in Japan »überwintern« zu können. Nach dem Zusammenbruch zunächst im Senat seiner Heimat Bremen tätig, wurde er im November 1949 im Rahmen eines von dem bayerischen Staatsminister Anton Pfeiffer entworfenen Plans für ein »Bundesamt für Auswärtige Angelegenheiten« von Konrad Adenauer mit der Leitung des Organisationsbüros beauftragt.

Alles in allem vollzog sich der Aufbau verhältnismäßig rasch. Die dem Büro Haas und dessen erstem Mitarbeiter, dem Legationsrat Wilhelm Melchers, übertragene Personalauswahl erforderte viel Einfühlungsvermögen und Taktgefühl, da die meisten Anwärter für den neuen auswärtigen Dienst eben Mitglieder des alten und mehr oder weniger zwangsläufig Parteimitglieder gewesen waren. Die Handelspolitische Abteilung im bizonalen Wirtschaftsrat, in dem ich inzwischen unter dem Ministerialdirektor Freiherr von Maltzan die Leitung des Referats »Auswahl von Wirtschaftsreferenten« übernommen hatte, kannte das Problem ja bereits genau. Sie hatte es allerdings insofern leichter, als sich bei uns zahlreiche Bewerber einfanden, dic nicht der Beamtenschaft des Auswärtigen Amtes angehört hatten und die, wie es bei Handelsattachés auch früher üblich war, weniger an einer Verbeamtung als einer zeitweisen Anstellung interessiert waren. Aber wir arbeiteten natürlich eng mit dem Büro Haas zusammen, das bei Einstellungen auch stets das letzte Wort hatte.

Sieht man sich heute an, was personell und sachlich in 25 Jahren aus den Trümmern der einstmals stolzen Behörde »Auswärtiges Amt« geschaffen worden ist, scheint mir, daß sich das in kurzer Zeit Erreichte sehen lassen kann.

Nicht wenig trug dazu bei, daß die Struktur und die personelle Zusammensetzung des Auswärtigen Amtes sich nach der Machtübernahme Hitlers nur wenig und sehr langsam änderte, obwohl sich eine ganze Reihe neu erstandener Parteidienststellen eine Oberaufsicht angemaßt hatten. Da war das Büro von Ribbentrop (bevor von Ribbentrop das Amt des Reichsaußenministers antrat), da war das Büro des Chefideologen Alfred Rosenberg, da war die Auslandsorganisation der NSDAP des Herrn Bohle. Da war ferner das Propagandaministerium des Joseph Goebbels sowie das Büro des »Stellvertreters des Führers«, Rudolf Heß, ganz zu schweigen vom Staatssicherheitshauptamt und der Geheimen Staatspolizei, die für jeden und für alles zuständig war. Jede einzelne dieser Dienststellen war natürlich der Meinung, allein berufen und befähigt zu sein, die außenpolitischen Gedanken des »Führers« treffend zu interpretieren und nur durch die Schmutzkonkurrenz aller übrigen daran gehindert zu werden.

Der letzte Staatssekretär des Auswärtigen Amtes, Baron Adolf von Steengracht, ein umgänglicher, urbaner und grundanständiger »Mitläufer«, hat im Nürnberger Prozeß als Zeuge der Verteidigung seines Ministers, von Ribbentrop, ausgesagt, daß etwa dreißig Büros und Organisationen sich auf dem Gebiet der Außenpolitik gleichzeitig betätigt hätten... Jeder Parteigenosse, der einmal in einem Nachbarland gut gefrühstückt hätte, habe sich als außenpolitischen Fachmann gesehen und sei von Hitler auch als solcher akzeptiert worden. Mehr als die Hälfte seiner Zeit hätte von Ribbentrop darauf verwenden müssen, Zuständigkeitsfragen zu schlichten, um wenigstens in seinem Bereich des verlotterten Staatsapparats halbwegs arbeitsfähig zu bleiben.

Als ich – im »Nürnberger Tagebuch« des amerikanischen Gerichtspsychologen G. M. Gilbert – diese Schilderung der Berliner Zustände las, erinnerte ich mich wieder an das Wort des SS-Führers Dr. Schellenberg vom Berliner »Unterseebootkrieg«. Die Reichsregierung sei – so sagte er mir einmal 1943 in Ankara mit schwer überbietbarem Sarkasmus – »schon rein aus Zeitmangel« gar nicht in der Lage, sich neben den internen Streitereien auch noch mit dem Weltkrieg zu befassen...

Hitler hatte 1934 einmal gegenüber Rosenberg geäußert, das »Auswärtige Amt sei eine Verschwörungsgesellschaft«. Sobald Hindenburg tot sei, müsse »mit einem Schlage die ganze Kamarilla ausgefegt werden«. Aber dazu kam es nicht. Man hatte, wie schon die »Koalition« Hitlers mit Franz von Papen zeigt, erkannt, daß das neue Regime sich um so vertrauenswürdiger darstellen lasse, je mehr es sich, ähnlich, wie es Lenin zunächst ja auch praktiziert hatte, mit Exponenten des alten umgebe.

Eine Vielzahl erfahrener Routiniers aus guten Familien konnten der deutschen Diplomatie nationalsozialistischer Prägung von Nutzen sein und die Überleitung zu einem Stamm verläßlicher, in der Wolle gefärbter Parteigenossen erleichtern.

Hinzu kam, daß die mit der »Säuberung« des Auswärtigen Amtes Beauftragten, bei denen keine übergeordnete Stelle für die richtige Beißordnung am Futtertrog sorgte, sich vor allem wechselseitig bekriegten und ihre Eingriffe in die Personalpolitik sich gegenseitig wieder aufhoben. Später dann beim Wiederaufbau erwies sich daher das keineswegs ohne Grund schwer attackierte und geschmähte Auswärtige Amt – so wie es nach dem Ersten Weltkrieg unter der sogenannten Schülerschen Reform neu konzipiert und in der Weimarer Republik als Reichsorgan eines demokratischen Staatswesens konsequent und sehr zum Nutzen der außenpolitischen Beziehungen ausgebaut worden war, strukturell wie teilweise auch personell als intakt und wieder verwendungsfähig.

Die Aufgabe aber, personell die Spreu vom Weizen zu trennen, war undankbar, zumal wenn es sich um Kollegen handelte, die sachlich qualifiziert, aber ohne besonderes Zutun in der Partei oder deren Gliederungen – zum Beispiel der SS – zu Rängen gekommen waren, die, schon nach den Richtlinien der Besatzungsmächte, eine Wiederverwendung im auswärtigen Dienst unmöglich machten.

Die ohnehin schwierige Aufgabe wurde übrigens durch den Staatssekretär des Bundeskanzleramts, Dr. Globke, nicht eben erleichtert. Er interessierte sich weniger für die politische Vergangenheit und fachliche Eignung der Kandidaten, paßte aber um so mehr auf, daß bei der konfessionellen Zusammensetzung des künftigen Dienstes die Katholiken mindestens entsprechend ihrem Anteil an der Gesamtbevölkerung vertreten waren, obwohl sich aus strukturpolitischen Gründen weniger Katholiken als Protestanten um die Aufnahme bewarben.

Gewisse Kollegen, deren politische Vergangenheit ihrer Aufnahme in den neuen Dienst im Wege stand, fanden bei Globke Gehör, wenn sie ihm vortrugen, sie würden vom Büro Haas oder auch bei mir nicht etwa wegen ihrer höchst harmlosen politischen Vergangenheit, sondern wegen ihrer Zugehörigkeit zum katholischen Glauben abgelehnt.

Nun waren Haas, Melchers wie auch ich entsprechend den Richtlinien Adenauers von der Prämisse ausgegangen, die erste Auswahl für den neuen auswärtigen Dienst gründe sich auf politisch wie charakterlich einwandfreies Verhalten in der Vergangenheit und eine möglichst breite sachliche Qualifizierung des Bewerbers. Sie wurden also nach ihrer Konfession zunächst gar nicht befragt, was später auf Betreiben Globkes geändert wurde. Nun stellte sich aber rasch heraus, daß die Bewerber im Durchschnitt zu 75 Prozent aus Protestanten und nur zu einem Viertel aus Katholiken bestanden. Sollte also der Konfessionsschlüssel des Staatssekretärs Globke befolgt werden, mußten qualifizierte Bewerber protestantischen Glaubens zugunsten von Katholiken zurückgestellt werden, die mitunter weniger geeignet erschienen.

Eines Tages sagte der mir von Ankara her bekannte Gesandte Dr. Kroll, gegen mich würde der massive Vorwurf erhoben, hochqualifizierte Katholiken zugunsten unfähiger bzw. politisch belasteter Protestanten zur Einstellung zu empfehlen. Staatssekretär Globke hätte mit ihm darüber gesprochen. Um Weiterungen zu vermeiden, empfehle er mir dringend, Globke aufzusuchen und mich zu rechtfertigen. Dank seiner, Krolls, Fürsprache erwarte Globke meinen Anruf. Ich bat Kroll, Globke auszurichten, daß ich mich für nichts zu rechtfertigen hätte. Sollte er nichts anderes mit mir zu besprechen haben, sähe ich keinen Anlaß, bei ihm zu erscheinen.

Bald darauf wurde mir mitgeteilt, daß die Leitung meines bisherigen Referats, das inzwischen in die im Aufbau befindliche Handelspolitische Abteilung des neuen Auswärtigen Amtes eingegliedert worden war, dem früheren Legationsrat Günther Pawelke übertragen worden sei. Er war derjenige, der mich angeschwärzt hatte. Wenige Monate darauf wurde er zum Missionschef befördert und eröffnete die deutsche Botschaft in Kairo. Aber auch dort war seines Bleibens nicht lange. Er verschwand ganz aus dem neu angesammelten Personalschatz des Auswärtigen Amtes und eröffnete als nächstes eine Pension in der Schweiz.

Auch Wilhelm Haas wurde aus ähnlichen Gründen – angebliche Bevorzugung von Protestanten und Widerstand gegen personelle Entscheidungen des Bundeskanzlers – schließlich die Leitung seines Personalamtes entzogen, und es wurde von Legationsrat Herbert Dittmann übernommen.

Die Frage der Zugehörigkeit zu einer der alten wiederauferstandenen oder neugegründeten Parteien spielte hingegen kaum eine

Rolle. Abgeordnete aller im Bundestag vertretenen Parteien empfahlen natürlich Kandidaten, die ihnen geeignet schienen, mit mehr oder minderem Nachdruck, seltener mit finsteren Drohungen wie dieser: »Sollten Sie die Bewerbung meines Bruders um den Posten des Wirtschaftsreferenten in... abschlägig bescheiden, würden die politischen Konsequenzen äußerst schwerwiegend sein.« Sie wurde übrigens abschlägig beschieden, aber die Bundesrepublik hat's überlebt. Fälle, wo jemandem etwa nahegelegt worden wäre, durch den Eintritt in eine Regierungspartei seine Aufnahmechancen zu verbessern, sind mir nicht bekannt geworden. Mißlich war zuweilen die Neigung Adenauers, Abgeordneten seiner eigenen oder einer Koalitionspartei, die ihm aus irgendwelchen Gründen unbequem geworden waren oder zu werden drohten, Botschafterposten anzubieten und dies der zuständigen Stelle autoritativ mitzuteilen. Haas hat sich, was ihm hoch anzurechnen ist, gelegentlich auch dagegen zur Wehr gesetzt.

Abgesehen von meinem Antrag auf Aufnahme in die NSDAP, bin ich niemals Mitglied einer Partei gewesen oder geworden und habe es nicht bereut. Als Beamter in verantwortlichen Positionen, der aus den Steuern des ganzen Volkes und nicht nur der jeweiligen Regierungsanhänger besoldet wird, scheint es mir loyaler und zweckdienlicher, sich die Freiheit der eigenen Meinung möglichst voll zu bewahren, selbst wenn sie sich auf Grund des Loyalitäts- und Subordinationsverhältnisses natürlich nicht immer durchsetzen läßt.

Kritische oder beipflichtende Äußerungen oder Stellungnahmen, zum Beispiel gegenüber Abgeordneten, geraten dann auch nicht so leicht in den Verdacht, aus Rücksichtnahme auf die eigene Partei abgegeben zu sein. Überdies ist ein Berufsdiplomat im Ausland freier verwendbar, wenn er zu Hause keiner Partei angehört.

Im Herbst 1951 erschien in der »Frankfurter Rundschau« eine Artikelserie eines Herrn Heinze-Mansfeld unter dem Titel »Ihr naht Euch wieder...« Die damit apostrophierten etwa zwanzig »schwankenden Gestalten« waren ehemalige und inzwischen wiedereingestellte Angehörige des Auswärtigen Amtes. Einige Zeit zuvor hatte übrigens ein offenbar mißvergnügter Besucher des Personalamts am Rhein dem für die Auslandsverwendung zuständigen Wilhelm Melchers ein Plakat an der Bürotür befestigt:

»Dr. Wilhelm Melchers
– Flaschen-Export –.«

Der Verfasser jener Artikelserie verfügte offenbar selbst über keine einschlägigen Sachkenntnisse, aber er hatte einen Gönner: Herrn Robert Kempner, den Stellvertreter des amerikanischen Hauptanklägers im Nürnberger Kriegsverbrecher-Prozeß. Seiner Nürnberger Aufgaben ledig, verfolgte er weiter und beehrte insbesondere die Angehörigen des alten Auswärtigen Amtes mit besonderem Haß. Ihm beziehungsweise seinen Nürnberger Akten verdankte Heinze-Mansfeld die Chance dieser Artikelserie. Sie wirbelte mehr Staub auf, als sie wert war, hatte aber doch das eine Gute, daß zwei unparteiische Untersuchungsausschüsse sich mit dem immer wieder erhobenen Vorwurf zu befassen hatten, das neue Auswärtige Amt bestehe in den leitenden Posten aus alten Nationalsozialisten. Adenauer bat einen alten Bekannten, den Oberlandesgerichtspräsidenten a. D. Dr. Schetter, um Nachprüfung der Anschuldigungen, und der Bundestag setzte den Untersuchungsausschuß 47 ein, der aus Abgeordneten der CDU/CSU, der SPD und der FDP bestand.

Soweit ich mich erinnere, war die Arbeit dieses Ausschusses aus strafpolitischen prozessualen Gründen starker Kritik ausgesetzt, die allerdings wohl die Röntgenbilder der angeschuldigten Kollegen nicht beeinträchtigte. Von 21 überprüften Beamten blieben schließlich drei übrig, bei denen die gegen sie erhobenen Vorwürfe als berechtigt anerkannt wurden. Bei allen übrigen mußten die Ausschüsse alle Vorwürfe fallen lassen.

Im Oktober 1952 nahm der Bundestag nach einer Debatte, an der sich auch der Kanzler beteiligte, das Ergebnis zur Kenntnis.

Die »Handelspolitische Abteilung« des Amtes, in die ich inzwischen als »Vortragender Legationsrat« übernommen worden war, wurde von der ganzen Angelegenheit nicht berührt. Weder Ministerialdirektor Freiherr von Maltzan, der damals noch Mitglied des Bundeswirtschaftsministeriums war, aber auch die neue Abteilung »Hapol« in Personalunion leitete, noch sein Vertreter Dr. Walter Becker, weder Dr. Walter Hess noch ich als Jüngster, die wir alle schon vor dem Kriege bei Hapol gedient hatten und uns sachlich wie persönlich gut verstanden, waren in die Anwürfe und ihre Überprüfung einbezogen.

Das Bundeskanzleramt hatte inzwischen für uns eine Hälfte der unmittelbar gegenüber dem Palais Schaumburg, dem Sitz des Bundeskanzlers, gelegenen Villa »Salviati« angemietet. Sie gehörte der Witwe Prinz Wilhelms, des ältesten Sohn des Kronprinzen, der im Kriege gegen Frankreich gefallen war.

Es gab viel Arbeit damals. Unter dem Einfluß des Marshallplans, der von Professor Erhard und seinem Vertrauten Professor Müller-Armack gegen manche Widerstände durchgesetzten freien Marktwirtschaft und nicht zuletzt dank der Unterstützung, die ihre Maßnahmen bei dem nun schon fast legendären General Clay gefunden hatten, machte der Wiederaufbau Riesenfortschritte; mitunter konnte er sogar noch durch die unter den Besatzungsmächten vereinbarte Demontage deutscher Industrieanlagen beschleunigt werden! So manches Unternehmen wurde auf diese Weise kostenlos seines überalterten Maschinenparks ledig und mußte sich alsbald mit modernen Anlagen neu equipieren...

Die alten im Laufe des Krieges versiegten Warenströme begannen wieder zu fließen und in ihr altes Bett zurückzukehren. Mit traditionellen Handelspartnern mußten neue Verträge ausgehandelt oder vorerst inzwischen entstandene politische Schwierigkeiten bereinigt werden.

Das Wiedergutmachungsabkommen etwa, das Konrad Adenauer 1952 in New York mit Israels Ben Gurion abgeschlossen hatte und das vom Bundestag noch ratifiziert werden mußte, brachte die Araber auf den Plan. Sie warfen uns vor, die schwierige Lage, in die sie durch die Gründung des Staates Israel gekommen seien, durch eine höchst einseitige Politik noch zu verschärfen und drohten uns im Falle der Ratifizierung des Abkommens mit dem Boykott deutscher Waren. Während Adenauer die Drohung nicht sonderlich ernst nahm, machte sich die deutsche Industrie, die zum Teil gerade in Verhandlungen über umfangreiche Lieferungen von Anlagegütern steckte, doch erhebliche Sorgen, die vom Bundeswirtschaftsministerium und der Abteilung Hapol des Auswärtigen Amtes geteilt wurden. Schließlich war der arabische Raum ein großer und traditioneller Markt, bei dem weder die Aufnahmebereitschaft für deutsche Waren noch die freundschaftliche Stimmung gegenüber Deutschland durch den Krieg beeinträchtigt waren.

Die Sorgen wurden auch nicht dadurch geringer, daß es in Bonn einflußreiche Kräfte gab, die – aus welchen Gründen auch immer – die Ratifizierung des Israelabkommens zu hintertreiben versuchten.

Der erste Versuch, mit Kairo ein Gespräch zu führen, schlug im Dezember 1952 fehl. Ich flog von Wirtschaftsverhandlungen in Karachi, die auf deutscher Seite von dem erfahrenen Handelspolitiker van Scherpenberg geführt wurden, nach Kairo, wurde aber mangels einer Bescheinigung über erfolgte Impfung gegen Typhus und Cholera nicht hineingelassen. Nach einer Nacht in der nicht eben komfortablen Quarantänestation des Flughafens erschien am Vormittag der ägyptische Gesundheitsminister vor einer breiten Sperre mehrerer Wellen entrollten Stacheldrahts, hinter dem ich in der Sonne saß und gerade frühstückte. Er komme, so brüllte er zu mir herüber, direkt vom Ministerrat, der an einem Gespräch mit mir äußerst interessiert sei. Aber leider sei die Gefahr, ich könnte aus Karachi Typhusbazillen einführen und damit eine Epidemie in Ägypten entfesseln, zu groß, als daß eine Ausnahme von der Regel gemacht werden könne. Vorschlag: Man stelle mir in Heliopolis eine Villa nebst Adjutanten zur Verfügung, wo ich allerdings niemanden außer einem Arzt empfangen dürfe. Nach vier Wochen Inkubationszeit sei die Gefahr gebannt.

Ich hatte für die Ängste der ägyptischen Regierung volles Verständnis. Die Teilung Indiens hatte sich eben vollzogen. Karachi war voller Flüchtlinge und überdies in angemessener Entfernung umgeben von einem Ring primitivster Lager, in denen sich, wie es hieß, mehr als eine Million Flüchtlinge aufhielten. Stand der Wind entsprechend, waren die Gerüche, die von dort herüberwehten, in der Hitze fast unerträglich. So bedankte ich mich höflich bei dem Minister, versprach bald wiederzukommen und flog noch am gleichen Tage zurück nach Bonn, wo die Fluggesellschaft, die es versäumt hatte, mich von der Notwendigkeit der Impfung zu unterrichten, die Kosten für das Umwegbillett tragen mußte.

Sechs Wochen später war ich als Vertreter des Auswärtigen Amtes mit einer Goodwill-Delegation deutscher Unternehmer wieder in Kairo. Unter der Leitung des Staatssekretärs Dr. Ludger Westrick vom Bundeswirtschaftsministerium hat sie sich redlich, wenn wohl auch nicht immer mit dem nötigen politischen Geschick, um gutes Wetter bemüht. Trotz einer ganz und gar unangebrachten Sparsamkeit im Angebot deutscher Investitionskredite gelang es letzten Endes doch, die Arabische Liga und General Naguib, den sehr sympathischen Chef der Offiziersjunta, die erst wenige Monate zuvor König Faruk und die Monarchie gestürzt hatte, davon zu überzeugen, daß nach all dem, was das Dritte Reich den Juden angetan hatte, die Bundesregierung es als selbstverständliche Pflicht betrachte, nicht nur den Überlebenden oder den Nachkommen, sondern auch dem Staate Israel nach Kräften zu helfen.

Diese Pflicht werde aber in keiner Weise die alte deutsche Freundschaft gegenüber den arabischen Ländern und unsere Bereitschaft, diese Freundschaft sorgfältig zu pflegen, beeinträchtigen. Mit General Naguib – einem geraden, fast möchte ich sagen, »altpreußischen« Offizier – entwickelte sich sehr rasch ein aufgelockertes sachliches Verhandlungsklima, daß allerdings unübersehbar belastet war durch die Spannungen zwischen ihm und seinem Kameraden, General Nasser, der ihn bald darauf stürzte.

Gerade nach Bonn zurückgekehrt und am Comer See zu einigen Tagen Ruhe eingetroffen, erreichte mich die Weisung, auf dem kürzesten Weg wieder über Bonn zu einigen Gesprächen nach Kairo zu fliegen.

In Athen mußte ich die Maschine wechseln. Wegen extrem schlechten Wetters auf der Normalroute flogen wir in einem großen Bogen nach Westen, kehrten hart an der libyschen Grenze um und steuerten bei untergehender Sonne tief über der ägyptischen Küste in Richtung Kairo. Mir fiel auf, daß sich im Wüstensand immer wieder bestimmte Formen abzeichneten, rund, quadratisch, linear, wie wenn Kinder im Sand gemalt hätten. Je schräger die Sonnenstrahlen auf das Land fielen, um so deutlicher wurden die Zeichnungen. Ich erklärte sie mir mit Relikten aus dem letzten Kriegsgeschehen, die vom Sande verweht waren. Prof. Stock, der Leiter des Deutschen Archäologischen Instituts in Kairo, belehrte mich am folgenden Tag aber eines Besseren: »Sie haben Glück gehabt und etwas gesehen, was seit 2000 Jahren versunken und vergessen ist. Bei extrem günstigen Lichtverhältnissen zeichnen sich die Spuren einstiger Besiedelung, als dieses Gebiet noch die Kornkammer des Römischen Reiches war, im Sande ab. Nichts davon ist mehr geblieben, aber das, was von Menschenhand einmal gebaut wurde an Siedlungen, Straßen, Wehranlagen, hat in den Jahrhunderten der Verwitterung und Auflösung die Bodenfarbe verändert. Die Vergangenheit wird heute nur noch aus der Luft und unter einem bestimmten Einfallwinkel des Lichts sichtbar.«

Ich entsann mich eines anderen guten Bekannten und Archäologen, des Amerikaners Prof. Schmidt, der in Persien mit seinem kleinen Flugzeug Archäologie aus der Luft betrieb, bis der mißtrauische Schah Reza Pahlevi ihm diese Suche kurz vor dem Ausbruch des Zweiten Weltkriegs verbot.

In Ägypten gab es damals eine Gruppe von etwa vierzig Deutschen, die König Faruk noch kurz vor seinem Sturz ins Land geholt hatte. Zumeist ehemalige Offiziere waren unter der Leitung von Dr. Wilhelm Voss, vor dem Kriege Generaldirektor der Vereinigten

Stahlwerke, nach Ägypten gekommen, um dort beim Aufbau zu helfen. Je ungestümer die Ägypter in die Unabhängigkeit drängten, um so prekärer wurde ihr Verhältnis zu Großbritannien und den noch in Ägypten stationierten britischen Truppen. Es kam zu Reibereien, Überfällen, es gab Tote und Verletzte auf beiden Seiten, und eines Tages hatten die Engländer für ihre öffentliche Meinung auch den Schuldigen gefunden:

Am 31. März 1954 fragte Lord Vansittart im »House of Lords« die Regierung, was sie über die Tätigkeit nationalsozialistischer und kommunistischer Deutscher in ägyptischen Diensten wisse und ob die deutsche Bundesregierung die Möglichkeit besitze, die Zahl der Deutschen »engaged in seconding the Egyptian policy of assassination« zu vermindern.

Der Staatsminister des Foreign Office, Marquess of Reading, erwiderte, seines Wissens gäbe es etwa achtzig solche Deutsche, die die ägyptische Armee und Marine ausbilden, neue Waffen erprobten, Guerilla- und Sabotagetechnik lehrten. Die meisten seien keine politischen Extremisten, aber einige von ihnen seien »ex-Nazis and former SS-officers« – auf jeden Fall nun aber Privatleute, auf die die Bundesregierung um so weniger Einfluß habe, je extremeren Anschauungen sie zuneigten.

Bundeskanzler Adenauer, der kurz darauf der britischen Regierung seinen ersten offiziellen Besuch abstattete und der über die Anfrage Vansittarts sofort unterrichtet wurde, wußte von der ganzen Angelegenheit nichts. Auch die neue deutsche Botschaft hatte zwar davon erfahren, daß König Faruk deutsche Privatleute engagiert hatte, ohne bisher mit ihnen in Kontakt getreten zu sein. Wer Bescheid wußte, war der Bundeswirtschaftsminister Professor Erhard, denn von ihm hatte sich Dr. Voss vor seiner Ausreise in aller Form verabschiedet. Professor Erhard war auch bekannt, daß sich in dieser Gruppe kein einziger wegen Kriegsverbrechens gesuchter Soldat oder Zivilist und auch keine SS-Offiziere befanden. Er konnte sich deshalb auch schwerlich vorstellen, daß diese Männer – etwa vierzig, die Deutschland mit ihren Familien ganz offiziell verlassen hatten, um in Ägypten gleichfalls offiziell zumeist zivile Aufbauaufgaben zu übernehmen, sich, dort angekommen, als Ausbilder im Guerillakrieg betätigen sollten. Immerhin war es notwendig, sich Klarheit darüber zu beschaffen und wie die massiven britischen Vorwürfe zu entschärfen seien.

Es stellte sich dann wohl sehr rasch heraus, daß die Briten in ihrer damals durchaus begreiflichen Nervosität den Falschen gesucht und auch gefunden hatten. Abgesehen davon, daß die Bundesregierung gar keine Handhabe besaß, Deutsche im Ausland zur Rückkehr zu zwingen, war auch keinerlei Veranlassung dazu gegeben. Wenn ich mich recht erinnere, hat die britsche Botschaft in Kairo damals loyal dazu beigetragen, den in London entstandenen Irrtum aufzuklären.

Im Sommer 1953 fragte man mich, ob ich bereit sei, die demnächst zu eröffnende Botschaft bei der Nato in Paris zu übernehmen. Im »Moskauer Tagebuch« habe ich berichtet, weshalb ich diese politisch ebenso reizvolle wie psychologisch vermutlich schwierige Aufgabe aus Gewissensgründen abgelehnt habe. Aber die Zeit war reif, um einen Auslandsposten zu übernehmen. Mich interessierte der Ferne Osten, den ich nicht kannte, und mich reizte die Aufgabe, mit einem der durch den Krieg und nach dem Krieg selbständig gewordenen Länder sozusagen ab ovo an der Gestaltung neuer Beziehungen politisch und wirtschaftlich mitzuwirken.

Im Herbst 1953 ging der Botschafter in Indonesien, Werner Otto von Hentig, einer der skurril-markantesten Typen des auswärtigen Dienstes, dessen Abenteuer im Ersten Weltkrieg zwischen der Türkei und Afghanistan auch heute noch lesenswert sind, in Pension. Professor Hallstein, mit dem ich mich gut verstand und dem ich an persönlicher Förderung viel zu verdanken habe, war damit einverstanden, mich dem Bundeskanzler und dem Kabinett als Nachfolger von Heutigs vorzuschlagen.

Die Ausreise war für den April 1954 geplant, doch verzögerte sie sich wegen einer offiziellen Reise, die Konrad Adenauer nach Griechenland und der Türkei unternahm. Als zuständiger Referent für die wirtschaftlichen Beziehungen zu beiden Staaten wurde ich der Delegation zugeteilt. Während es bei dem Besuch in Athen darum ging, unter die Kriegsjahre, in denen Deutschland gegen Griechenland gekämpft und es schließlich besetzt hatte, einen offiziellen Schlußstrich zu ziehen, lag Adenauer in der Türkei daran, die traditionelle deutsch-türkische Freundschaft zu unterstreichen. Ihr Bestand und ihre Entwicklung waren um so wichtiger, als beide Staaten nunmehr Mitglieder der Nato waren und die Türkei wie Griechenland als südöstlichste Pfeiler dieses Paktes an strategischer Bedeutung für die Sicherheit Westeuropas nicht zu ersetzen waren. Heute – 25 Jahre später – hat sich an dieser Einschätzung nichts geändert. Im Gegenteil – die schwer begreifliche Kurzsichtigkeit des amerikanischen Kongresses, ein Waffenembargo gegen die Türkei zu verhängen, hat in europäischen Augen nur noch einmal deutlich gemacht, daß der Atlantikpakt ohne die Zugehörigkeit der Türkei zu einem Torso werden müßte.

# Als Botschafter nach Indonesien

*3000 Inseln und eine Nation · Ahmed Sukarno – Staatschef und Demagoge · Ein Überfall auf Celebes · Besuch auf der Affeninsel*

Im Herbst 1954 war es dann soweit, daß ich meine neue Aufgabe in Fernost übernehmen konnte. Von Genua reiste ich mit dem Kombifrachter »Hessenstein«, der neben Maschinen für Singapur und Japan auch 22 Kabinengäste transportierte, über Port Said, Aden, Colombo nach Singapur. Der Sprung auf die andere Seite des Äquators nach Djakarta erfolgte mit dem Flugzeug.

Die Hauptstadt des neuen Inselreiches Indonesien, Djakarta – das ehemalige Batavia – war so heiß und so schmutzig, daß ein ausländischer Kollege, der wenige Monate vor mir eingetroffen war, nach einer knappen Woche mit dem gleichen holländischen Schiff, das ihn gebracht hatte, wieder abreiste. Seiner Regierung teilte er mit, er halte einen solchen Posten für nicht zumutbar. Sie drehte den Spieß allerdings um und entließ ihn aus ihren Diensten. Ein so wenig einsatzbereiter Beamter sei für sie – so ließ sie ihn wissen – nicht länger zumutbar. Ich kannte den Kollegen und bedauerte ihn, hatte aber für den Entscheid seiner Regierung volles Verständnis.

Immerhin – die ersten Wochen und Monate des Einlebens waren nicht leicht, zumal damals wegen Strommangels elektrische Kühlungsaggregate in Djakarta noch nicht zugelassen waren. Ein wahres Glück übrigens, denn nichts provozierte so leicht Erkältungskrankheiten wie die Raumkühler von damals.

Ahmed Sukarno, der Präsident, war ein Volkstribun wie aus dem Bilderbuch; gefährlicher Demagoge, charmanter Causeur, Playboy, aber auch fanatischer Patriot mit mehr Verdiensten um sein Land, als wie sie dem Entmachteten und inzwischen Verstorbenen heute zugebilligt werden.

Die Reden, die er in geschliffenem Deutsch anläßlich seines Deutschland-Besuches im Juni 1956 in Bonn, Hamburg und Heidelberg gehalten hatte und in denen er immer wieder in Vergleichen zwischen Indonesien und Deutschland auf die gefährliche Problematik geteilter Länder zu sprechen kam oder die indonesische Staatsphilosophie – die Pantjasila mit ihren fünf Prinzipien: Glaube an die göttliche Allmacht, Nationalbewußtsein und Nationalismus, Humanitas, Demokratie und Souveränität des Volkes, soziale Gerechtigkeit – erläuterte, sie sind auch heute noch, sehr im Gegensatz zu den rhetorischen Platitüden, die gewöhnlich bei Staatsbesuchen produziert werden, lesenswert und anregend.

Zu seinen angenehmsten persönlichen Seiten zählte seine Abneigung gegen zuviel Protokoll. Besuchte man ihn, war keine besondere Kleidung vorgeschrieben. Wollte er selbst etwas von einem der bei ihm akkreditierten Missionschefs, griff er zum Telefon, sprach deutsch, englisch und das zur Landessprache erhobene, vornehmlich aus malayischen Dialekten künstlich geschaffene »Minehasa indonesia«. Holländisch, das die meisten seiner Untertanen von der Schule her weit besser beherrschten, hatte er ihnen verboten. Wenn er allerdings selbst gegenüber Mitarbeitern in Wut geriet, begann er auf gut holländisch zu fluchen.

Neben der Liebe für sein Land waren Frauen der Inhalt seines Lebens, sein Lieblingsthema und seine Lieblingsbeschäftigung – auch auf Staatsreisen! Gelegentlich stellte er mir Fragen, die ich zu seiner Verwunderung weder beantworten wollte noch konnte – zum Beispiel nach dem Liebesleben seines politischen Idols, des Joseph Goebbels und dessen Freundinnen. Er und seine hübsche Frau Hartini – die er in Verletzung islamischer Bräuche alsbald zur Ersten erhoben hatte, nachdem die Erste, Fahmawati, ihm wegen seiner Frauengeschichten weggelaufen war – hatten amerikanische Schmöker über dieses Thema gelesen. Sie wollten nun von dem für Goebbels »zuständigen« Botschafter die »missing links«, die Details, erfahren und waren enttäuscht, als er versicherte, über dessen Sexualleben nur höchst mangelhaft orientiert zu sein.

Aus manchen ernsthafteren Gesprächen mit ihm ist mir eine Bemerkung besonders im Gedächtnis geblieben. Auf einer gemeinsamen Reise in den Ostteil seines Reiches, den er bis dahin noch nie besucht und zu der er mich eingeladen hatte, hetzte er in allen Reden, die er vor den Bewohnern der jeweiligen Insel zu halten pflegte, gegen die Holländer und ihre Weigerung, West-Irian, also West-Guinea, an Indonesien zurückzugeben. Eines Abends sagte ich ihm – so formlos, wie er mit sich umgehen ließ –, mir schiene, daß zunächst einmal weit ernstere Aufgaben zu lösen seien. Solange die wirtschaftliche Basis seines – potentiell – überaus reichen Landes brüchig sei, sei es notwendiger, die von den Holländern erschlossenen und seit ihrem Abzug häufig brach liegenden natürlichen Ressourcen – mit der Hilfe der im Lande verbliebenen holländischen Berater – wieder in den Griff zu bekommen, Erträge zu erwirtschaften, den Export anzukurbeln, die Bevölkerung zur Arbeit anzuhalten. West-Irian hingegen sei für absehbare Zeit ein Besitz, der nichts einbringe, aber Holland sehr viel Geld koste, über das Indonesien gar nicht verfüge. Zudem sei es nicht einmal von Indonesiern, sondern von Papuas bewohnt.

Sukarno schwieg eine ganze Weile. Dann sagte er: »Immer reden Sie von Wirtschaft! Davon verstehe ich nichts; es ist auch nicht meine Aufgabe, mein Land in den Wohlstand zu führen. Meine Mission ist politisch und hat Vorrang: aus einer holländischen, also europäischen, daher gebietsfremden, Verwaltungseinheit von vielen Tausenden von Inseln, die noch niemand richtig gezählt hat, mit etwa 80 Millionen Einwohnern, die den verschiedensten Rassen angehören und bei denen so gut wie alle großen Religionen der Welt zu Hause sind, aus diesem ehemaligen Niederländisch-Indien also, eine Nation zu formen. Die Menschen hier müssen erst einmal lernen, sich nicht nur als Bewohner ihrer Insel, sondern als Indonesier zu fühlen und Indonesisch zu sprechen. Die Aufgabe ist so groß – sie kann nicht in einem Menschenalter, geschweige denn in einer kurzen Regierungszeit gelöst werden.«

Ein andermal sagte er: »Vergessen Sie nicht – wir bestehen erst seit acht Jahren! Die Ewigkeit haben wir noch vor uns.«

Von seinem Standpunkt aus hatte Sukarno mit seiner Meinung, er sei nur dazu berufen, die Welt seiner Inseln zu einer Nation zusammenzuschweißen, so unrecht nicht. Er hatte viel schneller und präziser als die USA und andere demokratische Geburtshelfer erkannt, daß dieses sein Land den gewaltigen Sprung vom 16. ins 20. Jahrhundert ohne lebensgefährliche Wachstumsstörungen nur als unabhängiger Staat überleben kann, wenn mit äußerster Behutsamkeit vorgegangen wird. Eine Welt zu einen und zu lenken, die aus summa summarum 3000 Inseln, darunter einigen von der Größe Deutschlands oder Frankreichs, besteht und einen Raum bedeckt, der sich etwa vom Nordpol bis nach Nordafrika und von Zürich bis nach

Moskau erstrecken würde, wo ungezählte Dialekte zumeist malayischer oder chinesischer Mundart die Verständigung der Bürger untereinander erschweren, wo alle Religionen und Sekten des Erdballs zu Hause sind (und recht friedlich mit- und nebeneinander leben), wo die holländische Kolonialmacht in Sorge um das paradiesische Wohlbefinden der Eingeborenen sie mehr als 300 Jahre sorgfältig davor behütet, hat, so entbehrlichen zivilisatorischen Firlefanz wie Lesen und Schreiben oder gar akademische Berufe wie Mediziner zu erlernen, wo die letzte Volkszählung vor einem Vierteljahrhundert stattgefunden hatte und nur wenige eine amtlich ausreichende Ahnung von ihrem Alter besitzen... eine solche Welt zu regieren – noch dazu demokratisch –, ist eine Aufgabe, die auch eine weit bedeutendere und stärkere Persönlichkeit überfordert hätte, als es Sukarno nun einmal war.

Die unermeßlichen Schwierigkeiten, die nach gewonnener Unabhängigkeit mit dem totalen Neubeginn verbunden waren, kümmerten die Außenwelt wenig. Die Sowjets sahen in diesem ganzen Horror vacui – dem Grauen vor der Leere, dem Fehlen aller Kriterien, deren ein moderner Staat bedarf, um regierbar zu sein – mitnichten einen Horror, sondern bestechende Möglichkeiten, diese Welt ihrem eigenen Machtbereich einzugliedern, und sie empfahlen sich durch hohe und billige Kredite. Die Westmächte waren vor allem daran interessiert, daß Sukarno den ihm vorgezeichneten Weg zur parlamentarischen Demokratie nicht verlasse. Die Einsicht, daß dieser Weg, beginnend mit dem Jahre Null der ersten Selbstregierung bis zu einer echten Demokratie, ungeheuer weit, überaus steinig ist und leichter im totalen Chaos als in parlamentarische Ordnung münden kann, war ihnen ziemlich fremd. Als Sukarno nach den ersten parlamentarischen Wahlen und angesichts (soweit ich mich erinnere) von etwa 56 Parteien vernünftiger – und gezwungenerweise von der Nützlichkeit einer »guided democracy« sprach, kommentierte das der Westen mit den Worten: »Also doch ein Kommunist«.

Er war kein Kommunist, auch wenn er der Meinung war, daß sich für ein Entwicklungsland wie das seinige viel mehr im China Mao Tse-tungs als in einem der hochindustrialisierten Länder des Westens lernen ließe und obwohl er die von ihm selbst als erforderlich erkannte Behutsamkeit als permanente Revolution interpretierte. Er verstand aber nicht, ihre einzelnen Phasen festzuhalten und Erreichtes im Volksbewußtsein und der Verwaltungsstruktur zu verankern. Er mißverstand die große Beliebtheit, deren er sich im Volk und vor allem bei den Javanern – nicht trotz, sondern gerade wegen seiner mancherlei Schwächen – erfreute als Bestätigung seiner Politik und verlor schließlich die Entwicklung immer mehr aus dem Griff.

Als Lehrmeister in dem schwierigen Fach »Demokratie« hatte er sich übrigens genau den Richtigen ausgesucht – nämlich besagten Joseph Goebbels. Ohne auch nur entfernt dessen macchiavellische Verschlagenheit geschweige denn schurkische Bösartigkeit zu besitzen, war er von den Methoden nationalsozialistischer Massenbeeinflussung fasziniert und hatte zumal die Taktik des Propagandaministers des Dritten Reiches eingehend erforscht.

Ein Beispiel: Im September 1955 standen in Indonesien erstmals demokratische Wahlen vor der Tür, eine Aufgabe, deren Schwierigkeiten niemand ermessen kann, der nicht Gelegenheit hatte, Vorbereitungen und Durchführung aus der Nähe zu beobachten. Allein der Umstand, daß die Mehrheit der Wahlberechtigten Analphabeten waren, machte es notwendig, die zahlreichen Parteien nicht durch Wort und Schrift, sondern durch deren Symbole kenntlich zu machen. Der Wähler ergriff denn auch keinen Bleistift, um die gewünschte Partei anzukreuzen, sondern eine im Wahllokal hängende Lochzange und knipste das Symbol – Hammer und Sichel, Halbmond und Stern, einen Vulkan, ein Haus oder was immer die Parteileitungen sich hatten einfallen lassen.

Die Regierung unter Ali Sastroamidjojo hatte – in richtiger Einschätzung der genialen Demagogie ihres Staatschefs, der als Revolutionsapostel durch die Lande wanderte und für seine eigene Partei – die moslemische »Masjumi« – warb – verhindert, daß Sukarno in Bandoeng eine Wahlrede hielt und den damals verhängten Belagerungszustand als Grund angegeben. Bald danach erschien er aber doch in einer Massenversammlung und bemerkte, es gäbe Politiker und Zeitungen, die seinen Dialog mit der Bevölkerung offenbar sehr ungern sähen. Und dann stellte er plötzlich die Frage: »Stimmt ihr alle zu, daß ich mich schweigend verhalte und nie mehr zu euch spreche?« Und nach dem brausenden »Nein« die nächste Frage: »Wollt ihr also, daß ich mit euch spreche?« Selbstverständlich wurde sie einstimmig mit »Ja« beantwortet.

In einem Bericht an das Auswärtige Amt über die Ähnlichkeit seiner Taktik mit seinem großen Vorbild habe ich damals hinzugefügt: Die Frage »Wollt ihr den totalen Krieg gegen die Holländer?« habe er zwar nicht gestellt. Aber man könne sicher damit rechnen, er werde sie stellen, sobald ihm der Zeitpunkt passend erscheine. Im Frühjahr 1958 – drei Jahre später – war es dann tatsächlich soweit – nämlich die totale Hetze gegen die Holländer um die Rückgabe West-Guineas. Es war gewiß nicht Sukarnos Verdienst, wenn es nicht zum erneuten Blutvergießen gekommen ist.

Im Herbst 1957 besuchte Sukarno auf besagter Reise erstmalig einige der östlichen Inseln des indonesischen Archipels, wie Timor, Cunahai, Flores, Sumbawa, Lombok und andere. Entweder flogen wir in der Präsidentenmaschine, der »Delok Martimbang«, einem Geschenk Chruschtschows, oder, soweit es keine Flugplätze gab, in einer »Catalina«, einem gefährlichen museumsreifen Wasserflugzeug, das die amerikanische »Air Force« im Kriege zurückgelassen hatte und das notdürftig wieder hergerichtet worden war.

Bei diesen Flügen erzählte Sukarno an Hand von Geheimberichten den voraussichtlichen Ablauf der kommenden Massenversammlung, zu dem die Inselbevölkerung geladen war. Entweder sagte er: »Sie werden sehen – überschäumende Begeisterung.« Ein andermal meinte er: »Die Sache wird schwierig. Die Leute hier leben hinter dem Mond, sind indifferent und wissen kaum, wer ich bin und warum ich komme.« Und zweimal bemerkte er vorher: »Hier besteht die Bevölkerung aus orthodoxen fanatischen Moslems und ist gegenüber der Zentralregierung und vor allem gegen mich wegen meiner laizistischen Politik von extremer Feindseligkeit. Aber gerade deshalb muß ich hierher.«

Sein Geheimdienst zeigte sich gut informiert. Die Voraussagen trafen immer ein. Weit bemerkenswerter noch war das Charisma Sukarnos, das sich in den Fällen bewährte, in denen er Indifferenz oder gar Feindseligkeit erwartet hatte. Mitunter kam es uns sechs oder sieben Personen auf der Tribüne mit vielen Tausenden von Menschen vor oder unter uns so vor, als ob wir die Abneigung, den Haß gegen diesen Besuch, körperlich spürten. Kaum ein Echo, wenn Sukarno vor das Mikrophon trat. Einzelne Rufe nach »Bung Karno« oder – dem Wahlspruch des Landes – »Bhimeka I ka« (»Einheit in der Vielfalt«) erstarben rasch im eisigen Schweigen der Menge. Es war mehr als ungemütlich.

Dann begann Sukarno zu sprechen – zunächst ganz ruhig, gelassen, ohne laute Töne. Über die Freiheit, für den Wohlstand, gegen die Zwangsherrschaft der Holländer, die längst vorüber war, für die Rückgabe West-Irians und die Gleichheit aller Menschen vor Allah.

Nach zehn Minuten begann es unter uns zu brodeln, die Masse geriet in Bewegung, die Begeisterung wurde immer größer, die Zustimmung immer fanatischer.

In Mataram auf Lombok raunte mir der jugoslawische Botschafter Pavlic zu: »Wenn dieser Zauberkünstler jetzt sagen würde: ›Und nun geht heim, verbrennt eure Häuser und stürzt euch ins Meer‹– sie würden selbst das tun.«

In einem solchen Bad der Menge fühlte sich Sukarno zu Hause, während er tieferschürfenden Gesprächen mit Ausländern und Diplomaten eher aus dem Wege ging. Hatte er geendet, drängte er meistens die anwesenden Missionschefs aus Jugoslawien, dem Irak und Deutschland, nun ihrerseits vorzutreten und mit geballter Faust »Merdeka« (Freiheit) zu rufen. Als er mir dann eines Tages sagte: »Herr Botschafter, Sie sind der einzige unter Ihren drei Kollegen, der diese meine bescheidene Bitte verweigert«, sagte ich ihm: »Herr Präsident, die Freiheit, die Sie haben wollten und die Sie brauchen, haben Sie in so unbegrenztem Umfang, wie Sie es sich in der heutigen Welt nur wünschen können. Jetzt ist es an Ihnen und Ihrem Volk, sie zu nutzen. Der Appell an das Ausland und gar an die Holländer, den der Schrei ›Merdeka‹ doch besagt, scheint mir längst überholt«. Sukarno hörte ruhig zu, lachte versöhnlich und war weit entfernt, derlei Kritik übelzunehmen.

Ich bin gern in diesem paradiesisch schönen Lande gewesen und habe seine Menschen in allen vier Jahren nur von ihren angenehmsten Seiten kennengelernt. Mit *einer* Ausnahme: Im Juli 1955 beschloß ich, dem Gouverneur der Insel Celebes in seiner Hauptstadt Makassar einen Besuch abzustatten. Besuche der Missionschefs bei den Provinzgouverneuren waren üblich und wurden von diesen im allgemeinen um so mehr geschätzt, als sie auf ihren Inseln weit vom Schuß waren und von der Zentralregierung stiefmütterlich behandelt wurden.

Celebes allerdings wurde bei den Besuchen der Kollegen im allgemeinen ausgespart, weil es von der Sukarno und dem Zentralregime auf Java feindlich gesinnten Rebellengruppe des Dar ul Islam (orthodoxen Moslems) besetzt und praktisch auch regiert wurde. Nur die Hauptstadt Makassar war regimetreu und von Einheiten der Armee halbwegs gesichert.

Für mich gab es trotzdem einen doppelten Grund, den Gouverneur aufzusuchen. Erstens war die Insel Celebes der Hauptkopraproduzent Indonesiens und als Lieferant von Kokosöl für Deutschland ein interessanter Handelspartner. Vor allem aber gab es ein menschliches Problem, das bereits meinen Amtsvorgänger von Hentig seit geraumer Zeit beschäftigt hatte: Im Januar 1954 war ein von der indonesischen Regierung angestellter und in Makassar tätiger deutscher Arzt, Dr. Wahl aus München, von den Rebellen gefangen genommen und verschleppt worden – ganz offensichtlich, um einen Arzt zur Verfügung zu haben. Alle Versuche, mit ihm beziehungsweise dem Rebellenführer Kahar Muzakkar Kontakt aufzunehmen und Dr. Wahl gegen Lösegeld, Medikamente etc. auszulösen, waren bislang fehlgeschlagen. Auch später war ihnen – um dies vorwegzunehmen – kein Erfolg beschieden. Dr. Wahl ist nie wieder aufgetaucht.

Damals hatten wir noch Hoffnung, ihn lebend wiederzusehen, zumal sich die Deutschen im allgemeinen bei der Bevölkerung – warum also nicht bei den Rebellen? – großer Beliebtheit erfreuten.

Ich flog also am 12. Juli 1957 nach Makassar und wurde auf dem Flugplatz vom Gouverneur und allen übrigen Würdenträgern der Stadt besonders herzlich begrüßt. Ein Konvoi von Autos nahm uns auf, um uns – mit schwer bewaffneten »Weißen Mäusen« vorab und einem offenen Lastwagen mit ebenfalls bewaffneten Soldaten hinterdrein – nach Makassar zu bringen. Ziemlich langsam und schwerfällig rollte die Kolonne über eine schmale, gelegentlich von Pavianfamilien gesperrte Straße durch Mangrovensümpfe, die mit undurchdringlichem Dschungel abwechselten.

Im lebhaften Gespräch mit dem Gouverneur und dem Chef der in Makassar stationierten Armee-Einheiten bemerkte ich plötzlich, wie aus dem Gebüsch mehrere bewaffnete Männer in grünen Tarnuniformen heraussprangen. Der eine von ihnen stürzte auf unseren fast im Schritt fahrenden Wagen zu, richtete den Lauf seiner Maschinenpistole, den er auf den Rahmen des offenen linken Autofensters gelegt hatte, auf mich und drückte ab. Bruchteile von Sekunden zuvor hatte ich mich ganz instinktiv zurück in den Fond des Cadillac gepreßt, und die Garbe ging an mir vorbei. Mir schien, der Chauffeur hatte Gas gegeben und wir fuhren schneller. Schüsse hinter uns, der Gouverneur packte mich am Kragen und drückte meinen Kopf nach unten. Wieder Schüsse, verwehende Befehlslaute, Ruhe. Der Motor fing an zu stottern, der Wagen rollte um eine Kurve und blieb stehen. Nun – dachte ich – zumindest wirst du wohl in Kürze die Bekanntschaft Dr. Wahls machen, leider allerdings dann auch als Gefangener des Kahar Muzakkar. Auf den naheliegenden Gedanken, der eben mißglückte Umbringungsversuch könnte nunmehr in aller Ruhe und mit mehr Erfolg wiederholt werden, kam ich merkwürdigerweise nicht.

Aber nichts geschah. Die Rebellen – angeblich eine Truppe von zehn Mann – waren im Dschungel verschwunden. Wir waren wieder unter uns! Die »Weißen Mäuse« waren zurückgeblieben und hatten, wie das Kommunique dann vermeldete, die Rebellen in die Flucht geschlagen. Der Lastwagen mit den Soldaten, der die Nachhut bilden sollte, war gar nicht erst mitgekommen. Eine Panne – so hieß es später – hätte ihn auf dem Flugplatz festgehalten...

Ein Polizist war mehrfach, aber nicht lebensgefährlich verwundet, einige Autos hatten Durchschüsse – unser Wagen allein sieben –, und der Bürgermeister von Makassar hatte sich den Arm gebrochen, als er sich bei Beginn des Überfalls aus seinem hinter uns fahrenden Wagen auf die Straße fallen ließ. Welchen Sinn der Überfall haben sollte, hat sich, wie so vieles andere in diesem seltsamen Lande, nicht feststellen lassen. Der javanische General schenkte mir zum Abschied von Makassar ein kleines kunstvoll aus silbernem Filigran gearbeitetes Segelboot mit der Bemerkung, es sei ein Symbol für meine Rettung aus den Händen der Verbrecherbande des Dar ul Islam. Kurz darauf tauchte er selbst in den undurchdringlichen Wäldern von Celebes unter und soll als Befehlshaber von Rebellengruppen gesehen worden sein, was übrigens dem Gerücht, er hätte bereits seit geraumer Zeit sowohl die Regierungs- wie die Rebellentruppen gleichzeitig kommandiert und auch den Überfall inszeniert, neue Nahrung gab.

Die bereits vor dem Antritt der Reise unternommenen Bemühungen, in oder bei Makassar einen Kontakt zu den Rebellen zu knüpfen, um über ihn Verbindung zu Dr. Wahl zu gewinnen, waren, sofern überhaupt Aussichten dazu bestanden haben sollten, durch den Überfall vereitelt.

Nach Djakarta zurückgekehrt – der Weg durch die Mangrovensümpfe zum Flugplatz von Makassar war durch Hunderte von Soldaten gesichert und daher weit unheimlicher als bei der Ankunft –, stellte ich fest, daß die indonesische Regierung ihrerseits beschlossen hatte, den inzwischen von der Weltpresse aufgegriffenen Überfall stillschweigend unter den Teppich zu kehren. Verständlich, denn die Sache war ihr denkbar peinlich. Aber keine Geste offiziellen Bedauerns, kein Wort in der Presse – so ging es auch wieder nicht. Erst als ich der Regierung den Vorfall notifiziert hatte, schickte mir der nette, stets freundliche Außenminister Dr. Subandrio – nach Sukarnos Sturz eingesperrt und seit zwölf Jahren nunmehr in Haft – einen Glückwunschbrief und eine Riesentorte; kaum in meinem Hause angelangt und auf den Tisch gestellt, wurde sie leider in einem unbewachten Augenblick von meinen beiden Hunden genüßlich verzehrt.

Eine der sympathischsten Eigenschaften des Sukarno-Regimes war die zumal für deutsche Verhältnisse umwerfend großzügige Art, mit der administrative Abläufe, die andernorts viel zeitraubende Bürokratie kosten, unbürokratisch abgewickelt wurden. Ein Beispiel:

An einem Tag ihrer Wahl hatten – sofern nicht ernste dienstliche Gründe dagegenstanden – die Botschaftsangehörigen Anspruch auf einen Betriebsausflug. 1958 wollten sie auf die Affeninsel, ein weit vor Tandjok Priok, dem Hafen Djakartas, gelegenes, nur von einem Clan von Pavianen bewohntes Eiland. Da die Botschaft keine eigenen Schiffe besaß, sprach ich den Flottenchef Indonesiens, Admiral Subijakto – verheiratet mit einer der schönsten Frauen, einer Javanerin, die ich je gesehen habe – auf die Tansportfrage an. Sofort ging er darauf ein und versprach, mir für besagten Tag X das beste Schiff seiner sehr bescheidenen Flotte, ein auf moderne Bewaffnung umgebautes Küstenwachboot mit Besatzung, zur Verfügung zu stellen.

Wochen vergingen, die Botschaft hatte wichtigere Dinge zu tun. Was an Nachrichten von den großen Inseln Borneo, Sumatra und Celebes durchsickerte, schien darauf hinzudeuten, daß sich die Anti-Sukarno-Bewegung des Dar ul Islam auszuweiten beginne. Anfang Februar verlautete aus Padang auf Sumatra, daß der Gouverneur der indonesischen Staatsbank, Shafruddin Purwunegara, ein besonders netter interessanter Mann, der fließend Deutsch sprach, zusammen mit Sumitro, dem Finanzminister Sukarnos, die Insel zum Abfall von der Zentralregierung aufgerufen hätte. Bei ihnen mag die Sorge, daß die Hetze des Staatschefs gegen die Holländer das Land noch tiefer in seine wirtschaftlichen Schwierigkeiten treiben werde, die Hauptantriebskraft ihres Umsturzversuchs gewesen sein. Aber Padang war weit und ich beschloß, den Betriebsausflug zu unternehmen, bevor die Zeiten noch ernster würden: ein Anruf bei Subijakto, ob er für diesen Tag sein Versprechen aufrechterhalte. Er zögerte einen Augenblick, sagte dann aber zu.

Morgens um 7 Uhr – die Besatzung von 24 Mann war am Kai angetreten – gingen die mit ihren Damen etwa ebenso zahlreichen Botschaftsangehörigen an Bord: der Botschaftsrat Elgar von Randow, ein alter Ostasienexperte, Hans Kersting, Leiter Wrthtstschaftsreferats und ehemaliger Jagdflieger, Günther Schödel, Rechtsreferent und heute Botschafter in Indonesien, Wilfried von Eichborn, ebenfalls alter Jagdflieger und Wirtschaftsreferent, Werner von Dewitz, zuständig für Kulturfragen – alle bis auf Kersting und Schödel noch (oder schon wieder) Junggesellen. Frau Kersting oder Frau Schödel fiel daher die nicht immer dankbare Aufgabe zu, die »First Lady« zu spielen, der sie sich aber stets mit viel Geschick und ebensoviel Charme unterzogen.

Die Tatsache, daß es nur wenig Frauen an unserer kleinen Behörde gab, habe ich stets als sehr nachteilig empfunden. Sie haben an einer Auslandsmission mindestens soviel Aufgaben wie ihr Mann! Ein Haus, dessen Ton und Stil, dessen Einrichtung, Blumenarrangements und Küche, das Fluidum weiblicher Mitwirkung, weiblicher Präsenz reflektieren, hat eine ganz andere Anziehungskraft als ein Junggesellenhaushalt, auch wenn die Köchin noch so gut ist. Die meinige, eine kaffeebraune, hübsche Javanerin, versieht übrigens heute noch ihren Dienst bei unserem Botschafter.

Nach kurzer schneller Fahrt verbrachten wir mit Angeln, Schwimmen, Gymnastik, mit Fisch- und Hühnchengrillen zusammen mit den Matrosen und ihren Offizieren einen jener unbeschwerten Traumtage, wie sie nur die Südsee beschert.

Als wir um 9 Uhr abends wieder in Tandjok Priok anlegten, waren dort, neben viel militärischem Gerät, zwei Kompanien bewaffneter Infanterie angetreten. Auch der Admiral war anwesend, schien nervös und gab Befehle, daß sich die Truppe beeilen sollte, an Bord zu gehen. Auf meine Frage, ob eine Nachtübung vorgesehen sei, sagte er: »Wissen Sie, als Sie mich des Schiffs wegen anriefen, hatte mir der Präsident gerade den Befehl erteilt, nach Sumatra auszulaufen, um an der Niederschlagung des Putsches dort mitzuwirken. Aber ich hatte Ihnen das Schiff doch nun versprochen. Jetzt müssen wir uns aber wirklich beeilen!«

Der Aufstand wurde übrigens rasch niedergeschlagen, und die beiden Drahtzieher – hochqualifizierte Beamte, aber keine geborenen Revoluzzer – flüchteten nach Kuala Lumpur in die Emigration.

Eines Tages warnte mich ein deutsches Ehepaar aus Wuppertal, das seine Ferien häufig auf der paradiesisch bezaubernden Insel Bali zu verbringen pflegte, ich würde vermutlich ihretwegen Schwierigkeiten mit der indonesischen Regierung bekommen. »Wie peinlich«, erzählte die deutsche Dame. »Wir essen also einmal im Garten des Den-Pasar-Hotels in Bali. Neben uns ein Indonesier mit Spitzbart. Zufällig kommen wir ins Gespräch, und es stellt sich heraus, daß unser Nachbar fließend Deutsch spricht – wohl irgendwo in der Verwaltung beschäftigt ist. Ich habe gleich die Gelegenheit benützt, um ihm meine Ansicht über manche skandalösen Zustände in diesem Lande zu sagen. Die Leute leben in ihren Campongs, ihren Dörfern, ohne elektrisches Licht, ohne Kanalisation, bekommen ihre Kinder ohne jegliche ärztliche Betreuung, wissen nicht, was in der Welt vor sich geht, ob sie eine Regierung haben oder nicht... Also wenn ich dabei an die Verhältnisse bei uns in Deutschland denke... Der Mann war freundlich, hörte sich alles in Ruhe an und sagte schließlich beim Gehen: ›Die Welt, gnädige Frau, ist nicht an einem Tag erbaut und Indonesien schon gar nicht. Aber ich habe mir alles gemerkt, was Sie gesagt haben.‹ Später erfuhren wir, daß der Mann, der nicht einmal ein Hemd, sondern nur eine Jacke anhatte, der Ministerpräsident war. Und nun wird er sich sicherlich bei Ihnen über uns beschweren und uns vielleicht ausweisen.«

Eine Woche später bahnte sich bei einem Empfang in Djakarta Ali Sastroamidjojo einen Weg zu mir, schüttelte mir die Hand und sagte: »Herr Botschafter, auf Bali habe ich ein ganz reizendes deutsches Ehepaar aus Wuppertal kennengelernt. Wir haben uns glänzend unterhalten, und sie haben schrecklich auf die Zustände in unserem Lande geschimpft. Vielleicht hatten sie sogar recht, aber Sie müssen ihnen sagen: So schnell geht das alles nicht. Sie sollen nur häufig wiederkommen, damit sie unsere Probleme besser kennenlernen und so ein bißchen mithelfen, sie zu lösen.«

Alles in allem – Indonesien kann von Glück sagen, als ersten Führer in die Unabhängigkeit einen Mann mit mehr menschlichen Eigenschaften als menschheitsbeglückenden Theorien gefunden zu haben, wie »Bung Karno« es war. Andererseits brauchte das bedenklich ins Schlingern geratende Staatsschiff keinen Berufsrevolutionär mehr am Steuer, sondern einen besonnenen und erfahrenen Kapitän, einen, der auch die Ursachen und Hintergründe einer sich immer mehr spaltenden Welt besser zu bewerten wußte.

# Stationen: Brüssel, Madrid, Bonn

*Generaldirektor bei der EWG · Übernahme der Handelspolitischen Abteilung des Auswärtigen Amtes · Als Botschafter nach Spanien und in die UdSSR*

Meine Mission in Indonesien nahm ihr Ende, als 1958 die EWG unter ihrem Präsidenten, Professor Dr. Walter Hallstein, ihre Verwaltungsbehörde in Brüssel etablierte und mich auf Hallsteins Vorschlag zum Generaldirektor für die »assoziierten Gebiete« bestellte. »Assoziierte Gebiete« waren jene Entwicklungsländer, die zu den Mitgliedstaaten der EWG, Frankreich, Belgien, Holland und Italien, noch in kolonialer Abhängigkeit standen, sich aber damals bereits weitgehend, zumeist unter dem Präsidium eines Hochkommissars aus dem »Mutterlande«, selbst verwalteten.

Ich akzeptierte diesen Auftrag um so lieber, als ich Walter Hallstein als klugen, mitunter wohl auch schwierigen Vorgesetzten, der seinen Mitarbeitern und deren Urteil offen und loyal gegenüberstand und lieber überzeugte als befahl, kennen- und schätzengelernt hatte.

Hinzu kam, daß mir die Entwicklung, die Indonesien zu nehmen schien, die Trennung vom Südseeparadies leichter machte. Sukarno hatte sich derart in seinen demagogischen Kampf um die Rückgabe West-Irians (West-Guineas) verbissen, daß er auch nicht davor zurückschreckte, die holländischen Berater in seiner Verwaltung aus dem Lande zu treiben. Vermittlungsversuche zwischen seiner und der holländischen Regierung erwiesen sich als vergeblich. Anstatt seine Mitbürger zur Arbeit anzuhalten und die zahlreichen von ihren holländischen Eigentümern verlassenen Plantagen zu rekultivieren, kaschierte er seine wirtschaftliche Unfähigkeit durch eine selbstmörderische, aber von den Sowjets nachdrücklich unterstützte

Hetze gegen Holland und die letzten Europäer, die ihm beim Wiederaufbau seines komplizierten Inselimperiums hätten helfen können.

Im Juni 1958 nahm ich in seinem wunderschönen Tropenpalast in Bogor – dem ehemaligen Sitz des holländischen Generalgouverneurs – von ihm und seiner charmanten Frau Hartini freundschaftlich Abschied, um bald darauf meinen neuen Posten in Brüssel anzutreten.

In den kommenden zwei Jahren bereiste ich mit einer jeweils paritätisch zusammengesetzten Delegation der EWG die meisten Länder Schwarzafrikas. Als die reichen »Onkels aus Europa« – mit einem Entwicklungsfonds von fast 600 Millionen Dollar im Gepäck – wurden wir fast überall gastfreundlich, in wenigen Fällen auch mißtrauisch und reserviert, aufgenommen.

In Brüssel hatte ich der Europäischen Kommission sowie dem für meine Abteilung zuständigen Kommissar, dem Franzosen Robert Lemaignen, und dem Afrika-Komitee des Europa-Parlaments unter dem wohltemperierten Präsidium des FDP-Abgeordneten Walter Scheel Rede und Antwort zu stehen. Walter Scheel, Angehöriger einer Nation, die keine Kolonien besaß, verstand es meisterhaft, die mitunter recht temperamentvollen Diskussionen der Teilnehmer über die jeweils vernünftigste Politik der Mitgliedstaaten gegenüber dem – unterschiedlich virulenten – Unabhängigkeitsdrang ihrer afrikanischen, madagassischen oder karibischen Schützlinge als Unparteiischer in ein ruhiges und konstruktives, in ein »europäisches« Fahrwasser zu dirigieren.

Die mir gestellte Aufgabe erwies sich im Laufe der Zeit als noch weit schwieriger, als ich von vornherein vermutet hatte. Es kam zu Spannungen zwischen Lemaignen und mir, die unser persönliches Verhältnis kaum, um so mehr aber unsere verschiedene Interpretation der Kompetenzen eines Generaldirektors und denjenigen des ihm übergeordneten Kommissars berührten. Da er am weitaus längeren Hebel saß und eine sachliche Einigung aussichtslos erschien, trennten wir uns – ziemlich abrupt –, und ich kehrte »stante pede« nach Bonn zurück. Der Bundestag befaßte sich auch noch mit der Angelegenheit, wobei FDP und SPD meinem Verhalten Verständnis entgegenbrachten, während die Regierung – aus Gründen der »Staatsräson« – mich zunächst mit äußerster Reserve behandelte.

Einige Jahre später traf ich Lemaignen zufällig im gleichen Hotel in Italien wieder, wo wir alsbald gerührt Versöhnung und Wiedersehen feierten. Ihm und seiner geistvollen Gattin bewahre ich aus dieser Zeit ebenso wie dem holländischen Kommissar Vico Mansholt trotz besagter sachlicher Meinungsverschiedenheiten eine denkbar freundschaftliche Erinnerung.

Wenig später übernahm ich im Auswärtigen Amt als Nachfolger des zum Staatssekretär avancierten Dr. Günther Harkort die Leitung der Handelspolitischen Abteilung, bei der ich 25 Jahre vorher begonnen hatte. In dieser Eigenschaft löste ich auch den Ministerialdirektor Dr. Stahlmann aus dem Ernährungsministerium insoweit ab, als er sich bis dahin und mit viel Erfolg um die Wirtschaftsbeziehungen mit Polen gekümmert hatte. Nun sollten aber endlich nach dem Willen der Regierung Erhard und ihres gerade an den Ostbeziehungen besonders interessierten Außenministers Gerhard Schröder auf dem dornigen Wege der diplomatischen Anerkennung Polens Fortschritte erzielt werden. Das Auswärtige Amt übernahm daher die Federführung und entsandte mich im November 1962 mit einer Delegation von Sachverständigen nach Warschau. Über das Ergebnis dieser hochinteressanten und in mehr als einer Hinsicht lehrreichen Mission wird später noch die Rede sein. Als mich am 7. März 1963 mein polnischer Verhandlungspartner, Botschafter Modrczewski, auf den Flugplatz begleitete, schien nach langer Zeit wieder einmal die Sonne, und der Schnee tropfte von Bäumen und Dächern. Wir schnupperten genießerisch die erste Frühlingsluft. »Ist das nicht ein schönes Ergebnis?« sagte Modrczewski und nahm mich beim Arm. »Eben haben wir zwei schwierige Abkommen ausgehandelt und unterzeichnet, und schon beginnt der Schnee zu schmelzen...«

Mit Modrczewski hatte ich mich ebenso wie mit dem Außenhandelsminister Professor Trampczinsky recht gut verstanden. Beide hatten auch auf meine ausdrückliche Bitte für mich einen Besuch im Konzentrationslager von Auschwitz arrangiert. Er hat mir eine Erinnerung hinterlassen, die mich zutiefst bewegt hat und die nie wieder vergessen sein wird. Wie gut und notwendig dieser schreckliche Besuch – dem ersten eines bundesdeutschen Regierungsvertreters – gewesen sein muß, bestätigte mir unmittelbar danach ein Artikel in der sogenannten »Deutschen National- und Soldatenzeitung«, in dem er heftig angegriffen und als überflüssig und unwürdig kritisiert wurde.

Ein kurzer Aufenthalt in Bonn, und ich flog mit Verkehrsminister Seebohm nach Südafrika. Handelspolitische Gespräche und die Einrichtung einer »Lufthansa«-Linie nach Kapstadt und Johannesburg waren Zweck und Ziel der Reise, in eines der schönsten und interessantesten Länder, die ich kennengelernt habe.

Als nach meiner Rückkehr nach Bonn die Entwicklungs- und die Handelspolitische Abteilung des Auswärtigen Amtes zusammengelegt und von meinem Freunde, dem später zum Staatssekretär ernannten und bald darauf in den Alpen tödlich verunglückten Günther Sachs übernommen wurde, ging ich als Botschafter nach Spanien. Eine fast fünfjährige Zeit, der ich wie manchen anderen hier nur kurz erwähnten Ereignissen und Erlebnissen noch einen ausführlicheren Bericht, als er in diesem Buch hätte Platz finden können, schuldig zu sein glaube.

Im Mai 1968 begann dann für mich als Botschafter in Moskau die Erfüllung des letzten mir vom Auswärtigen Amt übertragenen Auftrags. Ihm sind das »Moskauer Tagebuch« und ein nicht geringer Teil des vorliegenden Berichts gewidmet.

# 3. Teil

# Rapallo – der Vertrag und sein Mythos

## *Abkehr vom Westen?*

Mein Interesse an politischen Fragen begann mit den Jahren, die dem Ersten Weltkrieg folgten. Es war die Zeit, in der sich Unterhaltungen und Dispute rund um den Familientisch weniger um den »täglichen Kram« als um Politik drehten oder, besser gesagt, wo täglicher Kram und tägliche Politik, Putsche von rechts, Putsche von links, Republik oder Monarchie, galoppierende Geldentwertung und Arbeitslosigkeit ein und dasselbe geworden waren.

In diese Periode fällt auch der Abschluß des ersten deutsch-sowjetischen Vertrages, des legendären Vertrages von Rapallo im April 1922. Obwohl ein Zweiter Weltkrieg und weitere den jeweiligen Umständen angepaßtere Verträge ihn eigentlich zur völligen Vergessenheit verurteilt haben müßten – er lebt immer noch! Gewiß nicht wegen seines recht uninteressanten Inhalts, sondern weil er zum Mythos geworden ist. Ein Synonym für die geographische Lage unseres Vaterlandes im politischen Spiel der europäischen Kräfte und – für manchen unserer Nachbarn – ein Warnmal vor der Gefahr unberechenbarer deutscher Schaukelpolitik zwischen West und Ost.

Wer immer auch vom Kreml aus die Situation überblickt – eine Integration Deutschlands in den Westen ist und bleibt für ihn ein Alptraum. Wer immer sich in Paris bemüht, das Verhältnis zum Nachbarn Deutschland in den Griff zu bekommen – die Vorstellung, Deutschland könnte sich plötzlich entschließen, sein Schicksal mit dem seines großen Nachbarn im Osten zu verbinden, läßt ihn rat- und schlaflos werden. So etwa war es jedenfalls häufig im Laufe der fast sechzig Jahre, die inzwischen seit der Unterzeichnung in Rapallo ins Land gegangen sind.

Zu Recht? Zu Unrecht?

Ich will versuchen, aus der Sicht eines, dem der Vertrag von Rapallo immer wieder auf seinem beruflichen Lebensweg begegnet ist, das Bild zu schildern, das er in mir hinterlassen hat.

In den beiden Weltkriegen hatten die USA erst interveniert, als sie sahen, daß die Dimension der militärischen Auseinandersetzung globale Ausmaße annahm, die so oder so auch die amerikanischen Interessen in Mitleidenschaft ziehen mußten. Im Bewußtsein ihrer Stärke griffen sie also nicht nur ein, um dem Kriege die entscheidende Wendung zu geben, sondern um bei der Gestaltung des Friedens die dem Sieger zufallende Rolle zu spielen.

Als die USA sich aber 1918/19 anschickten, diese Rolle zu übernehmen, war ihr Präsident ein kranker Mann, dessen Träume vom ewigen Weltfrieden sich in Nebel auflösten, sobald sie mit der Wirklichkeit, das heißt mit den britischen und französischen Vorstellungen vom Frieden konfrontiert wurden. Woodrow Wilson resignierte rasch und überließ die Gestaltung der europäischen Zukunft seinen Partnern: England, Frankreich und Italien.

1943 bis 1945, als bei den Konferenzen von Moskau, Teheran und Jalta über die Zukunft des europäischen Kontinents verhandelt wurde, war der Hauptsieger des Ringens, die USA, durch ihren Präsidenten Franklin Delano Roosevelt repräsentiert. Seine bizarren, von keiner Einsicht in die politischen Realitäten getrübten Utopien bestimmten daher auch seine Taktik bei den Verhandlungen mit Stalin. Überdies war er – ebenso wie sein politischer Hauptberater Harry Hopkins – in den entscheidenden Verhandlungsperioden bereits ein vom Tode gezeichneter Mann. Henry de Montherlant hat auf den verhängnisvoll-unwägbaren, aber vorhandenen Einfluß hingewiesen, den in der Geschichte der Menschheit die Krankheiten der Staatsmänner auf die von ihnen getroffenen Entscheidungen ausgeübt haben.

Sigmund Freud hat versucht, den Zusammenhang zwischen physischem Verfall und geistiger Kapazität bei Woodrow Wilson zu analysieren, und die Franzosen Pierre Accoce und Dr. Pierre Rentchnick haben das makabre Thema in einem jüngst erschienenen Buch »Les Malades qui nous gouvernent« (deutscher Titel: »Kranke machen Weltgeschichte«, Econ Verlag) zusammengefaßt.

Von Napoleon I. bis Lenin, Hitler, Tschou En-lai, Pompidou, Mao Tse-tung, Breschnew, um nur einige der Großen zu nennen: auf dem Höhepunkt ihrer Macht und ihrer Entscheidungsbefugnisse waren sie nicht selten krank oder unheilbar krank! So manche ihrer Weisungen oder Entscheidungen, die Geschichte gemacht haben, reflektieren wahrscheinlich ihre Leiden, ihre Schmerzen, das Bewußtsein – oder Unterbewußtsein – eines nahenden Todes weit mehr als die staatsmännischen Fähigkeiten, die sie so hochgetragen hatten.

Als Franklin Roosevelt am 3. Februar 1945 zu der vornehmlich von ihm betriebenen Jalta-Konferenz erschien, wurde er auf den Armen eines seiner Offiziere aus dem Flugzeug getragen und behutsam auf den Spezialsitz eines eigens aus den USA gebrachten Jeeps gesetzt, um die zur Ehrenbezeugung angetretene Garde abzufahren. Er selbst konnte sich wegen seiner Kinderlähmung und der inzwischen hinzugetretenen, sich rasch verschlimmernden Arteriosklerose nicht mehr ohne fremde Hilfe bewegen.

Das war der Zustand – die Welt kennt ihn in etwa aus den Jalta-Fotos der »Großen Drei« –, in dem der mächtigste Mann der Welt, »krank und gebrechlich«, wie ihn Churchill beschreibt, einem kraftvollen gesunden Stalin gegenübertrat und während der folgenden Konferenzwoche zusammen mit ihm und Winston Churchill Meilensteine setzte, die die Welt – und die europäische Geschichte – bis heute bestimmen.

Sein engster Vertrauter und politischer Berater Harry Hopkins, der seit Jahren an Magenkrebs litt und schreckliche Schmerzen zu erdulden hatte, mußte auf einer Bahre aus dem Flugzeug getragen werden und nahm auch auf der Bahre die ersten Gespräche im Konferenzsaal von Jalta auf. Beide starben bald darauf kurz nacheinander.

Bei Beginn der Besprechungen gab Roosevelt, wie Churchill erschrocken feststellte, eine »Erklärung von ungeheurer Tragweite« ab. Die amerikanischen Truppen würden, so sagte er, höchstens zwei Jahre nach Beendigung des Krieges in Europa bleiben und dann zurückgezogen werden. Da die britischen Truppen zur Besetzung Deutschlands nicht ausreichten und Frankreich in den Augen Churchills nicht mitzählte, begriff er sofort, daß Stalin mit dieser Erklärung von den Amerikanern »carte blanche« erhalten hatte.

Als im Januar 1919 Roosevelts Vorgänger Woodrow Wilson zu den Friedensverhandlungen in Paris eintraf, kam er zwar mit den besten Absichten, der Welt mit einem 14-Punkte-Programm Moral und den ewigen Frieden zu bringen. Aber er hatte weder von Europas Geographie oder seinen spezifischen politischen Verhältnissen eine Ahnung noch übersah er in dem anhebenden Spiel der diplomatischen Kräfte die Grenzen seiner eigenen und der amerikanischen

Möglichkeiten. Er war kein kühl kalkulierender Staatsmann, sondern ein zerstreuter, dem Tagesgeschehen entrückter, über politische und geographische Realitäten erhabener Professor – eine Art von »zweitem Jesus Christus«, wie ihn George Clémenceau hämisch bezeichnete. Wilsons Hauptgegenspieler erkannten seinen zunehmenden krankheitsbedingten Persönlichkeitsverlust, machten sich über ihn lustig und nutzten ihn für ihre Zwecke aus.

In God's own country durchschaute man das Spiel, das in Paris mit dem Präsidenten der siegreichen USA gespielt wurde. Der Kongreß weigerte sich, den Vertrag von Versailles zu ratifizieren oder auch nur in den von Wilson vorgeschlagenen Völkerbund einzutreten.

Da Wilson also praktisch resignierte und sich Vittorio Emanuele Orlando, der Vertreter Italiens, an der Zukunft Mitteleuropas eher desinteressiert zeigte, konzentrierten sich die entsprechenden Zuständigkeiten bei den Repräsentanten Großbritanniens und Frankreichs, Lloyd George und George Clémenceau, später Raymond Poincaré.

Wenn man über den Vertrag von Rapallo richten oder berichten will, tut es gut, sich auch mit der Atmosphäre vertraut zu machen, in der drei Jahre zuvor in Versailles die Weichen für die Entwicklung der europäischen Völkerfamilie nach dem Ersten Weltkrieg gestellt wurden. Dort also ließen sich die »Großen Drei«, an denen nichts groß war außer ihrer Scheinheiligkeit und Heuchelei, ausschließlich von Gefühlen der Rache, der Vergeltung, der Demütigung gegenüber dem unterlegenen Deutschland leiten, all jenen Ressentiments also, die von jedem Verhandlungskonzept sorgfältigst ferngehalten werden sollten.

Da der Verlauf ihrer Beratungen eher summarisch protokolliert wurde, mögen manche bei diesen Sitzungen ausgetragenen Differenzen, manche Haßtiraden und manche Vorschläge verlorengegangen sein. 26 Jahre später bei der Konferenz von Jalta war es übrigens nicht viel anders. Nach heftigsten amerikanisch-britischen Auseinandersetzungen über die künftige Strategie waren »beide Seiten äußerst gereizt, und über die letzten Sitzungen sowie über die dort geführten Gespräche schweigt die Geschichte aus Anstand überhaupt« (Zitat des sowjetischen Historikers W. G. Truchanowski aus einem Buch seines britischen Kollegen John Ermann).

Was immerhin übrigblieb, waren die Artikel des Vertrages von Versailles. Am 15. Oktober 1920 bemerkte Lenin in einer Rede dazu: »Was also ist der Versailler Vertrag? Ein ungeheuerlicher

Raubfrieden. Das ist kein Frieden, das sind Bedingungen, die einem wehrlosen Opfer von Räubern mit dem Messer in der Hand diktiert worden sind.« Und bei Lenins »Thesen« heißt es zum gleichen Vertrag, er sei »eine noch brutalere und niederträchtigere Vergewaltigung der schwachen Nationen als der Brest-Litowsker Vertrag der deutschen Junker und des Kaisers«.

Unter den damaligen Aspekten – und ebenso retrospektiv sechzig Jahre später – kann man nur den Scharfsinn bewundern, mit dem Lenin sofort die Unsumme von Torheiten erkannte, dank derer beide Diktate den Kampf um den Frieden gewinnen wollten. Er war keineswegs der einzige. Der britsche Nationalökonom Maynard Keynes, der anfangs bei der Berechnung der von Deutschland zu verlangenden Reparationen mitwirkte, sich aber sehr bald davon distanzierte, sagte nach der Unterzeichnung zu Lloyd George: »Wenn ich richtig verstehe, haben die Unterhändler dieses Friedensvertrages wohl mehr nach einer Unterschrift als nach einer Regelung gesucht.«

Georges Clémenceau, der »Tiger«, einer der Hauptverantwortlichen für den Vertrag, hat André Tardieu gegenüber noch in Versailles die Möglichkeit eines »fiasco total de ce traité« erwähnt – und damit recht behalten. Beide Äußerungen sind dem Buch »Vingt ans de suspense diplomatique« von Geneviève Tabouis entnommen, die unter dem Namen »Cassandra« als französische Publizistin der Zwischenkriegsära damals weltbekannt wurde und mit ihren unheilverkündenden Voraussagen nicht nur einmal recht behielt.

In Versailles kam es bekanntlich zu gar keinen Verhandlungen mit den Deutschen. Ihre schriftlich unterbreiteten Änderungsvorschläge wurden abgelehnt. Clémenceau bemerkte, wie Madame Tabouis sich notiert hat, zu einem seiner Mitarbeiter, Georges Mandel, nach der Unterzeichnung: »Was ich Lloyd George nicht verzeihe: Er hat damit gedroht, seine Unterschrift zurückzuziehen, wenn ich die deutschen Einwände nicht stärker berücksichtigen würde.« Verlangt wurde also Ablehnung oder Annahme – innerhalb von fünf Tagen! Was dann kam, ist bekannt – einschließlich des 30. Januar 1933 und allen seinen mit dem Versailler Diktat untrennbar verknüpften Folgen.

Das oft zitierte Wort Ludwig Zimmermanns (»Deutsche Außenpolitik in der Ära der Weimarer Republik«), »die rechtzeitige Revision der Friedensverträge würde wahrscheinlich die Weimarer Republik und den Frieden gerettet haben«, entlastet zwar die Deutschen nicht von ihrer schweren Schuld, aber ruft das Maß der Schuld in Erinnerung, die die Westmächte mit dem Vertrag von Versailles auf sich geladen haben.

Dieser Begebnisse kurz zu gedenken, ist auch bei Betrachtungen erforderlich, die sich vornehmlich mit Deutschland und Rußland befassen. Wenn Deutschland damals vor das Tribunal der Sieger zitiert und – wider besseres Wissen – mit der Alleinschuld des Krieges als dem »größten Verbrechen gegen die Menschheit und die Freiheit der Völker« belastet wurde, ging es Rußland nach der Oktoberrevolution nicht viel besser. Seine einstigen Alliierten waren unschlüssig, wie dem Elementarereignis dieses Umsturzes zu begegnen sei. Ein Kreuzzug gegen den Bolschewismus wurde erwogen. Frankreich unter Marschall Foch war dafür, und auch England unter dem Einfluß Winston Churchills – »to strangle the baby in its cradle« – entschied sich zunächst für eine massive militärische Intervention mit dem Ziel, die »weiße« russische Armee im Kampf gegen den Bolschewismus zu unterstützen.

Auch in Berlin meinten Militärs Anfang 1919, mit wenigen deutschen Bataillonen ließe sich die Ordnung in Rußland wohl bald wiederherstellen...

Als die Ordnung wiederhergestellt schien, hatte sie indessen ein bolschewistisches Gesicht, das seinen Blick mit Haß und abgrundtiefem Mißtrauen gegen die bürgerliche Ordnung des Westens richtete. Während sich der Westen Gewehr bei Fuß Klarheit über die Größe der Herausforderung zu verschaffen suchte, die aus dem Osten auf ihn zukam, verfolgte Lenin sein Ziel, die Weltrevolution, beharrlich weiter. Wie ein Steppenbrand sollte sie alle Staaten des Erdballs erfassen und sie – mit den Segnungen der »Diktatur des Proletariats« beglückt – als »Sozialistische sowjetische Weltrepublik« (Lenin) unter einem Dach vereinigen. Seine Dynamik war wenig geeignet, die allgemeine Unruhe über die Vorgänge in Rußland und die aufflakkernden bolschewistischen Aufstände in den Nachbarstaaten des sowjetischen Reiches zu beseitigen.

Zu den ersten Versuchen des neuen sowjetischen Regimes, Kontakt mit der Außenwelt aufzunehmen, gehörte auch die Schulung ausländischer Berufsrevolutionäre und die Finanzierung und Führung von Aufständen – vor allem in Deutschland. Die gemäßigt bürgerliche Revolution, die den Kaiser zur Abdankung genötigt, das Versagen der Monarchie durch die Umwandlung Deutschlands in eine Republik quittiert, aber das bürgerliche Gesellschaftssystem –

zum Leidwesen Lenins – intakt gelassen hatte, sollte nun schleunigst in eine kommunistische Revolution umfunktioniert werden. Lenin hatte zwar gründlich analysiert, wer und was in Rußland und den kapitalistischen Ländern alles vernichtet und zerstört werden müßte, um den Sieg an die rote Fahne der Revolution zu heften, aber zu konstruktiven Fragen, wie es dann weitergehen solle, war ihm, ebenso wie übrigens Marx, weit weniger eingefallen. Zunächst bemühte er sich, in der Nachbarschaft den Boden zu planieren, auf dem das ideologische Gebäude der Diktatur des Proletariats errichtet werden sollte. »Wer Deutschland hat, hat die Welt«, sagte er und umriß damit die ungeheure Bedeutung, die den von der Hungerblockade geschwächten und von verlogenen Durchhalte- und Siegesparolen erbitterten Menschen in Deutschland dabei zukam.

Lenin begriff Außenpolitik zunächst nur als Mittel zur Ausdehnung der Revolution. Dementsprechend befaßte sich auch seine im April 1918 in Berlin wieder eingerichtete diplomatische Vertretung vornehmlich mit der mehr oder minder subversiven Vorbereitung der bolschewistischen Anschlußrevolution in Deutschland. Als im November 1918 die kaiserliche Regierung in Berlin durch einen »Rat der Volksbeauftragten« abgelöst wurde, meinte Lenin, die Stunde sei gekommen: dem Pulverfaß der Revolution in Deutschland fehle nur jemand, der es zur Explosion bringe, damit alles seinen kalkulierten Verlauf nehme. Aber die Lunte zündete kaum oder wurde rasch gelöscht. So mußte Moskau, ohne damit die Erwartungen auf die deutsche Revolution aufzugeben, zu subtileren Mitteln greifen.

Lenin begann, sich der Diplomatie als Mittler für die Gestaltung zwischenstaatlicher Beziehungen zu bedienen. Und in der Tat: Nachdem sich der Pulverdampf der Schlachtfelder verzogen und aus dem deutschen Zusammenbruch eine sozialdemokratische Regierung unter Friedrich Ebert als Reichspräsident hervorgegangen war, fanden sich die Gegner von gestern, Deutsche und Russen, in jener oben skizzierten Lage, die ein gewisses Zusammengehörigkeitsgefühl aufkommen ließ: Beide besiegt, beide Kaiserreiche in Republiken umgewandelt und – inmitten ruinierter Volkswirtschaften bedroht vom Hunger, isoliert durch Blockade – mit aller Problematik eines demokratischen beziehungsweise marxistisch-leninistischen Neubeginns belastet; Deutschland vor den Siegern auf den Knien, Sowjetrußland im Kampf mit ihnen um den Wiederaufbau, die Kriegs- und Vorkriegsschulden, das Überleben der Revolution, beide mit Mißtrauen und Verachtung behandelt und befehdet. Hinzu kam – und das war nicht die geringste der Ursachen, die sie miteinander ins Gespräch kommen ließ –, daß beide Staaten Teile ihres Territoriums dem wiedererstandenen Polen abtreten mußten. Sowjetrußland hatte 1920 einen Krieg gegen Polen verloren, und Deutschland stellte trotz des Verlustes von Oberschlesien und der Korridorgebiete beunruhigt fest, daß der Landhunger Polens noch nicht befriedigt war und Warschau – sichtbar vom Wohlwollen Frankreichs begleitet – sich Gedanken über die Erweiterung seines Territoriums, natürlich auf Kosten seiner Nachbarn, zu machen schien.

So entdeckten gleichermaßen bedrohte Deutsche und Russen auch manche gemeinsamen Interessen und dringlich gemeinsam zu lösende Probleme. Es kam zum Austausch von Kriegs- und Zivilgefangenen, zu Vereinbarungen über den Handel, zu Kontakten über militärische Kooperation (die lange Jahre, vor der Weltöffentlichkeit sorgfältigst abgeschirmt, den Deutschen zur Erprobung von nach dem Versailler Vertrag verbotenen Waffen und den Russen zur Modernisierung ihrer Rüstung dienten) und in dem »Deutsch-Russischen Abkommen über die Erweiterung der Tätigkeit der beiderseitigen Delegationen für Kriegsgefangene« bereits zu einer De-jure-Anerkennung Sowjetrußlands. In Artikel I heißt es, »daß die Vertretung der RSFSR in Deutschland als die einzige Vertretung des russischen Staates in Deutschland zu betrachten ist«. Auf diesen Wegen kam es schließlich auch zu politischen Begegnungen und Aussprachen, denen die gemeinsame Erkenntnis von unabänderlichem Mit- und Nebeneinander zugrunde lag.

Die ersten und keineswegs die unwichtigsten Kontakte wurden übrigens auf eine Weise geknüpft, die den bislang üblichen Umgangsformen zwischen zwei Staaten eine ganz neue Nuance hinzufügten: Sie liefen über den russischen Kommunisten Karl Radek, Präsidiumsmitglied der Komintern, der 1918 nach Deutschland entsandt worden war, um am Aufbau der KPD mit Rat, Tat und Geld mitzuwirken und Aufstände zu schüren. In flagranti erwischt, wurde er im Gefängnis von Berlin-Moabit eingesperrt und empfing dort in seiner Zelle (allgemein »Radeks-Salon« genannt) den Besuch all derer, die seine intimen Beziehungen zur obersten sowjetischen Führung für politische oder wirtschaftliche Zwecke zu nutzen suchten. Einer der Besucher war auch der einflußreiche Chef der AEG, der spätere Aufbau- beziehungsweise Außenminister Walther Rathenau.

*oben:* Die Angehörigen der deutschen Botschaft in Ankara im Jahr 1942. V.l.n.r.: Militärattaché Rohde, Gesandtschaftsrat Dr. Allardt, W. Jenke, Botschafter Franz von Papen, Botschaftsrat von Walther.

*unten:* Ankara 1943, Zuschauer bei einem Springreiten. In der ersten Reihe v.l.n.r.: von Walther, Frau Jenke, Herr Jenke; dahinter (mit dunkler Brille) Ludwig Moyzisch.

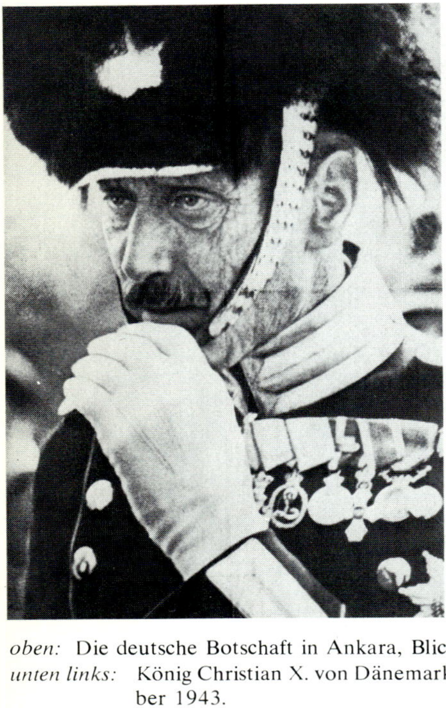

*oben:* Die deutsche Botschaft in Ankara, Blick vom Eingang zum Kanzleigebäude.
*unten links:* König Christian X. von Dänemark an seinem 73. Geburtstag. Kopenhagen, September 1943.
*unten rechts:* Anläßlich der Überreichung des Beglaubigungsschreibens 1954 mit Sukarno.

*oben:* Das Botschaftsgebäude der Bundesrepublik Deutschland in Djakarta (1954).
*unten:* 11.6.1963, Überreichung des Beglaubigungsschreibens in Madrid.

*oben links:* Dezember 1962 in Warschau.
*oben rechts:* Die Unterzeichnung des Nonproliferation-Abkommens im Dezember 1969. Ganz links: Botschaftsrat von Wolf.
*unten:* Moskau im Juni 1968; Überreichung des Beglaubigungsschreibens an Staatssekretär Nicolai Victorovich Podgorny.

Gesellschaftliche Anlässe in der Moskauer Botschaft. *Oben:* V.l n.r.: Botschafter Dr. Allardt, Anneliese Rothenberger, die Witwe des Komponisten Prokofieff, der britische Botschafter Sir Duncan Wilson. *Mitte:* Mit Herbert von Karajan, 1971. *Unten:* Im Frühjahr 1971 v.l.n.r.: Tochter Zarina Allardt, Maximilian Schell, Ehefrau Irene Allardt, Botschafter Dr. Allardt, der Maler Ilja Glasunow.

*oben:* Juli 1970, der stellvertretende Außenminister Vladimir Semjonovich Semjonow im Gespräch mit Walter Scheel und Egon Bahr.

*unten:* 7. August 1970, Parafierung des deutsch-sowjetischen Vertrages durch Scheel und Gromyko. Im Hintergrund E. Bahr, H.J. Frank, Abteilungschef Valentin Falin, der ehemalige sowjetische Botschafter in Bonn Andrei Andrejevitsch Smirnov.

*oben:* Am 11. August 1970 in Moskau, Residenz, mit (v.l.n.r.) Frank, Brandt, Bahr und Scheel.
*unten:* Willy Brandt bei seiner Abreise aus Moskau am 13.8.1970 mit Kossygin.

*oben:* Der Bundesminister des Auswärtigen Walter Scheel mit seiner Frau Mildred Scheel und der Außenminister der UdSSR Andrej A. Gromyko mit seiner Frau Lidiya D. Gromyko am 30.10.1970 in Kronberg.

*unten:* Der Gedankenaustausch über aktuelle weltpolitische Fragen am 30.10.1970 in Kronberg, an dem auf russischer Seite (v.l.) Botschafter Zarapkin, Botschafter Falin und Außenminister Gromyko teilnahmen.

1919 aus der Haft entlassen und ausgewiesen, kam Radek alsbald wieder, um – stets getreu dem Leninschen Grundsatz »keinerlei Einmischung in die internen Angelegenheiten dritter Mächte« – die Führung des von der Komintern beschlossenen Aufstands in Sachsen–Thüringen zu übernehmen. Er war ein urbaner Mann, der gelegentlich erzählte, während seiner Haft sei er von der Regierung der Sowjetukraine, damals ein de jure noch unabhängiger Staat, zu ihrem Gesandten in Deutschland ernannt worden. Die Reichsregierung hätte von seinem neu erworbenen diplomatischen Status allerdings nur insoweit Kenntnis genommen, als sie seinen zuvor abgelehnten Antrag auf Zuteilung eines »Nachtgeschirrs« überprüft und genehmigt hätte.

Je mehr man sich übrigens in die Geschichte der Sowjetunion vertieft, um so stärker tritt eine Beobachtung in den Vordergrund: Die Außenpolitik dieses Staates bestand in den ersten Jahren seiner Existenz ausschließlich und später bis zum heutigen Tage in dem Bemühen, durch ständige Einmischung in die internsten Angelegenheiten dritter Staaten deren Gesellschaftssystem zum Einsturz zu bringen. Diese Politik ist – ebenfalls bis zum heutigen Tage – von einer Unzahl bilateraler und multilateraler Verträge begleitet und abgesichert, bei denen – zumeist auf Verlangen der Sowjetunion – das strikte Verbot der Einmischung im Mittelpunkt der Abmachungen steht...

# Die Konferenz von Genua

Im April 1922 trat in Genua eine von England vorgeschlagene Welthandelskonferenz zusammen. Deutschland und Sowjetrußland, damals noch die »Russische Sozialistische Föderative Sowjetrepublik« (RSFSR), waren erstmalig zu einem solchen Treffen eingeladen (die »Sowjetunion« existiert erst nach Annahme der Sowjetverfassung am 6. Juli 1923, doch hatten sich die damals noch de jure, wenn auch nicht de facto unabhängigen übrigen sechs Sowjetrepubliken in allen außenpolitischen Fragen bereits mit der RSFSR solidarisiert). Nachdem es bei der vorhergehenden Konferenz von Cannes im Januar 1922 nicht gelungen war, die anstehenden europäischen Probleme, geschweige die sich immer stärker akzentuierenden Differenzen zwischen Frankreich und Großbritannien zu lösen, standen in Genua vor allem folgende Fragen auf der Tagesordnung. Erstens: internationale Wirtschaftsverhandlungen mit dem Ziel, Sowjetrußlands und Deutschlands Wirtschaft zu sanieren und die durch die Kriegswirren unterbrochenen europäischen Handelsströme wieder in Gang zu setzen. Zweitens: die Höhe der von Deutschland im Jahre 1922 zu leistenden Reparationszahlungen festzusetzen. Drittens: die Aufnahme diplomatischer Beziehungen Großbritanniens und Frankreichs mit Sowjetrußland zu diskutieren und schließlich über den von Frankreich den Briten vorgeschlagenen französisch-britischen Beistandspakt eine Einigung herbeizuführen. So konfus, überladen und heterogen diese Thematik von Genua war, so reflektierte sie doch perfekt den nicht weniger konfusen Zustand der britisch-französischen Beziehungen. Sie waren am Vorabend der Konferenz von Genua um so verworrener geworden, als Frankreichs Ministerpräsident Aristide Briand über die Konferenz von Cannes und angestaute innerfranzösische Probleme gestürzt und durch Raymond Poincaré, den Führer des »Bloc National« im Palais Bourbon, ersetzt worden war.

Briand wußte, daß ein friedlich-gedeihliches Nebeneinander der europäischen Völkerfamilie nur auf dem Weg von Kompromissen möglich war, und so hatte er – auch dies war ein Grund zu seinem Sturz – über ein Bündnis nachgedacht, das ihm offenbar als der verläßlichste Garant des europäischen Wiederaufbaus erschien: Ein Bündnis, dem die beiden europäischen Siegermächte, England und Frankreich, sowie die beiden Verlierer, Deutschland und Sowjetrußland, angehören sollten. Er glaubte auch, daß die Weimarer Republik auf diesem versöhnlichen Wege die ihr auferlegten finanziellen Kontributionen wie die Landverluste im Osten und Westen noch am ehesten innerpolitisch verkraften würde. Poincaré hingegen wollte den Sieg bis zur Neige. Er sah den Krieg nicht als Ende einer Erbfeindschaft, sondern als Anfang einer neuen Epoche, die Frankreich seine im 17. Jahrhundert konsolidierte und im 19. Jahrhundert eingebüßte »Grandeur« wiederbringen und den »ennemi héréditaire«, den »Erbfeind« Deutschland, zu einer – verdientermaßen – politisch irrelevanten Rolle verurteilen werde.

Poincaré war deshalb auch ein Gegner der Konferenz von Genua. Er hielt es für taktisch falsch und für unter der Würde Frankreichs, das am Boden liegende Deutschland als Verhandlungspartner zu akzeptieren, wie es Briand und Lloyd George vereinbart hatten, und machte kein Hehl daraus, daß er ein Fiasko der Konferenz erwarte und es nicht einmal ungern sehen würde. Da er die Konferenz nicht mehr verhindern konnte, versuchte er, ihr Scheitern durch eine Konferenzklausel vorzuprogrammieren: Er verlangte und erhielt von England und Italien deren Plazet zu der Bestimmung, daß der Versailler Vertrag und das Recht der Alliierten auf Reparationen von jeder Diskussion ausgeschlossen seien.

»Die Konferenz, die einberufen war zur Heilung des Leidens des Kontinents... durfte über eins nicht sprechen: nämlich über das Wesen und die Ursache dieses Leidens. Es durfte nicht gesprochen werden über die Kernfrage, die deutsche Frage, die Reparationsfrage«, sagte Walther Rathenau einige Wochen später in Stuttgart.

Deutschland und Sowjetrußland nahmen die Einladung an, obwohl sie sich, jedenfalls die Deutschen, über den Nutzen dieser Konferenz Lloyd Georges und Poincarés keine Illusionen machten. Die nüchternen, mehr auf praktikable Lösungen denn auf Rache bedachten Amerikaner (»business not politics«) hatten zwar den Krieg gewonnen, waren aber als Nichteuropäer erst gar nicht eingeladen worden.

Die Deutschen waren also eingeladen, wurden aber – vier Jahre nach Kriegsschluß! – ähnlich bewußt diskriminierend und demütigend behandelt wie weiland 1919 in Versailles. Die deutsche Delegation stand wiederum zeitweise vor verschlossenen Türen, während dahinter über ihr Schicksal verhandelt wurde und war – häufig genug – auf gezielte oder manipulierte Indiskretionen angewiesen. Aber dafür gelang es ihr, zusammen mit der sowjetischen Delegation ganz am Rande der offiziellen Konferenz – und strikt vor ihr geheimgehalten – ein bilaterales Abkommen fertigzustellen, das Ende 1921 und Anfang April 1922 in Berlin in großen Zügen bereits entworfen worden war.

Während die beiden Delegationen, die deutsche unter dem Reichsaußenminister Walther Rathenau, die russische unter dem Volkskommissar des Äußeren, Georgij Tschitscherin, darüber verhandelten, hatte Walther Rathenau die Hoffnung auf ein Einlenken der Entente in der Reparationsfrage immer noch nicht aufgegeben. Angesichts dieser Hoffnung schien ihm wohl das Jonglieren mit mehreren Bällen zu gleicher Zeit um so gefährlicher, als sie alle mit Dynamit gefüllt waren: die einen, weil das Bekanntwerden des Paktierens mit den Bolschewiken das annexionssüchtige Frankreich zum sofortigen Einmarsch ins Ruhrgebiet verleiten konnte, die anderen, weil ein Vertrag mit der kommunistischen Räterepublik das Betreten einer Terra incognita war und nach Rathenaus Meinung wohl erst als Ultima ratio in Betracht gezogen werden sollte.

Er überließ also die Verhandlungen dem Leiter der Ostabteilung des Auswärtigen Amtes, Ago Freiherr von Maltzan. Freiherr von Maltzan war ohnehin der eigentliche Promotor einer deutsch-russischen Kooperation und – wie der damalige britische Botschafter in Berlin, Viscount D'Abernon, in seinen Memoiren bemerkt – der »vielleicht klügste unter den Männern der damaligen politischen Führung in Berlin«. In Genua hatte er nicht nur das Kunststück fertigzubringen, in zähem Pokerspiel mit den Russen, die überaus geschickt taktierten und mit den offiziellen parallel laufenden Konferenzverhandlungen die Deutschen unter Druck zu setzen suchten, einen brauchbaren Vertrag auszuhandeln; gleichzeitig hatte er auch die Widerstände seiner unmittelbaren Vorgesetzten und der Politiker in Berlin, sofern diese überhaupt unterrichtet waren, zu überwinden.

Was sich in diesen Apriltagen alles hinter den Kulissen von Genua, Rapallo, Berlin und Moskau abgespielt haben mag, ist nie ganz aufgehellt worden, zumal keiner der Beteiligten Memoiren hinterlassen hat. Sicher ist nur, daß es dem Beamten Freiherrn von Maltzan mit seinem politischen Gespür, seiner überlegenen Sachkenntnis und mit der Billigung des Reichskanzlers Josef Wirth im Hintergrund schließlich gelungen ist, Reichspräsident, Reichsregierung und Reichstag vor ein Fait accompli zu stellen und sie von der Nützlichkeit des Vertrages zu überzeugen.

Am 16. April 1922 – am Ostersonntag – unterzeichneten Walther Rathenau für Deutschland und Georgij Tschitscherin für Sowjetrußland in Rapallo, in unmittelbarer Nachbarschaft zur Konferenz von Genua, den Vertrag. Walther Rathenau hatte vor Unterzeichnung des Vertrages wiederholt versucht, Lloyd George zu erreichen, um ihn zu informieren. Einmal war Lloyd George gerade zum Picknick gefahren, zwei andere Male nicht erreichbar. Als er sich schließlich herabließ, seinen deutschen Kollegen anzuhören, war es zu spät.

Der Reichsaußenminister sah den Sturm voraus, der kommen würde und schien – buchstäblich bis zum letzten Augenblick – bereit, auf den Vertrag zu verzichten, wenn seitens der Westmächte das kleinste Zeichen eines Einlenkens erkennbar gewesen wäre. Das war nicht der Fall, und so war es nur konsequent, daß er trotz aller Skrupel diese Gelegenheit eines deutsch-russischen Interessenausgleichs nicht ungenutzt vorbeigehen ließ. Sie mußte um so rascher ergriffen werden, als die deutsche Delegation in Erfahrung gebracht hatte, daß Lloyd George, der für seinen deutschen Kollegen keine Zeit fand, mehrfach zusammen mit Jean Louis Barthou, dem Vertreter Poincarés in Genua und Chef der französischen Delegation, Tschitscherin, und dessen Mitarbeiter zu Gesprächen empfangen hatte.

Sowjetrußland hatte demnach noch jederzeit die Möglichkeit, die Vorschläge der Entente zu akzeptieren und hatte auch noch unmittelbar vor der Unterzeichnung den Deutschen damit gedroht. Daß die russische Delegation, wie Paul Scheffer im Buche »Augenzeuge im Staate Lenins« schreibt, von Lenin angewiesen worden war, in Genua »mit allen anzubändeln, aber mit niemandem sich zu binden, Deutschland ausgenommen«, wußten die Deutschen wohl kaum.

Darüber hinaus bestand die Gefahr, Frankreich würde seine alte Einkreisungspolitik wieder aufnehmen, Deutschland in Moskau den Rang ablaufen und auf dem Weg über eine französisch-sowjetische Allianz versuchen, Deutschland in den Griff zu bekommen. Trotzdem – für Rathenau war und blieb Rapallo ein resigniertes Sichabfinden mit dem Unvermeidlichen. Er hatte sich von Ago Freiherr von Maltzan, wie dieser kurz vor der Unterzeichnung anmerkte, freiwillig »vergewaltigen« lassen.

Der besagte Sturm moralischer Entrüstung, den der Vertrag dann auch wirklich – mit den konspirativen Umständen seiner Aushandlung –, vor allem in Frankreich und zunächst auch in England hervorrief, ist bis zum heutigen Tage noch nicht abgeklungen. Als »Geist«, »Gespenst« oder »Mythos« von Rapallo hat er die Weimarer Republik, das Dritte Reich und sogar den Zweiten Weltkrieg überdauert. Er hat eine wahre Flut von Literatur hervorgebracht, aus der die erst jüngst bei der Pariser »Fondation nationale des sciences politiques« erschienene, brillant geschriebene und sehr objektive Studie von Renata Bournacel »Rapallo naissance d'un mythe« besonders hervorgehoben sei.

Zu einem schier unentbehrlichen Accessoire europäischer Politik geworden, taucht Rapallo immer dann auf und verdichtet sich – vornehmlich an den Wänden des Quai d'Orsay – zu einem Menetekel, sobald Deutschland und Rußland allein an einem Tisch angetroffen werden. Und weil es wohl noch lange so bleiben wird, scheint es mir gerechtfertigt, auch diesem – ginge es nur nach den Buchstaben seines Inhalts – längst vom Moos der Geschichte überwucherten Vertrage einige Betrachtungen zu widmen.

# Der Inhalt des Vertrages

Der Inhalt des Vertrages rechtfertigt in der Tat, wie man gleich sehen wird, in keiner Weise die um ihn entstandene Aufregung. Die bloße Tatsache seines Abschlusses, der dafür gewählte Zeitpunkt und die emotionale Bewertung haben ihm indessen eine überragende Bedeutung verschafft – nicht nur wegen seines Einflusses auf die deutsch-sowjetischen Beziehungen. Der war geringer und zeitlich begrenzter als sein Einfluß auf das deutsch-französische Verhältnis.

Seine Bedeutung aus der Sicht praktischer Politik objektiv zu erfassen, ist deshalb wichtig, zumal er auch – zumindest was das Bemühen um die Wiederherstellung »normaler« Nachbarschaft angeht – die Brücke zur zweiten Nachkriegszeit, zu den Vereinbarungen Adenauers mit Bulganin und den später abgeschlossenen Verträgen schlägt.

Rapallo hat gezeigt, daß sich mit Pragmatismus und gesundem Menschenverstand aus hoffnungslos verfahrenen politischen Situationen Auswege finden lassen, die ideologisch durch Welten getrennten Staaten von unterschiedlicher Größenordnung und Zielsetzung ein friedliches und konstruktives Nebeneinander ermöglichen.

Die Beweggründe der beiden Vertragsparteien wurden von aller Welt und vor allem von den sich düpiert vorkommenden Siegermächten mißdeutet, und das Corpus delicti, der Vertrag, wird auch so lange umstritten bleiben, wie die deutsche Außenpolitik gezwungen ist, ständig alle Möglichkeiten eines friedlichen, elastischen und konstruktiven Modus vivendi mit dem übermächtigen Nachbarn im Osten zu erproben, ohne ihre fest im Westen verankerte Position zu gefährden oder gar preiszugeben. Man sollte wohl hinzufügen, daß weder Frankreich noch die Sowjetunion es uns immer leicht machen, dieses Ziel im Auge zu behalten – gerade die heutige Zeit liefert dafür fast täglich eine Fülle von Beispielen –, ohne in den Verdacht opportunistischer Schaukelpolitik zu geraten.

Der Inhalt des Rapallo-Vertrages ist rasch berichtet: Mit seinen sechs Artikeln machte er einen Strich unter die Vergangenheit und eröffnete bei gegenseitigem Verzicht auf Ansprüche und Entschädigungen den Weg zur Aufnahme diplomatischer Beziehungen. Deutschland verzichtete auf alle Ansprüche, die sich aus der bisherigen Anwendung der Gesetze und den Maßnahmen Sowjetrußlands gegenüber deutschen Privatrechten ergaben, vorausgesetzt, daß die Regierung der RSFSR auch ähnliche Ansprüche dritter Staaten nicht befriedigen würde. Schließlich versprachen sich beide Staaten die Meistbegünstigung sowie wohlwollende amtliche Förderung privatwirtschaftlicher Initiativen.

Die einzige, Jahrzehnte geheimgehaltene (inzwischen von dem deutschen Historiker Theodor Schieder publizierte) Abrede befindet sich in einem Briefwechsel zwischen Josef Wirth und Georgij Tschitscherin. Sie enthält eine Erläuterung der Vereinbarungen des Artikels 2 sowie die Versicherung der Reichsregierung, daß sie »an den einzelnen Unternehmungen des internationalen Wirtschaftskonsortiums in Rußland nur nach vorheriger Vereinbarung« mit der Regierung der RSFSR teilnehmen werde. Das internationale Wirtschaftskonsortium sollte nämlich nach Meinung der Westmächte gegründet werden, um die von ihnen Sowjetrußland angebotene Wiederaufbauhilfe zu leiten und zu überwachen. Die Idee wurde vom Kreml mit größtem Mißtrauen aufgenommen und ist daher auch nicht realisiert worden.

Das war alles. Militärische Abreden gab es nicht. Der Chef der Reichswehr, General von Seeckt, wurde von dem Abschluß dieses Vertrages ebenso überrascht wie der jedem Paktieren mit dem Kommunismus abgeneigte Reichspräsident Friedrich Ebert. Die von Seeckt geförderten Kontakte zwischen den Militärs beider Staaten bestanden, wie erwähnt, bereits seit geraumer Zeit und hatten mit Rapallo nur insofern etwas zu tun, als die wirtschaftlichen Vereinbarungen des Vertrages auch den militär-wirtschaftlichen Warenaustausch begünstigten.

Weit bedeutungsvoller als der Inhalt des Vertrages waren also das Faktum als solches, die strikte Geheimhaltung der ihm vorangegangenen Verhandlungen und als deren Folge der Schock, den die Bekanntgabe der Unterzeichnung verursachte.

Es war die erste selbständige Lebensäußerung des besiegten Deutschlands, von der nicht nur die Siegermächte, sondern zu seinem größten Mißfallen auch der Reichspräsident Ebert und selbst die meisten Mitglieder der deutschen Genua-Delegation erst im nachhinein erfuhren.

Bis zu diesem Ereignis waren die Regierungen in Paris und London offenbar davon ausgegangen, daß Hoheitsakte der Reichsregierung wie zum Beispiel die Unterzeichnung eines Staatsvertrages zunächst einmal den Siegern zur Zustimmung vorzulegen seien. Dies oder ähnliches stand nicht einmal im Versailler Vertrag, und so war auch mit vollem Recht darauf verzichtet worden, die Siegermächte zum Rapallo-Vertrag zu konsultieren oder gar ihr Plazet einzuholen. Der Abschluß war ein eher normaler Vorgang. Im Zuge der Genueser Konferenz von den Vertragsparteien vorgebracht, hätte er gewiß auch Aufsehen erregt, schon weil die Regelung der künftigen Beziehungen zum neuen Rußland allgemein diskutiert, aber neben dem multilateralen Abkommen, das die Konferenz von Genua anstrebte, nicht getroffen wurde. Was dem ganzen Vorgang den – nach französischer Ansicht – »kriminellen« Anstrich verlieh, lag keineswegs in der Sache, wohl aber in der Atmosphäre begründet. Frankreich hatte entschieden – und Großbritannien spielte halbherzig mit –, daß Deutschland und Sowjetrußland nach wie vor als Parias zu behandeln seien und bei den Verhandlungen gegeneinander ausgespielt werden sollten. Dem nun waren beide Mächte dadurch zuvorgekommen, daß sie ihre Unabhängigkeit unter Beweis stellten.

Zweifelsohne traf zu, daß Art, Zeit und Ort des Vertragsabschlusses konspirativ und daher verdächtig wirkten. Aber hätte man die Siegermächte konsultiert beziehungsweise über die Kontakte zwischen den deutschen und den russischen Delegierten auf dem laufenden gehalten, wäre der Vertrag mit Gewißheit nicht zustande gekommen.

Erich Eyck meint in seiner »Geschichte der Weimarer Republik«, durch die hinter dem Rücken der Westmächte geführten Rapallo-Gespräche seien die ersten Ansätze von Vertrauen zwischen ihnen und Deutschland zerstört worden. Dieser häufig erhobene Vorwurf, Deutschland hätte in Rapallo einen moralischen Verrat begangen, läßt sich kaum aufrechterhalten: Ansätze von Vertrauen gab es, wie erwähnt, zwar zwischen Großbritannien und Deutschland. Rathenau hatte diese Ansätze in seine Überlegungen einbezogen, wohl aber die Bereitschaft Englands, sich in einigen prinzipiellen Fragen offen auf die deutsche Seite zu schlagen und damit das ohnehin komplizierte Verhältnis zu Frankreich weiter zu belasten, weit überschätzt. Frankreich, das die Hauptlast und die Hauptschäden des

Weltkrieges zu tragen hatte, sollte die Führungsrolle in der Auseinandersetzung mit Deutschland behalten – soweit nicht Grundsätze britischer Kontinentalpolitik tangiert wurden. So wie die Dinge lagen, war also von England nicht viel Hilfe zu erwarten. Ebensogut ist auch denkbar, daß Lloyd George sich den wiederholten Bemühungen Walther Rathenaus, ihn aufzusuchen und ihn dabei auch über das deutsch-russische Projekt zu orientieren, deshalb entzog, weil er ahnte, worum es gehen würde. Vermutlich hielt er es für diplomatischer, den Dingen ihren Lauf zu lassen, um sich danach ebenso überrascht wie Poincaré zu zeigen und die Hände frei zu haben. Die Vermutung, Genua hätte für Deutschland mehr Vorteile erbracht, wenn die deutsche Delegation sich angepaßt und nicht mit den Russen verhandelt hätte, ist eine Hypothese, die sich durch nichts beweisen läßt. Ebensowenig gibt die von Eyck zitierte Beschwerde Briands gegenüber Stresemann her, die Deutschen interessierten sich nur solange für Konzessionen, bis sie gemacht seien. »Das mögen«, fügt Eyck hinzu, »diejenigen sich zu Herzen nehmen, die noch immer glauben, Hitler und der Zweite Weltkrieg hätten vermieden werden können, wenn die Alliierten schneller nachgegeben hätten.«

Interessanter wäre es gewesen, die Antwort Stresemanns an seinen Freund Briand kennenzulernen. Er konnte ihm eigentlich nur antworten: »Von welchen Konzessionen sprechen Sie eigentlich?«

Was Gustav Stresemann sonst noch zu einer solchen Bemerkung zu sagen gehabt hätte, hat er 1929 in einer Rede kurz vor seinem Tode gesagt: Von Papen (»Der Wahrheit eine Gasse«) zitiert sie aus Heft 7/1947 der Zeitschrift »Horizont«; mir scheint sie wichtig genug, um hier nochmals abgedruckt zu werden:

»Ich habe aufrichtig für den Frieden und die Versöhnung gearbeitet. Ich habe mich für eine englisch-französisch-deutsche Verständigung eingesetzt. Achtzig Prozent der deutschen Bevölkerung habe ich für meine Politik gewonnen. Ich habe mein Land in den Völkerbund gebracht. Ich habe den Locarno-Pakt unterzeichnet. Ich habe gegeben, gegeben und nochmals gegeben, bis meine Landsleute sich gegen mich wandten. Es ist jetzt fünf Jahre her, daß wir Locarno unterzeichneten. Wenn sie mir nur ein Zugeständnis gemacht hätten, so hätte ich mein Volk gewonnen. Auch heute könnte ich es noch. Aber sie haben nichts gegeben, und die winzigen Zugeständnisse, die sie gemacht haben, kamen immer zu spät. Und die Jugend Deutschlands, die wir für den Frieden und für ein neues Europa hätten gewinnen können, haben wir für beides verloren. Das ist meine Tragik und ihr Verbrechen.«

Der spätere deutsche Botschafter in Moskau, von Dirksen, meinte in seinen »Erinnerungen« mit anderen Worten das gleiche: »Niemals waren deutsche Kabinette so willig für die Zusammenarbeit mit dem Westen wie 1919 bis 1933, und noch niemals sind so viele Gelegenheiten so ungenutzt geblieben.«

Der Gedanke, daß einer Schwenkung Deutschlands nach Osten mit all ihren unabsehbaren Folgen am verläßlichsten durch eine realistische, materiell vertretbare Regelung der Kriegsfolgen begegnet werden konnte, lag der französischen Regierung leider ganz fern. Sie setzte astronomische Kriegsschulden und Reparationen fest und sorgte gleichzeitig durch die Abtrennung des rohstoff- und industrieintensiven Oberschlesiens dafür, daß Deutschland sie nicht bezahlen konnte...

»Der Ärger« – schreibt der britische Historiker E. H. Carr in »German-Soviet Relations between the two world wars« –, »mit dem der Rapallo-Vertrag von den Alliierten aufgenommen wurde, war der Schlüssel zu seiner Bedeutung.« In der Tat, erst nachdem der Ärger überschaubar geworden war, ließen sich in Berlin die Auswirkungen halbwegs abschätzen. Walther Rathenau stellte fest, daß Rapallo ganz plötzlich die internationale Position des Reiches gründlich zu seinen Gunsten verändert hatte. Für General von Seeckt war der Umstand, »daß uns Rapallo in den Verdacht brachte, wir hätten Machtzuwachs erreicht, ohne daß wir uns gebunden haben, der Haupt- und kaum zu unterschätzende Vorteil dieser Abmachung«.

Wer auch außerhalb Deutschlands die denkbaren Vorteile des Vertrages ebenfalls rasch erfaßt hatte, war der Vatikan: Seit dem Machtantritt Lenins auf der Suche nach Möglichkeiten, trotz der entschiedenen Religionsfeindlichkeit des neuen Regimes Anknüpfungspunkte zu finden, hatte der Vatikan den Abschluß des deutsch-sowjetischen Vertrages vom 16. April 1922 mit größtem Interesse zur Kenntnis genommen. Vielleicht wußte er schon vorher aus Berlin, was sich da anbahnte.

Wenige Tage nach diesem historischen Datum saßen sich bei einem Essen, das König Victor Emanuel den Delegationschefs der Genua-Konferenz gab, Tschitscherin und der Erzbischof von Genua, Giosue Sincero, gegenüber, tranken sich (siehe Stehle: »Die Ostpolitik des Vatikans«) »freundlich lächelnd« zu und unterhielten sich sogar über die von Tschitscherin behauptete völlige Religionsfreiheit im neuen Rußland. Und wiederum wenige Tage danach, am 5. Mai, schickte Papst Pius XI. den Monsignore Pizzardo vom Staatssekretariat nach Genua, um den Faden zum russischen Kommissar des Äußeren wieder aufzunehmen und weiterzuspinnen. Reichskanzler Wirth, sehr daran interessiert, für seinen umstrittenen Vertrag Unterstützung zu finden, habe, wie Hansjakob Stehle schreibt, dabei den Vermittler gespielt.

Aber der Vatikan mußte bald begreifen, daß Marxismus und Religion schwerlich zu vereinbaren sind und die an die Genueser Gespräche geknüpften Erwartungen kaum in Erfüllung gehen würden. Er hat sich aber – trotzdem oder gerade deshalb – nicht davon abhalten lassen, die Genueser Kontakte immer wieder zu erneuern. Am aktivsten wohl unter Johannes XXIII., dessen Enzyklika »Pacem in terris« 1962 nicht zum geringen Teil an die kommunistische Welt adressiert war. Neben vielen sehr ernstzunehmenden Gründen für diese häufig scharf angegriffene Politik gegenüber dem »antichrist« hat der Vatikan auch nicht die Prophezeiung Lenins vergessen, die erst kürzlich vom Erzbischof von Wien, Kardinal König, anläßlich eines Vortrags in Erinnerung gerufen wurde: »Im nächsten Jahrhundert«, so habe er 1920 zu einem Schweizer Journalisten bemerkt, »wird es nur noch eine Staatsform und nur noch eine Religion geben: die marxistische und die katholische. Schade, daß wir beide das nicht mehr erleben werden.«

Konsterniert und erbittert, daß ihre Pläne durchkreuzt waren, erwogen England und Frankreich, den Rapallo-Vertrag von sich aus zu annullieren beziehungsweise forderten per Note Deutschland und Sowjetrußland auf, die Unterzeichnung rückgängig zu machen. Lloyd George sprach von kaltblütigem Verrat, die »Times« von offener Herausforderung und wohlkalkulierter Beleidigung. Herriot bezeichnete Deutschland als den »Hauptschuldigen« der beiden Vertragspartner, »Le Matin« schrieb einen vielzitierten Rapallo-Artikel »Le pacte de Oui-Aggression«, ein Professor der Sorbonne verlangte die sofortige Verhaftung des Reichsaußenministers Walther Rathenau, und Poincaré – ohnehin auf der Suche nach Vorwänden für seine längst geplante Ruhrbesetzung – deutete in einer Brandrede in Bar le Duc an, man werde Deutschland durch einen neuen Krieg zum Verzicht auf den Vertrag zwingen.

Damit hatte er allerdings seine Karte überreizt. Lloyd George äußerte ganz offen seine Mißbilligung über diese Rede, und in der britischen Presse wurde der Chef der französischen Regierung sogar »das Haupthindernis für einen europäischen Frieden« genannt. Die Pariser Tageszeitung »Le Petit Matin« hingegen meinte, Europa werde erst zur Ruhe kommen, wenn es Lloyd George »ausgespien« habe. Rapallo überbrückte also nicht, wie man hätte annehmen können, den bisher vor der Öffentlichkeit kaschierten Schwelbrand französisch-englischer Differenzen, sondern fachte ihn an. Aber letzten Endes isolierte sich dank der Maßlosigkeit ihrer Reaktionen die französische Regierung selbst von ihren streit- und kriegsmüden Alliierten. Sie wurde nicht, wie André Tardieu, der Mitarbeiter Clémenceaus und spätere Ministerpräsident, es formuliert, als »sentiuelle de la liberté«, als Wachtposten der Freiheit, sondern als »trouble-fête«, als Störenfried, betrachtet.

Was Frankreich – die Konvention von Tauroggen vom 30. Dezember 1812 vor Augen – besonders fürchtete, war die Möglichkeit, daß sich die Deutschen ganz auf die Seite der Russen schlagen und sich auch militärisch mit ihnen verbinden könnten oder sogar in geheimgebliebenen Abmachungen bereits verbunden hätten. Der Vertrag selbst lieferte allerdings für solche Befürchtungen keinerlei Anhaltspunkte. Die nach Unterzeichnung bereitwilligst gelieferten Erläuterungen der deutschen Delegation in Genua und der deutschen Botschaft in Paris versuchten vergeblich, die pessimistischen und apokalyptischen Bewertungen des Vertrages zu zerstreuen.

Der Franzosen permanenter Alptraum »Deutschland« wuchs ins Riesenhafte. Die führende Pariser Tageszeitung »Le Temps« schrieb am 14. Juni 1922: »Unter der Führung Frankreichs sollte die gesamte Zivilisation Front machen gegenüber diesem Block von mehr als 200 Millionen Menschen – dem gewaltigsten Unterwerfungsinstrument, das die Welt jemals in Schrecken versetzt hat.«

Gerade um einen deutsch-russischen Zusammenschluß zu verhindern, hatten die Sieger im Artikel 116 des Vertrages von Versailles den Beitritt Sowjetrußlands – wie bereits erwähnt – ausdrücklich offengelassen! Das oben erwähnte, in Genua diskutierte britische Memorandum wies denn auch expressis verbis auf diesen Artikel und das darin verbriefte Recht Sowjetrußlands hin, von Deutschland Kriegsentschädigung zu verlangen, während deutsche Ansprüche gegenüber Sowjetrußland ausdrücklich ausgeschlossen wurden.

Für die Russen bedeutete dieser Vorschlag eine verlockende Chance, sich nicht nur aus dem vergleichsweise reichhaltigen Besitzstand der deutschen Industrie zu bedienen, sondern auch an der auf

132 Goldmilliarden festgesetzten – und von der Reichsregierung unter Erpressung anerkannten – deutschen Kriegsschuld zu partizipieren. Einer bilateralen deutsch-sowjetischen Annäherung wäre damit der Boden entzogen worden. Die Russen hatten zwar erklärt, dem Versailler Vertrag nicht beitreten zu wollen, wußten aber trotzdem diesen Köder des Artikels 116 wohl zu nutzen und erinnerten gelegentlich (so die »Prawda« im Dezember 1921) die Deutschen daran, daß gegebenenfalls auch Sowjetrußland ein Anteil an den deutschen Reparationen zustehe. Mit Artikel 1 des Rapallo-Vertrages verzichteten nun aber beide Vertragspartner auf Erstattung von Kriegskosten und -schäden (und die Russen damit auch auf die Vorteile des Artikels 116).

Rapallo kam also der Absicht der Alliierten, einen Keil zwischen Deutschland und Sowjetrußland zu treiben, zuvor und erhöhte damit die Verstimmung in Paris und London. Der einsichtige und pragmatische Lloyd George war im Prinzip bereit, in der Reparationsfrage realistisch zu taktieren, konnte sich aber gegenüber Poincarés Deutschenhaß nicht durchsetzen. »His opinions«, sagte Lloyd George einmal beiläufig, »on everything German were those of a Salvation Army Captain about the devil. All concessions to that devil and dangerous personage whould be not only a mistake but a sin.«

England und Frankreich hatten sich nach Versailles immer mehr auseinandergelebt. Der französische Wunsch nach einem bilateralen, alle nur denkbaren Risiken deckenden eindeutig gegen Deutschland gerichteten Beistandspakt war in London sehr kühl aufgenommen und die Idee, auch Frankreichs neue Schützlinge, Polen und die Tschechoslowakei in den Pakt miteinzubeziehen, alsbald scharf abgelehnt worden. Wie man in London über den ganzen Plan wirklich dachte, hat Lloyd George Poincaré höchst unmißverständlich wissen lassen. Renata Bournacel zitiert in ihrem oben erwähnten »Rapallo-Naissance d'un mythe« aus der Aufzeichnung über ein Gespräch zwischen beiden Staatsmännern am 25. Februar 1922 – also kurz vor der Konferenz von Genua: »Wenn es jetzt in England Wahlen gäbe«, habe Lloyd George bemerkt, »dann hätte man ein Unterhaus, das einen Pakt mit Frankreich ablehnen, seine Abneigung gegen den Vertrag von Versailles unterstreichen und sich für ein Arrangement Englands mit Deutschland und Rußland aussprechen würde.« Ähnliche Ansichten hatte der britische Botschafter in Berlin, Lord D'Abernon, gelegentlich gegenüber Ago Freiherr von Maltzan geäußert, und schließlich hatten die nüchternen Engländer in einem streng vertraulichen Memorandum (das sie fairerweise auch den Deutschen zugänglich machten) nachgewiesen, daß mit den Reparationsforderungen des Versailler Vertrages Deutschland weit überfordert sei.

Genaugenommen hatte Frankreich nichts unterlassen, um die so gefürchtete Annäherung zwischen Deutschland und Sowjetrußland zu forcieren und zu provozieren. In Moskau hatte man das mit Befriedigung beobachtet und nicht versäumt, die deutsche Erbitterung über den Druck aus Paris und London zu schüren. »Unsere Außenpolitik besteht... bis auf weiteres in dem Zwang, Uneinigkeiten auszunützen«, hatte bereits Lenin 1920 gesagt, und die französische Politik tat denn auch alles, um ihm eben diesen Handel zu erleichtern. Der Sowjets offiziöse Vertretung in Deutschland, damals wie heute wieder die KP, warf am Vorabend der Konferenz von Genua der Reichsregierung vor, sich »zu einem Objekt der Weltpolitik degradieren zu lassen«, anstatt durch »aktive selbständige Politik im Osten wieder zu einem handelnden Subjekt zu werden«. Die kommunistische Reichsabgeordnete Clara Zetkin meinte gleichzeitig, für Deutschland gäbe es nur eine Rettung, und zwar ein Bündnis mit Sowjetrußland.

Während Lloyd George zuvor erwogen hatte, in Genua das deutsche Reparationsproblem und einen westlichen Beitrag zum Wiederaufbau Sowjetrußlands (unter der Bedingung der Anerkennung der russischen Vorkriegs- und Kriegsschulden!) möglichst in Verbindung miteinander zu regeln, war Poincaré von dem Gedanken besessen, das Rheinland zu annektieren, um auf diesem Weg die unsinnigen Reparationsforderungen an Deutschland einzutreiben und damit die während des Kriegs enorm gewachsenen französischen Auslandsschulden zu bezahlen. Aber nun stieß er auf den Widerstand Englands, dem eine Entwicklung Frankreichs zur kontinentalen Führungsmacht keineswegs ins politische Konzept paßte.

Für die Sowjets ließ sich die Konferenz von Genua zwar günstiger an, als sie erwartet hatten, aber das Damoklesschwert der zaristischen Schulden und vor allem die Gefahr einer Eingliederung Deutschlands in die Front der Blockademächte ließ ihnen Deutschland in gewisser Weise als das Tor zur Welt erscheinen, das unter allen Umständen offenbleiben müsse. Schließlich war es noch nicht lange her, daß es – im Herbst 1919 – schon einmal einen Versuch der Entente gegeben hatte, Deutschland zur Teilnahme an der gegen Rußland verhängten Blockade zu bewegen. Sie wurde von der

Reichsregierung abgelehnt und wäre übrigens um so absurder gewesen, als die gleiche Entente zu gleicher Zeit die gleiche Blockade gegen Deutschland durchführte...

Hinzu kam, daß die von Lenin prophezeiten, erhofften und vorbereiteten Anschlußrevolutionen in Europa und vor allem in Deutschland ausgeblieben waren. Die »Prawda« hatte zwar schon am 1. November 1918 die deutsche Revolution mit der Schlagzeile »Die Weltrevolution hat begonnen« eingeleitet, und Grigorij Sinowjew, einer der brillantesten Köpfe und Demagogen im Exekutivkomitee der Komintern, prophezeite 1919: »In tollem Tempo saust das alte Europa der proletarischen Revolution entgegen... nach einem Jahr wird ganz Europa kommunistisch sein...« Aber trotz aller Brandstiftungsversuche der vom Kreml abhängigen Komintern zeigte sich schließlich, daß dies Europa Ruhe, keine Revolutionen wollte – schon gar nicht so erbarmungslos blutige, wie sie Lenin bei sich zu Hause durchgeführt hatte. Wenn also die Weltrevolution, die nach Lenin allein dem Umsturz in Rußland Dauer und Sicherheit von außen versprach, auf sich warten ließ, mußte das neue Regime auf legalere Weise für seine Sicherheit sorgen. Die Aufgabe war dringlich, die Entente hatte ja bereits in Sowjetrußland interveniert, die Gegenrevolution der »Weißen Armee« Koltschaks unterstützt und war auf der Suche nach Methoden, sich ihrerseits gegen sowjetische Infiltrationen zu sichern und den bolschewistischen »Giftherd« einzugrenzen.

Lenin hatte die Gefahr wohl erkannt. Aus seinem Hinweis, daß »jeder Zusammenschluß von Staaten, dem die Sowjetunion nicht angehört, aggressiv und gegen uns gerichtet ist«, ergab sich für die sowjetische Außenpolitik das Bestreben, bei bilateralen Verhandlungen und Vereinbarungen Dritter möglichst »in der Nähe« zu sein, um eine antisowjetische Spitze zu verhindern. Zwischenstaatliche Vereinbarungen erhielten daher für die Sowjetführung Priorität vor der Weltrevolution – und der Rapallo-Vertrag war der erste bedeutende Erfolg dieser Politik. Die große sowjetische Enzyklopädie definierte ihn später als geglückte »Sprengung der Blockade der kapitalistischen Mächte«.

Wenn Wilhelm Pieck, der erste Präsident der DDR, gelegentlich von der »uneigennützigen Freundschaft der Sowjetunion gegenüber dem deutschen Volk in seiner schwersten Zeit« sprach und Otto Winzer, Außenminister der DDR, den Rapallo-Vertrag als einen »der bedeutungsvollsten geschichtlichen Beweise für die Uneigennützigkeit der Sowjetregierung gegenüber dem deutschen Volk« bezeichnete, so war das absurd und Tschitscherin nachgeplappert: Bei den sowjetischen Bemühungen, den Locarno-Vertrag zu verhindern, hatte er gelegentlich die Deutschen väterlich mahnend auf die sowjetische »Uneigennützigkeit« in Rapallo hingewiesen und dabei wohl auf das schlechte Gedächtnis der Deutschen spekuliert. In Wirklichkeit hatte der Kreml mit bewundernswerter taktischer Gerissenheit keinen Versuch ausgelassen, um – lange vor Genua und vor Poincaré, aber auch noch während der deutsch-sowjetischen Gespräche – mit Frankreich zu einem Arrangement zu kommen, jedenfalls aber durch sorgfältig gezielte Indiskretionen den Eindruck des »als ob« zu erwecken, Mißtrauen zwischen den Alliierten zu säen und Berlin nervös zu machen. Poincaré, der die »Entente cordiale« keinesfalls mit Alleingängen belasten wollte, spielte da nicht mit, glaubte freilich auch nicht an eine deutsch-sowjetische Übereinkunft.

Der Rapallo-Vertrag war natürlich alles andere als eine karitative Hilfsaktion der Sowjets für Deutschland. Er war der dringend benötigte Durchbruch zur Aufnahme des neuen, des kommunistischen Rußlands in die Interessengemeinschaft der bürgerlichen Welt. Ähnliche Funktionen hatte der deutsch-sowjetische Vertrag vom 12. August 1970. Er war die unerläßliche Voraussetzung dafür, das der Sowjetunion durch den Zweiten Weltkrieg zugefallene Mandat als Superweltmacht wirksam wahrzunehmen.

# Die »Schicksalsgemeinschaft«

Die Konferenz von Genua erholte sich zwar binnen weniger Wochen von dem deutsch-russischen Schock, scheiterte aber doch bald an den britisch-französischen Gegensätzen, mit denen sie begonnen hatte. Ihr einziges Ergebnis war ein »Abfall«-Produkt – der Vertrag von Rapallo –, das Resultat einer, wie Churchill es treffend formulierte, »Kameraderie des Unglücks« oder besser noch das Ergebnis einer »Schicksalsgemeinschaft« zweier durch die Kriegsfolgen geschwächten und aus dem europäischen Machtsystem eliminierten Staaten.

Es war der frühere Reichsaußenminister Graf Brockdorff-Rantzau, der – nach der Ermordung des Grafen Mirbach und der in Rapallo vereinbarten Wiederaufnahme der Beziehungen zum Botschafter des Reiches in Moskau ernannt – in seiner zuvor mit Reichskanzler Wirth, Staatssekretär von Haniel und Ago Freiherr von Maltzan sorgfältig abgestimmte Ansprache anläßlich der Überreichung seines Beglaubigungsschreibens (am 5. November 1922) die »Schicksalsgemeinschaft des deutschen und russischen Volkes« erwähnte. Er sprach weder von den »Regimes« noch von den »Arbeitern« oder »Werktätigen« – er sprach von den »Völkern«, ein Wort, das jedenfalls in diesem Zusammenhang im Sprachschatz des Marxismus-Leninismus eher ungebräuchlich ist.

Graf Brockdorff-Rantzau war zunächst ein entschiedener Gegner der mit Rapallo eingeleiteten Rußlandpolitik. Er hielt sie für verfrüht, befürwortete eine mehr »ausgewogene« Politik gegenüber West und Ost und wies auf die Gefahr hin, daß wir erst »Rußland durch unsere Freundschaft großfüttern, um uns dann von ihm auffressen zu lassen.« Je mehr er dann in Moskau die Problematik der deutsch-russischen Beziehungen erkannte, um so stärker entschied er sich für die volle Ausschöpfung der im Vertrag enthaltenen Möglichkeiten, ohne jemals seine Ablehnung eines Militärbündnisses mit Sowjetrußland aufzugeben. »Wie können wir Ihnen Kanonen liefern«, sagte er 1925 zu Tschitscherin, »wenn wir angesichts des sowjetischen Strebens nach der Weltrevolution damit rechnen müssen, daß die Kanonen eines Tages auf uns gerichtet werden?«

Ein weiterer – berechtigter – Einwand gegen den Vertrag war die Vermutung, er werde ein nicht zu unterschätzender Anstoß sein, Sowjetrußlands Gewicht in der Waagschale der Weltpolitik wieder stärker zur Geltung zu bringen. Aber die Erstarkung Sowjetrußlands konnte von der Entente mit ihrer Scheuklappen- und Blockadepolitik ohnehin auf die Dauer nicht aufgehalten werden. Die über Rapallo so empörten Siegermächte waren ja selbst bereit, über Artikel 116 des Versailler Vertrages Rußland trotz allen Mißtrauens den Vorzugsrang einer Siegermacht einzuräumen. Ihr System einer europäischen Balance, in dem das spezifische Gewicht Deutschlands künstlich reduziert war, hatte so oder so keine Existenzberechtigung, keine Zukunft und hat dem Kontinent wie der Welt nur Nachteile gebracht. Der folgenträchtigste davon war unter der Demütigung von Versailles das Erstarken des Nationalsozialismus und das Ausschlagen des Pendels zum anderen Extrem.

Das Deutschland unter Hitler, das sich mit Zustimmung der meisten Deutschen der letzten Fesseln von Versailles entledigt hatte, verlor den Verstand – nicht zuletzt deshalb, weil die Westmächte Hitler bereitwillig alles das konzedierten oder durchgehen ließen, was sie der Republik von Weimar verweigert hatten. Deren vergleichsweise höchst bescheidene Wünsche – wie etwa der Plan einer deutsch-österreichischen Zollunion – scheiterten stets am erbitterten Widerstand vor allem Frankreichs. Nach Hitlers Machtergreifung wurde dagegen die Eingemeindung ganz Österreichs toleriert und ebenso die Vergewaltigung der Tschechoslawakei, um die von Hitler »nicht nur hoch gepokert, sondern systematisch falsch gespielt wurde«. (Andor Hencke: »Augenzeugen einer Tragödie«)

Sie hatten freilich ihr tragisches und ganz Europa zum Unglück gereichendes Schicksal zum guten Teil auch sich selbst zu verdanken: Zu der von einem irrationalen Chauvinismus beherrschten Prager Politik gehörte seit 1918, also seit einer Zeit, als das Land in der friedfertigen Weimarer Republik einen verständnisvollen und verständigungsbereiten Nachbarn hatte, auch die auf allen Lebensgebieten betriebene Diskriminierung der 3,5 Millionen Sudetendeutschen. Ihre Dezimierung und Vertreibung durch eine systematische

Vorenthaltung legitimster Minderheitsrechte sollte die deutsche Volksgruppe auch zahlenmäßig möglichst rasch zu einem einflußlosen Faktor machen. Prominentester Exponent dieser Politik war Eduard Beneš. Außenminister, Ministerpräsident, vor und nach der Befreiung von deutscher Besetzung Staatspräsident, hatte er sich schließlich durch einen Bündnisvertrag mit der Sowjetunion vom 12. Dezember 1943 völlig in sowjetische Abhängigkeit begeben.

Wer die Tragweite diese Abkommens übrigens sofort begriffen hatte, waren die Türken: Am 11. Februar 1944 unterhielt sich der türkische Außenminister Numan Menemencioglou in Ankara darüber mit Botschafter von Papen, der am gleichen Tage in einem Geheimtelegramm Numans Ausführungen an von Ribbentrop weitergab: »Man erkenne jetzt auch«, habe Numan bemerkt, »die russischen Absichten für die Organisation Zentraleuropas und begreife, warum im Kommuniqué von Teheran damals ohne inneren Zusammenhang Österreich genannt worden sei. Mit Beneš als Promotor der Sowjets hofften sie, nicht nur Polen, die CSR, Ungarn, Österreich, sondern auch einige deutsche Republiken sowjetischem Einfluß zu unterwerfen.«

1948 wurde Beneš – von den Sowjets nicht mehr benötigt – zur Aufgabe seiner Ämter genötigt und konnte die kurze Zeit, die ihm noch blieb, darüber nachsinnen, daß er mit seiner Politik präzise das erreicht hatte, was zu verhindern sein wichtigstes Ziel war: zunächst Adolf Hitler in die Hände zu arbeiten, um später nach dem Scheitern allen nationalsozialistischen Größenwahns sein Land, nun nicht mehr die CSR, sondern die CSSR, geradewegs in die Polypenarme der Sowjetunion zu führen.

So rigoros wie auch die Deutschlandpolitik der Siegermächte war – kaum hatte Deutschland seinen starken Mann gefunden, sahen sie, zeitweise sogar recht wohlwollend oder auch bewundernd und stets voller Entgegenkommen zu, wie Hitler Schritt für Schritt all das zurückholte, was Versailles Deutschland genommen hatte und was Stresemann und seinen Nachfolgern trotz aller Bitten und berechtigten Ansprüche verweigert worden war.

Bereits nach Hitlers Machtübernahme hatte Frankreichs Außenminister Joseph-Paul Boncour laut »Cassandra« Edouard Herriot prophezeit:

»Die (französischen) Rechtsparteien haben so lange jede Annäherung an Deutschland sabotiert. Aber nun werden sie sie wohl sofort mit dem Diktator Hitler vollziehen.« Kann man Hitler daraus einen Vorwurf machen? Er hatte ja bereits zehn Jahre zuvor in seinem Bestseller »Mein Kampf« den Deutschen und der Welt im Detail verkündet, womit zu rechnen sei, wenn man ihn an die Macht ließe... Aber die preußischer Zucht und Ordnung verhafteten deutschen Politiker und Generale hatten das Buch entweder nicht gelesen oder fanden, man könne ihn daran kaum hindern – vorausgesetzt, er käme »legal« an die Regierung. Das alles ist längst vergessen.

Heute steht – um eine gewisse Parallele zu ziehen – der sogenannte Eurokommunismus auf der Schwelle der freien Welt, und man ist sich mehr oder weniger einig darüber, man müsse ihn wohl hereinlassen – natürlich vorausgesetzt, er komme »legal«.

# Deutsch-sowjetischer Alltag

Während der »Geist von Rapallo«, je nach dem Akzent, den man ihm beilegen will, noch bis in unsere Tage lebendig ist, hat sein sachlicher Inhalt die Beziehungen beider Staaten untereinander jedoch nur sehr gelegentlich befruchtet. Er hatte eine »concordia discors« geschaffen, eine Art zwieträchtiger Eintracht, aber nicht mehr. Vor allem hat er Sowjetrußland nicht daran gehindert, seine janusköpfige Politik Deutschland und dem Westen gegenüber fortzusetzen. Der sowjetische Kommissar für Äußeres in Moskau, sein Botschafter in Berlin und andere Emissäre waren zwar ihrerseits auf »freundschaftliche« Beziehungen bedacht und leugneten jedwede Verbindung ihrer Regierung mit der »nur rein zufällig« in Moskau domizilierenden Komintern. Die aber erhielt nach wie vor ihre Befehle auf dem Wege vom Staat über die Partei und leitete sie an die KPD weiter.

Das Exekutivkomitee der Komintern beschloß im Herbst 1923 die Aufstände in Hamburg und in Sachsen–Thüringen. Ihr Anführer Karl Radek residierte beim Umsturzversuch in Sachsen übrigens angeblich im gleichen Leipziger Hotel wie der Befehlshaber der Reichswehreinheiten, die ihn niederschlugen! Ein anderer prominenter Rädelsführer war der in Berlin gefaßte Russe Matwej Skoblewski. Ein persönlicher Freund Stalins im Range eines Armeekommandeurs, war er nach Deutschland entsandt worden, um die Unruhen militärisch zu leiten und Attentate gegen unbequeme Persönlichkeiten zu organisieren. Eines davon sollte den Chef der Heeresleitung, von Seeckt, beseitigen, der nur knapp dem Anschlag entging.

Inzwischen hatte sich im Reich die Strategie General von Seeckts durchgesetzt, der die »Verbindung eines strengen und radikalen Antikommunismus im Inneren mit einer prosowjetischen Außen- und

Militärpolitik« (Schieder) im Auge hatte. Von Seeckt hatte die Vorteile erfaßt, die der Vertrag von Rapallo für Deutschland mit sich bringen konnte, die gewaltige Gefahr aber, die Deutschland von der Sowjetunion drohte, dabei keineswegs aus den Augen verloren. Polen – so schrieb er 1932 prophetisch in einer Broschüre »Deutschland zwischen Ost und West« – werde noch einmal an der Elbe stehen, wenn Deutschland den Beziehungen zur Sowjetunion nicht die Aufmerksamkeit widme, die ihnen zukomme...

Von Seeckt hatte auch erkannt, daß Lenin das Übergreifen des russischen Oktoberaufstands auf Deutschland als Voraussetzung für die Konsolidierung der »Diktatur des Proletariats« in Rußland ansah. Scheiterte der Plan, dann wäre damit – nach Lenin – auch die Revolution in Rußland gefährdet. Der Spartakusaufstand in Berlin, das Räteregime von Kurt Eisner und Leviné in Bayern mit Glückwunschtelegrammen und Ratschlägen von Lenin und der Béla-Kun-Umsturz in Ungarn hatten schließlich Exempel dafür geliefert, was das neue Rußland seinen Nachbarn an ideologischem und politischem Export zugedacht hatte. Die Aufstände brachen bald zusammen, und die Sowjetführung mußte in der Einsicht, daß mit den Rezepten Lenins in und mit Deutschland keine Politik zu machen war, aufs neue nach anderen, mehr diplomatischen Mitteln Ausschau halten.

Während nach außen hin der Rapallo-Pakt die guten Beziehungen zwischen Deutschland und der RSFSR plakatierte und sich außerdem unter vielen Komplikationen eine sorgfältig abgeschirmte militärische Zusammenarbeit entwickelte, hatte die junge Weimarer Republik also gleichzeitig gegen ihren Vertragspartner einen erbitterten Kampf ums Überleben zu führen. Da es aber weder dem Interesse des einen noch des anderen entsprach, diesen Kampf in den Mittelpunkt der offiziellen Beziehungen zu rücken, einigte man sich stillschweigend auf die Formel, der Schein guter Beziehungen sei für beider »Image« nach außen immer noch besser als eingestandene schlechte Beziehungen oder gar der Zusammenbruch der auf Rapallo gesetzten Hoffnungen.

Diesem Bestreben kam es, wie sich Graf Brockdorff-Rantzaus engster Mitarbeiter in Moskau, Andor Hencke (später Unterstaatssekretär im Auswärtigen Amt), in seinen noch unveröffentlichten Aufzeichnungen erinnert, sehr entgegen, daß sein Botschafter und der Volkskommissar des Äußeren, Tschitscherin, Gefallen aneinander fanden.

Georgij Tschitscherin, in Moskau »Die alte Witwe« oder auch der »Bäckermeister« genannt, weil er unentwegt Noten »backte«, war zwar aus adligem Haus, aber seit langem Kommunist. Ein glänzender Kopf, aber »weich wie Wachs, furchtsam wie ein Huhn, schwach wie ein Kind«, wie ihn J. Dmitrigewski, 1930 Beamter bei der sowjetischen Botschaft in Stockholm, später emigriert, in seinem Aufsatz »Der scheue Tschitscherin« beschreibt. Der konservative Botschafter Graf Brockdorff-Rantzau war ebenfalls ein Sonderling, aber auch ein kongenialer Kopf. Aristokrat alter Schule und adelsstolz, empfand er gegenüber dem Sozialdemokraten Fritz Ebert Bewunderung und Freundschaft, die von Ebert erwidert wurde. Er war hochmütig, herablassend, introvertiert, verletzlich und führte, so unverheiratet wie auch Tschitscherin, in Moskau das Leben eines Eigenbrötlers. So hat er in den sechs Jahren seiner überaus nutzbringenden Tätigkeit als Vertreter des Deutschen Reiches seine eigene Behörde, die deutsche Botschaft, nur ein einziges Mal aufgesucht, und zwar, um einem Mitarbeiter einen kurzen Krankenbesuch abzustatten. Arbeiten tat er in der Residenz, und wer ihn oder wen er zu sprechen wünschte, mußte ihn aufsuchen.

Tschitscherin und er fanden sich nicht nur, weil sie beide Adelsfamilien entstammten und weil sie in der Außenpolitik ein Stück Weges zusammen gingen, sondern vor allem auch, weil sie ähnliche Lebens- und Arbeitsgewohnheiten und Interessen besaßen.

Beide arbeiteten vornehmlich in der Nacht, erhoben sich erst gegen Mittag. Wenn unaufschiebbare Ereignisse sie zwangen, früher aufzustehen, pflegten sie sich gegenseitig ihre Mißbilligung über so unpassende Zumutungen des Schicksals auszusprechen. Sie korrespondierten privat brieflich regelmäßig miteinander – nicht nur über Politik, sondern über Kunst und Wissenschaft, wobei ihnen ihre beiderseitige profunde humanistische Bildung wie ihre Kenntnis Shakespeares, Goethes und anderer Klassiker zustatten kam. Während der deutsche Botschafter Tschitscherin jede Woche eine Flasche erlesenen deutschen Weines schickte, revanchierte sich der Empfänger mit russischem Wodka oder polnischem Starka.

Eine ähnliche Beziehung zwischen einem sowjetischen Beamten und einem als »Klassenfeind« abgestempelten Ausländer und Kollegen wäre heute gar nicht mehr denkbar. Das dem Sowjetpolitruk gegenüber dem ausländischen Gesprächspartner eingeimpfte Mißtrauen hat seit Stalin eine Kluft geschaffen, die von seinen Epigonen ständig erweitert worden ist und übrigens bei den Genossen des Ostblocks kaum weniger strikt eingehalten wird, als bei den Besuchern aus dem kapitalistischen Westen. Das war jedenfalls mein Eindruck meiner Moskauer Jahre, und es wäre auch unnatürlich, wenn es anders wäre: schließlich weiß die sowjetische Führung nur zu gut, daß die so brüderlichen Beziehungen unter den sozialistischen Ländern auf allem anderen als etwa auf Liebe und Zuneigung basieren. Das vom »Narkomindel«, dem heutigen Außenministerium, zusammen mit den übrigen Ministerien ausgearbeitete und überwachte Besuchsreglement bestimmt heute bis ins Detail, wer, wann, wem, wo, zu welchem Zweck und wie lange einen Besuch abstatten darf. Sollte trotzdem die eine oder die andere Seite den Versuch unternehmen, die offiziellen dienstlichen Beziehungen in ähnlicher Weise zu mißbrauchen, wie Tschitscherin und Graf Brockdorff-Rantzau – zum Nutzen beider Länder – es noch tun durften, würde dieser Fehltritt alsbald vom »Großen Bruder« – als kleine »Wanze«, als Milizionär vor der Wohnungstür, als Chauffeur oder Hausmädchen stets präsent – bemerkt und zwecks Respektierung der dem System immanenten Unmenschlichkeit sofort gemeldet werden.

Graf Brockdorff-Rantzau wirkte also insoweit noch in der »guten alten Zeit«. Aber auch er wußte, wie sein langjähriger Botschaftsrat und engster Mitarbeiter Gustav Hilger in seinem Buche »Der Kreml und wir« schreibt, »daß kein Mitglied der Sowjetregierung es sich leisten konnte, in seinen Beziehungen zu einem bürgerlichen Diplomaten wirklich aufrichtig und gutwillig zu sein«.

Chruschtschow und Kroll in der Badehose, Breschnew und Willy Brandt als fröhlich-sorglose Touristen in Oreanda – Fotos nicht aus einer Welt des Seiens, sondern des Scheinens. Man sollte den Fotoreportern keineswegs verbieten, sie zu schießen und zu publizieren, aber man sollte niemals, wie Gromyko hervorzuheben pflegt, die »Realitäten« vergessen.

Auch zu Tschitscherins Nachfolger, Maxim Litwinow, der aus kleinbürgerlichen Verhältnissen stammte und im Gegensatz zu Tschitscherin ein militanter Kommunist war, unterhielt Graf Brockdorff-Rantzau übrigens sehr gute persönliche Beziehungen, die der Arbeit beider zustatten kamen.

Nach dem Tode Lenins änderten sich unter Stalin, wie erwähnt, die Verhältnisse und wurden steifer und protokollarischer. Wie protokollarisch sie wurden, mußte übrigens Litwinow als einer der ersten erfahren: Da Stalin dessen Frau, eine englische Professorentochter, wegen ihrer »bourgeoisen« Neigungen nicht mochte, ließ er sie kurzerhand als Lehrerin nach Sibirien schicken. Nach Moskau durfte sie nur kommen, wenn hoher diplomatischer Besuch aus dem Ausland die Anwesenheit einer »First Lady« erfordert.

Der spanischen Gattin des großen Komponisten Sergej Prokofieff blühte ein ähnliches Schicksal. Auch sie wurde nach Sibirien verbannt und durfte erst nach Stalins und ihres Mannes Tode – beide starben übrigens am gleichen Tage – nach Moskau zurückkehren. Unter Stalin trat zwar das Ziel Lenins, durch eine Kettenreaktion in den kapitalistischen Staaten zur Weltrevolution und über sie zur Welthegemonie zu gelangen, zugunsten eines Sowjet-Chauvinismus in den Hintergrund. Das änderte aber nichts daran, daß die revolutionäre Ausbreitung marxistisch-leninistischen Gedankenguts im Ausland und vor allem in Deutschland auch für die Erben Lenins ihre entscheidende Bedeutung behielt.

Mochte vorher der Gedanke einer echten internationalen Verbrüderung beherrschend gewesen sein – »Proletarier aller Länder, vereinigt Euch« –, unter Stalin war er zum Vehikel nationalistischen Herrschaftsstrebens umfunktioniert worden. Erst Hitler aber, der genau die gleichen Ziele verfolgte, sogar darauf verzichtete, sie mit ideologischen Phrasen zu tarnen – »heute gehört uns Deutschland und morgen die ganze Welt«, wie es im SA-Lied hieß –, erst Hitler gelang es mit seinem Überfall auf die Sowjetunion, Stalin die Wege zur Weltherrschaft zu ebnen. Der deutsch-sowjetische Vertrag von 1970 hat dann diesem Herrschaftsstreben erstmalig internationale Weihe verliehen,und die »Breschnew-Doktrin« hat es institutionalisiert.

Wenn im folgenden versucht wird, die Früchte aufzuzeigen, die das Deutsche Reich vom Baum von Rapallo pflücken konnte, ist die Ernte keineswegs so mager, wie sie mitunter in der Geschichtsschreibung dargestellt wird. Gewiß – die großen daran geknüpften Erwartungen sind enttäuscht worden, aber doch nur deshalb, weil 1922 noch niemand beurteilen konnte, nach welchen Kriterien das neue Rußland seine Beziehungen zum kapitalistischen Westen gestalten werde. Der Begriff der »Friedlichen Koexistenz« – Zusammenarbeit verbunden mit permanentem Klassenkampf und handfester Einmischung – war damals zwar bereits von Tschitscherin verwandt, aber in seiner politischen Tragweite noch nicht begriffen. Um bei den wirtschaftlichen Aspekten zu beginnen, wird man auf einen spektakulären ideologischen Salto zurückgreifen müssen, den Lenin zur großen Überraschung des In- und Auslands ein Jahr vor Rapallo ausführte – die Einführung der »Neuen Ökonomischen Politik«, Nowaya Ekonomitscheskaya Politika, kurz NEP genannt. Plötzlich gab es wieder einen freien Getreidemarkt, Handlungs- und Handelsfreiheit für die Bauern, sogar eine gewisse Reprivatisierung der Industrie. Der sogenannte »Kriegskommunismus«, die rücksichtslose staatliche Zwangswirtschaft in allen Bereichen, schien durch eine Art sozialer Marktwirtschaft abgelöst zu werden. Die katastrophale wirtschaftliche Lage besserte sich, in den Läden gab es wieder etwas zu kaufen, die Menschen faßten wieder Mut – kurzum, »NEP« wurde ein im In- und Ausland dankbar begrüßter Erfolg, der da wie dort zu dem Fehlschluß verführte, die Revolution finde zur »Normalisierung« zurück; sogar bei Lenin werde also »nur mit Wasser gekocht«. Lenin hatte begriffen, so schien es, daß die Theorie des Kommunismus nur in Grenzen und nicht überall praktikabel sei und hatte die Konsequenzen gezogen.

Es gab nicht wenig Deutsche, die sich daraufhin entschlossen, in Rußland ihr Glück zu versuchen und sich als Handwerker, Kaufleute und Bauern dort niederließen. Die deutsche Industrie profitierte ebenfalls von der Liberalisierung und war auch bereit, in Rußland zu investieren.

Der Rapallo-Vertrag ein Jahr später schien diese Rückkehr zur Vernunft nachdrücklich zu bestätigen und bestärkte deutsche Unternehmer in der Überzeugung, die traditionellen Handelsströme zwischen Deutschland und Rußland seien in ihr altbewährtes Bett zurückgeleitet. Unter dem Motto »Zusammenarbeit kennt keine Grenzen« nahmen die Sowjetrussen dann auch 1922 wieder an der Leipziger Messe teil.

Die Täuschung, der auch die Befürworter und Architekten einer raschen Wiederherstellung deutsch-russischer Wirtschaftsbeziehungen, wie Ago Freiherr von Maltzan, Moritz Schlesinger, Josef Wirth, Paul Scheffer, Krupp und manche andere, erlagen, dauerte nur wenige Jahre. Spätestens 1930 waren alle Illusionen verflogen, die unter dem Eindruck von »NEP« und Rapallo begonnenen Unternehmungen gescheitert. Unter Stalin war die Ideologie wieder an die Stelle der Vernunft getreten.

Wenn Margret Boveri in ihrem Vorwort zu Paul Scheffers »Augenzeuge im Staate Lenins« an die Parallelen von damals und heute erinnert, »die Widerstände, gegen die Egon Bahr anzukämpfen hat«, mit denen auf eine Stufe stellt, die Ago Freiherr von Maltzan zu überwinden hatte, so scheint mir das an den Realitäten vorbeigesehen zu sein.

Ago Freiherr von Maltzan war auf seinem Gebiet ein sachkundiger und erfahrener Realist, der sich mit der Annäherung an das kommunistische Sowjetrußland viel Zeit ließ und den Rapallo-Vertrag erst durchsetzte, als er überzeugt war, nur mit einem solchen Abkommen werde Deutschland der völligen Einkreisung durch die »Siegermächte« einschließlich Sowjetrußlands entgehen. Überdies waren die Interessen beider Mächte in etwa gleichgewichtig, und der Vertrag war konsequenterweise ausgewogen.

Egon Bahr mag ein ebenso überzeugter Patriot sein, wie es Ago Freiherr von Maltzan war. Mit dieser Feststellung hören aber auch alle Parallelen auf, soweit sie die Voraussetzungen beider Verträge betreffen. Daß ihre Nachwirkungen gelegentlich zu Vergleichen herausfordern, steht auf einem ganz anderen Blatt.

Der Geist von Rapallo – so wie man ihn jedenfalls in Deutschland oder bei offiziellen Anlässen auch in der Sowjetunion auslegte – hatte also, wie man sieht, die Politik der Sowjetführung wenig positiv beeinflußt. Jedenfalls manifestierte er sich in diesem Sinne nur dann, wenn er sich mit der sowjetischen Tagespolitik deckte. Die Entwicklung der relativ bescheidenen wirtschaftlichen Beziehungen, die »nach Möglichkeit zu unterstützen und ihre Durchführung zu erleichtern« sich die deutsche und russische Regierung laut Artikel 5 des Vertrages verpflichtet hatten, hat er kaum sonderlich gefördert, aber auch nicht behindert. 1929 bis 1932 betrug der deutsch-sowjetische Warenaustausch etwa 4 Prozent des Gesamtaußenhandels des Reiches, aber fast 50 Prozent des ganzen sowjetischen Im- und Exports!

# Rapallo und die Besetzung des Ruhrgebietes

Dagegen gab es in der internationalen Politik andere Ereignisse, die die Sowjetführung aufs äußerste erregten und sie zu einer Aktivität veranlaßten, hinter der der Geist von Rapallo deutlich sichtbar wurde: das erste Ereignis war die Ruhrbesetzung durch Frankreich.

Unmittelbar nach dem Einmarsch der französischen Truppen am 11. Januar 1923 begann plötzlich in der Sowjetunion eine meisterhaft organisierte Welle von Sympathiekundgebungen für die deutschen Arbeiter im Ruhrgebiet – ausgelöst durch nachstehenden, von Michail Iwanowitsch Kalinin, damals Vorsitzender des Präsidiums des Zentralen Exekutivkomitees der UdSSR, unterzeichneten Aufruf: »Die Armeen des imperialistischen Frankreich sind in das Ruhrbecken eingefallen. Fremde Eroberer bemächtigen sich des industriellen Zentrums Deutschlands. Neue schreckliche Schläge werden dem deutschen Volke beigebracht, und ganz Europa steht wieder einmal unter der Drohung eines grausamen internationalen Massenmordens. In diesem kritischen Augenblick kann das Rußland der Arbeiter und Bauern nicht schweigen. Getreu seinem unaufhörlichen Kampfe gegen den Militarismus, getreu seiner ständigen Verteidigung des Selbstbestimmungsrechtes jedes Volkes auf Unabhängigkeit, getreu seiner Aufforderung zur Abrüstung, erhebt es von neuem seine entrüstete Stimme und seinen lauten Protest gegen das Verbrechen, das die französische Regierung zu begehen im Begriff ist.

Das Rußland der Arbeiter und Bauern hat seinerzeit energisch gegen den brutalen und unsinnigen Versailler Vertrag protestiert und hat die schrecklichen Konsequenzen vorausgesagt, die seine Durchführung für Europa und die ganze Welt nach sich ziehen würde. Seine Voraussagen haben sich in der Tat vollständig erfüllt. Die viereinhalb Jahre, die seit der Unterzeichnung des Versailler Vertrages verflossen sind, waren Jahre fortwährender Feindseligkeiten zwischen den Völkern, Jahre fortdauernder Vermehrung der Rüstungen, Jahre ununterbrochener Verschärfung des wirtschaftlichen Zerfalls Europas.

Die Souveränität, das Recht des deutschen Volkes auf Unabhängigkeit, ist mit Füßen getreten worden. Die wirtschaftliche Lage Deutschlands, die ohnehin schon tief erschüttert war, hat von neuem einen tödlichen Schlag erlitten. Schreckliches Elend und unerhörte Unterdrückung bedrohen die arbeitenden Massen Deutschlands, und die Verschärfung des wirtschaftlichen Chaos bedroht ganz Europa. Die Welt ist erneut in jenen Fieberzustand gestürzt, der dem Kriege vorangeht. Durch den Vertrag von Versailles ist Europa in ein Pulverfaß verwandelt, über dem die Funken tanzen.

In diesen entscheidenden Tagen erhebt das Rußland der Arbeiter und Bauern von neuem seinen empörten Protest gegen die Wahnsinnspolitik des imperialistischen Frankreich und seiner Verbündeten. Von neuem protestiert es mit ganz besonderem Nachdruck gegen die Vergewaltigung des Rechts des deutschen Volkes auf Unabhängigkeit. Von neuem warnt es mit ganz besonderer Energie die Völker der ganzen Welt vor der Gefahr eines neuen Blutvergießens, die heute Europa bedroht.

Völker Europas, der Frieden ist in tödlicher Gefahr. Das Schicksal des Friedens liegt in euren Händen!«

Der eindrucksvolle Appell erschien in allen Moskauer Zeitungen. Auch Maxim Litwinow, damals unter Tschitscherin noch stellvertretender Volkskommissar des Äußeren, erklärte, »hinsichtlich der Ruhrbesetzung sind unsere Sympathien mit Deutschland als unterdrücktem Lande«. Wenig später beschloß der sowjetische Zentrale Gewerkschaftsrat, »aus den Spenden der Arbeiter ganz Rußlands den Ruhrarbeitern 500000 Pud Brot (2 Pud = 16,381 Kilogramm) in ihrem Kampf gegen die französischen und eigenen Kapitalisten« zu spenden.

Ganz so uneigennützig, wie es die sowjetische und dementsprechend die DDR-Geschichtsschreibung wahrhaben wollen, war – der Entscheid des Gewerkschaftsrats beweist es – diese ostentative Unterstützung Deutschlands keineswegs. Natürlich verfolgte Moskau den Wunsch nach revolutionärer Erhebung der deutschen Arbeiter weiter, und der französische Einmarsch kam gar nicht so ungelegen: Ein deutsch-russisches Bündnis gegen Frankreich und England würde, so spekulierte man in der Komintern, endlich die Voraussetzungen für die deutsche Anschlußrevolution schaffen.

Konsequenterweise wurde seitens Moskaus auch nichts unterlassen, um den Graben, der die Klassen voneinander trennte, zu vertiefen. Das ändert nichts daran, daß Sowjetrußland als einziger großer europäischer Staat damals mit allen ihm zu Gebote stehenden propagandistischen Mitteln – unter anderem auch durch die Verteilung von Flugschriften an die französischen Besatzungssoldaten – für die Unabhängigkeit Deutschlands eintrat, die Ruhrbesetzung als das Verbrechen bezeichnete, das es war, und die Reichsregierung unter Cuno zum Durchhalten ermunterte. Nur ein Narr kann annehmen, daß ein Staat nicht in erster Linie seine eigenen Interessen im Auge hat, wenn er den Interessen seines Nachbarn zu Hilfe kommt.

Ohne den Hintergrund des Rapallo-Vertrages wäre diese, übrigens ständig von Attacken gegen das deutsche »Monopolkapital« und die »ausbeuterischen« Unternehmer begleitete, verbale und praktische Hilfe schon deshalb kaum denkbar gewesen, weil Sowjetrußland – selbst äußerst hilfebedürftig – längst gezwungen gewesen wäre, sich mit Frankreich – auf Kosten Deutschlands versteht sich – zu arrangieren.

»Auf Kosten Deutschlands« – hier schon setzten die sowjetischen Bedenken ein. Lenin wünschte kein geschwächtes Deutschland, sondern eines, das sich vom Krieg rasch erholte und – nach erfolgreich verlaufenem revolutionären Umsturz – fähig und bereit war, den Sozialismus marxistisch-leninistischer Prägung zusammen mit Rußland durch die ganze Welt zu tragen. Zu diesem Programm paßte es nicht, daß das Ruhrgebiet, das deutsche Industriezentrum, mit seinen Hunderttausenden von Arbeitern, auf deren Sympathie und Kooperation Moskau zählte, von Frankreich besetzt und lahmgelegt wurde. Das Unbehagen des Kreml war um so größer, als er nicht ganz zu Unrecht erwartete, daß die Besetzung lediglich die Vorstufe zur Annexion des Ruhrgebiets oder einer Totalbesetzung Deutschlands sein könnte. Das letztere hätte Frankreich zum Grenznachbarn Rußlands gemacht, während die Annexion eine weitere Zerstückelung Deutschlands bedeutet hätte. Beides lief den sowjetischen Interessen zuwider und mußte um so mehr verhindert werden, als bereits die Abtrennung des deutschen Industriegebiets von Oberschlesien zugunsten der Machtstärkung Polens von Moskau mit ähnlichem Argwohn verfolgt worden war wie das immer enger werdende Verhältnis Polens zu Frankreich.

# Die polnische Gefahr

Nach dem Weltkriege war Polen 1918 aus den Beständen von drei zusammengebrochenen Großmächten, Deutschland, Österreich, Rußland sowie Litauen, neu erstanden und hatte sich 1920 – nicht zuletzt mit französischer Hilfe – im Kriege gegen Sowjetrußland behauptet. Ihr unbändiges Nationalbewußtsein hatte die Polen tausend Jahre lang davor bewahrt, zwischen Russen und Deutschen zerrieben zu werden und wie unzählige Völker auf immer im Dunkel der Geschichte zu verschwinden. Der Weltkrieg brachte ihnen nach 150 Jahren endlich wieder den Durchbruch zur Unabhängigkeit.

Weder Rußland noch Deutschland, die sie mit dem Verzicht auf Land zu bezahlen hatten, waren darüber besonders glücklich und das um so weniger, als sich bald herausstellte, daß Frankreich – ständig auf der Suche nach weiterer »containment«-Politik gegenüber Deutschland – bestrebt war, das neue Polen zu einem von ihm abhängigen aggressiven Puffer zwischen Rußland und Deutschland zu entwickeln.

Aber auch die Polen unter Marschall Pilsudski waren nicht voll befriedigt. Versailles hatte ihren territorialen Wünschen nur zum Teil Rechnung getragen, und ihr Wunsch nach mehr Größe und mehr Sicherheit wurde von Frankreich ostentativ gefördert. Im Mai 1923 – zu einem Zeitpunkt also, als es das Ruhrgebiet besetzt hielt und dort mit allen Mitteln separatistische Strömungen unterstützte – entsandte Paris den Marschall Foch zu einem Staatsbesuch nach Warschau, ganz offenkundig mit der Absicht, die französisch-polnische Bündnispolitik zum Zwecke der Einkreisung Deutschlands zu aktivieren.

In Moskau hatte man dieses Spiel seit geraumer Zeit mißtrauisch beobachtet. Durch die »Prawda« hatte der Kreml bereits im Januar 1923 die Polen nachdrücklich vor einem Spiel mit dem Feuer warnen lassen. Foch war kaum in Warschau eingetroffen, als die Sowjets Paris wissen ließen, ein Krieg Polens gegen Deutschland würde für sie den Casus belli gegen Polen bedeuten. »Ein Überfall Polens auf Deutschland« – schrieb die »Iswestija« – »bedeutet im gegebenen Moment einen indirekten Schlag gegen Sowjetrußland ... Das Entstehen eines Kriegsherdes an der polnisch-deutschen Grenze würde die wichtigsten internationalen Interessen Sowjetrußlands berühren. In einem solchen Fall wäre Rußland zu einer Reaktion gegen diesen Anschlag auf seine Interessen provoziert.«

Foch reiste ergebnislos von Warschau weiter nach Prag, und Deutschland kam, wie Edward Carr in seinem bereits oben erwähnten Buch bemerkt, zur »ersten politischen Dividende des Rapallo-Vertrages«.

Ich meine, es war nach der scharfen Verurteilung des französischen Ruhrgebiet-Abenteuers bereits die zweite Dividende, ohne die letzte gewesen zu sein. Wenn also Karl Bergmann in »Der Weg der Reparationen« 1926 feststellte, »auf die Früchte des Vertrages von Rapallo warten wir noch heute«, scheint mir dieses Urteil auch und gerade unter dem Blickwinkel von 1926, als es gedruckt wurde, manche Tatsachen zu übersehen.

In Berlin war die Gefahr, die sich in einem Zeitpunkt äußerster Schwäche des Reiches zu entwickeln schien, bald erkannt. Eyck zitiert in »Die Weimarer Republik« (Band I) aus einer Denkschrift von Seeckts vom Herbst 1922: »Polens Existenz ist unerträglich. Es muß verschwinden und wird verschwinden durch eigene innere Schwäche und durch Rußland, mit unserer Hilfe.«

Bei dieser Einstellung war es also nur konsequent, wenn die Lage auch mit dem sowjetischen Vertragspartner erörtert wurde, und zwar nach den bereits erwähnten Aufzeichnungen A. Henckes bereits seit 1921 – zunächst aber nur im Rahmen der militärischen Kooperation. Sie lag in Deutschland in den Händen des Chefs der Heeresleitung, des Generalobersten Hans von Seeckt, konzentriert und nach außen so streng abgeschirmt, daß nicht nur das Ausland, sondern auch die politische Leitung des Reiches, die Reichsregierung also, kaum oder gar nicht über das informiert war, was sich hinter den militärischen Kulissen eigentlich tat. Ganz im Gegensatz dazu standen in Moskau diese Kontakte unter eindeutig politischer Leitung. Deren militärische Vertreter und Rüstungsfachleute spielten im Gegensatz zur deutschen Seite nur die Rolle technischer Experten und waren streng an die Weisungen von Partei und Regierung gebunden.

Diese von Rapallo völlig unabhängige, lange vor dem Vertrag bereits eingeleitete, aber sachlich von ihm begünstigte Zusammenarbeit schien der Führung der Reichswehr um so wichtiger, je mehr eine militärische Auseinandersetzung zwischen Polen und dem Reich oder zwischen Polen und Sowjetrußland in den Bereich des Denkbaren rückte. Während die Sowjets ihre Rüstung mit Hilfe deutschen Materials und deutschen Know-hows zu verstärken wünschten, lag von Seeckt daran, die deutsche Abwehrbereitschaft gegen einen eventuellen polnischen Angriff durch Beschaffung von Kriegsmaterial zu erhöhen, dessen Herstellung dem Reich durch den Versailler Vertrag untersagt war.

Graf Brockdorff-Rantzau, auch als Botschafter nur unzulänglich über diesen Teil der deutsch-russischen Beziehungen orientiert, stand den Plänen der Heeresleitung skeptisch gegenüber. Er sah nicht die militärische, sondern eine politische Interessengemeinschaft als den Kern dieser Beziehungen. Aber auch diese hielt er natürlich nur dann für erreichbar und effektiv, wenn sie auf wechselseitigem Vertrauen basiere und Sowjetrußland auf den revolutionären Export seiner neuen Ideologien verzichte.

Bei Reichskanzler Josef Wirth und dessen Nachfolger Wilhelm Cuno suchte er ohne viel Erfolg darauf hinzuwirken, daß das Kabinett die politische Kontrolle der militärischen Vereinbarungen in den Griff bekam. Doch die Folge war lediglich ein tiefes Zerwürfnis zwischen ihm und von Seeckt, der es durch verletzende Äußerungen provoziert hatte. Von Seeckt unterließ nichts, um die Ernennung des Grafen zum Botschafter in Moskau zu verhindern, scheiterte damit aber bei den zuständigen politischen Stellen. Welche selbstbewußte Vorstellung der bedeutende, aber auch schwierige Chef der Heeresleitung im übrigen von seinem Amt und seinen Kompetenzen besaß, zeigt ein Brief an den Reichsgerichtspräsidenten Dr. Simons, in dem er auf die an ihn herangetragene Bitte, sich zu der notwendigen Zusammenarbeit mit dem künftigen Botschafter in Moskau zu äußern, wie folgt Stellung nimmt: Er werde Graf Brockdorff-Rantzau »von dem Augenblick an, in dem er zum Vertreter des Reiches in Moskau ernannt ist, bei seiner Tätigkeit keinerlei Schwierigkeiten machen. Solange er eine Politik betreibt oder vertritt, die mir für das Reich nützlich erscheint, werde ich diese unterstützen, falls ich dazu Gelegenheit habe«.

Jedenfalls war das Polenproblem bereits zwischen den Soldaten Deutschlands und Rußlands (bei letzteren freilich unter politischer

Federführung) diskutiert, bevor es virulent wurde. Am 22. Dezember 1922 besuchte Leo Trotzki in seiner Eigenschaft als sowjetischer Kriegskommissar den deutschen Botschafter. Bei dieser Unterhaltung bot er von sich aus an, daß der Sowjetstaat das Reich unterstützen werde, falls Polen die zu erwartende Besetzung des Ruhrgebiets durch Frankreich zu einem Angriff ausnutzen sollte. Graf Brockdorff-Rantzau betonte in seinem Dank, er betrachte die militärische Zusammenarbeit als eine vorsorgliche Verteidigungsmaßnahme, nicht aber etwa – mit der Anspielung auf den Pakt von Tauroggen vom 30. Dezember 1812 – als Auftakt zur Wiederholung einer Befreiungspolitik. Zu einer deutsch-sowjetischen Vereinbarung über einseitige oder wechselseitige Hilfe ist es übrigens nicht gekommen.

# Locarno – Abkehr vom Osten?

*Der Rantzau-Vertrag · Jubiläen*

Eine weitere positive Auswirkung dürfte das Vertragswerk von Locarno gewesen sein – sofern man auch heute noch die Beteiligung Deutschlands daran und seinen Eintritt in den Völkerbund überhaupt als positives Ergebnis Stresemannscher Außenpolitik wertet.

Stresemann war der Meinung, die den Franzosen durch die Beteiligung Deutschlands an Locarno eingeräumten und garantierten Sicherheiten müßten auch den Weg für französische Konzessionen und damit endlich auch für ein Miteinander der beiden Nachbarn freimachen. Gewiß – Deutschland wurde in Locarno formell in die europäische Völkerfamilie integriert, und seine Lage war in mehr als einer Hinsicht erleichtert. Daß es wenigstens soweit gekommen war, war unzweifelhaft ein Verdienst des Vertrags von Rapallo.

Frankreich hätte diesem am 16. Oktober 1925 in Locarno unterzeichneten Sicherheitssystem kaum zugestimmt, wenn Deutschland nicht ein zweites – das sowjetische – Eisen im Feuer gehabt hätte. Stresemann – geschickter Taktiker, der er war – wußte es denn auch gut zu gebrauchen, um die deutsche Verhandlungsposition zu stärken. Stresemann wußte aber auch, daß dieses Eisen nicht nur ein »Gespenst« war, gut geeignet, Franzosen und Briten umgänglicher zu stimmen, sondern recht lebendige Konturen besaß. In einem Gespräch mit dem britischen Botschafter Lord D'Abernon erwähnte Stresemann, die Rache- und Revanchepolitik Frankreichs und seines Ministerpräsidenten Raymond Poincaré provoziere doch gerade die Gefahr, die sie bannen solle: ein enges Zusammenrücken Deutschlands und der Sowjetunion. Trotzdem oder gerade deshalb vermied er alles, was Deutschland in den Verdacht erpresserischer Schaukelpolitik hätte bringen können. Für ihn war, wie er anläßlich der Unterzeichnung und der Verleihung des Friedensnobelpreises am 1. Dezember 1925 in London erklärte, Locarno »keine juristische Konstruktion, sondern die Basis einer großen Zukunftsentwicklung«. Er täuschte sich bitter. Weder das Rheinland wurde von französischer Besatzung befreit noch wurden bei den Reparationsverhandlungen irgendwelche Fortschritte erzielt. Aristide Briand erläuterte am 27. Februar 1927 die Locarno-Verträge den Deputés des Pariser Palais Bourbon wie folgt:

»In Locarno ist der Versailler Vertrag von den Deutschen aus freien Stücken anerkannt worden. Bedenken Sie doch, freie Anerkennung des Versailler Vertrages! Durch den Locarno-Vertrag und die letzten Genfer Abmachungen über die deutsche Entwaffnung haben wir längs der ganzen deutschen Grenze im Westen und Osten eine entmilitarisierte Zone geschaffen, wie sie nicht einmal der Vertrag von Versailles vorgesehen hatte. Seien wir doch stolz auf das Erreichte!«

Das war Wasser auf die Mühlen der deutschen Rechtsparteien! Das Mißverhältnis zwischen dem guten Willen auf deutscher Seite und dem dürftigen Erfolg deutscher Konzessions- und Kooperationsbereitschaft wurde von ihnen denn auch weidlich ausgeschlachtet. Die sogenannte »Erfüllungs«-Politik – für Hitler und seine Anhänger ein ständig sprudelnder Quell demagogischer Hetztiraden – ließ die NSDAP immer weiter anschwellen.

Graf Brockdorff-Rantzau in Moskau – über die Locarno-Verhandlungen von Berlin erst spät unterrichtet und zu seiner Erbitterung nicht konsultiert – hielt Locarno für einen schweren Fehler deutscher Außenpolitik. Natürlich wußte er ebensogut wie Stresemann, daß die Versöhnung mit Frankreich und England zu den wichtigsten Anliegen dieser wie auch jeder anderen Reichsregierung gehörte. Aber gerade deshalb war er über das Ergebnis von Locarno betroffen. Dieses Sicherheitsnetz über Europa schien ihm nicht solide genug. Er war überzeugt, mit mehr Geduld im Westen und mit mehr pfleglicher Behandlung des großen Nachbarn im Osten wäre ein weit besseres Ergebnis zu erzielen gewesen.

Brockdorff-Rantzau hatte längst nicht mehr die Illusion, der Kreml und sein Exekutivorgan, die Komintern, würden je bereit sein, auf Umsturzversuche beim deutschen Nachbarn zu verzichten, um damit den Weg für eine solide fundierte Zusammenarbeit beider Länder freizumachen. Trotzdem schien es ihm wünschenswert und vordringlich, die Zusammenarbeit soweit zu fördern, wie es mit dem deutschen Sicherheitsbedürfnis nur irgend vertretbar war und auch von da ab, wo sie ihr Ende fand, wenigstens den Schein besten Einvernehmens zu wahren. Den Nachbarn im Westen mußte stets vor Augen bleiben, daß Deutschland bei Verhandlungen über ein europäisches Sicherheitssystem nicht als Verlierer des Weltkrieges, sondern als gleichberechtigtes Subjekt der europäischen Völkerfamilie auftreten und so – einer seiner Lieblingsgedanken – eines Tages auch ein bündnisfähiger Partner Großbritanniens sein werde.

In einer Unterredung mit dem damaligen Reichswehrminister Groener am 1. August 1928 betonte er, er sei sich keinen Augenblick im Zweifel darüber, daß »bei der ... Einstellung der maßgebenden Faktoren in Rußland (Deutschland gegenüber) die ›Intimität‹ des deutsch-russischen Verhältnisses bis zu einem weitgehenden Grade einen Bluff bedeute ... daß wir aber den sogenannten Siegerstaaten auf Gnade und Ungnade ausgeliefert wären, wenn wir einen gewissen Rückhalt, wenigstens nach außen, in Rußland verlören.«

Liest man den DDR-Publizisten Immanuel Stern (»Diplomatie zwischen Ost und West«), hat es Stresemann sogar meisterlich verstanden, in diesem Sinne zu taktieren. Den Handelsvertrag mit der Sowjetunion habe er nur deshalb vor dem Ende der Locarno-Konferenz und den »Berliner Vertrag« nur deshalb vor dem Eintritt in den Völkerbund abgeschlossen, um das damit demonstrierte gute Verhältnis zwischen beiden Staaten als »Druckmittel« gegenüber Frankreich einsetzen zu können. Die Sowjetunion hätte diese seine taktischen Beweggründe natürlich erkannt, aber trotzdem mitgemacht, weil die beiden Verträge »die Pläne zur Errichtung der einheitlichen imperialistischen Front gegen die Sowjetunion wenn schon nicht verhinderten, so doch wenigstens erschwerten.«

Die Beziehungen mit Moskau hatten sich in der Tat nicht schlecht entwickelt. Nach den schon in den Anfängen erstickten Umsturzversuchen in Sachsen–Thüringen 1923, schien der Kreml den revolutionären Ehrgeiz der III. Internationale zugunsten einer kontinuierlichen Entwicklung des bilateralen Verhältnisses vor allem auf dem wirtschaftlichen Gebiet gebremst zu haben. In Berlin hatte man das wohl erkannt. Während man parallel zu den Locarno-Gesprächen mit Moskau ein neues Handelsabkommen aushandelte, gingen auch politische Verhandlungen weiter. Sie ergaben sich bereits aus der Notwendigkeit, den entschiedenen Widerstand der Sowjets gegen Locarno zu überwinden. Rapallo hatte für sie die Bedeutung einer offenen Tür, die 1922 die beabsichtigte Isolierung Sowjetrußlands verhindert hatte. Durch Locarno sollte, so schien es den Sowjets, diese Lücke nunmehr geschlossen werden. Das Wort Lenins: »Deutschland will Revanche; wir wollen die Weltrevolution. Im Augenblick haben wir die gleichen Ziele!« schien ihnen durch Locarno überholt.

Diese stets wache Furcht Lenins und später Stalins vor einer Westschwenkung Deutschlands, die sich als ein roter Faden bis zum heutigen Tage durch die sowjetische Westpolitik zieht, bestimmte denn auch den entschiedenen Widerstand des Kreml gegen die Verträge von Locarno. Sobald sich – nach Aufgabe des passiven Widerstandes der Reichsregierung gegen die Besetzung des Ruhrgebietes durch Frankreich – zeigte, daß ein deutsch-französischer Ausgleich im Bereich des Möglichen lag, setzte die sowjetische Diplomatie alles daran, ihm durch Avancen an die deutsche Adresse zuvorzukommen. Erst war es das Angebot eines sowjetisch-deutschen Neutralitätspaktes und später der immer unverhüllter vorgebrachte Vorschlag, den in große interne Schwierigkeiten geratenen polnischen »Bären« gemeinsam zu schlachten und ihn dann unter sich aufzuteilen. Daneben blieb kein Mittel unversucht, den Deutschen und der deutschen Öffentlichkeit klarzumachen, Deutschlands Eintritt in den Völkerbund – die »Räuberhöhle«, wie Lenin ihn nannte – sei mit dem Rapallo-Vertrag nicht nur nicht vereinbar, sondern – so Tschitscherin in einem Brief an Graf Brockdorff-Rantzau – »der moralische Bruch des Rapallo-Vertrages«.

Das sowjetische Memorandum vom Juni 1925, mit dem die Absicht der Reichsregierung, dem Völkerbund beizutreten, konterkariert werden sollte, trägt fast beschwörenden Charakter und ist bemüht, alle politisch, strategisch und wirtschaftlich relevanten Überlegungen, die für den Eintritt zu sprechen schienen, zu zerpflücken und auszuräumen – zum Teil mit emotionalen Argumenten, zum Teil durch wenig kaschierte Drohungen. »Die Logik der politischen Entwicklung« – so heißt es zum Schluß –, »die Deutschland stetig von der in Rapallo festgelegten Linie abdrängen wird, kann eine Situation herbeiführen, bei welcher die Sowjetunion in den mündlich abgegebenen freundschaftlichen, aber durchaus formalen und unverbindlichen Versicherungen der deutschen Regierung keine genügenden Garantien für ihre internationale Lage erblicken wird, was die Sowjetunion zwingen wird, andere Wege zu suchen, sofern ihr auch im gegebenen Augenblick derartige Absichten und Wünsche liegen. Die Logik der Tatsachen kann somit nicht allein Deutschland, sondern auch die UdSSR auf solche Wege führen, die für die Regierungen beider Länder gegenwärtig absolut unerwünscht sind.

Es erscheint somit unzweifelhaft, daß der Deutschland vorgeschlagene Eintritt in den Völkerbund die Aufrechterhaltung und die weitere Befestigung der in Rapallo getroffenen Grundlagen der freundschaftlichen politischen und wirtschaftlichen Beziehungen zwischen der UdSSR und Deutschland erschweren, wenn nicht sogar unmöglich machen wird.«

Für die Sowjetunion hatte Rapallo, wie es in der gleichen Note heißt, »sämtliche Streitfragen der Nachkriegszeiten zwischen beiden Staaten beseitigt«. Wenn auch bei näherer Nachprüfung von dieser Behauptung nicht eben viel übrig blieb, hatte Rapallo jedenfalls – und das bestätigte sich erneut durch den Kampf Moskaus gegen den Eintritt Deutschlands in den Völkerbund – die Einkreisung Sowjetrußlands verhindert. Locarno hingegen – und noch mehr Deutschlands Mitwirkung im Völkerbund – bedeutete für Moskau nur einen weiteren Versuch des Westens, Deutschland in die antisowjetische Front einzuspannen.

Stalins Bemühungen, 1924/25 eben das zu durchkreuzen, erinnern stark an eine Phase der sowjetischen Politik nach dem Zweiten Weltkrieg: Als 1951/52 die Pariser Verträge zur Debatte standen, die Rumpfdeutschland an den Westen banden, ließ Stalin wiederum nichts unversucht, durch scheinbar recht attraktive Angebote die Bundesrepublik von der Unterzeichnung abzuhalten. In Ermangelung diplomatischer Beziehungen zur Bundesrepublik waren diese Angebote an die drei – neben der Sowjetunion für »Deutschland als Ganzes« verantwortlichen – Westmächte, die USA, England und Frankreich, adressiert. Leider wurde damals von ihnen und der Bundesregierung versäumt, die Stalinschen Offerten durch einen mündlichen und schriftlichen Meinungsaustausch aufzuhellen, ähnlich etwa dem, der vor Locarno zwischen Berlin und Moskau stattgefunden hatte. Weder in Washington noch in Bonn war man bereit, näheres über den Preis zu erkunden, den Stalin für einen Verzicht der Bundesrepublik zum Beitritt der EVG (die später dann bekanntlich von Paris torpediert wurde) zu zahlen bereit schien. Zumindest hätte ein solcher Versuch der damaligen Bundesregierung vor der Geschichte bestätigt, nichts unversucht gelassen zu haben, was – vielleicht – zur Wiedervereinigung hätte führen können.

Nachdem bald nach dem Abschluß des deutsch-sowjetischen Handelsabkommens der Locarno-Vertrag unterzeichnet, Deutschland der Sowjetregierung in einer Note versichert hatte, es werde sich nicht an Sanktionen beteiligen, die – gemäß Artikel 16 der Satzung – der Völkerbund eventuell gegen die Sowjetunion beschließen würde, und Deutschlands Eintritt in den Völkerbund vollzogen war, kam es dank der Initiative des Grafen Brockdorff-Rantzau zum deutsch-sowjetischen »Berliner Vertrag« vom 24. April 1926 – in Moskau gewöhnlich auch »Rantzau-Vertrag« genannt. Er war im Grunde nichts anderes als eine Wiederauflage des Vertrages von Rapallo, aber den durch Locarno veränderten politischen Gegebenheiten angepaßt. Nach Litwinow war er sogar eine »Erweiterung des Rapallo-Vertrages«, nach Stresemann der Versuch, »loyale deutsche Völkerbundpolitik mit einer freundschaftlichen Regelung der deutsch-sowjetischen Beziehungen« zu vereinbaren.

Für Frankreich war die deutsche Politik, jeden Schritt einer Versöhnung mit dem Westen durch eine Geste der Beruhigung in Richtung Moskau zu kompensieren, eine ständige Quelle des Argwohns und der Verärgerung. Renata Bournacel zitiert in diesem Zusammenhang den Comte de Saint-Aulain, der den Berliner Vertrag als »pire que de la bigamie« bezeichnet habe. Mit dieser Einschätzung gab er übrigens auch die Enttäuschung des maßvollen Aristide Briand wieder, der den Widersinn der Deutschlandpolitik Poincarés zwar längst begriffen hatte, aber auch voraussah, daß die deutsche Rückversicherung durch den Berliner Vertrag die französische Haltung nicht eben auflockern werde.

Das Frankreich Poincarés konnte sich zu keiner wirklich versöhnlichen Geste aufraffen, und so blieb auch das spektakuläre Mittagessen Stresemanns mit Briand in Thoiry, 1926, ohne Ergebnis. So vertrauensvoll ihrer beider Verhältnis auch war – Poincaré mit seiner »Union Nationale« machte alles zunichte. In Paris sagte man damals, wie »Cassandra« erwähnt, über das Verhältnis zwischen Poincaré, dem Premier, und Briand, seinem Außenminister: »Poincaré weiß alles, aber versteht nichts. Briand weiß nichts, aber er versteht alles.« 1932 sagte der gleiche Briand zu »Cassandra« ahnungsvoll: »Ich fürchte, daß uns die politische Initiative entgleitet und die ›Union Européenne‹ eines Tages von der deutschen Armee geschaffen werden wird.«

Der dem französischen Regierungschef eigene Argwohn gegen den »Erbfeind« verstärkte sich in dem Maße, wie dieser sich mit dem kommunistischen Rußland zu verbrüdern schien. Im April 1928 erklärte Poincaré dem Chefredakteur des »Vorwärts«, Victor Schiff: »Die Kommunisten sind eine internationale Gefahr für alle Demokratien und sind die Schrittmacher des Faschismus. Mit ihnen kann es keine Kompromisse geben ... Gegen sie kann es jedenfalls nur rücksichtslosen Kampf geben – ebenso rücksichtslos wie der Kampf, den sie gegen uns führen.« Was er nicht sah oder nicht begriff, war der Umstand, daß die Gesten dieser »Verbrüderung«, von der in Wirklichkeit gar keine Rede sein konnte, zum guten Teil wiederum – ein rechter Circulus vitiosus – auf die Unversöhnlichkeit Frankreichs zurückzuführen waren.

In Wahrheit entwickelte sich zu jener Zeit das deutsch-sowjetische Verhältnis überhaupt nicht, sondern stagnierte. Der Anspruch der sowjetischen Partei- und Staatsführung, die KPD heranzubilden, zu finanzieren, zu instruieren, um sie im Reichstag wie auf der Straße als verlängerten Arm Moskaus einsetzen zu können, beunruhigte die Reichsregierung um so mehr, als mit der Gründung dieses deutschen Ablegers der KPdSU naturgemäß ein Anspruch auf ständige Einmischung in interne Angelegenheiten des Reiches verbunden war. Er war um so abwegiger, als sich Moskau ähnliches im eigenen Lande entschieden verbeten hätte.

Die Korrespondenz, die während der schicksalsträchtigen zwanziger Jahre zwischen dem Auswärtigen Amt in Berlin und der deutschen Botschaft in Moskau stattgefunden hat, ist neuerdings publiziert. Bei ihrer Lektüre zeigt sich, daß die fortdauernde Einmischung der III. Internationale oder der – durch engste Personalunion mit der Sowjetführung verbundenen – KPdSU in die internsten Angelegenheiten des Deutschen Reiches sich wie ein roter Faden durch alle Dialoge zieht und alle guten Absichten vertrauensvoller Zusammenarbeit behindert oder scheitern ließ.

Wir haben heute, fünfzig Jahre nach diesen Ereignissen, exakt das gleiche Bild. Was ist die Auseinandersetzung zwischen Moskau und einigen westeuropäischen kommunistischen Parteien um den »Eurokommunismus« denn anderes als ein Kampf um sowjetische Kompetenzen in dritten Ländern, in deren interne Angelegenheiten sich nicht einzumischen die Sowjetunion sich feierlich verpflichtet hat?! Was würde wohl die Reaktion der Sowjetführung sein, wenn etwa die SPD, als »Verräter des Proletariats« mehr diskriminiert und gefürchtet als andere deutsche Parteien, zwecks Ausgewogenheit der Beziehungen »in Moskau« eine sozialdemokratische Sowjetpartei ins Leben rufen würde?

Bezeichnenderweise wurde der Berliner oder Rantzau-Vertrag vom Reichstag 1926 einstimmig verabschiedet, während der Locarno-Vertrag zuvor nur 292 gegen 174 Stimmen auf sich hatte vereinigen können – ein Zeichen für die Enttäuschung, die der Locarno-Vertrag hinterlassen hatte, und ein Zeichen für die Einsicht in die Notwendigkeit solider Beziehungen zum Nachbarn im Osten.

Gustav Stresemann, der gegen den entschiedenen Widerstand der Reichsparteien die Annahme des Dawes- wie des Youngplans, Deutschlands Beitritt zum Locarno-Pakt und seinen Eintritt in den Völkerbund durchgesetzt hatte, ist dieser schwierige Versuch einer Aussöhnung mit Frankreich übrigens wenig gedankt worden: von Deutschland nicht, das unter Hitler dieser »Erfüllungspolitik« sehr rasch ein Ende bereitete; aber auch von Theodor Heuss nicht, dem ersten deutschen Bundespräsidenten, der seinem Parteifreund Stresemann dessen – in der Tat schwer begreifliche – Annexionsfreudigkeit im Ersten Weltkrieg ebensowenig vergessen mochte wie seine Mitwirkung 1918 an der Spaltung der Nationalliberalen in die Deutsche Demokratische Partei und die Deutsche Volkspartei. Heuss hat die Aufnahme Stresemanns in den Bildband »Große Deutsche« verhindert. Soweit ein Weimarer Politiker überhaupt dort hineingehört, wäre es – neben Friedrich Ebert – vor allem Gustav Stresemann gewesen.

War das Vertragswerk von Locarno der Versuch eines Sicherheitssystems für Westeuropa, das allerdings durch Hitler nur wenige Jahre Bestand hatte, dann war der auf Rapallo fußende Berliner Neutralitätsvertrag von 1926 das nötige Korrelat für die deutsch-sowjetischen Beziehungen: er stabilisierte und normalisierte das durch Locarno angespannte deutsch-sowjetische Verhältnis und kam jetzt auch den Wirtschaftsbeziehungen beider Länder zugute. Während die Weltwirtschaft gegen Ende der zwanziger Jahre einer immer stärker werdenden Rezession zutrieb, trugen die gerade in dieser Zeit nach Deutschland vergebenen Aufträge der Sowjetunion nicht wenig dazu bei, Arbeitsplätze zu erhalten.

Auch hier übrigens wieder eine Parallele zu der Zeit nach dem Zweiten Weltkrieg: Während die westliche Konjunkturflaute 1975 ihren Höhepunkt erreichte, florierten – wenn auch mit einem zunehmenden Passivsaldo der Sowjetunion – die deutsch-sowjetischen Wirtschaftsbeziehungen! Als die »Prawda« dies im Juli 1975 registrierte, fügte sie – zur Beruhigung der kommunistischen Geier, die hungrig über den westlichen Industriestaaten kreisen, um das Sterben des kapitalistischen Systems abzuwarten und sich dann auf die Beute zu stürzen – hinzu: Die der Bundesrepublik so geleistete Wirtschaftshilfe sei keineswegs so groß, daß sie etwa den Zusammenbruch des Kapitalismus verlangsamen könnte ...

So sehr der Berliner Vertrag von 1926 den positiven Geist von Rapallo bestätigte, hatten beide dank Locarno an Bedeutung für die deutsche Außenpolitik sichtbar eingebüßt, zumal sie auf die subversiv-aggressive Politik der Sowjetunion keinerlei mäßigenden Einfluß ausübten.

Ende 1927 wurden, wie Gustav Hilger in »Wir und der Kreml« berichtet, bei einer Feier aus Anlaß des zehnten Jahrestages der Oktoberrevolution in Moskau einer Anzahl prominenter ausländischer Kommunisten der »Orden des Roten Banners« verliehen. Der Kriegskommissar und spätere Marschall und Staatspräsident Klimenti Woroschilow sagte dazu: »Die Oktoberrevolution ist nur die Einleitung des größten Dramas in der Geschichte der Menschheit. Aber wir wissen, daß die nächsten Akte bald folgen werden.« Der Reitergeneral Budjonnyj fügte hinzu, er hoffe, daß »die Schläge des Proletariats bald die Ketten unserer in kapitalistischen Gefängnissen schmachtenden Brüder zerbrechen werden«. Der letzte Satz bezog sich auf Max Hölz, einem Berufsverbrecher, der sich im sowjetischen Solde bei dem blutigen Aufstand im Vogtland »Verdienste« erworben, später gefaßt und wegen mehrfachen Mordes zum Tode verurteilt und dann zu lebenslangem Zuchthaus begnadigt wurde. Ihm wurde der Orden »in absentia« verliehen!

Der Disput über den in mehr als einer Hinsicht für die Mentalität der Sowjets bezeichnende Vorfall wurde »im Interesse der guten Beziehungen« bald wieder beigelegt.

Einige Jahre später war wiederum ein Jubiläum zu feiern: Als Brüning und der sowjetische Außenminister Litwinow im April 1932 aus Anlaß der Weltwirtschaftskonferenz in Genf zusammentrafen, schlug Litwinow zur Erinnerung des zehnjährigen Geburtstages von Rapallo ein gemeinsames Erinnerungsdiner vor. Brüning stimmte zu und spielte den Gastgeber. Wie es dann weiterging, hat Arthur W. Just, langjähriger Korrespondent der »Kölnischen Zeitung« und später der »Frankfurter Zeitung« nach einem Bericht Karl Radeks anschaulich geschildert: »Die Unterhaltung plätscherte gemessen dahin. Nichts geschah, weder nach der Suppe noch nach dem Braten. Schließlich – die Teller für das Eis standen bereits vor den Gästen und es war höchste Zeit, ja die letzte Minute – stand der Reichskanzler auf, hob sein Glas und sprach: ›Herr Volkskommissar, auf Ihr Wohl!‹ Und als alle getrunken hatten, zögerte auch Litwinow nicht mit seiner Antwortrede zum Gedenken des zehnjährigen Bestehens des Rapallo-Vertrages. Diese lautete: ›Herr Reichskanzler, auf Ihr Wohl!‹«

Trotzdem: Der »Geist von Rapallo« schwebte zwar offensichtlich nicht über Brüning, der ihn wohl mehr als »Gespenst« ansah, aber doch sonst sichtbar über der kleinen Tischrunde. Sein Einfluß auf die Beziehungen Deutschlands zu West und Ost hätte trotz aller Widrigkeiten, die das Verhältnis zu Moskau ständig belasteten, es eigentlich gerechtfertigt, die Anregung Litwinows etwas freundlicher und nachdenklicher aufzunehmen, zumal Stresemann 1925 in den »Richtlinien für die politischen Verhandlungen mit Rußland« bereits die Stichworte geliefert hatte: »Die deutsche Regierung sieht den Vertrag von Rapallo nicht nur als das Erzeugnis einer durch zeitweilige Verhältnisse begründeten Schicksalsgemeinschaft von zwei unterdrückten Völkern, sondern als Bekundung der Überzeugung an, daß Deutschland und Rußland unter allen Verhältnissen das größte Interesse an der Aufrechterhaltung enger und freundschaftlicher Beziehungen haben, also auch dann, wenn jene zeitweiligen Verhältnisse ganz oder teilweise überwunden sind und beide Länder die Möglichkeit freier politischer Betätigung wiedergewonnen haben.«

Die Chance, ein schiefes Geschichtsbild zurechtzurücken und seine positiven Bestandteile in die Gegenwart zu projizieren, wurde mit Rücksicht auf die Rapallo-Sensibilität Frankreichs nicht genutzt. So blieb es ausgerechnet Hitler und Stalin vorbehalten, dies 1939 nachzuholen, das heißt, in ihrem Polen-Vernichtungsvertrag vom August 1939 an Rapallo zu erinnern und alle seine konstruktiven Elemente in Tod und Verderben zu verkehren. Schieder schreibt dazu: »...der deutsch-sowjetische Kriegsbund von 1939 gegen Polen enthält zwar noch ein Moment, das auch schon in der Rapallo-Politik angedeutet war, mit Rapallo-Politik im Sinne der Entscheidung von 1922 hat er jedoch nichts mehr zu tun.«

Der »Berliner Vertrag« wurde zwar durch ein 1931 vereinbartes, aber erst im Mai 1933 ratifiziertes Protokoll ausdrücklich erneuert, konnte aber die politische Entwicklung kaum noch beeinflussen. Beide Mächte waren in der Gestaltung ihrer zwischenstaatlichen Beziehungen nunmehr unabhängig geworden. Rapallos ursprüngliche

Grundlage, nämlich die relative Ausgewogenheit der Machtverhältnisse und die »Schicksalsgemeinschaft der Ausgestoßenen« hatten zu bestehen aufgehört. Beide waren frei, alte Freundschaften zu erneuern und neue zu schließen. Während Deutschland konsequent seine Westpolitik fortsetzte und durch das Abkommen von Lausanne fast schuldenfrei wurde, entdeckten Rußland und Frankreich wieder ihre bewährte alte Freundschaft. Die oben wiedergegebene Mahnung Gustav Stresemanns, unabhängig vom internationalen Status Deutschlands und der UdSSR um enge und freundschaftliche Beziehungen besorgt zu bleiben, war vergessen.

1933 nach der Machtübernahme durch den Nationalsozialismus war es mit jedweder konstruktiven Ostpolitik Deutschlands vorbei; Rapallo durfte in der deutschen Presse nicht mehr erwähnt werden. Erst nach Abschluß des Hitler-Stalin-Paktes vom August 1939, dessen Präambel sich seinerseits wieder auf den Berliner Vertrag, die »grundlegenden Bestimmungen des Neutralitätsvertrages, der im April 1926 zwischen Deutschland und der UdSSR geschlossen wurde«, beruft, wurde das Verbot aufgehoben, weil sich Hitler und Stalin in der Absicht gefunden hatten, Polen auszulöschen und sich den Raub zu teilen und weil Hitler für seine Kriege dringend sowjetische Rohstoffe, vor allem Getreide und Öl, brauchte. Beides rollte noch in Richtung Deutschland über die Schienen, als die deutsche Armee in die Sowjetunion einbrach.

Trotzdem ist das von dem britischen Schriftsteller John Wheeler-Bennett in seinem mit mehr Gehässigkeit als dem Willen zur Objektivität verfaßten Buch »Nemesis der Macht« entworfene Bild bewußt verzeichnet, wenn er sagt, die militärischen Kontakte, die 1919 der Chef der Reichswehr, General von Seeckt, zu den Russen gesponnen habe, seien »die ersten Glieder einer Kette, die zwanzig Jahre später zum Nazi-Sowjet-Pakt führten. Die vierte Teilung Polens, die Hitler und Stalin im September 1939 vollzogen, war ja nichts anderes als die Erreichung des Zieles, das Lenin und von Seeckt Anfang der zwanziger Jahre für die Zukunft angestrebt hatten«.

Richtig daran ist höchstens, daß der Chef der Reichswehr dem neuen Polen mit größtem Mißtrauen gegenüberstand – und das nicht ohne Grund. Abgesehen davon, daß von Seeckt bereits 1925 aus dem politischen Geschehen ausgeschaltet wurde, läßt sich schwerlich behaupten, er hätte »zielbewußt« an einer »Kette« gebastelt, wenn er von dem Entstehen ihres stärksten Gliedes, nämlich dem Rapallo-Vertrag, nicht einmal wußte, geschweige denn daran mitgewirkt hatte. Zum Nazi-Sowjet-Pakt wäre es nie gekommen, wenn die französische Führung rechtzeitig begriffen hätte, daß ein gewonnener Krieg keine solide Grundlage abgibt, um in Europa Kolonialpolitik zu betreiben.

1962 schrieb der damalige Bundesaußenminister Heinrich von Brentano einen Gedenkartikel: »Rapallo – 40 Jahre danach«. »Der Geist von Rapallo« – so heißt es da unter anderem – »ist eine Wunschvorstellung phantasiebegabter Zeitgenossen.« Und: »Wer die Wiederholung von Rapallo empfiehlt, befürwortet einen erneuten Machtzuwachs der Sowjetunion und eine Schwächung und Schädigung des deutschen Volkes und aller Völker der freien Welt.«

Nun – von Brentano hätte bereits 1962 sehen müssen, daß die Sowjetunion nach dem letzten Weltkrieg keines Rapallo-Vertrages mehr bedurfte, um sich zu einer Supermacht zu entwickeln. Und er hätte wissen sollen, daß dieses Rapallo von 1922 den Sowjets zwar vorübergehend einen »Stützpunkt im kapitalistischen System«, wie Tschitscherin einmal sagte, aber keinen effektiven »Machtzuwachs« eingebracht, geschweige denn eine »Schwächung und Schädigung« des deutschen Volkes bewirkt hat.

Thomas Dehler, damals Chef der »Freien Demokraten«, kannte sich in der Historie besser aus und schrieb zur gleichen Zeit unter dem Titel »Rapallo – es war einmal« eine Betrachtung, die zum entgegengesetzten Ergebnis kommt.

Als 1964 sich ein Besuch Chruschtschows in der Bundesrepublik am Horizont abzeichnete, sagte Bundeskanzler Professor Ludwig Erhard, einen Weg zurück nach Rapallo werde es nicht geben – und er hatte recht damit. Bald darauf pries Radio Moskau hingegen Rapallo als »musterhaft« für die neue Ostpolitik von Erhards Nachfolger im Amte, Willy Brandt. Brandt wiederum ließ, bevor er im September 1971 der Einladung Breschnews folgend auf die Krim reiste, zuvor den »Spiegel« warnend darauf hinweisen, daß »Rapallo nicht auf der Krim liege« und ebensowenig »die Krim Station auf dem Wege nach Rapallo« sei.

# Rapallo und Moskau – zwei Verträge

Rapallo war schließlich nichts anderes als die erste bilaterale Anwendung des Prinzips der von Lenin wegen des Scheiterns seiner globalen Umsturzpläne erfundenen und von Chruschtschow erneut aus der Taufe gehobenen »Friedlichen Koexistenz«, die heute als Basis des Nebeneinander von West und Ost akzeptiert und von 35 Staats- und Regierungschefs am 1. August 1975 in Helsinki mit viel Pathos abgesegnet wurde. Fünfzig Jahre zuvor wurde die Kehrseite der Medaille – die der »Koexistenz« immanente »Konfrontation« – zwar praktiziert, aber schamhaft verschwiegen. Inzwischen jedoch hatten sich die Zeiten gründlich geändert: Der Zweite Weltkrieg brachte dem raummäßig größten Reich der Erde den Durchbruch zur Supermacht und damit auch die Befreiung von mancherlei Rücksichten, die es im Hinblick auf die bisherige Machtverteilung hatte nehmen müssen. Seitdem gibt es von sowjetischer Seite eine Fülle einprägsamer Definitionen, unter denen die von Suslow gebrauchte am unmißverständlichsten ist: »Friedliche Koexistenz ist die spezifische Form des Klassenkampfes.«

Die im März 1919 von Lenin gegründete »III. Internationale« war von Stalin im Zweiten Weltkrieg zwar aufgelöst worden, aber erst, nachdem in den Jahren vor dem Kriege die kommunistischen Parteien des Auslands so »auf Vordermann« gebracht waren, daß sich keiner mehr eine von der Moskauer Befehlszentrale abweichende Meinung erlauben konnte. Die sowjetische Politik mit dem doppelten Boden war die gleiche geblieben. Vorher von sowjetischen Politikern und Wissenschaftlern mit sittlicher Entrüstung in Abrede gestellt und als westliche Verleumdung bezeichnet, wurde sie inzwischen mit dem Begriff der »Friedlichen Koexistenz« als der – einzig denkbaren – Grundlage ost-westlicher Beziehungen offiziell legitimiert: Koexistenz gleich Kooperation plus Konfrontation, wobei der

Kreml – die anschließende Betrachtung ist diesem Problem gewidmet – je nach Bedarf mal die eine, mal die andere Seite der Medaille stärker dynamisiert.

Vor fünfzig Jahren – hier schlägt sich der Bogen von den Zeiten Rapallos bis zum Moskauer Vertrag vom 12. August 1970 – war die Sowjetunion zu schwach, um den Widerstand und das wache Mißtrauen des Westens zu provozieren. Einerseits wollte und konnte der Kreml die Unterstützung der von ihm gerade ins Leben gerufenen und alimentierten kommunistischen Kader im westeuropäischen Raum nicht aufgeben. Als »Fünfte Kolonne« zur Entfachung von Revolten für den Traum von der schrittweisen Erringung der Weltherrschaft waren sie ihm unverzichtbar – wobei es übrigens für den Westen aufs gleiche herauskommt, ob dieses Hegemonialstreben als brutaler raumgreifender Imperialismus oder als Ausdruck einer noch von den Zaren ererbten Sicherheitspolitik begriffen werden muß.

Andererseits brauchte sie die bürgerlichen Regierungen, die sie zerstören will: ihre Industrie, ihr Know-how, ihr Kapital, ihr Getreide. Man brauchte alle, wie Lenin sie freundlich titulierte, »nützlichen Idioten, bereit, uns den Strick zu liefern, an dem wir sie dann aufhängen werden«. Otto von Habsburg ergänzte 1975 diese Bemerkung mit dem Hinweis, »der Westen sei nunmehr sogar bereit, besagten Strick auch auf Kredit zu liefern«.

Die westlichen Siegermächte hatten spätestens seit der Konferenz von Genua und dem Abkommen von Rapallo verstanden, daß die Zeit militärischer Interventionen gegen die neuen Machthaber in Moskau vorbei war. Die natürliche Abwehr gegen den in Moskau eigens für den Export gezüchteten Bazillus war erlahmt. Man sah ihn, spürte ihn und fand sich mit ihm ab, tolerierte die Repräsentanten der KPdSU im eigenen bürgerlichen Lager und konzentrierte sich mehr und mehr darauf, die wirtschaftlichen Beziehungen wieder anzukurbeln und das unheimliche neue russische Reich auch ins politische Geschäft einzubeziehen. Mißtrauen und Widerwillen gegen ein Regime, das sich offenbar nur mit blutigem Terror behaupten und durchsetzen konnte, blieben jedoch. Erst 1934, nach Hitlers Machtübernahme, entschlossen sich die USA, diplomatische Beziehungen zur Sowjetunion aufzunehmen.

Moskau hatte also zunächst alle Veranlassung, das Spiel mit mehreren Bällen bedachtsam zu betreiben, auch wenn es Adolf Hitler mehr und mehr gelang, die bürgerliche Welt Europas von ihrem

Mißtrauen gegen das Reich Stalins abzulenken und es durch das aufkeimende Mißtrauen gegenüber dem nationalsozialistischen »furor teutonicus« zu ersetzen.

Die Sowjetunion als eigentlicher Sieger dieses Krieges kann es sich heute leisten, auf die Rücksichten von ehedem zu verzichten. Mit einem Selbstbewußtsein, das dem zersplitterten Westen leider gänzlich abgeht, hat sie der bürgerlichen Welt eine Formel des Nebeneinander angeboten: »Warenaustausch, solange wir ihn noch brauchen – ideologischer Kampf, solange bis er zu unseren Gunsten entschieden ist!« Das stand – unausgesprochen – hinter dem sowjetischen Interesse an Rapallo, und das steht heute – weit weniger verschwiegen – im deutsch-sowjetischen Vertrag von 1970 – diesmal aber eingebettet in die Anerkennung des europäischen Status quo; das heißt der territorialen und ideologischen Geländegewinne der Sowjetunion.

Der Unterschied zwischen den Verträgen ist nicht so groß, als daß man sie beide nicht in einem Atem nennen dürfte. Beide dienten dem gleichen Zweck: nach einem blutigen Kriege wieder die Brücke zu einem friedlichen Nebeneinander zu schlagen. Nach dem Ersten Weltkrieg ein vergleichsweise leichtes, nach dem Zweiten aber ein unendlich weit schwierigeres Unterfangen. In Rapallo trafen sich 1922 Partner, die bereits subtile Vorarbeiten hinter sich hatten. In Moskau 1970 trafen sich der zur Weltmacht aufgestiegene Sieger mit dem auf ein Bruchteil einstiger Größe und Macht geschrumpften schuldbeladenen Besiegten. In Rapallo gingen beider Interessen etwa in die gleiche Richtung. In Moskau versuchte der Sieger dem Besiegten sein Diktat aufzuzwingen und sein Plazet für die Zerstükkelung seines Territoriums zu erhalten. In Rapallo schließlich verhandelten auf beiden Seiten politische Experten, die recht präzise wußten, was sie wollten; in Moskau stand der erfahrene, mit allen Wassern gewaschene und mit allen Taktiken vertraute Außenminister des Siegers Parteipolitikern gegenüber, die so wenig wußten, was sie wollten, daß sie ihrem Emissär noch nicht einmal Richtlinien mit auf die Reise geben konnten. Das Resultat war denn auch dementsprechend.

In Rapallo aber wurde ein Stück ausgewogener, wenn auch unwiederholbarer Außenpolitik geschaffen, daß den Beteiligten mancherlei Nutzen, niemandem aber Schaden gebracht hat! Keine der französisch-britischen Befürchtungen hinsichtlich einer Umorientierung deutscher Außenpolitik zum Osten hin ist eingetroffen. Im Gegenteil! Die deutsch-russische Rapallo-Bindung war es, die es England und Frankreich ratsam erscheinen ließen, dem Beitritt Deutschlands zum Bündnissystem von Locarno und damit seiner Einbindung in den Westen zuzustimmen.

Anstatt also den »Mythos« als Faktum zu nehmen, sollte man endlich das Faktum vom Mythos entkleiden, es ohne Geschichtsklitterung und Retuschen darstellen und das eine vom anderen säuberlich trennen. Das Faktum, der Vertrag, ist Geschichte geworden und nicht mehr wiederholbar. Was geblieben ist, ist der »Mythos«, das »Gespenst« von Rapallo. Es hat mit dem Vertragsinhalt gar nichts, sondern lediglich mit den konspirativen Umständen seiner Entstehung zu tun und steht stellvertretend für die latente Furcht des Westens und vor allem Frankreichs, Deutschland – nach Churchill »Europas Mittelpunkt und Eckpfeiler« – könnte sich mit seinem ganzen Potential dem Osten in die Arme werfen.

»Wir haben alle Rohstoffe der Welt, ihr habt das Know-how. Schließen wir uns zusammen, und wir sind autark.« Diese Bemerkung Kossygins mir gegenüber 1971 – beiläufig und nicht etwa als konkreter Vorschlag gesprochen – ist der Schlüssel für das Gespenst, das im Westen Europas aus dem Schlaf gerüttelt wird, sobald sich Russen und Deutsche ohne dritte Aufpasser zusammenfinden. Das geschah zuerst 1922 und dann – weit hintergründiger – im August 1939. Aber selbst die gar nicht geheimnisvollen sowjetischen Kontakte und Vertragsverhandlungen von 1970 erweckten das Gespenst wieder zum Leben. Als dieser Vertrag dann am 12. August 1970 unterzeichnet und publiziert war, argwöhnte man sogleich in Paris, daß er wohl nur die halbe Wahrheit enthalte und recherchierte nach der nicht vorhandenen geheimen zweiten Hälfte.

Trotz dieses Mißtrauens, das im Grunde nur einmal mehr beweist, wie eng Frankreichs und Deutschlands Lebensinteressen ineinander verflochten sind, besteht nach wie vor nicht der geringste Grund, von Rapallo wie von einem delikaten Fehltritt der damals noch jungen deutschen Republik zu sprechen. Schamhaft zu verstecken, was der damalige Reichskanzler Wirth, der übrigens 1952 noch kurz vor seinem Tode zu einer »Rückkehr nach Rapallo« riet, und was Ago Freiherr von Maltzan auf dem Gebiet der Ostpolitik unternommen haben und später Stresemann weiterzuführen bemüht war, kann den leider sehr notwendigen Bemühungen, das latente Mißtrauen gegen Deutschland abzubauen, eigentlich nur schaden.

Die Sowjets sind da realistischer. In seinem Buch »Deutschland und der Kalte Krieg« erinnert Ernst Nolte an sowjetische Offiziere, die bei ihren ersten Nachkriegskontakten mit deutschen Politikern wie Ernst Lemmer, Ferdinand Friedensburg und anderen die Gläser erhoben und auf das »große deutsche Volk«, »die deutsche Zukunft« und – auf »Rapallo« tranken. Daniel Melnikow, Professor am Moskauer »Institut für Weltwirtschaft« und häufiger Gesprächspartner in meinem Moskauer Hause, sagte (im Januar 1970) dem »Spiegel«: »In der Bundesrepublik besteht eine seltsame Furcht vor Rapallo. Dieser Vertrag von 1922 und der Berliner Vertrag von 1926 brachten – in einer anderen historischen Situation – beiden Partnern Vorteile. Ich bin für die Prinzipien von Rapallo!« Er wurde deshalb höchst überraschend in Moskau vom Zentralkomitee der Partei nachdrücklich zur Ordnung gerufen und von der DDR beschimpft, weil er einen Vertrag mit dem Klassenfeind gelobt hatte. Melnikows Feststellung muß nicht deshalb objektiv falsch sein, weil sie von einem Sowjetmenschen und überzeugten Marxisten stammt. Auch die Deutschen können sich – um diese umstrittene Feststellung zu wiederholen – der Unterzeichnung des Rapallo-Vertrages als eines denkwürdigen historischen Ereignisses erinnern. In einer der schwierigsten Phasen unserer Geschichte war er hilfreich und hat den Grundstein zu einer mutatis mutandis erträglichen Nachbarschaft mit Rußland gelegt, bevor verbrecherischer Größenwahn und namenlose Dummheit uns wiederum auf die Stunde Null zurückwarfen.

Ich meine, der Vertrag von Rapallo war vergleichsweise – vor allem auch im Vergleich zum Moskauer Vertrag vom 12. August 1970 – ausgewogen, das heißt, den beiderseitigen Interessen war in angemessener Weise Rechnung getragen. Der häufig vertretenen Meinung, der eigentliche Gewinner sei Sowjetrußland gewesen, kann ich mich nicht anschließen. Wenn Sowjetrußland damit wieder den Anschluß an den kapitalistischen Westen und an die Märkte gefunden hat, auf die es bei seinem Aufbau angewiesen war, dann hat Deutschland den gleichen Mächten gezeigt, daß es notfalls auch ohne sie auskommt. Rapallo war zur rechten Zeit und mit den rechten Mitteln ein Schuß vor den Bug des »bloc national« in Frankreich, der, von Poincaré geführt, die Meinung vertrat, mit Deutschland lasse sich auch vier Jahre nach Kriegsende nur auf der Grundlage militärischer Gewalt und administrativer Zwänge verkehren.

Nicht zu unterschätzen ist auch wohl der Umstand, daß mit dem Abschluß der auf der deutschen Seite von soviel Unsicherheit, Bedenken und Zaudern getragenen Verhandlungen dieser Vertrag – dieser (laut Freiherr von Rheinbaben, Staatssekretär Stresemanns) »Ritt über den Bodensee« – der deutschen Staatsführung wieder einen guten Teil des Selbstvertrauens zurückgegeben hat, dessen sie dringend bedurfte.

Das Deutschland von damals hat keine Veranlassung, sich Rapallos wegen für irgend etwas oder vor irgend jemand zu rechtfertigen. Dazu besteht um so weniger Grund, als, wie übrigens auch Renata Bournacel feststellt, der Vertrag – langfristig gesehen – die Entwicklung der französisch-deutschen Beziehungen nicht ungünstig beeinflußt hat. Von Deutschland aus betrachtet, könnte man vielleicht sogar einen Schritt weitergehen und sagen: Rapallo hat die Beziehungen eher gefördert als behindert. Es ist gut zu wissen, daß Deutschland weder im Osten geschweige denn im Westen einen »Erbfeind« als Nachbarn hat, Staaten also, an die man sich nur erinnern mag, indem man mit dem Säbel rasselt.

Die Zeiten sind für eine europäische Mittelmacht wie Deutschland oder Frankreich ohnehin vorbei. Deutschland in seiner geographischen Lage zwischen den beiden Welten hat keine andere Wahl, als um möglichst gute Beziehungen nach beiden Seiten bemüht zu bleiben – vorausgesetzt freilich, daß der Nachbar die ausgestreckte Hand auch ergreift. Gegenüber der Sowjetunion ist es das uns fremde Gesellschaftssystem, das uns abschreckt, uns ständig bedroht und vor dem wir ständig auf der Hut sein müssen. Seit Lenin gehört es zu den wichtigsten Glaubenssätzen der Partei- und Staatsführung, die bürgerliche Gesellschaftsordnung zu zerstören und sie durch den Sozialismus marxistisch-leninistischer Prägung zu ersetzen.

Die Zwangsgründung der DDR, die blutige Gewalt, mit der Osteuropa sowjetisiert worden ist, sind Warn- und Alarmsignale einer Politik, die aus längst vergangenen Zeiten zu stammen scheint und die bis zum heutigen Tage keinen anderen Erfolg gehabt hat, als Spannungen zu erzeugen und Spannungen virulent zu erhalten. Trotzdem bleibt es eine der lebenswichtigsten Aufgaben deutscher Politik, unablässig nach Mitteln und Wegen zu suchen, um mit der Sowjetunion zu einem möglichst spannungsfreien Modus vivendi zu gelangen. Rapallo hat 1922 den Beweis erbracht, daß das möglich ist, ohne Grundsätze unseres Daseins aufzugeben.

Mit Frankreich braucht es keinen »Modus vivendi«. In der Welt von heute gehören wir, wie es der deutsch-französische Freundschaftsvertrag von 1962 ja auch sagt, zusammen. Aber machen wir uns nichts vor: selbst diese Feststellung beunruhigt starke Kräfte in Frankreich zutiefst.

Trotz der durch leidvolle Erfahrungen gesicherten Erkenntnis stellt selbst Deutschlands von der Sowjetunion – zur großen Erleichterung Frankreichs – herbeigeführte Teilung manche französische »Politiker« noch längst nicht zufrieden. Obwohl diese Zersplitterung nichts weiter bewirkt als einen permanenten Spannungsherd im Herzen Europas, versetzt nach der wiederholt geäußerten Meinung des früheren französischen Ministerpräsidenten Michel Debré »die Tendenz zur Wiedervereinigung beider deutscher Staaten oder auch nur eine wirkliche Annäherung die Europäer und besonders die Franzosen in tausend Ängste«.

Dabei hoffte man in der Bundesrepublik mit der Gründung der Europäischen Wirtschaftsgemeinschaft und den Römischen Verträgen endlich einen brauchbaren Weg gefunden zu haben, um durch schrittweisen Abbau der Souveränität der Mitgliedstaaten die europäischen Grenzen ihrer einstigen Bedeutung zu entkleiden, mit der Neutralisierung des Nationalstolzes auch den – in Frankreich beheimateten – Chauvinismus zu europäisieren und das Recht der Deutschen auf Wiedervereinigung zunächst auf das nicht minder unbestreitbare, wenn auch vorenthaltene Recht auf Selbstbestimmung reduziert zu haben.

Gerade deshalb war auch die mit dem Kabinett Erhard–Schröder einsetzende Absicht der Bundesregierung, ein politisches Abkommen mit der Sowjetunion anzusteuern, im Kern richtig, in der Durchführung freilich unvergleichlich viel schwieriger. In Rapallo hatten sich zwei Besiegte zusammengefunden, deren einem auch noch – ein Gaunerstück internationaler Vertragsgeschichte – die Alleinschuld am Kriege aufgebürdet worden war. Diesmal galt es, zwischen dem zur Weltmacht emporgestiegenen Sieger und dem in den Staub getretenen, mit aller Verantwortung belasteten, Besiegten einen »Modus vivendi« zu finden.

Anstatt sich damit aber nun Zeit zu lassen, die Hintergründe sowjetischer Westpolitik und das immer deutlicher werdende sowjetische Interesse an einer Regelung mit Deutschland zu erforschen, anstatt orientalische Geduld an den Tag zu legen und sich an den Methoden sowjetischer Verhandlungskunst zu orientieren, bestimmte der Wunsch nach einem möglichst raschen innerpolitisch verwertbaren Erfolg die Taktik der neuen Bundesregierung Brandt–Scheel.

Die einzigartige – und wohl kaum wiederkehrende – Schlüsselrolle der Bundesrepublik im West-Ost-Verhältnis wurde damit verspielt. So kam es, im Gegensatz zu Rapallo, in Moskau zu einem kopflastigen Abkommen zugunsten der Sowjetunion.

Wir wissen heute – und hätten es vorher wissen können –, daß unausgewogene Verträge, bei denen sich der eine Partner zunächst vielleicht freut, den anderen hereingelegt zu haben, auf die Dauer *beiden* Seiten nur Nachteile bringen und latente Spannungen verschärfen. Paul Scheffer, einer der klarsichtigsten und unbestechlichsten deutschen Journalisten, die je in Rußland gelebt und gearbeitet haben – so lange, bis er 1930 gerade deshalb ausgewiesen wurde –, plädierte 1953 »für eine würdige Inschrift auf Rapallos Grabstein. Dieser Staatsvertrag änderte zu keiner Zeit seine Zwecke, noch überlebte er sich. Höhere Gewalt setzte ihm ein Ende. Er hat Dritte nie geschädigt, noch war er gegen Dritte gerichtet; vielmehr nutzte er allen ... Das große Thema, das Rapallo zu seinem Teil behandelte, ist mit Rapallo nicht dahingegangen. Es hat im Gegenteil den ganzen Westen in seinen Bann gezogen ... Der Westen wäre sehr zufrieden, könnte er heute auf ein ähnliches Abkommen seine Hoffnungen setzen«.

Schließen wir dies nachdenkliche Kapitel mit dem jüngsten Zitat aus berufenem sowjetischen Munde. Im Novemberheft 1978 der Moskauer Zeitschrift »Woprosy istorij« (Fragen zur Geschichte) befaßt sich die sehr bekannte russische Historikerin M.I. Orlowa eingehend mit dem Vertrag von Rapallo. Die Studie schließt mit dem – auch hinsichtlich des Zeitpunkts seiner Veröffentlichung – recht bemerkenswerten Satz:

»Das Rapallo-Abkommen als eine Vereinbarung über Frieden und Koexistenz zweier unterschiedlicher Gesellschaftssysteme bleibt trotz der veränderten internationalen Lage als Folge des Zweiten Weltkrieges ein positives Beispiel fruchtbarer Zusammenarbeit – und in diesem Sinne bleibt es auch politisch aktuell!«

Ob die Geschichtsschreibung der Zukunft – gleichviel ob sie in Deutschland oder in der Sowjetunion verfaßt ist! – dem deutsch-sowjetischen Vertrag vom 12. August 1970 ähnlich ehrenvolle Nachrufe widmen wird?

# 4. Teil

# Anmerkungen zur »Neuen Ostpolitik«

## *Zur Vorgeschichte*

Den nachstehenden Kapiteln, die sich mit dem deutsch-sowjetischen Abkommen vom 12. August 1970 befassen, sollte man einige Sätze vorausschicken, die der Publizist und zeitweilige »Ghostwriter« Willy Brandts, Klaus Harprecht, am 6. Juni 1970 in einem offenen Brief an den CSU-Bundestagsabgeordneten Baron von Guttenberg geschrieben hat:

»Es war die deutsche Reichsregierung, die Lenin aus der Schweiz nach Petersburg transportierte ... Es war das Deutschland Hitlers, das die Sowjets zur vierten Teilung Polens eingeladen hat. Und es waren schließlich wir Deutschen, die Rußland durch Krieg, Mord und Plünderung dazu herausgefordert haben, die Grenzpflöcke seines Imperiums an die Elbe zu setzen. Im Positiven wie im Negativen: Wir haben uns diesen Partner gewählt. Also werden wir mit ihm leben müssen.«

Der Moskauer Vertrag vom 12. August 1970 ist Geschichte geworden. Die Diskussion darüber, ob von seiten der Bundesregierung damals alles geschehen ist, um – in richtiger Einschätzung des enormen sowjetischen Interesses an diesem Vertrag – alle Verhandlungsmöglichkeiten auszuschöpfen, hat kaum erst begonnen. Es bedarf gewiß keiner besonderen prophetischen Gabe, um zu vermuten, daß noch in Jahren und Jahrzehnten die vielen Rätsel, die die Bundesregierung vor, bei und nach dem Aushandeln des Vertrages der deutschen Öffentlichkeit und der Opposition aufgegeben hat, Gegenstand nicht nur innerpolitischer Auseinandersetzungen sein wird. Das müßte nicht so sein, wenn Bundeskanzler, Bundesaußenminister und ihre Berater sich so verhalten hätten, wie demokratische Spielregeln es vorsehen und wenn sie nicht durch ihre Kommentare von damals wie von heute dem legitimen Mißtrauen über ihr Procedere ständig neue Nahrung liefern würden. Auch heute noch preisen sie die Politik der Vorleistungen und die längst offenkundigen Fehler ihrer Taktik als Musterbeispiele exzellenter Vorbereitung und bahnbrechender Strategie im Umgang mit Kommunisten und empfehlen ihre Nachahmung.

Worum ging es denn? In der Ära Adenauer war es gelungen, mit den Westmächten Abkommen zu schließen, die die Feinde von gestern in die Verbündeten von morgen verwandelt hatten. Nun galt es, gegenüber dem Osten ähnliche Regelungen zu finden, ohne die »Realitäten« zu übersehen, also die geopolitischen Gegebenheiten zu berücksichtigen, die die Sowjets dank Hitler, ihres Sieges, dank des Versagens des kranken Roosevelts, der relativen Einflußlosigkeit Churchills und seines Nachfolgers Clement Attlee in Europa hatten schaffen können. Die Erwartung, diese Situation, die alle Beteiligten und Betroffenen selbst herbeigeführt und mitzuverantworten hatten, nun plötzlich wieder durch Pressionen auf die Sowjetunion, also durch die von John Foster Dulles in die West-Ost-Beziehungen eingeführte und von Adenauer übernommene »Politik der Stärke«, verändern oder gar rückgängig machen zu können, war naiv. Sie beruhte auf einer Verkennung sowjetischer Mentalität und sowjetischer Kriegsziele und hat nur dazu beigetragen, die Haltung des Kreml zu versteifen und seine Aufrüstung zu forcieren.

1969 war längst deutlich, daß diese Politik ihre Ziele verfehlt hatte und die Wiedervereinigung oder auch nur die Anerkennung des Selbstbestimmungsrechtes der Deutschen »for the time beeing« nicht mehr zu erreichen war. Brandts Vorgänger im Kanzleramt, Erhard und Kiesinger, hatten das bereits verstanden und ihre Taktik gegenüber der Sowjetunion und der DDR modifiziert. Die »Friedensnote«, die das Kabinett Erhard–Schröder am 26. März 1966 an alle Staaten hinausgehen ließ und die in erster Linie an die Sowjetunion adressiert war, ist ein Beweis dafür. Auch sie freilich verkannte, worauf es dem Kreml ankam.

Wieweit es vorher Chancen gegeben hat, die verpaßt wurden, wird sich erst dann herausstellen, wenn die Sowjets ihre Archive öffnen und Klarheit darüber besteht, welche Ziele Stalin im Auge hatte, als er in den Jahren 1951 bis 1953 bereit schien, über die Wiederherstellung Gesamtdeutschlands mit sich reden zu lassen. Daß man ihn damals auf Betreiben der USA und mit massiver Unterstützung Adenauers nicht beim Wort genommen und ihn sogar gehindert hat, seine einschlägigen Noten an die Westmächte auch nur zu erläutern – wozu er bereit schien –, scheint mir nach wie vor ein Kardinalfehler westlicher Politik.

Das Verhältnis zum Osten, das Adenauer bis zu seinem Ausscheiden aus der aktiven Politik ständig beschäftigt und das seine Nachfolger pragmatisch anzupacken versucht hatten, war trotz vieler Bemühungen ungeregelt an die Große Koalition unter Kiesinger und Brandt vererbt worden. In dem gleichen Maße, in dem die DDR erstarkte, die Hallsteindoktrin ihre furchteinflößende Wirkung verlor und immer mehr Staaten dahinterkamen, daß sie sich ebensogut auch als Erpressungsobjekt gegenüber der Bundesrepublik Deutschland verwenden lasse, schob sich der Ausgleich mit der Sowjetunion ganz von selbst an die Spitze aller unserer außenpolitischen Überlegungen und Pläne.

Ihn herbeizuführen, den richtigen Anfang zu finden, den Gegner von einst, der um der deutschen Großmannssucht wegen Millionen von Toten und riesige Verwüstungen zu beklagen hatte und aufrechnen will, den Todfeind unserer Gesellschaftsordnung, den Nachbarn, der durch die Spaltung Deutschlands zeigte, daß er vielleicht an den Wirtschaftsprodukten der Bundesrepublik, gewiß an der Ausdehnung seines Machtbereichs, aber nicht an einer echten Aussöhnung interessiert ist, diesen Staat zum Partner zu gewinnen, war auch für die im Herbst 1969 ans Ruder gelangte Koalition von SPD und FDP, von Brandt und Scheel, unendlich viel schwieriger als alle Probleme, mit denen die Bundesrepublik Deutschland bis dato konfrontiert worden war; nicht nur der Verbrechen halber, die Hitler-Deutschland – zunächst im brüderlichen Zusammenwirken mit der Sowjetunion – Polen und danach allein dem Vertragspartner, der Sowjetunion, zugefügt hatte; auch nicht nur der Spaltung Deutschlands wegen, die unter keinen Umständen anerkannt werden durfte! Nichts wäre wohl paradoxer, als ein Gewaltverbrechen wie diese Spaltung, deren Sinn darin besteht, in Mitteleuropa ein Spannungsfeld zu verewigen, »um des lieben Friedens willen« zu akzeptieren. Wie viele von den Sowjets in der Nachkriegszeit geschaffene oder in Angriff genommene »faits accomplis« sind »um des lieben Friedens willen« vom Westen hingenommen oder geflissentlich übersehen worden und haben doch nur dazu beigetragen, den Graben zwischen beiden Blöcken zu vertiefen und Spannungen virulent zu erhalten.

Der Moskauer Vertrag war – nicht etwa nur aus deutscher, sondern aus internationaler Sicht betrachtet – alles andere als ein Meisterstück, es sei denn, man bezeichnet die Vorbereitung wie vor allem auch die Durchführung als Meisterstück diplomatischen und taktischen Dilettantismus. Ungetrübtes Vergnügen hat es nur an einem einzigen Platz in der Welt hervorgerufen, bei der sowjetischen Staats- und Parteiführung!

Jemand, der das übrigens sehr rasch erkannt hatte und sich daraufhin beeilte, seinen Platz für seinen Nachfolger, den FDP-Abgeordneten Karl Moersch frei zu machen, war der FDP-Abgeordnete Ralf Dahrendorf, parlamentarischer Staatssekretär im Auswärtigen Amt. Er war, wie Moersch in seinem jüngst erschienenen Buch mit dem anspruchsvollen Titel »Kursrevision« zitiert, der auch von mir vertretenen Meinung, daß »zentrale politische Entscheidungen, etwa auch zu Fragen der Ostpolitik, nur quer durch die Fraktionen getroffen werden können«. Der damalige Bundeskanzler Willy Brandt teilte offenbar diese Ansicht – wie sonst sollte seine Bemerkung »das Verhältnis zum Osten geht das deutsche Volk in seiner Gesamtheit an« zu verstehen sein?

Moersch bemerkt dazu mit allen Zeichen völliger Verständnislosigkeit, mit »solch resignierenden Erklärungen« habe Dahrendorf seinen Entschluß begründet, sein Bonner Amt zur Verfügung zu stellen. Moersch ist bescheidener. Er mißt den deutsch-sowjetischen Vertrag nicht etwa an dem enormen sowjetischen Interesse an einem Ausgleich mit der Bundesrepublik, sondern daran, daß der Kreml »Entgegenkommen« (laut Gromyko sogar »besonders schmerzliches«) gezeigt habe. Er übersieht dabei aber, daß nicht nur arabische oder armenische Teppich- oder Pferdehändler, sondern überhaupt erfahrene Taktiker wie die Sowjets Verhandlungen mit unrealistischen, weit überhöhten Forderungen zu eröffnen pflegen, um sie später – je nach der Reaktion der Gegenseite – Schritt um Schritt abbauen und dafür Entgegenkommen von der anderen Seite fordern zu können.

Jedwede Kritik an Bahr hält Moersch danach für »unbegründet« und seine Leistung für »sachlich beachtenswert« – vor allem, wenn man die Vorwürfe an seine Adresse, die darauf beruhen, daß man das Ergebnis seiner Gespräche an »unrealistischen Wiedervereinigungsvorstellungen« gemessen habe, als indiskutabel beiseite lasse.

Zu dieser, wie sich aus dem Zusammenhang ergibt, insbesondere auch an die Adresse der damals an der deutschen Botschaft in Moskau tätigen Beamten gerichteten Anmerkung ließe sich erwidern, daß in den Jahren 1968 und danach niemand in der Moskauer Botschaft noch Wiedervereinigungsvorstellungen gehegt hat. Die gegenüber Bahr erhobenen Bedenken bezogen sich also keineswegs – wie Moersch übrigens schon in meinem »Moskauer Tagebuch« hätte nachlesen können – auf die Enttäuschung, daß ihm Gromyko die Wiedervereinigung vorenthalten hat. Sie bezogen sich auf die Einsicht, daß Bahr für die Vorenthaltung der Wiedervereinigung auch noch draufgezahlt hat – durch Zugeständnisse nämlich, die zu dem von Moersch völlig richtig gesehenen Interesse der Sowjets an diesem Vertrag und den von ihnen gemachten Gegenkonzessionen in keinerlei vertretbarem Verhältnis stehen. Nur dann läßt sich ein Vertrag als »ausgewogen« bezeichnen, wenn sich die beiderseitigen Konzessionen qualitativ entsprechen – »do ut des«, wie es im römischen Recht kurz und bündig fixiert ist.

Geboren aus der Notwendigkeit, mit der Sowjetunion einen neuen Anfang zu versuchen – vergleichbar mit den Verträgen, die die Bundesrepublik mit ihren westlichen Kriegsgegnern abgeschlossen hatte –, geriet das Vorhaben in die Hände einer schwachen und, wie auch Moersch hervorhebt, unsicheren Regierung, die es eilig hatte, sich zu profilieren. Nur auf die Hälfte des Bundestages und einige Länderparlamente gestützt, hatte sie das sehr begreifliche Interesse, ihren Einflußbereich zu erweitern und über die erste Legislaturperiode hinaus an der Macht zu bleiben. Sie wollte also den schwierigen deutsch-sowjetischen Ausgleich allein erreichen und das Verdienst an seinem Gelingen mit niemandem, und schon gar nicht mit der Opposition, teilen. Diese Rechnung war zwar eine Milchmädchenrechnung, ging aber trotzdem – nicht zuletzt auch dank eines erbetenen und bewilligten Nachhilfebesuchs des sowjetischen Außenministers in Hessen – bestens auf, als die Koalition, nach Unterzeichnung des deutsch-sowjetischen Vertrages, die Landtagswahlen in Hessen und später mit einer wohlfundierten Mehrheit auch die Bundestagswahlen gewann.

Aber es war ein recht kurzlebiger, weit mehr auf Versprechungen, Hoffnungen und Illusionen als auf Realitäten gegründeter Ruhm, der sich ebenso rasch verflüchtigte wie der Rauchschleier, der einige Monate lang den Eisernen Vorhang verhüllt und den Wunschtraum genährt hatte, er wäre dank dieses Vertrages transparent geworden und überhaupt in Auflösung begriffen.

Wir waren mit viel gutem Willen nach Moskau gegangen und natürlich auch mit der Bereitschaft, einen Teil der Schuld abzutragen, die Hitlers Eroberungswahn gegenüber Polen und Russen auf sich geladen hatte. Aber die Emotionen, die uns dabei bewegten und nicht zum geringen Teil unser Handeln bestimmten, vernebelten die Klarsicht, die wir brauchten, um den Vertragspartnern gewachsen zu sein.

Die Reisen nach Moskau wie nach Warschau waren jeweils ein Gang nach Canossa. Nur: König Heinrich IV., der sich dort vor dem Papst Gregor VII. demütig auf die Knie warf, um die Aufhebung des über ihn verhängten Bannfluchs zu erbetteln, war nicht von Reue und schon gar nicht vom Wunsch nach Sühne übermannt. Heinrich IV. war ganz im Gegenteil ein kühler Rechner, der nach dem bewährten Rezept »der Zweck heiligt die Mittel« mit seinem wohlgespielten Unterwerfungsakt Gregor VII. hereinlegen wollte. Emotionen lagen ihm gewiß fern, und sie haben auch in der eiskalten Welt der Politik nichts zu suchen – vor allem dann nicht, wenn es sich um die Welt des Kommunismus handelt.

Die Bundesrepublik wollte und durfte bei dem Gang nach Moskau gewiß niemand hereinlegen, und eben deshalb hatte sie um so mehr darauf zu achten, daß sie nicht selbst hereingelegt wurde. Wir hatten keinerlei Grund zu der Hoffnung, daß mit Vorleistungen von unserer Seite oder einem sichtbar schlechten Gewissen politische Vorteile einzuhandeln wären – und um sie ging es, um nichts anderes. Unsere Position zu diesem Zeitpunkt war stark genug, um unbewegten Gesichts zu pokern, Forderungen auf den Tisch zu legen, anstatt nur Wünsche anzudeuten und die Verhandlungen zu unterbrechen, wenn die sachliche oder taktische Lage dies nahelegte.

In Anbetracht der von Gromyko und Kossygin – ganz im Gegensatz zu Leonid Breschnew – gelegentlich zur Schau getragenen elitären Arroganz hätten auch unsere Unterhändler bei passendem Anlaß an die Frage erinnern können, die Adenauer 1955 an Molotow gerichtet hat: »Wer hat den Hitler-Stalin-Pakt eigentlich abgeschlossen – Sie oder ich?«

In der offiziellen sowjetischen Geschichtsschreibung ist übrigens dieser Pakt längst zur »Un-Person« geworden, er hat sozusagen nie existiert. Nach der »Geschichte der internationalen Beziehungen 1939–1945« von W.G. Truchanowski, Moskau 1962, begann der Krieg mit dem Überfall Deutschlands auf Polen am 1. September 1939. »Am 17. September 1939 überschritt die Rote Armee die sowjetisch-polnische Grenze, um Leben und Eigentum der Bevölkerung ... zu schützen, da diese Gebiete sonst in den Machtbereich der faschistischen Eroberer gefallen wären ... Der Befreiungsfeldzug der sowjetischen Truppen dauerte zwölf Tage ... Am 28. September 1939 unterzeichneten die UdSSR und Deutschland in Moskau einen Vertrag, der die neue Westgrenze des Sowjetstaates festlegte.«

»Die Volksvertretungen der so befreiten Länder«, so heißt es weiter, »erfüllten in demokratischen Wahlen zur Volksversammlung den Wunsch des Volkes, riefen die Sowjetmacht aus und baten den Obersten Sowjet der UdSSR um Aufnahme ... in die Familie der Sowjetvölker.«

Den Hitler-Stalin-Pakt vom 23. August 1939, der Stalin zum Spießgesellen Hitlers machte und den Weltkrieg erst ermöglichte, hat es also ebensowenig gegeben wie das geheime Zusatzprotokoll über die Teilung der gemeinsam geraubten Beute, das heißt also über die Vernichtung Polens und die Aufteilung der Interessensphären, die zur sowjetischen Annexion der drei baltischen Staaten Estland, Lettland, Litauen und Teilen Rumäniens (Bessarabien, Nord-Bukowina) führte.

Leonid Breschnew hat da doch ein besseres Gedächtnis! In seinem sehr lebendig beschriebenen Kriegserlebnis »Kleines Land« (in »Sowjetunion heute«) erwähnt er den Pakt wohl – allerdings nicht das Zusatzprotokoll.

Auch der sowjetisch-polnische Nichtangriffspakt vom 25. Juni 1932 ist der Erinnerung des Historikers Truchanowski völlig entfallen. Andernfalls wäre er zu dem Ergebnis gekommen, daß die Sowjetunion ihn durch ihren Einmarsch am 17. September 1939 gebrochen hat.

Ganz so weit haben wir es in unseren Bemühungen, das Hitler-Reich und seine Verbrechen zu verdrängen, doch noch nicht gebracht!

Weshalb nur diese Befangenheit und diese Hemmungen vor dem Versuch, sich diplomatischen Gepflogenheiten, so wie sie nun einmal unter dem Marxismus-Leninismus entwickelt worden sind, anzupassen und die gleiche Sprache zu sprechen, wie sie die Funktionäre der kommunistischen Regime gelernt haben? War es das schlechte Gewissen in bezug auf die Vergangenheit? Aber unsere Funktionäre kamen doch nicht nur nach Moskau, um Buße zu tun und die Rechnung für die Vergangenheit zu bezahlen, sondern um die Zukunft zu regeln und neuen Generationen, die mit dem Verbrechen der alten nichts gemein haben, den Weg für eine gute Nachbarschaft zu ebnen.

Die Sowjets haben – darüber gibt es keinen Zweifel – die Sprache

Adenauers durchaus verstanden und ihm einen Respekt bewahrt, der mir oft gezeigt worden ist. Auf der anderen Seite haben sie – und auch dafür gibt es verläßliche sowjetische Zeugen – sich über die gehemmte, befangene Sprache mancher unserer Regierungsvertreter gewundert. Da kam 1971 ein Bundesminister aus Deutschland und sprach unter anderem ein sehr wichtiges, noch offenes Problem an. Sein sowjetischer Gegenpart erwiderte ihm: »Sie sollten davon hier gar nicht reden.« Der Minister sagte darauf: »Ich hatte auch den Auftrag, die Frage hier nur in aller Zurückhaltung anzusprechen.«

»Eben«, kam die Antwort, »sprechen wir von etwas anderem«. So sprach man also von etwas anderem. Die Frage blieb ungelöst. Sie ist es heute noch!

Wer so im Kreml auftritt, macht sich nur lächerlich und riskiert überdies, auch alle übrigen Fragen, derentwegen er gekommen ist, gar nicht oder unbefriedigend zu regeln.

Zu oft wurde zu deutlich, wie sehr sich die Deutschen durch ihre Vergangenheit und die überlegene Macht und Größe des Gastlandes beeindrucken, um nicht zu sagen, einschüchtern ließen. Dagegen verstanden die Sowjets die Unverblümtheit, mit der ihnen Helmut Schmidt im August 1969 – als Fraktionschef der SPD nach Moskau eingeladen – seine Ansichten über die Invasion der CSSR mitteilte, sehr gut. So unbequem und offen, wie er sich äußerte – es war ihre Sprache! Ein anderes Beispiel:

Zu Ehren des 200. Geburtstages von Beethoven gab es im Bolschoitheater in Moskau am 16. Dezember 1970 ein festliches Konzert, zu dem das Außenministerium auch die Missionschefs mit ihren Damen eingeladen hatte. Gegenüber hatten in den Logen Vertreter des Politbüros, des Zentralkomitees und der Regierung mit Ministerpräsident Kossygin an der Spitze Platz genommen. Die Atmosphäre war freundlich und aufgelockert, und man begrüßte sich »per distance« über das Parkett hinweg.

Vor dem Konzert der großartigen Moskauer Philharmoniker, das mit Beethovens 5. Symphonie beginnen sollte, gab es eine kurze Ansprache Kossygins und schließlich die Festrede von Dimitri Schostakowitsch, dem inzwischen verstorbenen bedeutendsten russischen Komponisten der Gegenwart. Er feierte Beethoven als den großen Reformator seiner Kunst, die ein Kind des Humanismus sei, der seinerseits aus antiken Quellen schöpfend das Abendland umfassend befruchtet und die Französische Revolution, den Vorläufer der großen Russischen Oktoberrevolution, entscheidend gefördert habe...

Nachdem es also dem bereits sehr gebrechlichen Schostakowitsch gelungen war, auf abenteuerlichen Pfaden, die auf Befehl von oben begehen zu müssen diesem großen, überaus sympathischen und immer wieder für politische Zwecke schamlos mißbrauchten Künstler wohl am meisten Pein bereitet haben, Beethoven zu einem Revolutionär und Wegbereiter von Marx und Lenin emporzustilisieren, wurde ein weiterer Redner angekündigt, und zwar der stellvertretende Kultusminister der DDR, Herr Bork. Da den Besuchern kein Programm ausgehändigt worden war, hatte ich nichts davon geahnt, daß der eigentliche Zweck der Veranstaltung darin bestand, Beethoven als Revolutionär und Kommunist zu feiern, dessen »wahres Vaterland«, wie Herr Bork – und ebenso der damalige Ministerpräsident Willi Stoph etwa zur gleichen Zeit in der Berliner Oper ›Unter den Linden‹ – formulierte, die DDR sei. Die Zeremonie im Bolschoitheater war, wie ich nun endlich begriff, nicht etwa eine Geburtstagsfeier, sondern der schmuddelige Mißbrauch eines der denkwürdigsten Anlässe abendländischer Musikgeschichte als Mittel zum Kultur- und Klassenkampf.

Mich überraschte das um so mehr, als ich gerade den Russen mit ihrer Ehrfurcht vor ihren eigenen großen Tonschöpfern und ihrer Liebe zur Musik eine so hanebüchene Geschmack- und Taktlosigkeit gar nicht zugetraut hätte. Als der Kulturvertreter Ost-Berlins also anhub, zu sprechen, erhoben wir uns, meine Frau und ich, verabschiedeten uns etwas geräuschvoll vom britischen Botschafter Sir Duncan Wilson, mit dem zusammen wir gekommen waren, und verließen unter den aufmerksamen Blicken Kossygins und Gromykos das Theater. Von der Botschaft aus telegrafierte ich den Sachverhalt nach Bonn.

Zwei Tage später meldete sich bei mir wieder einmal ein guter Bekannter, Professor Michail Woslensky, ein Germanist, der, wie es in Moskau so üblich war, im Auftrage der Führung (in seinem Fall des Zentralkomitees der Partei) die Verbindung zu mir hielt, um Informationen zu überbringen oder zu erhalten. Bei einem Glas Whisky besprachen wir alles mögliche, bis Woslensky endlich, wie ich erwartet hatte, auf den Grund seines Besuchs zu sprechen kam. In der Führung, so bemerkte er beiläufig, habe man meine Reaktion auf den Auftritt des DDR-Funktionärs wohl bemerkt. Der Fehler liege beim Arrangement der Veranstaltung! Leider sei versäumt worden, mich rechtzeitig über das Programm zu unterrichten, mich vielleicht auch zu fragen, ob ich selbst den Wunsch hätte, das Wort zu ergreifen.

Da Woslensky, wie bei Sowjetfunktionären üblich, niemals seine persönliche Meinung äußerte, sondern, wenn er zu mir kam, einen Auftrag auszuführen hatte, war ich sofort im Bilde.

Die Bundesregierung stellte sich voll hinter mich, doch aus dem Kanzleramt war Kritik zu hören: *Mußte* das sein – ausgerechnet, nachdem es (dank des Moskauer Vertrages) endlich gelungen sei, das Klima zu verbessern? Die Kritik war ganz berechtigt – vorausgesetzt, man hätte sie an die richtige Adresse, nämlich an die Sowjetregierung, gerichtet. Die Sowjets – einschließlich des Zentralkomitees, wie ich später erfuhr – hatten sofort eingesehen, daß es nicht opportun ist, den Vertreter der Bundesrepublik unnötig zu brüskieren und hatten die Provokation auf ihre Art, die eine formelle Entschuldigung gegenüber dem Klassenfeind ausschließt, bereinigt. Die Angelegenheit war damit vergessen, das Klima hatte sich nicht etwa verschlechtert, sondern war höchstens besser geworden.

Ein Gegenstück zu diesem Zwischenfall war der Exodus des sowjetischen Botschafters in Bonn, des urbanen und bei aller Systemtreue gesprächsoffenen Andrei Andrejevitsch Smirnow. Als Professor Ludwig Erhard, damals noch Bundeswirtschaftsminister, in seiner Eröffnungsansprache zur Deutschen Afrika-Woche am 21. Oktober 1960 bemerkte, »es gibt zur Zeit keinen schlimmeren Kolonialismus als den Imperialismus kommunistisch-totalitärer Prägung«, sprang der vor mir sitzende Smirnow auf und verließ laut protestierend und faustschüttelnd die Versammlung.

Bundeskanzler Adenauer tat das einzig Richtige: Er beauftragte den Bundesratsminister Hans Joachim von Merkatz, dem Botschafter sein Bedauern über den Zwischenfall zum Ausdruck zu bringen. Damit war für beide Seiten die Angelegenheit erledigt.

Professor Erhard hatte in der Sache recht, wie sich bei dem vor allem jetzt massiv einsetzenden Versuch der Sowjetunion um ihren Einfluß in Afrika im Rückblick feststellen läßt. Nur: Man beschimpft oder beleidigt keine Gäste, die man sich selbst eingeladen hat!

# Vom Dolmetscher und seiner Mission

Ein guter Dolmetscher sollte nicht nur ein Polyhistor und ein Künstler in der Beherrschung des Sprachlichen, sondern zugleich ein Schauspieler sein, um die Übersetzung der Worte seines Auftraggebers mit den Gebärden begleiten zu können, die in diesem Zusammenhang in der Sprache des anderen üblich sind. Er hat es zuweilen ganz in der Hand, mit seiner Übersetzung, mit dem, was er bewußt oder versehentlich verschluckt oder hinzufügt, Geschichte zu machen, eine aufkommende Gereiztheit zu entkrampfen oder dank falscher Wortwahl eine schiedlich-friedliche Atmosphäre spannungsgeladen aufzuheizen.

Ein Opfer der Sprachmisere in Europa scheint zum Beispiel der sowjetische Botschafter in Ost-Berlin, Pjotr Abrassimow, zu sein. Er hat am 26. Juni 1978 ein Interview gegeben, bei dem deutlich wurde, daß er im Viermächteabkommen über Berlin manches mißverstanden hatte. So bestritt er, daß zwischen der Bundesrepublik Deutschland und West-Berlin nicht nur Verbindungen, sondern auch Bindungen – im amtlichen englischen Text »ties« – bestehen. Er wußte nicht, daß das Wort »ties« sowohl das eine wie auch das andere heißt. Er wußte nicht einmal, daß das Abkommen über *ganz* Berlin und keineswegs nur über West-Berlin abgeschlossen war und warf der Bundesregierung vor, gegen den Geist des Abkommens zu verstoßen.

Leonid Breschnew hatte schon im August 1970 ähnliches befürchtet, als er vorsorglich sagte, falls der Vertrag in der Bundesrepublik etwa falsch interpretiert würde, müßte die Sowjetunion das korrigieren. Und Kossygin fügte später hinzu: »Genosse Breschnew hat völlig recht, wenn er mahnt: Falls bei Ihnen der Vertrag eine falsche Auslegung erfährt – wir werden die Sache alsbald richtigstellen.« Woraus wir offenbar lernen sollten, daß bei Auslegungsdifferenzen von mit der Sowjetunion kontrahierten Abkommen stets die vom Kreml jeweils gewünschte Interpretation den Ausschlag gibt...

Nachstehend zwei Übersetzungspannen aus dem Berlin der unmittelbaren Nachkriegszeit. Sie haben keine ernsten politischen Konsequenzen gehabt, aber dafür den Vorzug, wahr zu sein:

Bei einer Sitzung des Vierzonenrats im Berlin des Jahres 1946 wurde eines Tages zwischen Franzosen und Russen über eine sich als sehr kontrovers erweisende Frage diskutiert. Frankreichs Vertreter, General König, entwickelte gegenüber Marschall Schukow noch einmal den Standpunkt seiner Regierung und schloß mit den Worten: »Et maintenant, Maréchal, j'attends votre contreposition.«

Der im Französischen nicht eben versierte russische Dolmetscher übersetzte »contreposition« wörtlich mit »protiwnoje predlozhenije«, und Marschall Schukow verstand anstatt »Gegenvorschlag« also: »Und nunmehr, Herr Marschall, erwarte ich Ihr widerwärtiges Angebot.« Teilnehmer dieser Unterredung berichteten, es habe einige Zeit gedauert, die Sowjets, die sich provoziert fühlten, davon zu überzeugen, daß sich General König nicht brutal-provokant, sondern höflich-korrekt ausgedrückt hatte.

Im gleichen Jahr kam es bei einer Besprechung des für die Energieversorgung der Berliner zuständigen »Comité quatroparti du Charbon et de l'Electricité« zwischen dem sowjetischen Vertreter und den drei Westmächten zu folgendem Gespräch:

Der Sowjetbeauftragte: »Es wird langsam Zeit, daß die Deutschen uns einen detaillierten Plan vorlegen, der präzise ihre Bedürfnisse an Brennmaterial aufzählt, damit wir in der Lage sind, das Vorhandene sachgerecht zu verteilen. Die uns bislang dafür übergebenen Papiere sind ganz einfach unbrauchbar.« Die russische Dolmetscherin, eine alte, besonders nette, wohl noch dem »ancien régime« entstammende Dame, des rauhen Tons der Soldaten ungewohnt und daher irritiert, übersetzte ins Französische: »Nous avons depuis longtemps demandé aux Allemands de nous aider à faire nos besoins mais ils ne nous ont envoyé que du papier inutilisable.« (»Wir haben seit geraumer Zeit die Deutschen gebeten, uns bei der Verrichtung unserer Bedürfnisse behilflich zu sein; aber bisher haben sie uns lediglich Papier geschickt, das völlig unbrauchbar ist.«)

Bis die Franzosen die Sowjets und die Vertreter der übrigen zwei Mächte von dem Grund ihres plötzlichen Heiterkeitsausbruchs unterrichtet hatten, sollen auch hier etliche Minuten vergangen sein.

Ein russischer Dolmetscher in Leningrad hatte bei einem zu Ehren des deutschen Außenministers gegebenen Essen die Begrüßungsrede einer Dame zu übersetzen, die den Bürgermeister vertrat. Offenbar glaubte sie, es dem Genius loci schuldig zu sein, dem deutschen Ehrengast und seiner Begleitung ausschließlich die Verbrechen der deutschen Besatzungsjahre unter die Nase zu reiben. Der Dolmetscher war da anderer Ansicht. Er hatte den Mut und übersetzte ganz bewußt und voller Takt nur das, was ihm in das »Ambiente« der Veranstaltung zu passen schien und »verschluckte« diejenigen – zahlreichen – Passagen, die die sprichwörtliche russische Gastfreundschaft kompromittiert hätten. Oberst Tulpanow, Tischherr meiner Frau, als eine Art »Reeducation«-Offizier im Nachkriegs-Berlin noch wohl bekannt, hatte die Rede der Bürgermeisterin mit zunehmendem Ärger verfolgt, zumal er wußte, daß meine Frau Russisch als Muttersprache beherrschte. Als die Gastgeberin geendet hatte, sagte er aufgebracht zu meiner Frau: »Da können Sie mal sehen, wie die besten politischen Absichten ruiniert werden, sobald eine Frau das große Wort führt.«

Paul Schmidt, Chefdolmetscher der Reichsregierung und auch Adolf Hitlers, durch sein anschauliches Buch »Statist auf diplomatischer Bühne« weithin bekannt geworden, galt schon zu seinen Lebzeiten als unerreichter Klassiker auf seinem Gebiet. Seinen Fähigkeiten brachten die damaligen Staatsmänner aus Frankreich, England, Italien, USA, die ihm zwecks Dolmetschens zu treuen Händen überlassen wurden, unbegrenztes Vertrauen entgegen. Überdies besaß er einen trockenen englischen Humor und die Gabe, weder sich selbst noch sein Metier, geschweige denn seine zumeist weltbekannten Auftraggeber so ernst zu nehmen, wie sie es ihrer eigenen Meinung nach wohl verdient hätten.

Ob der Dolmetscher nun entbehrlich oder unerläßlich ist – der Beamte, der sein Vaterland im Ausland zu vertreten berufen ist, sollte in jedem Fall die Sprache des Landes beherrschen, in das er entsandt wird. Nach den ersten schwierigen Nachkriegsjahrzehnten in Bonn hat das Auswärtige Amt nunmehr seine Diplomatenschule in der derzeitigen Hauptstadt und sorgt mit den modernsten Mitteln der Technik dafür, daß der Nachwuchs sich auch die erforderlichen Sprachkenntnisse aneignet, bevor er auf die Menschheit losgelassen wird.

Einige meiner Moskauer Mitarbeiter sprachen übrigens – »dank« langjähriger Kriegsgefangenschaft – bereits Russisch, als sie nach Moskau versetzt wurden und benutzten ihre Freizeit fleißig dazu, ihre Sprachkenntnisse in Privatstunden zu vervollkommnen. Den anderen ist so manches persönliche Erlebnis, manche interessante Wahrnehmung, vielleicht sogar manche Freundschaft entgangen. Die Tatsache, daß sie sich auf diese Weise ganz im Sinn der sowjetischen Führung betrugen, war nur ein mäßiger Trost. Ich hatte, wie erwähnt, den großen Vorzug, daß meine Frau russischer Abstammung ist, ein Umstand, der zwar keine politischen, wohl aber menschliche und kulturelle Gewinne eingebracht hat. In unserem Moskauer Hause verkehrten Künstler aus den verschiedensten Bereichen, die einfach glücklich waren, einen Abend ausländische Gastfreundschaft zu genießen und mit der Gastgeberin wie mit einer russischen Freundin »schwätzen« zu können.

Der Gastgeber hingegen mußte die Hilfe seiner Frau oder die von Herrn Andreas Weiss in Anspruch nehmen – des Botschaftsdolmetschers, der sein Geschäft aus dem Effeff versteht und der mir im Laufe der Jahre ein guter Freund wurde.

Die Sowjets haben übrigens auch wegen ihres tiefeingewurzelten Mißtrauens gegenüber jedem Ausländer die Gewohnheit, auch dann einen Dolmetscher hinzuzuziehen, wenn die Gesprächspartner sich ohne ihn verständigen könnten: erstens muß er über das Gespräch eine Aufzeichnung machen, und zweitens hören vier Ohren mehr als zwei. Es gibt in der Sowjetunion kein politisches Gespräch zwischen einem Ausländer und einem Funktionär, über das der letztere – sei es nun ein junger Beamter oder der Erste Parteisekretär – nicht unverzüglich einen möglichst wortgetreuen Vermerk anfertigt oder anfertigen läßt. Unnötig zu sagen, daß dem Gesprächspartner die gleiche Verpflichtung obliegt. Ebenso selbstverständlich ist, daß er sich nicht auf die Dienste des sowjetischen Dolmetschers verläßt, sondern sich selbst einen mitnimmt.

Der Dolmetscher ist ebenso unentbehrlich wie eine Belastung, Brücke und Graben zugleich zwischen zwei Menschen verschiedener Sprache. Er führt sie zusammen, vermittelt das Gespräch, bewirkt aber außerdem – ähnlich wie etwa die in manchen Gefängnissen vorhandene Trennscheibe zwischen dem Insassen und seinem Besucher –, daß die Unterredung eine »Unterredung« bleibt und nicht in eine »Causerie«, in eine zwanglose Plauderei, übergeht. Der Dolmetscher hemmt die Wirkung des den Gesprächspartnern eigenen Fluidums. Einerseits besorgt er das Vokabular, andererseits verhindert er die »menschliche« Verständigung. Gerade weil das so ist und auch, jedenfalls in der Sowjetunion, so sein soll, werden dort, wie gesagt, Sachgespräche mit und in Ministerien stets über Dolmetscher geführt – auch dann, wenn der Gast die Landessprache beherrscht.

Dies System hat den Nachteil, daß es viel Zeit kostet. Im Gespräch mit Männern, die mit ihrer Zeit peinlich haushalten müssen, wie etwa der russische Außenminister Gromyko oder sein Ministerpräsident Kossygin, geht die Hälfte der Zeit zu Lasten der Übersetzung. Und dann weiß man noch keineswegs, ob der Dolmetscher nicht nur buchstäblich, sondern auch mit den mitunter so überaus wichtigen »Zwischentönen« des anderen Ohr und Geist erreicht hat. Aus Gründen, die auf der Hand liegen, hatten wir Deutsche im Umgang mit dieser uns politisch wie sprachlich fremdgewordenen Welt nach Wiederaufnahme der Beziehungen zunächst den Kontakt verloren und es daher doppelt schwer, uns zu artikulieren und eine halbwegs gemeinsame Sprache zu finden.

Dank Rapallo und dem Berliner Vertrag war es nach dem Ersten Weltkrieg immerhin gelungen, mit dem neuen Rußland ein friedliches und beiderseits auskömmliches Nebeneinander zu vereinbaren. Die Sowjetunion war überdies voll mit sich selbst und ihrer ideologischen Aufrüstung beschäftigt – bis ihr das Großdeutsche Reich den Weg zur Weltmacht ebnete und sich damit selbst die mutmaßliche Chance einer noch für Jahre auf einer »balance of power« ruhenden Nachbarschaft gründlich verdarb.

Nach dem Zweiten Weltkrieg trat uns eine andere, selbstbewußte, von ihrer Weltmission durchdrungene Sowjetunion entgegen – entschlossen, den revolutionären Kampf gegen die bürgerliche Welt als heiliges Vermächtnis Lenins verstärkt fortzusetzen, im Verkehr der Völker untereinander neue Maßstäbe zu setzen, den Umgang zwischen Ost und West durch ein neues, auf ihre spezifischen Interessen ausgerichtetes »sozialistisches Völkerrecht« zu regeln und auch die Sprache den ideologisch-machtpolitischen Belangen der Sowjetunion unterzuordnen.

Wir haben uns daran gewöhnt, Begriffe zu ihrem Nennwert zu nehmen und nicht darauf zu achten, daß sie inzwischen – je nachdem, von wem sie verwandt werden – einen anderen Sinn erhalten.

Wir übersehen, daß der Marxismus-Leninismus die Welt mit ganz anderen Augen betrachtet als wir. Er nimmt die Dinge nicht so, wie sie sind, sondern wie sie nach dieser Ideologie zu sein hätten und gesehen werden müssen. Was da nicht hineinpaßt, wird erbarmungslos dem Prokrustesbett zwecks Umformung überantwortet und eben passend gemacht. »So muß es auch sein«, sagte mir einmal ein sowjetischer Funktionär, dem ich diese kritische Beobachtung mitteilte, »denn sonst würden wir niemals diejenigen gesellschaftlichen Veränderungen durchsetzen können, für die wir angetreten sind.«

Ein Beispiel: Mein damaliger sowjetischer Kollege in Bonn, Botschafter S. K. Zarapkin, wegen seines kantigen Profils, das übrigens mit seiner Art, politische Gespräche zu führen, nicht schlecht harmonierte, allgemein und keineswegs bösartig der »Nußknacker« genannt, war nach sechs Jahren Bonn gerade wieder nach Moskau zurückgekehrt. Dabei, sich mit seiner charmanten Gattin, die die Bonner Jahre nicht zuletzt dazu genutzt hatte, glänzend Deutsch zu lernen, wieder zu Hause einzugewöhnen, fragte ihn eines Tages – im Beisein anderer Sowjetfunktionäre – meine Frau, was ihm nach sechsjährigem Aufenthalt in Deutschland am nachhaltigsten in Erinnerung geblieben sei. Zarapkin erwiderte: »Ja – in erster Linie natürlich die entsetzliche Lage des deutschen Arbeiters ...«

Die Gastgeberin antwortete, das könne doch nicht sein Ernst sein, aber er ließ sich nicht darauf ein, das Thema zu diskutieren. War es sein Ernst? Zumindest wohl soweit, als diese seine Antwort – getreu der alten Erkenntnis von Christian Morgenstern, »daß nicht sein kann, was nicht sein darf« – genau die Lage präzisiert, in der sich nach marxistisch-leninistischer Lehre der deutsche Arbeiter zu befinden hat. Jede andere Darstellung – selbst wenn sie der Wahrheit näherkäme, wäre, weil ideologisch »abweichlerisch«, auch sachlich irreal, also unwahr, und deshalb eines alten Parteigenossen (wie Zarapkin einer war) unwürdig. Nicht der Augenschein ist maßgebend, sondern die Lehre!

Der Botschafter hätte der Frage vielleicht ausweichen und sie mit einer freundlichen Unverbindlichkeit erwidern können, aber auch dieser Ausweg war ihm wohl versperrt. Das etwa mögen – denke ich – die Überlegungen gewesen sein, die Zarapkin so antworten ließen. Im Kopf eines Sowjetfunktionärs haben sich – man lese Jeschow oder Ponomarjew oder auch nur »Das Neue Deutschland« – westliche Realitäten vor allem den Vorstellungen anzupassen, die sich Lenin und seine theoretischen Epigonen davon gemacht haben. Nicht zuletzt diese zwangsverordnete Identität von Wunsch, Wahn und Wirklichkeit im marxistisch-leninistischen Denken ist es, die eine Annäherung – schon allein das, was man unter Diskussion versteht – so ungeheuer erschwert und das Nebeneinander so gefährlich macht.

# Friedliche Koexistenz und Entspannung – ein Definitionsproblem

Zarapkins Chef, Außenminister Andrej Gromyko, beschreibt in der Einleitung des 1973 in Moskau erschienenen Buchs »Sozialistische Diplomatie« die Welt, wie er sie sieht und wie man sie zu sehen hat. In der Lobeshymne auf den Sozialismus als den »gigantischen Beschleuniger weltweiten sozialen Fortschritts« malt er auf zwölf Seiten diese seine Welt als ein Meer des Friedens, der Zufriedenheit, des Wohlstands für alle und der Freiheit für jeden. Aber leider – so fährt er fort, es kann der Beste nicht in Frieden leben ... Kapitalismus, Imperialismus, Kolonialismus, die Klassen der Ausbeuter, die Monopole, sind – so ergibt sich aus dem weiteren Text – die Ursachen, die es verhindern, daß das in der Sowjetunion geschaffene Paradies noch immer nicht auf die gesamte Menschheit ausgedehnt werden konnte.

Andrej Gromyko ist ein Mann, der die ganze Welt besser kennt als irgendein anderer sozialistischer Funktionär, der seit zwanzig Jahren ohne Unterbrechung die außenpolitischen Interessen seines Landes dirigiert und an Erfahrung alle seine Kollegen weit überragt. Er müßte also mehr als jeder andere darüber erhaben sein, die Welt nur in Schwarz und Weiß zu sehen und die Bewohner des sozialistischen Teils als Paradiesvögel und Glücksbringer und die des bürgerlichen Teils als Ausbeuter, Kriegshetzer, Blutsauger, Reaktionäre zu klassifizieren. Sollte man meinen.

Aber ausgerechnet dieser mit allen Wassern gewaschene Taktiker – glaubt er ernstlich, uns durch derlei Phrasen oder das von seiner Bonner Botschaft monatlich gratis verteilte und übrigens vorbildlich aufgemachte Traktat »Sowjetunion heute« davon überzeugen zu können, daß unsere bürgerliche Gesellschaft von »Klassenantagonismen zerrissen« und »unfähig sei, ihren Mitgliedern eine menschenwürdige Lebensweise zu sichern«? Daß nur der Sozialismus

Moskauer Prägung »die freie Entfaltung des Individuums« garantiere und nur »grundlegende revolutionäre Umgestaltungen« unserer Gesellschaft die Situation ändern können? Glaubt er wirklich, damit die Entspannung zu fördern?

Nun ist gewiß unbestreitbar, daß auch an unserer Gesellschaftsordnung noch so manches verbesserungsbedürftig ist. Seitdem bei uns, wie der »Spiegel« mit Recht einmal schrieb, »die Zivilisation wiedereingeführt wurde«, ist eine Unmenge geschehen, und die Zeit des Experimentierens um eine solide haltbare Demokratie ist noch keineswegs zu Ende. Nur – ich meine, das ist unsere Angelegenheit! Die Sowjetunion ist bisher nicht gebeten worden, uns Ratschläge zu erteilen, zumal ihr Regime uns, wenn überhaupt, nur als abschrekkendes Beispiel dienen könnte.

Wer weiß, mit welch unermeßlichen Blutopfern das russische Volk durch Lenin und Stalin davon überzeugt werden mußte, fortan im Paradies aller Werktätigen zu Hause zu sein, wird nicht ohne Schaudern die Riesenstatue betrachten, die zu Ehren des Tscheka-Gründers Felix Dserschinskij vor dem Lubjanka-Gefängnis in Moskau errichtet wurde.

Wer sich weiter erinnert, mit welcher Brutalität und Hinterhältigkeit ostmitteleuropäische Länder, die Tschechoslowakei, Ungarn, Polen, die DDR, in den sowjetischen Herrschaftsbereich eingemeindet und »pazifiziert« wurden, sobald sie versuchten, dem ihnen aufgezwungenen Sozialismus wenigstens ein menschliches Gesicht zu geben, der wird nicht ohne innere Bewegung in der erwähnten Laudatio Gromykos auf sich selbst einen Satz wie diesen lesen: »Die sozialistische Außenpolitik und Diplomatie sind unversöhnlich gegenüber jeglichen Anschlägen des Imperialismus auf die Freiheit und die Unabhängigkeit der Völker und ihr heiliges Recht, ihren Weg selbständig zu wählen!«

In der politischen Routine des Ost-West-Verkehrs von heute gibt es eine ganze Reihe handlicher Begriffe, die zur verbalen Grundausstattung eines jeden gehören, der sich von Amts oder Berufs wegen mit Politik beschäftigt. Um nur einige zu nennen: Freiheit, Frieden, Unabhängigkeit, Selbstbestimmung, Neutralität, friedliche Koexistenz. Sie sind aus keiner politischen Verlautbarung mehr wegzudenken; gleichviel ob es sich um die Massenmedien, um Kommuniqués, Festreden, zwischenstaatliche Verträge handelt. Sie alle gehören zum Sammelbegriff »Entspannung«, für die es bekanntlich – auch eine der unbesonnenen Phrasen, mit denen die westlichen

Staatsmänner und Politiker von heute die Öffentlichkeit irreführen – »keine Alternative gibt«. Sie unterschreiben gedanken- und verantwortungslos jedes Kommuniqué mit den Sowjets, in dem die Entspannung beschworen wird, ohne Überlegungen anzustellen, ob beide Seiten darunter das gleiche verstehen. Der Präsident der USA, Jimmy Carter, war einer der ersten Politiker des Westens, die bemerkt und es auch ausgesprochen haben, daß der »Angelpunkt des Weltfriedens«, die Entspannung zwischen den USA und der Sowjetunion, nur wirksam werden kann, wenn sie »eingehend definiert und wahrhaft gegenseitig« ist.

Nun sollten Leonid Breschnew oder sein Westexperte Boris Ponomarjew eigentlich definieren, wie sie den Begriff verstanden wissen wollen. Faßt man die durch alle ihre Medien sorgfältig gesteuerte sowjetische Informationspolitik zusammen, wären nach sowjetischer Auffassung die wichtigsten Vorbedingungen einer echten Entspannung die folgenden: Erstens: Rückzug der USA-Truppen aus Europa, damit die Sowjetunion ihrer Aufgabe, Europa den Frieden zu sichern, nachkommen kann. Zweitens: Auflösung der EWG und Bestrafung jedes Appells, der Westeuropa zum wirtschaftlichen und politischen Zusammenschluß aufruft. Drittens: Rückzug der USA und ihrer Nato-Freunde aus Afrika, damit die Sowjetunion ihre Pflicht, die Völker Afrikas von Rassismus und Kolonialismus zu befreien und den Frieden zu sichern, erfüllen kann. Viertens: freie und geheime Wahlen in der Bundesrepublik Deutschland unter der Aufsicht der Sowjetunion, nicht zuletzt deshalb, um die westdeutsche Bevölkerung endlich in den Genuß des Selbstbestimmungsrechts zu bringen.

Die sowjetischen Medien sind seit Jahren dabei, dem Westen in diesem Sinne und teilweise mit den gleichen Worten klarzumachen, welche Beiträge er zu leisten habe, um Frieden und Freiheit zu sichern und wie die Sowjetunion jeden einzelnen der oben aufgezählten Begriffe interpretiert. Zum Beispiel das Selbstbestimmungsrecht: Zitat aus dem Vorwort des Buches von Rudolf Arzinger »Das Selbstbestimmungsrecht im allgemeinen Völkerrecht der Gegenwart«, erschienen im Staatsverlag der DDR:

»Die vom Zentralkomitee der SED ... ausgearbeitete Politik hat zur Verwirklichung des Selbstbestimmungsrechts der Bevölkerung der DDR geführt ... und ist auf die Realisierung dieses Rechts für das ganze deutsche Volk gerichtet.« Oder aus dem ersten Kapitel des gleichen Buches: »Die ... von der Völkerrechtslehre in Westdeutschland betriebene Verfälschung ... des Selbstbestimmungsrechts ... verfolgt ... das Ziel, zur Verschleierung der Tatsache beizutragen, daß auch heute in Deutschland die Kommunisten die konsequentesten Verfechter des Selbstbestimmungsrechts sind, während auf den Ministersesseln in Bonn seine geschworenen Feinde sitzen ... Sie wollen unter dem Selbstbestimmungsrecht unter anderem das ›Recht‹ verstanden wissen, der Bevölkerung Westdeutschlands die Zuständigkeit für alle Fragen der Wiedervereinigung und der gesamtnationalen Entwicklung des deutschen Volkes zu rauben, der Bevölkerung Westdeutschlands die Möglichkeit der Existenz und Entwicklung in einem souveränen Staat zu nehmen und ihr für viele Jahrzehnte eine ausländische militärische Besetzung aufzuerlegen, der Bevölkerung West-Berlins den Willen der herrschenden Kreise Westdeutschlands aufzuzwingen, ihre Stadt zu annektieren und unter dem Deckmantel des Besatzungsregimes als Störfaktor zu mißbrauchen.«

Das sind nur einige Beispiele aus dem unerschöpflichen Katalog östlicher Friedens- und Entspannungsbemühung. Soweit man sich im Westen und vor allem in der Bundesrepublik mit Osteuropaforschung befaßt, steht sie selbstverständlich – in der neuen Auflage des in Ost-Berlin erschienenen Buches von A. Charisius und J. Mader »Nicht länger geheim« kann man es nachlesen – im Dienst der Kriegsvorbereitung, der Spionage, des Geheimdienstes. Nicht ein einziges deutsches Institut, das auch nur im entferntesten im Verdacht steht, Osteuropa in den Bereich seiner Interessen aufgenommen zu haben (selbst die »Friedrich-Ebert-Stiftung« gehört dazu), ist in der Aufzählung der dem deutschen Geheimdienst zuarbeitenden Institute ausgelassen.

Besonders bedauerlich ist, daß das meiste aus dieser Hetz-Fabrikation in der Sowjetunion fabriziert wird. Die zitierten Passagen über das Selbstbestimmungsrecht der Deutschen stammen beispielsweise von Gregoryj Ivanowitsch Tunkin, dem langjährigen Vorsitzenden der sowjetischen »Vereinigung für Internationales Recht« und der Rechtsabteilung des sowjetischen Außenministeriums. Seit Jahrzehnten steht er dem Kreml zur Verfügung, um alte gewachsene Normen des Völkerrechts auf den Kopf zu stellen, sie den jeweiligen Bedürfnissen der sowjetischen Führung anzupassen und sie sodann als »seit jeher« respektierte Regeln der überraschten Umwelt zu präsentieren. Schon Nikolaus Ehlert schrieb in seinen Erinnerungen recht bissig, aber gar nicht so abwegig über diesen persönlich übrigens recht netten Jongleur marxistisch-leninistischen Rechtsverständnisses: »Er war Beamter und das schloß für ihn jegliche Notwendigkeit eines Nachdenkens über die Tragweite seines Tuns aus.«

Man kann den Sowjets vieles vorwerfen, aber nicht, daß sie mit ihrer Meinung hinter dem Berge hielten, auch wenn sie noch so sehr ad hoc manipuliert ist. »Diese alte Welt«, sagte Lenin, »hat ihre alte Diplomatie, die nicht glauben will, daß es möglich ist, offen und ehrlich zu sprechen.«

Weshalb scheut sich der Westen davor, zunächst und vor allem Klarheit darüber zu erlangen, ob man hinsichtlich der Voraussetzungen der Entspannung die gleiche Sprache spricht. »Entspannung ist«, laut der »Iswestija«, »erreicht, sobald der Klassenkampf überall zur Befreiung des Menschen geführt hat.« »Befreiung des Menschen« aber ist laut Lenin »der auf revolutionärem Wege bewirkte Übergang aller Macht in die Hände der Werktätigen«.

So lange der Westen diese offiziellen und offiziösen Interpretationen nicht aufmerksam registriert und sich nach ihrer Bedeutung für die Außenpolitik der Sowjetunion erkundigt, bedeuten alle diese Schlagworte im Munde westlicher Politiker nichts anderes als eine recht gewissenlose Irreführung der öffentlichen Meinung. Sie wird mit tröstlich-ermutigenden Schlagworten gefüttert, während Moskau eine Aufrüstung betreibt, die immer deutlicher weit über das hinausgeht, was sie für ihre eigene Sicherheit benötigt.

Während sie diese Aufrüstung mit der angeblichen Bedrohung durch den Westen begründet, wird der Verteidigungsminister der DDR, Hoffmann, weit deutlicher. In einem Vortrag vom Dezember 1975 – abgedruckt in der Parteizeitschrift »Einheit« – definierte er die Aufgabe des Warschauer Pakts unter anderem wie folgt: »Der Auftrag sozialistischer Streitkräfte geht heute weit über die Grenzen des einzelnen sozialistischen Landes hinaus: Er erfordert die kollektiv bekundete Bereitschaft und Fähigkeit aller sozialistischen Bruderarmeen, für die gesamte sozialistische Gemeinschaft mit den Waffen einzustehen.« Nachdem er den »Raketen-Kernwaffen-Krieg« als mögliche »Fortsetzung der Politik der kämpfenden Klasse« bezeichnet hat, heißt es weiter: »Bei allem Leid, das in diesem und entscheidenden Konflikt zwischen Fortschritt und Reaktion über die Völker käme – das wäre von unserer Seite ein gerechter Krieg! Wir teilen die Auffassung nicht, die selbst fortschrittliche Menschen in der Friedensbewegung vertreten, im Atomzeitalter sei ein gerechter Krieg nicht mehr möglich. Der Sozialismus könne nur aufgebaut werden, wenn die sozialistische Revolution stets bereit sei, ›von friedlichen Kampfformen zu blutigen überzugehen‹.« Kernsätze zugunsten des Kernwaffenkrieges! Da der ideologische Krieg mit ideologischen Mitteln, durch Überzeugung also, nicht gewonnen werden kann – die Planwirtschaftler und Terrorstrategen in Moskau und Ost-Berlin wissen, warum – und der »Kapitalismus« freiwillig nicht bereit ist zu kapitulieren, muß der Konflikt gegebenenfalls eben durch einen »gerechten« Atomkrieg gelöst werden.

Nicht viel anders als Hoffmann formuliert es ein weit Prominenterer, der sowjetische ZK-Sekretär, Ideologe und Kandidat des Politbüros, Boris Ponomarjew. Er appelliert an die »ständige Bereitschaft der revolutionären Avantgarde und der Massen zur Anwendung der entschiedensten Kampfmittel, wenn es die Situation erfordert«.

Derlei Hetz- und Haßreden vor dem Hintergrund des Moskauer Vertrages vom 12. August 1970, des Viermächteabkommens vom 3. September 1971, des deutsch-deutschen Grundvertrages vom 26. Mai 1972, der KSZE-Schlußakte von Helsinki vom 2. August 1975 demonstrieren eindringlich, was man »drüben« unter »Entspannung« versteht! Auch sie gehört zu den wichtigsten Postulaten dieser Klassenkampfpolitik gegenüber dem Westen. Wer hier Widersprüche entdecken will, täuscht sich. Es kommt nur auf die Definition an! Ponomarjew beschreibt in seinem Aufsatz »Internationale Situation und revolutionärer Prozeß« die Entspannung als »die Erweiterung und Vertiefung des ideologischen Kampfes« und definiert die sowjetische Westpolitik als das Bemühen, »mit dem sozialistischen Friedenskampf die Freiheitsbewegungen in den kapitalistischen Ländern zu unterstützen«.

Konsequent hat er denn auch Ende 1975 in einer Ansprache vor Offizieren den »mächtigen Aufschwung des Klassenkampfes und der Streikbewegungen als Folge kapitalistischer Krisenerscheinungen« begrüßt. Valery Jegorow, Direktor des »Moskauer Instituts für Marxismus-Leninismus«, hat ihm dabei mit der Feststellung sekundiert, daß »das kapitalistische System als Ganzes heute für die sozialistische Revolution reif« sei.

Jeder Versuch, die »Entspannung« als eine Politik zu begreifen, die den Interessen *beider* Seiten Rechnung trägt, zielt nach Ponomarjew auf eine »Aufweichung« und »Erosion« der sozialistischen Gemeinschaft ab. »Entspannung« ist der Flankenschutz, den Klassenkampf und Aufrüstung benötigen, um sich möglichst ungestört entfalten zu können. Deshalb sind die von Moskau geschaffenen, ausgebildeten, finanzierten und gelenkten Kader der kommunistischen Parteien in den kapitalistischen Ländern angewiesen, alle Mittel einzusetzen, um eine angemessene Verteidigung des Westens zu verhindern, die Rüstung einzudämmen und zu kompromittieren. In diesem offenen oder subversiven Kampf kommt ihnen jene demokratische Eigentümlichkeit zugute, die gerade das Ziel ihrer Offensive und der Ursprung der permanenten Konfrontation ist: Die Freiheit des Bürgers, sein Geschick mitzubestimmen, die Freiheit zu sagen und zu schreiben, was er will, zu reisen, wohin er will, zu wählen, wen er will ...

Seltsam: Alle Fesseln, mit denen sich die Kirche wie die weltliche Obrigkeit jahrhundertelang den Menschen zu ihrem Untertan degradiert und von denen er sich mühsam zu befreien sucht – im Herrschaftsbereich des Leninismus werden sie als nobelste Errungenschaften des 20. Jahrhunderts wieder angeboten und eingeführt! Daß ihm noch nicht gelungen ist, auch Westeuropa in diesen Bereich einzubeziehen, um es nach der alten Devise »cujus regio eius religio« zu regieren, ist gewiß mißlich. Andererseits bietet die dort praktizierte Freiheit eine treffliche Handhabe, den Kampf hinter die Front in den Rücken des Feindes zu tragen und seine Freiheit von dort aus anzugreifen. Ihre Kader, die kommunistischen Parteien, sind zugelassen, ihre Handels- und diplomatischen Vertretungen mit Beamten und Experten des Geheimdienstes durchsetzt und ihrem Propagandaapparat keinerlei Grenzen gezogen.

Auch Hitler wußte die »Freiheit der anderen« wohl zu schätzen. Als stolzes Resümee seiner Wirksamkeit hat er zwar einmal gesagt: »Wir haben aufgeräumt mit der Vorstellung, als gehöre es zur staatspolitischen Freiheit, daß jeder aussprechen kann, was er Lust hat.« Er hielt die individuelle Freiheit keineswegs etwa für »ein Zeichen einer besonders hohen Kulturstufe«, sondern vertrat, ebenso wie der Marxismus-Leninismus, die Meinung, der Mensch habe die Aufgabe, dem ihm als Untertan verordneten Gesellschaftssystem als Funktion zu dienen. Trotzdem – so meinte er in einem seiner »Tischgespräche« – solle man die nationalsozialistische Weltanschauung keinesfalls exportieren. Je mehr die anderen Staaten bei ihren demokratischen Systemen verblieben, um so eher gingen sie ihrem »sicheren Zerfall« entgegen.

Wenn man heute verfolgt, mit welch serviler Beflissenheit so manche Hüter unserer jungen Demokratie dabei sind, die Tore zum Staatsdienst all denen wieder zu öffnen, deren erklärtes Ziel es ist, diesen Staat zu zerstören, wird man bei der Prophezeiung Hitlers doch recht nachdenklich. Auf die heutige Situation übertragen bedeutet sie nämlich: Die Freiheit in unserem Lande muß, wenn es nach Moskauer Wünschen geht, solange »total« bleiben, bis der Kommunismus bei uns seine Ziele erreicht hat, bis »Deutschland ähnlich der Sowjetunion zur totalitären Kirche geworden ist, in der auch nicht die ärmste Maus anders als bolschewistisch pfeift« (C. G. Jung).

Der Westen wünscht ein friedliches Nebeneinander der beiden Gesellschaftssysteme, aber er gefährdet es und sich selbst dadurch, daß er seine Liberalität allzu tolerant denjenigen Kräften von links und rechts zur Verfügung stellt, die es beseitigen wollen. Logischer wäre es, aus der vom Kreml und der DDR inszenierten und von den linken Flügeln der SPD und FDP begeistert aufgegriffenen Kampagne gegen das sogenannte »Berufsverbot«, den Radikalenerlaß, nunmehr die Erkenntnis zu gewinnen, daß eine solche Maßnahme weit dringlicher ist, als man vermutet hatte. Zwei Todfeinde unserer Gesellschaftsordnung zeigen sich alarmiert, weil ihren Gesinnungsfreunden in unserem Lande verwehrt werden soll, sich an den Schalthebeln des Staates zu schaffen zu machen, und geben uns Nachhilfeunterricht in echter Demokratie.

Gibt es noch einen eindrücklicheren Beweis für die Notwendigkeit, den Zugang zu den Schalthebeln und den Leitern, über die sie erreichbar sind, sorgfältig zu überwachen? Wohin es führt, wenn man den Feinden des Staates entgegenkommt, um sie friedlich und kooperativ zu stimmen – dafür haben wir in den letzten Jahren und Monaten vor der Machtergreifung Hitlers hinreichend Erfahrungen sammeln können. Sie sind wohl nicht vergessen, aber in unserem Parteienstaat von heute vermeidet man es lieber, Schlußfolgerungen daraus zu ziehen und nicht die Genossen zu verstimmen, mit deren Hilfe man die Macht errungen hat und die man wieder braucht, um sie zu bewahren.

# Informationspolitik in West und Ost

»Der totalitäre Staat«, schrieb der »Daily Telegraph«, »hat enorme Vorteile über die offenen Gesellschaften des Westens, was militärische, politische und persönliche Sicherheit angeht. Das verfälscht die Würfel zuungunsten des Westens in jedem Abkommen ... Rußland handelt hinter dem Vorhang, der Westen im Glashaus unter der Beobachtung der Medien.«

Ein Umstand, dem man auf westlicher Seite bisher sehr viel weniger Beachtung geschenkt hat, als er verdient, ist die unterschiedliche Informationspolitik von West und Ost.

Während Außenpolitik in Demokratien weitgehend auf dem Marktplatz vorbereitet, diskutiert und durchgeführt wird, wird sie in Diktaturen als Kabinettspolitik begriffen und dementsprechend unter Ausschluß der Öffentlichkeit betrieben.

Im Europa des 17. und 18. Jahrhunderts wurden zwischenstaatliche Verträge meistens unter absoluten Monarchen ausgehandelt und geschlossen. Jeder von ihnen machte Politik nach der »Staatsraison«, wie er – »l'état c'est moi« – und seine engsten Berater sie nach der jeweiligen Interessenlage definierten. Die verhandlungstechnischen Waffen der Gesprächspartner waren sich also mehr oder weniger gleich. Heute aber stehen sich Demokratien einerseits und Diktaturen andererseits gegenüber. In Rußland mußte zwar das autoritäre Regime der Zaren dem marxistischen Lenins weichen, aber das absolutistische System blieb im wesentlichen beibehalten – insbesondere was die administrative Bevormundung des Bürgers und die Privilegierung gewisser Schichten anbelangt.

Daß Breschnew nicht mehr die Machtbefugnisse besitzt, die der Zar einmal hatte – von Stalin ganz zu schweigen –, ändert nichts an der Tatsache, daß die Staatsgeschäfte generell und die Außenpolitik im besonderen nur im engsten Kreise der Partei- und Staatsführung entworfen und durchgeführt werden. Dem Obersten Sowjet, der Volksvertretung, fällt die ausschließlich formale Aufgabe zu, zu billigen, was ihr vorgelegt wird. Daraus ergibt sich – unter anderem –, daß die Öffentlichkeit in kommunistischen Landen vom Akt der Ratifizierung eines Vertrages kaum Notiz nimmt. Für sie ist die – feierlich vor dem Fernsehen geleistete – Unterschrift verbindlich! Wenn es dann einige Jahre später zu Ratifizierungsdifferenzen im zuständigen Parlament des Westens kommt, neigt der Bürger in der Sowjetunion oder in Polen dazu, dies als Versuch anzusehen, einen von ihm als verbindlich angesehenen Vertrag umzustoßen. Scheitert die Ratifizierung dann tatsächlich am Nein der Opposition, wird die kommunistische Führung nicht zögern, dies als eklatanten Vertragsbruch zu plakatieren und – man wird ihr glauben. Allein diese Gewohnheit sollte jede nach demokratischen Prinzipien handelnde Regierung in ihrem eigenen Interesse dazu veranlassen, die Opposition nicht erst bei der Ratifizierung einzuschalten. Dann kann es nämlich zu spät sein!

Von der Teilung der Gewalten in Exekutive und Legislative, wie wir sie praktizieren und bei der der Legislative, dem Parlament, nicht nur das letzte Wort, sondern auch die letzte Entscheidung zufällt, unterscheidet sich also das kommunistische System in einer Weise, die in Betracht gezogen werden sollte, damit es nicht zu heftigen Grundsatzdebatten über Jahre zuvor unterschriebene Verträge kommt.

Diesseits und jenseits des Eisernen Vorhangs haben sich also bei den Staatsgeschäften und vor allem der hier interessierenden Außenpolitik ganz verschiedene Gebräuche entwickelt, eine unabänderliche Tatsache, die sich aber bei Vertragsverhandlungen und Vertragsabschlüssen äußerst nachteilig bemerkbar machen kann.

Diese Diskrepanz wirft eine weitere Frage auf: Bringt uns nicht die Großzügigkeit demokratischer Informationspolitik mehr Gefahren als Vorteile? Anders ausgedrückt: Täten die Demokratien des Westens nicht gut daran, in ihrem eigenen Interesse nach dem Motto: »Achtung! Feind hört mit« mit weniger Transparenz zu arbeiten, allein deshalb, um die Effizienz nicht zu gefährden?

Wie eine deutsche Zeitung resignierend feststellte, leben wir im Zeitalter der Indiskretionen. In einer Demokratie werden Indiskretionen lanciert, um sich wichtig zu machen, um die Auflage zu steigern, um Dritten Knüppel zwischen die Beine zu werfen. Es gibt sogar Politiker, die als »diskret« vereinbarte Gespräche nur deshalb führen, um ihren Inhalt später als Indiskretion weiterverbreiten zu können. Daran wird sich nichts ändern, aber dann sollte man sich darüber klar sein, daß Indiskretionen im internationalen Verkehr gelegentlich sehr teuer zu stehen kommen. Nichts kann unter Umständen nachteiliger sein als eine vom Verhandlungspartner als Vertrauensbruch interpretierte Indiskretion oder eine zum taktisch falschen Zeitpunkt publizierte Meldung.

Nun ist das in einer Demokratie leichter gesagt als getan. Der Anspruch des Bürgers auf laufende Unterrichtung über alles, was in der Welt passiert oder passieren könnte, ist praktisch unbegrenzt. Je umfangreicher das Spektrum der technischen Möglichkeiten wird, um so größer werden auch die Ansprüche der Öffentlichkeit.

Vor allem die für das Fernsehen Verantwortlichen haben darauf zu achten, daß jedermann, der imstande scheint, den Blutdruck der Öffentlichkeit, sprich die »Einschaltquote«, höher zu treiben, auch auf dem Bildschirm erscheint. Das alte in seiner Richtigkeit umstrittene Wort »Wissen ist Macht« hat durch die Massenmedien eine ganz neue Bedeutung erhalten: Der vor die Kamera zitierte Bürger kann sich der Einladung gar nicht entziehen, will er nicht sein »Image«, seinen Einfluß, seine »Macht« aufs Spiel setzen. Davon wiederum hängt ab, ob er eine »Person der Zeitgeschichte« bleibt, auf der Leiter des Erfolges höher steigt oder in die Anonymität zurücksinkt. Kein Medium ist dafür idealer und gleichzeitig gefährlicher als das Fernsehen, das nicht die Leistung, sondern das »Charisma« verzeichnet – die Ausstrahlungskraft also, eine um so fragwürdigere Größe, als der Interviewte ja nicht als der erscheint, der er ist, sondern entweder als der, für den er gern gehalten werden möchte, oder als der, zu dem ihn das Lampenfieber oder die Reporterfragen reduzieren.

Jemand, der vor dem Objektiv schwitzt und dessen Verlegenheitströpfchen mit einer Speziallinse (in den USA) dem Zuschauer alsbald in Großaufnahme vorgeführt werden, jemand, der nicht weiß, wo er seine Hände lassen soll, jemand, dessen »Make-up« in der Eile ungünstig ausgefallen ist – der Kamera bleibt nichts verborgen. Sie betrachtet es als ihre nobelste Aufgabe, den Menschen, der ihr ausgeliefert ist, in seiner ganzen Schwäche zu zeigen – eine Kunst, die der amerikanische Journalismus zur Perfektion entwickelt hat. Sie sagt aber über die eigentlichen Fähigkeiten des Opfers ebensowenig etwas aus wie die Nonchalance oder das Imponiergehabe des Routiniers, das um so glaubwürdiger wirkt, je öfter es im Fernsehen vorgeführt wird.

Ein Politiker, der Sinn für Public Relations besitzt, wird keine auch noch so ungeeignete Gelegenheit verpassen, um sich auf dem Bildschirm zu zeigen, denn er weiß: Der lange Marsch, den er zurückzulegen hat, bis er in den Augen der Öffentlichkeit für einen Staatsmann gehalten wird, läßt sich durch ständige Einlagen von Fernsehauftritten ganz beträchtlich verkürzen. Bedenklich wird das Ganze erst durch den Umstand, daß zum politischen Showbusiness bekanntlich die Rede gehört, auf die die anderen Kollegen vom Zirkus, wie der Jongleur, der Zauberer, die Tänzerin, ohne weiteres verzichten können. Den Politiker aber will man nicht nur sehen, sondern vor allem hören, und zwar um so ausgiebiger, je heikler seine Tätigkeit ist und je mehr ihr Erfolg von Imponderabilien abhängt, deren Wirksamkeit in dem Maße reduziert wird, in dem die Öffentlichkeit sich damit befaßt. Aber auch das ändert nichts daran, daß er nach der Rückkehr aus Moskau, Sofia oder Warschau vor die Kamera geholt wird (und sich gern holen läßt). Dort werden ihm Fragen suggeriert, die er beantworten muß, auch wenn es nicht im Staatsinteresse liegt, daß sich bereits die Öffentlichkeit mit den Absichten und Resultaten seiner Reise oder seiner Kontakte beschäftigt.

Das Staatsinteresse tritt heutzutage in der Demokratie hinter dem Anspruch des Fernsehbesitzers, informiert zu werden oder hinter dem Wunsch einer Partei, der anderen ein Bein zu stellen, zurück, selbst wenn das Pflänzchen, das soeben in den Humus außenpolitischer Absichten versenkt worden ist, dabei eingehen sollte.

Laut Presse hat kürzlich ein Abgeordneter der Opposition anläßlich einer internen Beratung über den Polen-Vertrag die Bedenken gegen die Teilnahme von Journalisten mit der Bemerkung aus dem Wege geräumt: »Was nicht öffentlich ist, ist nicht.« Im Klartext bedeutet das die Umkehrung eines altbewährten römischen Rechtsprinzips: »Quod non est in actis, non es in mundo.« Hierzulande heißt es jetzt: »Quod non est in mundo, non es in actis.« Ob sich mit diesem Prinzip bei Verhandlungen mit unseren Partnern im Osten künftig mehr Erfolge erzielen lassen als bisher, scheint mir recht fraglich.

Der Fernsehapparat als systematischer Stör- und Zerstörfaktor des Familienlebens und als bestes Mittel, die Lern-, Bildungs- und Freizeitinitiative des einzelnen und vor allem der Jugend zu paralysieren, ist bereits häufig angeprangert worden. Aber es wird höchste Zeit, sich auch mit dem Schaden zu befassen, den er mit der Versuchung zum bloßen Geschwätz und zur Indiskretion auch den Staatsgeschäften zufügen kann.

»Drüben« treffen die hier so bedeutsamen »Public Relations« zwar auf keinerlei Verständnis, ihre Produkte aber werden als nützlicher Beitrag für die jeweilige Überprüfung der eigenen Taktik und der eigenen Ziele jeweils dankbar honoriert. In der Kunst, die Methoden des Gegners zu durchschauen, seine Taktik rasch zu analysieren, seine Konzessionsbereitschaft und deren Grenzen frühzeitig zu erkennen beziehungsweise aus ihm herauszulocken, im rechten Moment mit Überraschungseffekten aufzuwarten, Blößen des Gegners rasch zum eigenen Vorteil zu nutzen, das Konzept zu ändern – in all diesen Finessen ist ein totalitär so durchorganisierter Staat wie die Sowjetunion ohnehin den Demokratien weit überlegen. Der Verlauf wichtiger Verhandlungen kann so gesteuert und unmerklich zum Nachteil der »demokratischen« Seite beeinflußt werden.

Das sowjetische Außenministerium publizierte im Juli 1968 zur großen Überraschung Bonns den ganzen, seit Erhard geführten Notenwechsel über den Gewaltverzicht. Gromyko, den ich beiläufig darauf aufmerksam machte, es sei Vertraulichkeit vereinbart worden, reagierte mit der Bemerkung, die deutsche Presse bringe ja laufend Details daraus, die »durchgesickert« seien. Dann sei es schon besser, den ganzen Wortlaut bekanntzumachen, als aus dem Zusammenhang gerissene Indiskretionen zu bringen. Der wahre Grund war zwar ein anderer. Die Sowjets wollten den unergiebigen Notenaustausch beenden, gleichzeitig aber der deutschen Öffentlichkeit den sowjetischen Standpunkt zur Kenntnis bringen. So kam ihnen der wiederholte Verstoß der Deutschen gegen das Gebot der Vertraulichkeit gerade recht, und Gromyko war beizupflichten, wenn er mit der beleidigten Miene des vom Vertragspartner Hereingelegten die demokratische Indiskretionskrankheit anprangerte.

Wer hätte je gehört, daß Breschnew, Kossygin oder Gromyko vor Unterzeichnung eines internationalen Abkommens sich über die Erfolgschancen geäußert hätten, die sie sich für ihre Sache ausgerechnet haben? Als vor einigen Jahren die Reisen des amerikanischen Außenministers Kissinger nach Moskau, Peking und Jerusalem die Weltpresse füllten, hieß es meistens noch vor ihrem Antritt und bevor die heiklen politischen Gespräche überhaupt stattgefunden hatten, »gemäß zuverlässiger Informationen« aus dem »Weißen Hause« stehe die Angelegenheit »günstig«, der »Durchbruch« sei eigentlich bereits erzielt, der »Abschluß der Vereinbarungen« in »aller Kürze« zu erwarten und ähnliches mehr.

Das sind so die Jagdtrophäen, mit denen sich westliche Politiker zu schmücken pflegen, bevor sie überhaupt wissen, ob sie mit dem erhofften Bären nach Hause kommen werden. Erst hinterher stellt sich mitunter heraus, daß sie keinen Bär, sondern nur einen Maulwurf oder sogar nur ein angeschlagenes Image heimgebracht haben – und wer will wissen, ob der Mißerfolg nicht zuletzt auf die Informationspolitik und die Indiskretionen zurückzuführen ist, die die andere Seite mißtrauisch gemacht und verärgert haben?

Dies ganze Beiwerk – bei uns auch »Öffentlichkeitsarbeit« genannt – fällt in einer Diktatur weg. Der Untertan eines Obrigkeitsstaates hat nur insoweit Anspruch auf Information, als sie ihm – sorgfältig von aller ideologischen Umweltverschmutzung gereinigt – von Staat und Partei zugemessen wird. Die öffentliche Meinung gibt es zwar trotzdem, aber sie hat nur dann Einfluß, wenn die Führung es für opportun hält, sich darauf zu berufen. Das hat dann mit der wirklichen öffentlichen Meinung nicht mehr das mindeste zu tun.

Für den gerissensten Außenminister der Welt, für Andrej Gromyko, subsummiert sich die für ihn wichtige »öffentliche« Meinung in den Klosterzellen des Politbüros, dem er selbst angehört, und den Zentralkomitees der Partei, den beiden Meinungsküchen der Sowjetführung. Aus ihnen dringt kein unerwünschter Laut nach außen. Was man sonst über ihn denkt, kann ihm gleichgültig sein.

Der demokratische Exhibitionismus, so wie er im Westen immer mehr überhand nimmt, gehört nun aber keineswegs zu den Freiheiten, auf die der Bürger Anspruch hat. Dafür hat er das von ihm erwählte Parlament, dessen eigentliche Arbeit sich nicht in den vom Fernsehen übertragenen Plenarsitzungen, sondern in den vertraulich tagenden Ausschüssen manifestiert. Diese Ausschüsse – gewissermaßen der Extrakt des bei den Wahlen deutlich gewordenen Volkswillens – haben nicht nur einen verbrieften Anspruch darauf, voll über alles unterrichtet zu werden, was die Regierung tut und zu tun beabsichtigt, sondern auch das im einzelnen festgelegte Recht, daran mitzuwirken oder darauf Einfluß zu nehmen.

Da die Opposition in allen diesen Ausschüssen nach Maßgabe ihrer Fraktionsstärke vertreten ist, kann sie verlangen, über nichts im unklaren gelassen zu werden. Ebenso ist die Regierung berechtigt und verpflichtet, an die Opposition und deren Corpsgeist zu appellieren, wenn sie sich von der Zusammenarbeit Nutzen für das Gemeinwohl verspricht. Zum Beispiel: Die Opposition kann der Regierung in schwierigen internationalen Verhandlungen unter Umständen dadurch beispringen, daß sie opponiert und damit die Durchsetzbarkeit der Ziele des Verhandlungspartners in Frage stellt!

Verhandlungen mit einer nach Vergangenheit, Stil und Zielsetzung zutiefst revolutionären kommunistischen Macht gehören ohnehin zu den schwierigsten Geschäften unserer Epoche. Wenn Diplomatie nach Kissinger »die Kunst ist, Staaten lieber durch Übereinstimmung als durch Gewaltanwendung miteinander in Beziehung zu setzen«, dann gehört dazu auch die Kunst, einander zu überzeugen. Will man das wirklich, wird man zwei Bedingungen beachten müssen: Absolute Diskretion und eine gemeinsame Sprache!

»Es ist falsch«, schreibt Kissinger in »Großmacht der Diplomatie«, »glauben zu wollen, Diplomatie könne internationale Meinungsverschiedenheiten beilegen, wenn nur guter Wille und die Bereitschaft, zu einem Übereinkommen zu gelangen, bestehen.« Bei Verhandlungen zwischen Diktatur und Demokratie fehlt beides: die Bereitschaft zu Diskretion auf westlicher, die Bereitschaft zu einer gemeinsamen Sprache auf östlicher Seite. »Entspannung«, »Frieden«, »Sicherheit«, »Kooperation«, »Koexistenz«, »Nichteinmischung«, »Unverletzlichkeit der Grenzen«, ja selbst »Frieden« und »Freiheit« – jede Seite versteht etwas anderes darunter!

So treffend internationale Verhandlungen mit einem Pokerspiel zu vergleichen sind, so weit hat sich die Wirklichkeit demokratisch-kommunistischer Verhandlungen davon entfernt: Der Ausgang eines Pokerspiels, bei dem die einen mit verdeckten, die anderen mit offenen Karten spielen, läßt sich voraussagen, bevor es begonnen hat.

Das Risiko mag einer der Preise sein, die wir für unsere persönliche Freiheit und die Freiheit unserer parlamentarischen Entscheidungen wie der Presse zu entrichten haben; gerade deshalb sollten Exekutive und Legislative beim Umgang mit Ostblockstaaten sparsam mit der Publizität wirtschaften und jedes Wort auf die Goldwaage legen, bevor es Schaden anrichten kann.

Das ewige Dilemma der Demokratien ist der Umstand, daß die Außenpolitik zu einem Abfallprodukt der Innenpolitik denaturiert wird: Nur dann, wenn eine sachliche außenpolitische Kontroverse *öffentlich* ausgetragen wird, läßt sie sich innenpolitisch auswerten. Die Opposition oder die Regierungsparteien zu diskreditieren, damit die eigenen Wahlchancen zu verbessern, den Kampf um die Macht zu gewinnen – dafür werden in den Demokratien des Westens hemmungslos außenpolitische Prioritäten geopfert.

»... und es scheint mir, daß immer noch die Gefahr besteht, daß seitens unserer deutschen Parteien zwar vom Primat der Außenpolitik geredet, aber in Wirklichkeit die innerpolitische Einstellung der außenpolitischen Notwendigkeit vorgezogen wird.« Dies schrieb Gustav Stresemann als Außenminister an seinen Reichskanzler Marx.

Inzwischen hat sich vieles geändert. Deutschland ist gespalten, und die außenpolitische Situation der Bundesrepublik hat sich in bedrückender Weise kompliziert. Die Gewohnheit aber, Außenpolitik für innenpolitische Zwecke zu mißbrauchen, ist geblieben. Mehr noch – sie ist gewissermaßen institutionalisiert und damit gesellschaftsfähig geworden.

Wozu diese Ausuferung der Pflicht führen kann, die Öffentlichkeit einerseits über Vorgänge im außenpolitischen Bereich zu informieren, aber gleichzeitig die Informationspolitik so zu manipulieren, daß sie als innerpolitische Propaganda wirksam wird, zeigte sich deutlich während und nach den Gesprächen Bahrs 1970 in Moskau.

# Verspielte Chancen

1968/69 – fast ein Vierteljahrhundert nach dem letzten Krieg, der alle seit 1917 vorhandenen Probleme dieses Nebeneinanders ins fast Uferlose potenziert hat – war die Zeit mehr als reif, den Versuch zu wagen, das Verhältnis zur Sowjetunion zu normalisieren und sich auch nicht durch die ergebnislosen Wort- und Notengefechte der Jahre 1966 bis 1969 entmutigen zu lassen. Im Gegenteil: Manche Vorgänge und manche Noten, wie etwa die »Erklärung der Sowjetregierung an die Regierung der ›Bundesrepublik Deutschland‹ vom 8. Dezember 1967 und ihr Aide-mémoire vom 5. Juli 1968 enthalten (wie bereits im »Moskauer Tagebuch« erwähnt) eine solche Fülle von Invektiven, Drohungen und Erpressungen an die deutsche Adresse, bewegen sich so außerhalb jeden diplomatischen Sprachgebrauchs und betonen mit ihrer Erinnerung an das Potsdamer Abkommen und die Feindstaatenklausel der Charta der Vereinten Nationen so unmißverständlich die Aufforderung zu einer weiteren bedingungslosen Kapitulation, daß sie weniger zum Ärgernis als zum gründlichen Nachdenken verleiteten ... Hat man sich erst einmal mit den Sitten und Gebräuchen marxistisch-leninistischer Nachkriegs-Diplomatie vertraut gemacht und weiß aus der Praxis, »daß Worte für die Russen einen ganz anderen Sinn haben als für uns« (George Kennan), dann ist es nicht mehr weit zu der Vermutung, die Grobheiten dienten der Einschüchterung des präsumptiven Partners, also der Vorbereitung des Terrains, mit ihm ins Gespräch zu kommen.

Man konnte eigentlich ohnehin davon ausgehen, daß den Sowjets mindestens ebensoviel daran liegen müßte wie uns, die Nachkriegsära zu beenden und in der Geschichte deutsch-russischer Beziehungen eine neue, auf Kooperation gestimmte Seite aufzuschlagen, gewiß nicht aus lauter Freundschaft zu den Deutschen, wohl aber aus sorgfältig kalkuliertem eigenem Interesse.

Wenn Paul Noack den Rapallo-Vertrag – mit Recht – als »Initial-Zündung für eine effektive sowjetische Außenpolitik« definiert, so trifft das in weit stärkerem Maße auch auf den Moskauer Vertrag vom 12. August 1970 zu. In Wirklichkeit hat er weltpolitische Auswirkungen, die seinen regional-bilateralen Status in den Hintergrund treten lassen. Der Kreml hatte sie einkalkuliert. Sie ihrerseits vorauszuberechnen war die wichtigste Pflicht, der sich die Bundesregierung zu unterziehen hatte, bevor sie den ersten Schritt zum Vertragsabschluß unternahm.

»Die Anerkennung der Grenzen ist die Frage aller Fragen«, sagte uns Gromyko 1970 in Moskau, und er wiederholte diesen Satz vor den Teilnehmern der KSZE in Helsinki und später noch einmal in Genf. Für den, der hören wollte, war es der unschwer dechiffrierbare Code für die sowjetische Außenpolitik der kommenden Jahre – immer vorausgesetzt, die Bundesrepublik Deutschland spielt mit! Da niemand sie dazu zwingen konnte, die faktische Spaltung ihres Landes und die Eingliederung ihres Territoriums in die Sowjetunion anzuerkennen oder hinzunehmen, stellte sich die Frage nach dem Preis, den sie dafür verlangen würde. Ihn herauszufinden, war also zunächst die wichtigste Aufgabe der sowjetischen Unterhändler.

Angesichts dieser Zusammenhänge kann ich nicht die in einer von G. Schmid erstellten politischen Studie der »Bundesanstalt für gesamtdeutsche Fragen« zitierte Meinung Egon Bahrs teilen: »Mein Eindruck in Moskau war, daß die Sowjetunion unentschlossen war ... In der Wende März/April (1970) ist intern in der sowjetischen Führung die Entscheidung gefallen, wir könnten probieren, auf das Konzept des Gewaltverzichts einzugehen.«

Zu diesem Zeitpunkt – also der »Wende« März/April 1970 – war ich der unserem Außenminister schriftlich wie mündlich vorgetragenen Meinung, daß die Sowjets nach so kurzer Zeit des Gedankenaustauschs selbstverständlich noch nicht das letzte Wort gesprochen hatten, also auch noch nicht bereit waren, substantielle Konzessionen anzubieten. Dementsprechend empfahl ich – einmal mehr –, eine ohnehin vorgesehene Gesprächspause zu nutzen, um auf diplomatischem Wege klarzustellen, was für *uns* nicht verhandlungsfähig ist, und die Reaktion darauf in aller Ruhe abzuwarten. Außerdem empfahl ich, unter allen Umständen den Eindruck zu vermeiden, die Bundesregierung hätte es etwa eilig. Unsere außenpolitische Lage erlaube es uns durchaus, Geduld zu zeigen und pragmatisch vorzugehen, zumal die Gründe, die es der Sowjetunion geraten erscheinen ließen, mit uns einen Modus vivendi zu suchen, unverändert fortbestünden. Nach den 14 Sitzungen Gromykos mit Bahr und seiner Abreise nach Bonn telegrafierte die Botschaft Moskau eine Analyse des bisherigen Ergebnisses an das Auswärtige Amt und warnte nachdrücklich davor, Scheinlösungen als Lösungen zu akzeptieren. Das Telegramm scheint mir auch heute noch lesenswert. Einer Antwort wurde es indessen nicht gewürdigt, zumal es die ex officio zuständigen Beamten gar nicht zu Gesicht bekamen. Als Bahr Anfang Mai nach Moskau zurückkehrte, bemerkte er beiläufig, das Telegramm sei zur Kenntnis genommen und zu den Akten geschrieben worden.

Nichts untergräbt die Position eines Verhandlungspartners so nachhaltig als die beflissene Eile, die er an den Tag legt, um zum Abschluß zu kommen. Kissinger drahtete aus den Pariser Verhandlungen mit Nordvietnam am 9. Januar 1973 an Richard Nixon, man müsse Geduld haben und Geduld zeigen: »Das geringste Zeichen von Ungeduld könnte sich als selbstmörderisch erweisen.«

Auch wenn es damals in Moskau nicht so unmittelbar wie bei den Vietnam-Gesprächen um Menschenleben ging – die Besprechungen in Moskau verdienten es, mit größter Behutsamkeit geführt zu werden. Aber die Parteiinteressen waren offensichtlich wichtiger. Später einmal hat Bahr in anderem Zusammenhang der Opposition im Bundestag vorgeworfen, »ihr eigenes Parteiinteresse höher als das Verantwortungsgefühl gegenüber dem Staat als Ganzem« zu setzen. Als prominenter ostpolitischer Berater seines Parteivorsitzenden hätte er diese Bemerkung lieber unterlassen sollen.

Dem bereits zitierten Karl Moersch sind meine Stellungnahmen und Vorbehalte offensichtlich entgangen. Er bemerkt in seinen Erinnerungen lediglich, Allardt hätte zwar nach seiner Pensionierung die Bundesregierung und Bahr wegen deren Eile kritisiert, im Mai 1970 aber noch auf die Eilbedürftigkeit telegrafisch hingewiesen. Wir kommen darauf noch zurück. Die Laudatio Moerschs auf die Bonner Koalition, das Entgegenkommen der Sowjets und last not least auf Egon Bahr, die aus lauter Begeisterung über das Vollbrachte, aus bloßer Vergeßlichkeit oder aus Kalkül all das wegläßt, was nicht so ganz ins Konzept dieser Art von »Geschichtsschreibung« hineinpaßt, muß auch denjenigen nachdenklich stimmen, der dem Vertrag von Moskau bisher positiv gegenübergestanden hat.

Bahr hat zu der – noch sehr höflichen – Bewertung, der Vertrag sei in »husarenrittähnlichem Tempo« ausgehandelt worden, entgegnet: »...gibt es keinen Vertrag der deutschen Nachkriegsgeschichte, der ausführlicher vorbereitet und durchverhandelt« worden sei ... »Das Thema Gewaltverzicht ist bis zur letzten Furche durchgeforstet worden, ehe man angefangen hat, auch nur zu reden. Wir haben jahrelang Notenwechsel darüber gehabt, das Gebiet war völlig bekannt. Wir haben drei Jahre über die Ostverträge verhandelt.« Leider verschweigt Herr Bahr, auf welchen Kanälen und welchen Ebenen das geschehen sein soll. Der Notenwechsel kann wohl kaum damit gemeint sein. Um so seltsamer: Als der Bonner Emissär dann – nach angeblich dreijähriger Verhandlungszeit – nach Moskau kam, um Nägel mit Köpfen zu machen, traf er trotzdem laut eigener Behauptung auf eine unentschlossene Regierung, die gar nicht wußte, was sie wollte ...?

Selbstverständlich wußte sie genau, was sie wollte. Sie hatte es uns ja auch nicht vorenthalten: Der Notenwechsel vom März 1966, die Karlsbader Konferenz vom April 1967, der Budapester Appell vom März 1969. Alles drehte sich um die deutsche Frage und um die Aufrechterhaltung des europäischen Status quo. Was der Kreml freilich nicht wußte, war, ob eine Bundesregierung sich bereitfinden würde, auf diese seine Wünsche einzugehen. Jedenfalls lieferte er ständig neue Indizien für die immense Bedeutung, die er einer Verständigung mit uns beizumessen schien.

Nach dem Ersten Weltkrieg war das übrigens – trotz ganz unterschiedlicher Ausgangslage – nicht viel anders. Man denke an die sowjetischen Bemühungen um das Zustandekommen des Rapallo-Vertrages vom 22. April 1922 oder an die Furcht Stalins, der Locarno-Vertrag könnte Deutschland ganz an die Seite des Westens binden. Man denke an die über Jahre hindurch wiederholten, leider vergeblichen Versuche der sowjetischen Diplomatie, den Berliner Vertrag vom 24. April 1926 mit Leben zu erfüllen, auszubauen, zu ergänzen und schließlich auch an die wiederholten Vorstöße des Kreml, Hitler für einen neuen Nichtangriffspakt zu erwärmen.

Beim Diplomatenempfang im Kreml am 7. November 1935 – dem Nationaltag der Sowjetunion – trank Stalins Außenminister Maxim Litwinow Deutschlands Botschafter Graf Schulenburg zu: »Ich trinke auf die Wiedergeburt unserer Freundschaft.« »Das ist mal ein guter Trinkspruch«, sagte überrascht der dabeisitzende britische Botschafter Lord Chilston.

Die Westpolitik, die Stalin zwischen den beiden Weltkriegen betrieb, war im Grunde nur Deutschlandpolitik. Nach dem Zweiten

Weltkrieg hatten sich zwar die Gewichte gründlich verschoben. Einer zur nuklearen Supermacht emporgestiegenen Sowjetunion – durch 18 Millionen Deutsche und weitere sechs osteuropäische zwangsintegrierte Staaten verstärkt (?) – stand ein in ein westeuropäisches Bündnis und Verteidigungssystem eingebundenes konventionell bewaffnetes Rumpf-Deutschland gegenüber. Aber selbst dieses Deutschland besaß und besitzt – schon allein wegen seiner geographischen Mittellage – auch für die Weltmacht Sowjetunion bestimmte Schlüsselfunktionen, die es mitunter als lästigen, mitunter als wertvollen Partner im weltpolitischen Poker der Sowjetunion ausweisen, zumindest als Nachbarn, der nicht ignoriert werden kann. Das Studium der von Stalin von März bis Mai 1952 an die drei Westmächte adressierten Deutschland-Noten bezeugt das ebenso wie die 1955 erfolgte Einladung des Kreml an Konrad Adenauer, der Sowjetführung einen Besuch abzustatten.

Die junge Bundesrepublik war da in bezug auf ihre Ostpolitik in einer weit schwierigeren Lage als der Sieger und hatte – in einer parlamentarischen Demokratie komplizierter als in einer Diktatur – alle Veranlassung, der Strategie des Gegners eine gründlich überlegte eigene entgegenzusetzen. Dazu gehörte in erster Linie die Einsicht, daß auch die Weltmacht Sowjetunion ihre schwachen Stellen besitzt. Sie mußten aufgespürt, analysiert und in taktische Vorteile umgemünzt werden. So schwer war das gar nicht. Man hatte nur zu begreifen, daß die Sowjetunion von uns mindestens ebensoviel – wenn nicht sogar mehr – erwartete als wir von ihr: Der Status quo sollte aufrechterhalten bleiben, die Spaltung vertieft und krisensicher gemacht werden, der Gegensatz DDR – Bundesrepublik Deutschland in voller Schärfe erhalten bleiben, West-Berlin in absehbarer Zeit in die DDR integriert werden.

Die Sicherung der neuen Grenze Bundesrepublik Deutschland – DDR und der neuen Westgrenze Polens nur durch sowjetische Bajonette und durch die befohlene Anerkennung seitens der DDR genügte dem Kreml sowenig wie seinem Statthalter Walter Ulbricht in Ost-Berlin, der ständig in Moskau auf die Anerkennung der Grenzen durch die Bundesrepublik drängte und 1967/68 wiederholt darauf hinwies, daß größte Eile geboten sei. Die Bundesregierung sei mit Erfolg dabei, die CSSR aus dem sozialistischen Block herauszubrechen! Jetzt müsse endlich etwas geschehen!

Die Mitwirkung der Bundesrepublik, des Betroffenen also, war allerdings unerläßlich. Materiell konnte sie zwar nichts aufgeben, was sie nicht mehr besaß. Der Kreml erwartete auch nicht die *Her*gabe, sondern den Verzicht auf die *Rück*gabe uns geraubter Territorien und damit die Anerkennung und Festigung seines neuen Machtbereichs. Daß dieser Verzicht und die verbriefte Anerkennung fehlten und auch keine rechte Handhabe da war, um sie zu erzwingen, wurde in Moskau ebenso als beunruhigender Mangel empfunden wie das Fehlen einer gesamt-westlichen Anerkennung der von Moskau dekretierten Grenzziehungen. Was Moskau in den Notenwechseln der vergangenen Jahre unentwegt von Bonn gefordert hatte, hatte die Große Koalition noch mitten im Wahlkampf des Sommers 1969 mit den Worten von Bundeskanzler Kiesinger abgelehnt: »Wenn Moskau uns jetzt vorschlägt, in Moskau über Gewaltverzicht und über andere Probleme zu verhandeln, so appelliere ich in dieser Stunde an die Sowjetunion, von der Bundesrepublik Deutschland nicht zu verlangen, daß sie faktische Tatsachen als rechtliche Tatsachen ansehe.«

Aber eben darauf – und auf nichts anderes – kam es dem Kreml an, was übrigens Brandts Rechtfertigungsthese: »Wir haben nichts hergegeben, was nicht längst verspielt war« ad absurdum führt. Im Gegensatz zu Kiesinger übersah er – oder wollte geflissentlich übersehen und die Öffentlichkeit damit auch noch irreführen –, welch immensen Wert für Moskau und Moskaus Satelliten seine, des Bundeskanzlers, Unterschrift unter einem Vertrag besaß, der den europäischen Status quo möglichst völkerrechtlich verbindlich anerkannte, wenigstens aber festschrieb. Wenn Willy Brandt nach seiner Rückkehr aus Moskau am 14. August erklärte, es sei »blanker Unsinn«, daß die Bundesregierung dank der von ihr gegebenen Grenzgarantien die Hegemonialrolle der Sowjetunion gefestigt habe – »als ob sie nicht selbst in der Lage wäre, das mit ihrer Macht zu tun« –, so täuschte er sich über die Tragweite der Ziffer 5 des »Bahr-Papiers«. Danach bilden der deutsch-sowjetische Gewaltverzichtsvertrag sowie die einschlägigen Abkommen, die die Bundesrepublik Deutschland mit den übrigen sozialistischen Staaten noch abschließen werde, »ein einheitliches Ganzes!« Der sowjetische Herrschaftsanspruch über Ost- und Mitteleuropa sollte also zementiert werden, und die Bundesrepublik war aufgefordert, daran mitzuwirken. Hat der Bundeskanzler das nicht gesehen oder wollte er es nicht sehen?

Der sowjetische Hegemonieanspruch wird aber nicht nur durch dieses Vertragsunikum von uns ausdrücklich anerkannt, sondern auch in Artikel 3 des Vertrages selbst: Die Verpflichtung der Vertragspartner, »die territoriale Integrität *aller* Staaten in Europa zu achten«, ist in einem strikt bilateralen Vertrage ebenso schizophren wie die zusätzliche Verpflichtung, besonders bezeichnete Grenzen (Oder-Neiße-Linie, Westgrenze Polens, deutsch-deutsche Grenze) nicht nur zu »achten«, sondern als »unverletzlich« zu respektieren.

Weshalb wohl bestand die Sowjetunion auf diesen Formeln? Weil sie sich der Schwäche bewußt war, die von ihr erzwungenen geo- und machtpolitischen Änderungen im Herzen Europas auf die Dauer nur durch die Präsenz ihrer Rüstung aufrechterhalten zu können. Was sie brauchte, war eine rechtlich relevante Hinnahme der neuen Situation durch den Hauptbetroffenen, nämlich Deutschland. Deutschlands Einverständnis war zudem die Voraussetzung für die Anerkennung der sowjetischen Hegemonialrolle durch die übrigen Mitglieder des Atlantikpaktes.

Die westlichen Teilnehmerstaaten der KSZE weigerten sich denn auch, ähnlich absurde Verpflichtungen, wie sie sich im Moskauer Vertrag finden, einzugehen, obwohl es sich in Helsinki nur um moralische Haftung handelte. »Die Konferenz hatte der Tatsache Rechnung zu tragen«, heißt es in einem im »Europa-Archiv« erschienenen Artikel des Leiters der deutschen KSZE-Delegation, Dr. Blech, »daß zahlreiche und wichtige Teilnehmerstaaten nicht bereit waren und sind, in jeder die gegenwärtige europäische Landkarte bestimmenden Grenze die abschließende Antwort auf die berechtigten Wünsche der betroffenen Völker zu sehen ... Sie mußte ... der Tatsache gerecht werden, daß es den politischen Prinzipien einer Reihe von Staaten widersprochen hätte, in anderen Teilen Europas bestehende Herrschaftsstrukturen und -methoden durch ihre Zustimmung zu legitimieren.«

Im Klartext wird hier eingeräumt, daß bei der Konferenz eine Reihe östlicher Staaten vertreten waren, die unter einem ihnen aufoktroyierten Zwangsregime und innerhalb von Grenzen leben, über die das letzte Wort noch nicht gesprochen ist. Als ich im Gespräch mit einem rumänischen Diplomaten einmal einen Satz mit den Worten begann: »In Anbetracht Ihrer freundschaftlichen Beziehungen zur Sowjetunion...« unterbrach er mich und sagte: »Herr Kollege, Sie vergessen den ›heiligen Krieg‹, den wir – freilich vergeblich – zur Rückgewinnung Bessarabiens und der Nord-Bukowina geführt haben. Wir sind vielleicht gute Kommunisten, aber vor allem sind wir Rumänen! Deshalb kann es zwischen uns und der Sowjetunion niemals Freundschaft geben, solange die Sowjets die uns geraubten Gebiete nicht zurückgegeben haben.«

In Wirklichkeit ging die ganze sowjetische Planung ausschließlich dahin, durch einen Vertrag mit der Bundesrepublik Deutschland die sowjetische Hegemonie abzusichern und auszuweiten und dafür einen Text zu finden, der auch noch als Modell für weitere Abkommen mit dritten Staaten dienen konnte.

Die Sowjetunion wußte sehr wohl, daß der Raub deutscher Gebiete nur mit Zustimmung des Beraubten und seiner Verbündeten halbwegs krisensicher zu machen war und daß diese Zustimmung nicht erzwungen werden konnte.

Um sich trotzdem durchzusetzen und den Gegner psychologisch vorzubereiten, war man offensichtlich in der Sowjetführung übereingekommen, bei allen einschlägigen Sendungen der Massenmedien, bei allen Reden von Regierungs- und Parteivertretern, in allen Gesprächen mit westlichen, vor allem deutschen Emissären, auf die »Realitäten« hinzuweisen und die neue, von Moskau dekretierte Grenzziehung zwischen Ost und West als gottgewollte Unabänderlichkeit nachdrücklich darzustellen. Daß diese Gehirnwäsche Erfolg hatte, die deutsche Bereitschaft, einen ohnehin »unabänderlichen« Tatbestand durch eine Unterschrift zu akzeptieren, förderte und die Einsicht in die immense Bedeutung, die diese Unterschrift für die Sowjetunion und ihre Ziele besaß, schwächte, dafür gibt es keinen besseren Beweis als Brandts oben zitierte Bemerkung: »Wir haben nichts hergegeben, was nicht längst verspielt war.«

Das war das eine der sowjetischen Anliegen. Das zweite entsprang der Erkenntnis, daß sich die angestrebte ökonomische Autarkie des Ostblocks nur mit der industriellen, technologischen und finanziellen Kooperation des Westens realisieren läßt.

Diese Einsicht führte übrigens schon nach dem Ende des Ersten Weltkrieges zur Erfindung der »Friedlichen Koexistenz«, die 1918 in einer sowjetischen Verbalnote auftaucht und am 10. April 1922 anläßlich der Konferenz von Genua vom damaligen Volkskommissar für Äußeres, G. W. Tschitscherin, der Öffentlichkeit als »paralleles Nebeneinanderbestehen« erläutert wurde. »Wir erkennen an«, fügte er hinzu, »daß der heutigen historischen Epoche, die ein Nebeneinander der alten und der entstehenden neuen sozialen Ordnung ermöglicht, eine wirtschaftliche Zusammenarbeit zwischen den Staaten, die die beiden Eigentumssysteme vertreten, für den allgemeinen wirtschaftlichen Wiederaufbau von zwingender Notwendigkeit ist.«

Von »zwingender Notwendigkeit« war sie zwar damals wie heute nur für die Sowjetunion, aber ihr theoretischer Vorbau erlaubte es nun, die seit Generationen in Rußland bewährte Industrieproduktion des deutschen Nachbarn, sein Know-how, seine Technologie wieder zum Partner bei der Industrialisierung der Sowjetunion zu machen und sich bei der Erschließung der Bodenschätze jenseits des Urals ihre finanzielle und technische Mitwirkung zu sichern.

Bezüglich des kleineren Teils des Deutschlands von 1937 war diese Aufgabe bereits gelöst. Mit einer Handvoll willfähriger, zumeist in der Sowjetunion ausgebildeter deutscher Gehilfen hatte der Kreml das Gebiet sozialisiert, in den »Autarkie«-Raum des Ostblocks einbezogen, eine Regierung eingesetzt und ihr diejenigen Aufgaben zugewiesen, die den macht- und wirtschaftspolitischen Interessen des sowjetischen Auftraggebers koordiniert waren und sie ergänzten.

Mit dem in den Westen integrierten und eines Drittels seiner Landfläche beraubten Rumpf-Deutschland lagen die Dinge weit schwieriger. Einerseits wünschte und brauchte man seine Zustimmung zu den territorialen Amputationen, andererseits wollte man eine enge wirtschaftliche und technologische, von politischen Problemen möglichst unbelastete Kooperation. Gleiches galt für die übrigen hochindustrialisierten Länder des Westens. So beschloß man in Moskau, zunächst einmal die Wogen zu glätten und den Überfall auf die CSSR vergessen zu machen. Das Schlagwort vom »Kalten Krieg«, das, wie der Warschauer Publizist Stefan Kisiliewski schrieb, »einfach eine Reaktion darauf war, daß eine Reihe von Punkten des Jalta-Abkommens über die befreiten und von der Roten Armee neuerlich geknechteten Länder nicht eingehalten wurden«, wurde von der Sowjetunion aus dem Verkehr gezogen und durch die gefälligeren Slogans »Friedliche Koexistenz« im Zeitalter der »Entspannung« ersetzt.

Ein Trick – so genial wie einfach! Genial, weil er beharrlich auf das tumbe Gemüt des Westens spekulierte, der allen Erfahrungen zum Trotz, jedes halbwegs freundliche Wort oder jede versöhnlich wirkende Geste aus dem Kreml als Friedenstaube zu begrüßen und sie alsbald nach ihrem Nennwert zu honorieren pflegte. Einfach: Während er den Westen verpflichtet, den Status quo zu respektieren, erweitert er die Chance der Sowjetunion, das westliche Gesellschaftssystem mit der Formel »Friedliche Koexistenz« gleich »Kooperation plus Konfrontation« subversiv oder unter Mißbrauch demokratischer Liberalität offen zu unterminieren. »Friedliche Koexistenz« –

das ist »Klassenkampf«, bemerkte das »Neue Deutschland« und hatte das Wort damit erschöpfend definiert. Wie anders sonst wäre der Kommentar zu verstehen, den der Sekretär des Zentralkomitees der KPdSU, Boris Ponomarjew, Kandidat des Politbüros, unter Suslow stellvertretender Vorsitzender des Ausschusses für Auswärtige Beziehungen, speziell zuständig für die Beziehungen zu den nichtregierenden kommunistischen Parteien und enger Vertrauter Leonid Breschnews, zur Definition des Status quo in Europa beisteuerte:

»Der Status quo ist für die Sowjetunion nicht dasselbe wie für den Westen. Die Anerkennung der Unverletzlichkeit der Grenzen und die Achtung der Prinzipien der friedlichen Koexistenz sind dazu da, die Bedingungen für neue Erfolge des Sozialismus und die Entwicklung des revolutionären und demokratischen Kampfes gegen die ausbeuterischen Regimes zu fördern und im bürgerlichen Lager die Stellung der realistischen Demokraten zu stärken und die Imperialisten zu isolieren.«

So bedrohliche offizielle Interpretationen aus dem Munde hoher Sowjetfunktionäre enthüllen Charakter und Zweckbestimmung militärischer Rüstung noch klarer, als Zahl und Dislozierung von Waffensystemen!

Wenn die bundesdeutsche Presse, um andere Beispiele zu nennen, Formeln wie »gesamtdeutsche Beziehungen« oder »einheitlich deutsche Nation« verwendet, wenn die Bundesregierung die Einführung eines Radikalenerlasses erwägt, dann sind das nach der parteiamtlichen »Prawda« »nationalistische« Töne, die sich gegen die Entspannung richten. Die »Radikalen«, zumeist treue Mitglieder der von Moskau ausgehaltenen und gesteuerten DKP – das sind nach dem gleichen Artikel die eigentlich friedliebenden Kräfte unseres Landes, wie nach Kossygin überhaupt nur die Kommunisten in Deutschland echtes Nationalbewußtsein verkörpern. »Sie haben offenbar die DKP verboten«, sagte Kossygin einmal, »weil sie friedliche Ziele anstatt kriegerische Ideen propagiert.« Das alles ist natürlich keine Einmischung in die internen Angelegenheiten dritter Staaten – das ist eben »Friedliche Koexistenz« im Zeichen der »Entspannung«!

# Die deutsche Frage und der Aufstieg der Sowjetunion zur Weltmacht

Deutschland hatte sich seit 1918 beharrlich allen sowjetischen Bemühungen, die Vorzüge der Diktatur des Proletariats – wenn schon nicht freiwillig, dann mit Gewalt – endlich zu begreifen, entzogen. Die Chancen für eine Änderung dieser Haltung hatten sich – dafür hatten bereits Wirken und Auftreten der Sowjets als Besatzungsmacht gesorgt – keineswegs verbessert, im Gegenteil. Sie hatten zwar Deutschland auseinanderreißen können, aber der größere Teil war durch eine Vielzahl von Verträgen in den Westen integriert, seine Gesellschaftsordnung und der Sozialismus marxistisch-leninistischer Prägung schlossen einander aus. Die hier zutageliegenden Gegensätze brauchten zwar angesichts der unterschiedlichen Größenordnung der Sowjetunion und Westdeutschlands dem Kreml keine Sorgen zu machen. Ihre wirkliche Dimension aber wurde sichtbar, als er sich anschickte, die globale Rolle zu übernehmen, die ihm durch den Ausgang des Krieges zugefallen war. Die früheren Großmächte England, Frankreich, Deutschland waren durch beide Weltkriege zu Machtfaktoren zweiter oder dritter Ordnung reduziert. Im gleichen Zeitraum aber hatte sich der Aufstieg der USA von einem großen Staat zur Weltmacht vollzogen, dem erst nach dem Zweiten Weltkrieg ein Staat mit ähnlichem Potential, aber weit größerem weltpolitischen Ehrgeiz gegenübertrat: die Sowjetunion.

In diese Rolle einer Supermacht auf friedlichem Wege hineinzuwachsen konnte ihr freilich nur gelingen, wenn die Supermacht USA sich bewegen ließ, Gewehr bei Fuß zu stehen, oder, anders ausgedrückt, sich aus ihrer weltweiten Rolle verdrängen zu lassen. Dazu gab es bereits einige recht ermutigende Erfahrungen, aus denen sich schließen ließ, daß die Amerikaner den Sowjets gegenüber die altrömische Warnung »principiis obsta!« – »widerstehe bereits im Anfang!« – in den Wind schlugen: sie hatten die Niederschlagung der Aufstände in der DDR und in Ungarn toleriert und hatten sogar die allen Vereinbarungen mit dem Kreml ins Gesicht schlagende gewaltsame Teilung Berlins einschließlich der in seinem östlichen Teil vertragswidrig stattfindenden Militärparaden mehr oder weniger stillschweigend geschluckt. Auch die Invasion der CSSR hatten sie hingenommen und ihr Stillhalten diskret und rechtzeitig zu erkennen gegeben. Selbst die in der Oberpfalz nahe der deutsch-tschechischen Grenze geplanten Nato-Manöver waren verlegt worden, als im Juli/August 1968 die zuständigen militärischen Behörden des Westens einwandfrei feststellten, daß die sowjetische Armee umfangreiche Vorbereitungen in Zielrichtung CSSR traf, sich aber gleichzeitig sicher glaubten, daß sie sich ausschließlich gegen die CSSR und nicht gegen einen westlichen Nachbarstaat richteten. So konnte im Kreml der Eindruck entstehen, die USA hätten die CSSR und ganz Osteuropa als sowjetische Einflußsphäre anerkannt – sogar ohne daß er seinerseits Kuba als amerikanische Einflußsphäre anerkannt hätte...

Trotzdem – die USA hatten sogar einen dritten Weltkrieg riskiert, als Chruschtschow sich anschickte, auf Kuba Raketen zu installieren. Vor allem aber: Gemeinsam mit England und Frankreich hatten sie in Artikel 7 des Deutschland-Vertrages vom 25. Mai 1952 sich feierlich verpflichtet: »Bis zum Abschluß der friedensvertraglichen Regelung werden die Unterzeichnerstaaten zusammenwirken, um mit friedlichen Mitteln ihr gemeinsames Ziel zu verwirklichen: ein wiedervereinigtes Deutschland, das eine freiheitlich-demokratische Verfassung, ähnlich wie die Bundesrepublik, besitzt und das in die europäische Gemeinschaft integriert ist.«

Sie hatten erhebliche Truppenverbände in Deutschland stationiert und schienen darauf zu achten, daß ihre in Potsdam festgelegte Verantwortung für »Deutschland als Ganzes« nicht geschmälert wurde. Daraus ergab sich für den Kreml, daß jedes Gespräch mit den USA über kurz oder lang an die deutsche Frage stoßen und damit eine Einigung über andere Probleme behindern oder blockieren mußte. Gelang es aber, sich mit Amerika und Westeuropa zu arrangieren und in einer Periode der Entspannung diejenigen Ressourcen zu erschließen, deren Nutzung der sowjetischen und der Ostblock-Industrie quantitativ und qualitativ ein dem Westen mindestens ebenbürtiges, möglichst aber überlegenes Potential garantierten, schien auch der Weg zu einer Absicherung und Ausdehnung der sowjetischen Machtsphäre geebnet.

So war trotz oder vielmehr gerade wegen des immer tiefer werdenden Grabens der sowjetische Wunsch nach Kontakten mit den Vereinigten Staaten immer dringender geworden. Er traf sich mit dem amerikanischen Interesse, Klarheit über die künftige sowjetische Außenpolitik und die strategischen Pläne des Kreml zu gewinnen und angesichts der ungeheuerlichen Kosten des Wettrüstens über eine Begrenzung der Waffensysteme ins Gespräch zu kommen. Frieden war für die Sowjetunion – im Gegensatz zum Deutschland unter Hitler – zwar auch ein Wert an sich, aber vor allem die Voraussetzung für die Verfolgung ihrer hegemonialen Ziele, wobei es für die jeweils Betroffenen gleich bleibt, ob sie nun aus ideologisch-verbrämten oder brutal-imperialistischen Gründen vereinnahmt werden. »Die tragenden Säulen des vorrevolutionären Rußland – Autokratie, Orthodoxie, Nationalität (Panslavismus) – und der sowjetische proletarische Internationalismus ... sind zeitgebundene Phrasen des jeweiligen russischen Systems, die den ewig gleichen expansiven großrussischen Chauvinismus und machtpolitisch-territorialen Imperialismus tarnen, ohne Rücksicht darauf, ob im Kreml ein Zar oder ein Generalsekretär regiert.« (Ivan Pfaff, »FAZ« vom 14. August 1978)

Allein Hitlers Weltkrieg und der Irrglaube der Westmächte, die siegreiche Sowjetunion werde gemeinsam mit ihnen an der Schaffung eines dauerhaften Weltfriedens mitwirken, hat ihr einen Gebietszuwachs von mehr als einer Million Quadratkilometer eingetragen – davon durch die Einbeziehung der nord- und ostfinnischen Gebiete, Estlands, Lettlands, Litauens, des Memelgebietes, Nordostpreußens, Ostpolens, der Karpatho-Ukraine und der nord- wie ostrumänischen Territorien in das Territorium der Sowjetunion allein 476 900 Quadratkilometer in Europa.

Nun galt es, diese Eroberungen gegen ausländische Einflüsse abzuschirmen. Wenn Willy Brandt meinte, der Moskauer Vertrag werde »den Frieden sicherer machen«, so war er sich mit dem Kreml darin einig, nur die Interpretation dieser Formel war, wie stets, grundverschieden: Brandt verstand darunter doch wohl den europäischen und den Weltfrieden; der Kreml aber brauchte Frieden in seinem Machtbereich und erwartete, ihn mit der rechtlichen Anerkennung der Realitäten durch den Westen – vor allem durch Deutschland – konsolidieren zu können.

So gesehen, bekam ein solcher Grenzsicherungsvertrag mit der Bundesrepublik Deutschland als dem wichtigsten Opfer und bedeutendsten Widersacher dieses sowjetischen Neoimperialismus die Funktion eines Dammbrechers! Vor allem: Der Weg für die seit 20 Jahren mit mehr auffälliger Ungeduld als diplomatischem Geschick propagierte Konferenz für Europäische Sicherheit und Zusammenarbeit war nun endlich frei!

Sie stand und fiel mit der Teilnahme Rumpf-Deutschlands. Lehnte es ab, war die Konferenz gescheitert, bevor sie begonnen hatte. Nahm sie teil, waren die ihr vom Kreml zugedachten Hauptziele – Verhinderung eines westeuropäischen Zusammenschlusses, Anerkennung der Grenzen in Ost- und Mitteleuropa, Schwächung des amerikanischen Einflusses in Europa – erst erreichbar, wenn das Deutschlandproblem bereits »vom Tisch« war. Erst dann konnte die Ernte der Kriegs- und Nachkriegsjahre in die Scheuer gefahren werden.

Dazu gehörte:

Erstens: Der Schock, der die ganze westliche Welt und in ihr auch zahlreiche dem unmittelbaren Zugriff der KPdSU entzogene kommunistische Kaderparteien angesichts des Überfalls auf die CSSR gepackt hatte, konnte – mit diesem Vertrag – neutralisiert werden.

Zweitens: Unbeschwert von virulenten politischen Problemen konnte mit Hilfe des Westens der Aus- und Aufbau des sowjetischen Industriepotentials beschleunigt vorangetrieben werden.

Drittens: Eine Anerkennung der Grenzen würde die westlichen Alliierten Deutschlands von den im Pariser Vertrag eingegangenen Verpflichtungen entlasten, eventuell sogar entbinden und deren Grenzanerkennung nach sich ziehen.

Viertens: Weitere Verträge der Bundesrepublik mit der DDR, mit Polen, mit der CSSR müßten folgen und würden schließlich die Deutschland-Frage aus dem sowjetisch-amerikanischen Gesprächskatalog eliminieren.

Und damit wäre dann die Lücke geöffnet, durch die die Sowjetunion Einzug in die Weltpolitik halten und sich dort ihren Platz sichern konnte, bevor als dritte Supermacht China auf der Szene erschien. Nach dem ideologischen Zerwürfnis, nach den ersten nuklearen Testversuchen Chinas und nach den Ussuri-Zwischenfällen um strittige Grenzen warf dieses China der Zukunft bereits einen langen Schatten auf die Sowjetunion, und es war unverkennbar, daß er sie zunehmend irritierte und beunruhigte.

Wenn das in etwa die Überlegungen waren, die das Interesse der Sowjetunion an einem Ausgleich mit Deutschland begründeten, dann ist, um das vorwegzunehmen, die Kalkulation voll aufgegangen: Im Februar 1972 überraschten die USA zwar zunächst mit einem Schritt, der das politische Weltbild mit einem Schlage gründlich veränderte: der Besuch Präsident Nixons in Peking. Diplomatische Kontakte zwischen den USA und China gab es bereits seit Jahren in Warschau, wo die Botschafter beider Länder sich in mehr oder weniger regelmäßigen Abständen zu einem Meinungsaustausch trafen, doch 1968 versandete auch dieser Kanal. Als die USA Botschafter Stössel 1970 nach Warschau entsandten, nahm er die Weisung seines Präsidenten mit, die unterbrochenen Gespräche mit seinem chinesischen Kollegen wieder aufzunehmen. Geheimverhandlungen Kissingers schlossen sich an. Die Bekanntgabe dieser Kontakte und der nachfolgende Besuch Nixons in Peking, der Hauptstadt des sowjetischen Alptraums, dürfte den Kreml nachdenklich gestimmt und ihn wohl auch nicht zuletzt bewogen haben, sein »Mauern« bei den Viermächteverhandlungen aufzugeben und Bereitschaft zum Entgegenkommen zu zeigen.

Im Mai 1972 aber – übrigens unmittelbar nach Ratifizierung des Moskau-Vertrages durch den Deutschen Bundestag – folgte der Besuch Nixons in Moskau, bei dem beide Seiten den Abschluß des deutsch-sowjetischen Moskau-Vertrages vom 12. August 1970 ausdrücklich begrüßten.

Die von Nixon und Kissinger wohlkalkulierte Reihenfolge der Besuche in Peking und erst dann in Moskau hatte dem Kreml die Vordringlichkeit engerer Kontakte zu den USA bestätigt. Der erste Mann der Sowjetunion, Leonid Breschnew, reiste nach Washington und nach Bonn. Die Wirtschaftsminister des Westens und am Rußlandgeschäft interessierten Unternehmer drückten sich in Moskau, Leningrad und Nowosibirsk einander die Klinke in die Hand, während in Moskau eine internationale Messe oder Ausstellung der anderen folgte.

Die bislang mehr auf »Küstenschiffahrt« ausgelegte sowjetische Handels- wie ebenso die Kriegsmarine entwickelten sich mit beklemmender Schnelligkeit zu den Globus umspannenden handelspolitischen und strategischen Waffen. Immer stärkere konventionelle und nukleare Offensivkräfte wurden an den westlichen Grenzen des sowjetischen Imperiums zusammengezogen. Während die USA, Kanada und Australien durch riesige Getreideverkäufe an die Sowjetunion dazu beitrugen, daß deren wirtschaftliche und militärische Aufrüstung nicht durch interne Ernährungssorgen behindert wurde, kletterten die Umsatzziffern des Ost-West-Handels (und mit ihm die Schuldenlast des Ostblocks gegenüber dem Westen) nach Jahren handelspolitischer Stagnation in unerwartete Höhen, die die internationale Diskussion über die Auswirkungen, den Nutzen und die Risiken des Westhandels mit kommunistischen Staatshandelsländern neu angefacht haben.

Da die Zusammenhänge mit dem Vertrag vom 12. August 1970 unübersehbar sind, verdienen sie in diesen Betrachtungen eine kurze Übersicht.

# Ost-West-Handel, Risiken und Vorteile

Die Sowjetunion als zweitstärkste Industrienation der Welt produziert mehr Kohle, mehr Stahl, mehr Mineraldünger, Traktoren, Lokomotiven als irgendein anderes Land der Welt. Sie hat ganze Regionen neu erschlossen und verfügt über Riesengebiete in Sibirien, die zum nicht geringen Teil noch völlig unerschlossen sind, die aber über alle Arten Rohstoffreserven, inklusive Gold und Diamanten, verfügen. Das sind einige der Fakten, die die Attraktivität der Sowjetunion bewirken und denen gegenüber die Mängel ihres sogenannten Sozialismus leicht übersehen werden.

Wie die »FAZ« kürzlich bemerkte – die Qualität von Wirtschafts- und Gesellschaftsordnungen wird nicht nur nach der Höhe der produzierten Gütermengen beurteilt, sondern in erster Linie nach dem Lebensstandard der Bevölkerung, also dem Ertrag der Arbeit für den einzelnen. Diese beiden Kriterien aber als Maßstab genommen, hat die Sowjetunion in den vergangenen sechzig oder dreißig Jahren nicht annähernd das Ziel erreicht, das Lenin vorschwebte, als er davon sprach, daß der sozialistische Wettbewerb nun kapitalistische Leistungen hervorbringen müsse und das Chruschtschow meinte, als er davon sprach, daß die Sowjetunion die USA bald überholen werde.

Im Dezember 1975, zwölf Jahre später, sagte der stellvertretende Chef der Internationalen Abteilung des ZK der KPdSU, W. W. Sagladin, beim VII. Kongreß der Kommunistischen Internationale: »In wirtschaftlicher Hinsicht nähern wir uns jetzt dem historischen Augenblick, an dem die Macht der sozialistischen Welt das Wirtschaftspotential der imperialistischen Staaten erreichen und ... übertreffen wird.«

Aber auch trotz der im Westen aufgenommenen Milliardenkredite ist die Sowjetunion noch nicht in der Lage, ihre Ernährung, vor allem das notwendige Getreide, selbst zu produzieren. Noch immer klaffen zwischen dem Bedarf an Nahrung und dem Angebot zeitweise große Lücken. Noch immer gilt für die in den russischen Großstädten zur Arbeit eilenden Familienmitglieder die Übung, nach Schlangen im Straßenbild Ausschau zu halten, sich einzureihen und sich erst dann zu erkundigen, was es eigentlich zu kaufen gäbe. Noch immer kann von einem mit dem Westen vergleichbaren vielfältigen Angebot an robusten Konsumwaren keine Rede sein. Die guten Absichten der Planung Kossygins, der 1970/71 mir und deutschen Unternehmern gegenüber wiederholt von der Notwendigkeit sprach, die Voraussetzungen für die Befriedung des Konsumbedarfs zu schaffen und stillgelegte oder für Rüstungsproduktion zweckentfremdete Fabriken zu modernisieren und Konsumgüter herzustellen, diese guten Absichten haben offensichtlich der Schwer-, sprich Rüstungsindustrie, wieder einmal den Vortritt lassen müssen. Und obwohl bei der Abstimmung der Produktionspläne der Ostblockindustrien in den letzten Jahren nicht geringe Fortschritte erzielt worden sind, die sich in erster Linie zum Vorteil der Sowjetunion auswirken, von der angestrebten Autarkie im Rahmen des »Rats für gegenseitige Wirtschaftshilfe« (RGW) ist schon lange nicht mehr die Rede.

Um in allen zu Handel, Wirtschaft, Technik und Technologie zählenden Bereichen Schritt mit dem Westen zu halten, um den Westen einzuholen und zu überholen, bleibt noch ein sehr weiter Weg und vor allem die Erkenntnis: Ohne massive Hilfe des Westens läßt sich dieses Ziel wohl kaum erreichen.

Die Kooperation mit den Ländern, die das erwünschte ökonomische Rüstzeug bereits besitzen – nämlich den westlichen Industrieländern –, ist also unerläßlich. Trotzdem halten sich die daraus resultierenden Lieferungen und Bestellungen in bescheidenen Grenzen, sobald man den Handel der Westländer untereinander zum Vergleich heranzieht: Deutschland exportierte 1977 für 21,5 Mrd. DM nach Belgien und Luxemburg und importierte von dort für 19,5 Mrd. DM. Der Export in die Niederlande belief sich im gleichen Zeitraum auf 27,5 Mrd. DM bei einem Import von 30,8 Mrd. DM. Demgegenüber sind es nur 6,4 Mrd. DM Export in die Sowjetunion und 4,5 Mrd. DM Import von dort.

Aber selbst diese – vergleichsweise – geringe Größenordnung ließ sich angesichts der Devisenknappheit nur durch eine beachtlich hohe Devisenverschuldung erzielen, die inzwischen – bis Ende 1978 – auf ca. 30 Mrd. DM angestiegen ist, während sie sich bei dem Ostblock insgesamt auf über 100 Mrd. DM beläuft und bei Fortdauer des derzeitigen Trends im Ostgeschäft bis 1980 weiter ansteigen wird. Daß eine so hohe Verschuldung, die sich in erster Linie aus den von der öffentlichen Hand abgesicherten Lieferantenkrediten, in zweiter Linie aus Bank- und in letzter aus unmittelbaren Staatskrediten zusammensetzt, ein Grund der Beunruhigung und des Nachdenkens ist, liegt auf der Hand.

Orientiert man sich am Bruttosozialprodukt des RGW oder COMECON, das auf etwa 1000 Mrd. Dollar per Anno taxiert wird, wäre die Verschuldung mit 4 Prozent eher minimal als beunruhigend. Aber was besagen solche Ziffern schon, zumal wenn man das künftige Leistungspotential des Ostblocks und dessen Bereitschaft und Kapazität, es in harte Devisen umzusetzen, das heißt also die Westexporte zu steigern, gar nicht übersieht? Ebensowenig kennt man die Höhe der sowjetischen Goldreserven als Kreditsicherung, aber sie werden nirgendwo so hoch eintaxiert, daß mit ihnen die Verschuldung auch nur annähernd vom Tisch gebracht werden könnte. Andererseits weiß man seit sechzig Jahren im Westen die Zahlungsmoral der Sowjetunion zu schätzen, auf die bisher eigentlich stets Verlaß war.

Eine weitere Frage ist es, ob die Sowjetunion bereit und in der Lage wäre, ihren sozialistischen Partnern beizuspringen, wenn diese mit der Bedienung der Kredite oder der Rückzahlung in Schwierigkeiten geraten sollten. In der Vergangenheit hat sie es jedenfalls getan. Die einen meinen, die Sowjetunion, deren eigene Westschulden zur Zeit wie gesagt auf ca. 30 Mrd. DM geschätzt werden, für deren Bedienung 28 Prozent der Devisenerlöse aufgewandt werden müssen, befände sich schon allein wegen ihrer enormen Rohstoffreserven in einer guten Außenhandels- und Schuldnerposition. Andere wieder sehen es gerade umgekehrt: da eben diese Reserven in absehbarer Zeit nicht oder jedenfalls nicht nennenswert realisierbar sind, verbesserten sie nicht, sondern verschlechterten sie eher die Aussichten des Westhandels. Gemäß einer Enquete des Kieler Instituts für Weltwirtschaft müssen derzeit Bulgarien 85, Polen 60, Ungarn 44 und Rumänien 40 Prozent ihrer Deviseneinnahmen aufwenden, um Zinsen und Tilgungsraten der aufgenommenen Devisenkredite zu zahlen. Schon daraus ergibt sich, daß die Bäume des Ost-West-Handels nicht gerade in den Himmel wachsen werden. Aber – wünschen das die Partner überhaupt?

Zunächst einmal ist zu hoffen, daß die Sowjetunion alles daransetzen wird, um ihre Position als Primus inter pares im RGW und als verläßlicher Schuldner nicht aufs Spiel zu setzen.

»Die Erfüllung aller Verpflichtungen zur Tilgung von Krediten ist in der Sowjetunion durch ihr mächtiges Wirtschaftspotential, durch die dynamische Entwicklung ihrer Wirtschaft und ihres Außenhandels garantiert. Deshalb ist alles Gerede über Verschuldungsprobleme unsinnig«, heißt es in einem Artikel von V. Fjodorow in der Mai-Nr. 1978 von »Sowjetunion heute«. Mag sein. Sie ist im übrigen mit ihren sozialistischen Freunden dabei, die Importe zu drosseln, die Exporte zu forcieren. Der Anteil des Osthandels am deutschen Außenhandel hat sich Ende 1977 von ca. 6,1 auf 5,5 Prozent verringert, während unser Export um 4,2 Prozent zurückging und den deutschen Handelsbilanzüberschuß im Ostgeschäft um über eine Mrd. DM reduzierte. Die Sowjetunion ist energisch dabei, ihr westliches Außenhandelsnetz zu verstärken und drängt bekanntlich überall auf Einräumung der Meistbegünstigung, die ja auch deshalb – freilich nur als Kannvorschrift – in die Schlußakte der KSZE aufgenommen wurde.

Um sich all seiner Schulden zu entledigen, müßte der Ostblock zwei Jahre lang auf alle Importe aus dem Westen verzichten, aber in mindestens der gleichen Höhe wie jetzt in den Westen exportieren. Diese Roßkur ist gewiß weder möglich noch wünschenswert – ebensowenig wie eine weitere Ausweitung des von den Sowjets und ihren RGW-Freunden bevorzugten Systems der Kompensationsgeschäfte – einem weiteren Problem des Osthandels. Im Westen akzeptiert man Kompensations- oder Koppelungsgeschäfte – die älteste Form des Tauschhandels überhaupt – nur als Ausnahmefall, während die Staatshandelsländer sie gern als Regel einführen würden.

Darüber ist 1977 bei dem siebten Treffen der deutsch-sowjetischen »Kommission für wirtschaftliche und wissenschaftlich-technische Zusammenarbeit« in Bonn zwischen dem damaligen Bundeswirtschaftsminister Friderichs und dem sowjetischen Delegationschef Tichonow eingehend diskutiert worden, ohne daß die unterschiedlichen Auffassungen behoben worden wären. Die Ausgangspositionen sind einstweilen noch zu verschieden. Kompensationsgeschäfte – übrigens nicht zu verwechseln mit Geschäften, bei denen die Bezahlung aus der laufenden Produktion des mit Hilfe des Partners errichteten Unternehmens erfolgt – passen einfach nicht in die Struktur unseres Außenhandels. Sie belasten die deutschen Unternehmungen mit Waren, für deren Absatz sie nicht eingerichtet sind. Ein Beispiel: Ein Weltunternehmen der deutschen Industrie war im Zusammenhang mit einem Großgeschäft genötigt, von der Sowjetunion mehrere hundert »Moskwich«-Autos abzunehmen. Sie hat sie später zu einem Anerkennungspreis ihren Angestellten und Arbeitern überlassen, um sie loszuwerden. Im Rahmen von Kompensationsgeschäften auf- und abgenommene Waren stören die Geschäfte der Branche, die sich auf eben diese Waren spezialisiert hat – vor allem natürlich dann, wenn sie unter Preis angeboten werden. Außerdem verzerren sie den Wettbewerb.

Trotzdem: Zu welchen Bocksprüngen der westliche Drang, auf die Ostblockmärkte beziehungsweise der sowjetische Drang, auf die westlichen Märkte zu kommen, führen kann, zeigen Meldungen, wonach große deutsche Konzerne, die Autos, Fabrikanlagen, Schiffe und ähnliches produzieren, von der Sowjetunion als Gegenlieferungen Kaninchenfelle, Glühbirnen, Kartoffelstärke etc. akzeptiert haben, um sie über eigens gegründete Handelsgesellschaften wieder loszuwerden. Werkzeugmaschinen gegen Kekse, Brathähnchen oder selbst Wasserflöhe gegen Regenmäntel – alle diese Geschäfte gibt es oder hat es gegeben. Sie haben in letzter Zeit einen fast ganz neuen, recht florierenden Beruf geschaffen, den des Kompensateurs, des Kompensationshändlers, der seinerseits wieder an diese älteste Form des Tauschhandels anknüpft.

Man lacht über manche dieser Auswüchse des Ostgeschäfts, aber die Kompensation als Regel kann auch eine sehr ernste Seite bekommen – dann nämlich, wenn die Geschäftsabläufe den Westen einfach zwingen, mehr und mehr Waren abzunehmen, die er selbst produziert. Ihre Inzahlungnahme gefährdet unsere Arbeitsplätze oder auch unsere Sicherheit – nämlich dann, wenn wir zum Beispiel gewisse Rohstoffe, wie etwa Erdgas, zwecks Abdeckung von Schulden in einem Umfang abnehmen, der uns in Energieabhängigkeit von der Sowjetunion bringen müßte.

Auch bei dem Ausbau unseres Handels mit dem Ostblock dürfen wir niemals aus den Augen verlieren, daß im Umgang mit dem »Klassenfeind« für den Marxismus-Leninismus alles Politik ist. Jeden Tag kann man diese Binsenweisheit in den sowjetischen Massenmedien hören und nachlesen. Und deshalb die Frage:

Ist die Verschuldung des Ostblocks nicht Politik und ist möglicherweise die Politik der Verschuldung nicht mit ganz bestimmten politischen Absichten verknüpft?

Höchst unwahrscheinlich – aber man muß leider auch an eine solche Möglichkeit denken. Der kleine Schuldner ist in der Hand des Gläubigers, der große Schuldner hat den Gläubiger in der Hand. Das Problem der Beseitigung des Ungleichgewichts im Ost-West-Handel wird uns jedenfalls – selbst wenn alles gut geht – noch viele Jahre beschäftigen.

Als Breschnew 1973 in den Westen reiste und nach Bonn und Washington kam, hatte er vor allem auch die Absicht, Amerikaner und Deutsche für die Erschließung der sibirischen Rohstoffe zu interessieren und dafür Kredite locker zu machen. Aber gerade das ist ihm weder hier noch dort, noch in Japan gelungen. Etwa ein Jahr zuvor hatte mir Kossygin, wie schon erwähnt, einmal gesagt: »Stellen Sie sich vor: Wir haben alle Rohstoffe, die zur Zeit auf diesem Globus gebraucht werden. Ihr habt das Know-how und die Mittel, sie zutage zu fördern. Tun wir uns zusammen, und wir sind autark!«

Das in etwa war auch das Programm Breschnews. Aber er scheiterte, weil er weder Staaten noch Firmen, noch Konsorten fand, die bereit und in der Lage gewesen wären, die dafür benötigten Milliarden Dollar aufzubringen. Kein Wunder, denn es gibt bis jetzt keine eindeutige Dokumentation über Infrastruktur, Erschließung, Abtransport der Mineralien, sondern nur den sowjetischen Vorschlag, die Rückzahlung der ad hoc aufgenommenen Kredite solle nach bewährtem sowjetischen Prinzip aus der laufenden Produktion erfolgen. Da nicht vorauszusehen ist, wann diese aufgenommen wird, kann der Beginn der Rückzahlung auch kaum präzise kalkuliert werden. Besonders erschwerend kommt hinzu, daß die Sowjets keine gemischten Gesellschaften zulassen, wie sie in Rumänien oder Ungarn längst an der Tagesordnung sind. »Joint ventures« sind aber, wie mir scheint, eine unerläßliche Voraussetzung für einen westlichen Unternehmer, der bereit ist, ins Ostgeschäft langfristig einzusteigen. Die Sowjets erlauben ja kaum einzelnen Experten die Reise dorthin, wo sie mit ihnen Geschäfte machen wollen.

Bei Gesprächen der Chefs unserer Chemiekonzerne mit dem Komitee für Wissenschaft und Technik in Moskau, mit Professor Kyrillin beziehungsweise mit Gwischiani, dem gewieften georgischen Schwiegersohn Kossygins, oder mit dem Außenhandelsminister Patolitschew brachten die Russen häufig die Rede darauf, daß in gewissen Gegenden der Sowjetunion immer wieder Unkraut, Ungeziefer und Bakterien Anpflanzungen zerstörten, ohne daß ihnen mit den herkömmlichen Mitteln beizukommen sei. Auf deutscher Seite wurde dann regelmäßig erwidert, die zuständigen Laboratorien bei uns nähmen sich gern des Problems an. Voraussetzung sei freilich, daß man ihnen nicht nur Proben aushändige, sondern Experten erlaube, an Ort und Stelle die notwendigen Boden- und Klimauntersuchungen anzustellen. Damit war das Gespräch meistens beendet. Dann lieber – das sagten unsere Gesprächspartner zwar nicht, aber sie dachten es sich offenbar – weitere Vernichtung von Kulturen, als irgendwelche Unbekannte ins Land zu lassen...

Und damit sind wir bei einem anderen, einem Zentralproblem des Ost-West-Handels: dem soeben genannten Mißtrauen und der damit ebenfalls zusammenhängenden Zentralisierung.

Der ausländische Geschäftsmann, der in die Sowjetunion exportiert oder aus ihr importiert, kommt normalerweise weder mit dem Abnehmer noch mit dem Produzenten, sondern ausschließlich mit der zuständigen Außenhandelsorganisation zusammen, die in Moskau sitzt, verhandelt, bestellt, verkauft, bezahlt oder einnimmt – ein kaum überschaubarer Apparat von lähmender Eigengesetzlichkeit. Als ich anläßlich der Verhandlungen zwischen den Sowjets und Daimler-Benz über den Bau einer LKW-Fabrik einmal einen hohen Funktionär fragte, ob der Wirtschaftszentralismus eigentlich ein Dogma des Marxismus-Leninismus sei, daß man trotz aller in die Augen fallender Mängel an ihm festhalte, meinte er: »Sie haben ganz recht – es ist ein Dogma –, vor allem dazu bestimmt, Reibungsverluste zu produzieren. Insofern können wir mit seiner Kapazität mehr als zufrieden sein.« Die unvermeidliche Folge des Zentralismus ist jedenfalls – ich zitiere die »NZZ« vom 13. November 1977 – »chronische systembedingte Unwirtschaftlichkeit«.

Professor von Arentin hat einmal gesagt: »Wenn man bei jedem in der Sowjetunion hergestellten Produkt das Kapital berechnen würde, das erforderlich sei, um die Ware zu produzieren und auf den Markt zu bringen und diesen Betrag dann in Relation zu den entsprechenden, weit niedrigeren Investitionskosten im Westen setzen würde, dann wäre es logischer, gewisse Begriffe umzukehren und das Wirtschaftssystem der Staatshandelsländer als ›kapitalistisch‹ zu bezeichnen.«

Ich habe häufig daran gedacht, ob wohl ein mit westlicher Wirtschaftsstruktur, mit Marktwirtschaft vertrauter weitgereister Technokrat wie Kossygin, der während seines ganzen Berufslebens stets mit Wirtschaftsproblemen konfrontiert war und der seit dem Sturz Chruschtschows wiederum die Verantwortung für Stillstand und

Wachstum, für Versorgung und Engpässe trägt, ob ein so erfahrener Mann beim Nachdenken über die Problematik seines Aufgabenbereichs nicht einmal selbst auf den Gedanken kommt, daß die kaum steuerbare Zentralisierung eines der Hauptübel der Unterlegenheit des sozialistischen Wirtschaftsgefüges sein könnte. Vermutlich weiß er das – aber, wie mein Gesprächspartner hervorhob: Sie ist ein Dogma und damit tabu. Sie ist ein Teil der marxistisch-leninistischen Glaubenslehre und wird es schon deshalb bleiben, weil jede Art von Dezentralisierung in *einem* – etwa wirtschaftlichen – Bereich auch Dezentralisierungen in anderen, zum Beispiel im politischen Bereich, auslösen könnte. Sie aktiviert zwangsläufig die Selbständigkeit und das Denkvermögen der Regionalbehörden und Parteisekretäre – lauter Eigenschaften, die in Diktaturen und Staatshandelsländern unerwünscht sind. Malenkow schien nach dem Tode Stalins bereit, sich darüber hinwegzusetzen, und Chruschtschow hatte sogar mit dem Abbau der Zentralisierung begonnen, als er – vielleicht unter anderem auch deshalb – gestürzt wurde.

So sehr also die Sowjetführung den Zentralismus als Säule nicht nur politischen, sondern auch wirtschaftlichen Handels ansieht und ihn auch bei der Kooperation mit den Satellitenstaaten praktiziert, so ungern und widerwillig sieht und akzeptiert sie ihn bei ihren westlichen Partnern. Ich spreche von den Beziehungen des Ostblocks zur EWG. Die ganze Außenpolitik der Sowjetunion gegenüber den westlichen Nachbarn war von jeher auf Bilateralismus abgestellt oder, um es deutlicher zu formulieren, zielte – übrigens genauso wie die Politik des Zarenreiches – darauf ab, die Staaten Westeuropas gegeneinander auszuspielen, von deren latent vorhandenen Differenzen zu profitieren beziehungsweise sie zu vertiefen. Zusammenschlüsse in Westeuropa, der Wechsel von Spannungen zwischen zwei Staaten zu normalen oder gar guten Beziehungen waren für Rußland und vor allem die Sowjetunion stets suspekt und alarmierend und mußten möglichst verhindert werden. Schon die Europäische Wirtschaftsgemeinschaft war und bleibt ein Alptraum, und Moskau hofft auch heute noch, sie auseinanderbrechen zu sehen und dabei ein bißchen nachhelfen zu können.

Ich entsinne mich noch gut des Besuchs des damaligen Fraktionschefs der CDU/CSU, Dr. Rainer Barzel, Anfang 1972 in Moskau. Er schlug Kossygin gewissermaßen ein Tauschgeschäft vor: Wenn die Sowjetführung die EWG als Faktum anerkenne und auch die demnächst in Kraft tretende Regelung, nach der alle bilateralen Verträge mit den Mitgliedstaaten in Brüssel auszuhandeln und abzuschließen seien, akzeptiere, werde die Opposition im Bundestag zum deutsch-sowjetischen Vertrag vom 12. August 1970 ihrerseits »Ja« sagen.

Nun war es nicht sehr schwer, vorauszusehen und vorauszusagen, daß dies Angebot bei den Sowjets keine Chance haben würde. Erstens begriffen sie wohl kaum den Kausalzusammenhang, den Barzel offensichtlich zwischen der sowjetischen tiefsitzenden Abneigung gegen derartige westliche Gemeinschaften und dem deutsch-sowjetischen Vertrag herstellte. Zum anderen waren sie damals – so gut wie heute! – noch nicht soweit, diesen ihnen höchst unbequemen Zusammenschluß als eine konstante Größe anzusehen, mit der handels- und daher auch in gewissem Maße machtpolitisch gerechnet werden müsse. Aufmerksam verfolgten sie die Entwicklung der EWG stets in der Hoffnung, das neugeborene Kind – 1972 immerhin bereits 14 Jahre alt – werde die Souveränitätsbesessenheit ihrer Mitgliedstaaten doch nicht überleben.

»Wir sind überhaupt gegen alle Gruppierungen«, sagte gelegentlich Andrej Gromyko, maßgeblicher Außenminister des Warschauer Pakts, des COMECON, der Breschnew-Doktrin, des sozialistischen Welt-Systems etc., etc., und er wurde nicht einmal rot dabei.

Dementsprechend fiel denn auch die Antwort Kossygins an Barzel aus. Barzel schreibt zwar (»Auf dem Drahtseil«), Kossygin sei stets »knapp, präzise und höflich« gewesen. Aber für den, der Kossygin kannte, stellte es sich anders dar: Von Natur oder einem harten, von Enttäuschungen und Erkrankungen begleiteten Lebensweg her ohnehin verbindlichen Umgangsformen nicht sonderlich zugeneigt, wurde er in der Wahl seiner Worte und der gespielten oder natürlichen Erregung, in die ihn das Thema versetzte, eher robust, unsachlich und unhöflich – »weit feindseliger als der geschulte Diplomat Gromyko«, bemerkte der »Spiegel«, der allerdings bei der Unterredung nicht anwesend war. Bei dem einen Fall, erläuterte Kossygin, handele es sich um einen längst unterzeichneten Vertrag, der lediglich noch der formalen Ratifizierung bedürfe. Die EWG hingegen sei der Versuch einiger westeuropäischer Staaten, sich zusammenzuschließen. Ihre Ziele dabei habe die Sowjetführung bisher um so weniger begriffen, als sie von jedem der sechs Teilnehmerstaaten auf eine diesbezügliche präzise Frage eine andere Antwort erhalten habe (womit Kossygin vermutlich recht hatte). Schon allein deshalb verbiete sich jeder Vergleich mit dem Moskauer Vertrag, der Grenzen als unantastbar respektiere, die durch den Kriegsausgang ohnehin unwiderruflich feststünden.

Und was die Auswirkungen auf dritte Staaten angehe, so habe die Sowjetunion keinesfalls die Absicht, nach Brüssel zu pilgern, wenn ein Handelsabkommen mit Paris, Rom oder Bonn zu unterzeichnen sei. Sie werde das auch künftig ebenso handhaben wie in der Vergangenheit – nämlich bilateral. Falls aber wirklich die Absicht bestehen sollte, um das Gebiet der sechs Mitgliedsländer so etwas wie eine Chinesische Mauer zu ziehen, dann müsse er darauf hinweisen, daß die Sowjetunion in keiner Weise auf den Handel mit den EWG-Staaten angewiesen sei. Die USA wie Kanada seien der Sowjetführung als Partner genauso recht wie die Staaten Westeuropas. Mit dieser Drohung, die nur wenig von Kossygins profunden Wirtschaftskenntnissen verraten ließ, und die das exakte Gegenteil von dem waren, was er einige Monate zuvor Scheel gesagt hatte, waren Barzels Bemühungen gescheitert.

Nach seiner Abreise kam übrigens noch ein Nachspiel. Ein sowjetischer Funktionär bat mich um ein Gespräch. Er kam, sprach über das Wetter im allgemeinen und in Moskau im besonderen, über aktuelle Probleme der allgemeinen politischen Lage, den bedauerlichen Rückgang der Kaviarproduktion im Kaspischen Meer und schließlich über den Besuch Barzels bei Kossygin, über dessen Inhalt er bereits bestens unterrichtet war. Sehr schnell stellte sich heraus, daß Kossygins Stellungnahme zur EWG anderen Persönlichkeiten der Führung wohl zu negativ erschienen war.

»Natürlich lehnen wir die EWG nicht einfach ab«, sagte der Funktionär. »Wir befinden uns sozusagen in einem Prozeß des Umdenkens. So manch einer in der Sowjetführung ist nun doch überzeugt, daß sich die Schimäre zu einer Realität entwickelt. Wir sehen diese Art von Zusammenschlüssen sehr ungern, wie Sie wissen, aber wenn die EWG nun wirklich feste Gestalt annehmen sollte, dann werden wir – Pragmatiker, die wir sind – sie in unsere wirtschaftlichen Überlegungen und in die des COMECON auch entsprechend einbeziehen.«

Das war also keine rüde Absage mehr, sondern die Ankündigung der Bereitschaft zu Kompromissen, von denen bei Kossygin nichts zu spüren war!

Inzwischen stellt sich heraus, daß Kossygin doch wohl recht behält und die Wirtschaftsbeziehungen zwischen den Staaten des RGW und der EWG sich aus formalen Gründen auch künftig bilateral abwikkeln werden: Da die Teilnehmerstaaten des RGW keine Souveränitätsrechte an den gemeinsamen Rat delegiert haben und diesen Zustand auch künftig nicht ändern wollen, wie bei der Bukarester COMECON-Tagung im Juni 1978 ausdrücklich – mit deutlicher Spitze gegen Moskau – hervorgehoben wurde, können in ihrem Namen zwischen COMECON und EWG auch keine handelspolitischen, sondern höchstens generelle Verträge wie etwa Austausch von Informationen über Umweltschutz und Wirtschaftsprobleme abgeschlossen werden.

Die Kontakte über die »Anerkennung« gehen indessen weiter. Nachdem Breschnew in einer Rede am 20. März 1972 zum Thema EWG vorsichtig bemerkt hatte, »die Sowjetunion ignoriert keineswegs die reale Lage in Westeuropa, darunter auch das Bestehen einer solchen ökonomischen Gruppierung kapitalistischer Länder wie die des Gemeinsamen Marktes«, sagte Willy Brandt in einem Interview am 22. Mai 1973, nach dem Besuch Breschnews in Bonn, ebenso vorsichtig: »Ich glaube, ich bin nicht indiskret, wenn ich sage, daß Herr Breschnew ... mit mir davon sprach, daß er die EWG anerkannt habe – was immer Anerkennung in einem solchen Zusammenhang meint.«

Ein Jahr später allerdings warnte die »Iswestija« in einem Leitartikel von Jurij Goloschubow unter der Schlagzeile »Die Falle des Gemeinsamen Markts« die neuen EWG-Kandidaten England, Irland, Dänemark und Norwegen dringend vor dem Beitritt: »Die EWG ist berufen, die Konsolidierung der Kräfte des Imperialismus im Kampf gegen die sozialistischen Länder zu sichern ... und die Verwirklichung der aggressiven Pläne der Nato in ganz Nordeuropa zu erleichtern.«

Schließlich hat 1977 eine Delegation des COMECON unter der Leitung seines Generalsekretärs Nicolas Faddejew der EWG in Brüssel einen Besuch abgestattet. Der Vizepräsident der EWG, Wilhelm Haferkamp, hat diesen Besuch im Mai 1978 – mit einem eher nichtssagenden Kommuniqué als Resultat – in Moskau erwidert. Anerkennung? Auf diese ihm von Journalisten gestellte Frage hat er – sehr mit Recht – erwidert: »Wir haben keine Anerkennung nötig. Wir sind da!« Schließlich unterhält die EWG – und auch darauf hat Haferkamp hingewiesen – diplomatische Beziehungen zu 111 Staaten. Sie kann durchaus auch ohne Beziehungen zur Sowjetunion und ihren Freunden auskommen. Immerhin: Im Mai 1979 hat die »Prawda« erstmalig von der europäischen Integration als eine »objektive Realität« gesprochen!

Nun noch etwas anderes zum Thema »Osthandel«. In der deutschen Diskussion über Pro und Kontra des Osthandels hört man immer wieder die These: Wozu? Er diene nur dem Osten, stabilisiere das dortige Herrschaftssystem und verstärke seine militärische Macht. Kurzum: Wir finanzierten also unsere eigene immer stärker werdende Bedrohung, während uns ein totaler Verzicht auf ihn schon wegen seines geringen Anteils an unserem Außenhandel kaum nennenswert schädigen würde.

Dazu ist einiges zu sagen. Richtig an dieser Hypothese ist, daß jedweder Export von Maschinen, Maschinenteilen, Anlagegütern, Know-how direkt oder indirekt auch der sowjetischen Rüstungs zugute kommt. Sofern die Waren nicht unmittelbar in die Rüstungsindustrie gehen – das COCOM (Coordinating commitee for East-West-Trade-Policy) ist als Kontrollinstanz des Atlantikpakts zur Verhinderung des Exports von Rüstungsmaterial und rüstungswichtiger Technologie zwischengeschaltet –, setzt jedwede Importware für die Rüstungsfabrikation Arbeitskräfte frei, die sonst dazu bestimmt wären, die importierte Ware selbst herzustellen. Aber damit hat es noch nicht einmal sein Bewenden. Die Ostblockstaaten und vor allem die Sowjetunion bezahlen mitunter westliche Lieferungen mit Waren aus dritten Ländern. Sie hat uns zum Beispiel ägyptische Baumwolle geliefert, die sie ihrerseits als ägyptische Bezahlung für sowjetische Waffenlieferungen erhalten hatte. Auf diese Weise finanziert der Westen also sowjetische Rüstungsgeschäfte oder sogar östliche Hilfe für unterentwickelte Länder.

Sollen wir – und darauf läuft die Frage ja hinaus – mit Staatshandelsländern Handel treiben beziehungsweise sollten wir, wenn wir schon nicht auf ihn verzichten wollen, den Export unserer guten Waren und unserer Technologie nicht wenigstens mit politischen Auflagen verknüpfen? Mit anderen Worten: Die Prophezeiung Lenins, der Westen werde dem neuen Sowjetstaat schon den Strick liefern, an dem er ihn dann aufhängen werde, scheint immer mehr in Erfüllung zu gehen.

Das Problem ist in der Tat viel zu ernst, als daß es verwundern könnte, wenn es immer wieder neu diskutiert wird. Bei dem Symposium des Internationalen Studentenkomitees, das jährlich wirtschaftliche Prominenz aus Theorie und Praxis in der Handelshochschule St. Gallen in der Schweiz zusammenführt, ist auch 1978 wieder von den Amerikanern auf die unbezahlbaren Vorteile hingewiesen worden, die der Ostblock durch die Lieferung westlicher Technologien einheimst. Nicht zuletzt waren – der Presse zufolge – diese Warnungen an die deutsche Adresse gerichtet und bezogen sich auf die verschiedenen Abkommen deutscher Unternehmen mit der Sowjetunion über Technologieaustausch und den Rahmenvertrag zur Vertiefung der Wirtschaftsbeziehungen, den Helmut Schmidt und Leonid Breschnew Anfang Mai 1978 in Bonn unterzeichnet haben. Die Amerikaner sind gebrannte Kinder. Sie erinnern sich, daß der Sowjetstaat weder die zaristischen noch die Schulden des Zweiten Weltkrieges zurückgezahlt hat.

So alt wie das Problem ist – und Lenin war der erste, der hier eine Gefahr für den Sowjetstaat gesehen, aber sie in richtiger Einschätzung der Liberalität, die der freien Marktwirtschaft nun einmal eigen ist, unbekümmert angesprochen und mit der Metapher vom Strick sarkastisch verharmlost hat –, eine vernünftige Lösung ist dem Westen noch nicht eingefallen.

Soll Lenin mit seiner Prophezeiung recht behalten?

Vor allem einmal würde eine entsprechend restriktive Wirtschaftspolitik voraussetzen, daß alle Industriestaaten des Westens an einem Strang ziehen und miteinander einig sind, in den Ostblock hinfort nur noch Kuchen und Spielzeug zu liefern. Über die Annahme von Aufträgen anderer Art müßte zunächst zwischen allen jeweils daran interessierten westlichen Lieferländern verhandelt und über die zu stellenden politischen Bedingungen Einigkeit erzielt werden.

So lange dieses Ziel nicht erreicht ist – und es läßt sich kaum erreichen –, und so lange jeder Staat und jedes Unternehmen, ganz besonders in Perioden der Rezession, hart um jeden Auftrag ringen muß, so lange ist es unvermeidlich, daß für jeden Auftrag, den der eine aus politischen Gründen ablehnt, andere einspringen, die bereit sind, ihn zu übernehmen.

Allerdings – so weit es beim Handel um Vorleistungen, also Kredite geht, sollte es wenigstens möglich sein, daß der Westen sich untereinander abstimmt und äußerste Zurückhaltung vereinbart, so lange nicht mit der Sowjetunion über gewisse Grundsatzabkommen, wie etwa Rüstungsbegrenzung, Übereinstimmung besteht. Fred Charles Ikle, ehemals Direktor der amerikanischen Behörde für Rüstungsbegrenzung und Abrüstung, hat im Januar 1978 in Kiel nachdrücklich gesagt, »daß das Interesse am Überleben der Gesellschaft eigentlich das Interesse an kurzfristigen Exportgewinnen überwiegen sollte ... Aus welchem Grunde eigentlich«, fragte er, »sollen deutsche Steuerzahler die neuen auf ihre Städte gerichteten sowjetischen Raketen subventionieren?«

Auf der anderen Seite ist es ja nicht so, daß der Handel ausschließlich den östlichen Partnern zugute kommt. Abgesehen von Rohstoffen wie Erdgas und Erdölerzeugnissen (1976 noch 53,6 Prozent des gesamten Exports in die Bundesrepublik), Energie, die wir brauchen und die wir mit unseren Waren bezahlen, können auch dank der Ostaufträge so manche Arbeitsplätze besetzt bleiben. Nach einer Schätzung Wolff von Amerongens vor einigen Monaten dürfte sich deren Zahl zur Zeit auf ca. 200 000 belaufen. Eine andere Ziffer macht das noch deutlicher: Während im Jahr 1961 insgesamt 974 Lastzüge aus dem östlichen Ausland in die Bundesrepublik einfuhren, durchquerten, hat sich diese Zahl 1977 auf 50 300 vergrößert!

Auch bei der großen Weltwirtschaftskrise Ende der zwanziger Jahre konnten wir übrigens die großen Aufträge, die die Sowjetunion damals der deutschen Industrie erteilte, recht gut gebrauchen.

Und schließlich glaube ich nicht, soweit ich die Sowjets kenne, daß mit politischen Auflagen viel zu gewinnen wäre. Dann verzichten sie eher ganz darauf, sehen zu, die benötigten Dinge woanders zu bekommen oder stellen sie in eigener Regie her.

Schließlich und endlich: Der Handel mit dem Osten ist fast das einzige, was uns wirklich verbindet. Das beiderseitige Interesse am Handel, der Handel selbst sind nicht die schlechtesten Elemente der politischen Beziehungen. Ich habe es seinerzeit sehr begrüßt, daß Großprojekte wie Röhren gegen Energie zustande gekommen sind. Damit wurde der Anfang zu einer Art von Verbundwirtschaft gelegt, die sicherlich noch ausbaufähig ist.

Dank des Umstands, daß die Zusammenarbeit weiterläuft, nachdem die Anlagen abgenommen und bezahlt sind, haben sie einen anderen, einen solideren Charakter als ein Kompensationsgeschäft.

Natürlich müssen wir aufpassen, daß wir nicht – teils dieserhalb, teils außerdem – in Abhängigkeit geraten und uns plötzlich der Gas- oder auch der Elektrizitätshahn zugedreht wird. Aber wenn alles im Rahmen bleibt, dann sind ja auf beiden Seiten Fäden geknüpft, die – weil sie ein kleines Stück echtes Miteinander darstellen – auch das Nebeneinander erleichtern. Noch ein anderer Industriezweig mit seinen Deviseneinnahmen für die Weichwährungsländer – der beträchtliche Touristenstrom aus dem Westen in den Ostblock und vor allem in die Sowjetunion – gehört zu dieser Art Handel, dessen politische Aspekte nicht unterschätzt werden sollten.

Heute ist die Sowjetunion noch in mehr als einer Hinsicht ein Entwicklungsland – nicht nur was die ungehobenen Rohstoffe, die unerschlossenen, kaum besiedelten Räume, die mangelnde Qualität mancher angebotener Waren, die schwerfällige, das interne Verteilungssystem lähmende Bürokratie und den relativ bescheidenen Anteil am Welt-, am West- und am Deutschlandhandel anbelangt. Ein Markt unbegrenzter Möglichkeiten – immer vorausgesetzt, daß man ihn im Hinblick auf sein Streben, den Westhandel nur als eine Art Zwischenstation zur Autarkie zu betrachten, nicht nach marktwirtschaftlichen Kriterien des Westens betrachtet.

Die »NZZ« schließt ihren oben zitierten Artikel zum 60. Revolutionsjubiläum mit den Worten: »Die Sowjetunion – eine Weltwirtschaftsmacht? Gewiß, aber eine mit sehr spezifischen Profilen, die ihre gewaltigen Wirtschaftsprobleme dadurch ›löst‹, daß sie ihre Existenz negiert. Der Preis, den sie dafür bezahlt, zeigt sich im Lebensstandard der Bevölkerung und in der ausgeprägten wirtschaftlichen Leistungsschwäche.«

Die Situation, so wie sie sich heute darstellt, wird sich nach meiner Überzeugung so bald auch nicht ändern. Das Verhältnis von Ost zu West wird auch im wirtschaftlichen Bereich von paradoxen Faktoren bestimmt sein, die der Westen nur beeinflussen könnte, wenn er mit *einer* Stimme spräche. Kooperation und Abgrenzung, Entspannung und Konfrontation, friedliche Koexistenz und imperialistische Machtpolitik, Liberalismus auf der einen, Gesinnungsterror auf der anderen Seite; nichts fügt sich ineinander, alles schließt sich gegenseitig aus. Und trotzdem: Es sind und bleiben die Faktoren, die neben der atomaren Abschreckung das Fundament des friedlichen Nebeneinander bilden. Nur der, der mag, kann sich mit dem Wort Talleyrands trösten: »Wer in der Politik nicht an Wunder glaubt, ist kein Realist.«

# Politik der Stärke?

Verhandlungen ohne die Möglichkeit – und die Bereitschaft, den Partner an einer schwachen Stelle packen zu können, sind keine Verhandlungen im eigentlichen Sinn des Wortes.

Man muß wissen, daß man ihm in manchen Bereichen überlegen ist, man muß den Willen haben, diese Überlegenheit auch auszunutzen und damit eine Ausgeglichenheit der beiderseitigen Positionen herzustellen, man muß in der Lage und bereit sein, gegebenenfalls »Nein« zu sagen, die Unterbrechung oder auch den Abbruch der Verhandlungen herbeizuführen oder hinzunehmen – und ihn auch zu verkraften. Das verstehe ich unter einer »Politik der Stärke«. Die Alternative dazu heißt: Kapitulation vor den Wünschen des Partners.

Die Bundesrepublik hatte sich in den ersten beiden Nachkriegsjahrzehnten wieder ein Potential schaffen können, das sie in den Stand setzte, mit der Sowjetunion aus einer Position der Stärke heraus zu verhandeln. Gewiß war das nicht die Stärke unserer Waffen und ebensowenig die Stärke des deutsch-amerikanischen Bündnisses, dessen bloße Existenz uns – Adenauer zufolge – die Wiedervereinigung bescheren sollte. So segensreich und so unverzichtbar dies Bündnis für uns war und bleibt, so ist es eben doch nur eine von den USA entliehene Stärke, lebenswichtig als Abschreckung, doch wertlos, sobald es darum ging, den Kreml zur Rückgabe von Kriegsbeute zu bewegen. Diese Politik der Stärke reduzierte sich auf »eine deklamatorische Wiedervereinigung, deren absolut gesetztes Ziel in krassem Mißverhältnis zur Fähigkeit stand, es zu realisieren«. Hier wedelte nur der Schwanz mit dem Hund – und niemand, Adenauer eingeschlossen, konnte hoffen, daß sich so hartgesottene Politiker wie die im Kreml davon beeindrucken ließen.

Ganz anders war die Ausgangslage, wenn die Bundesregierung

daranging, auf der Basis des territorialen Status quo die Beziehungen zur Sowjetunion vertraglich zu regeln. Ihre Stärke ergab sich – wie stets vor einem solchen Gang, wenn Verhandlungspartner ihre Kräfte messen – aus den schwachen Stellen der anderen Seite. Es war unsere wirtschaftspolitische Attraktivität, die Rückendeckung des Atlantikpakts, gewisse in diesem Fall einmal zu Buche schlagende Vorteile unserer Lage im Herzen Europas und vor allem die Gewißheit, daß der Verhandlungspartner, die Sowjetunion, kaum imstande war, die Durchsetzung seiner Hauptwünsche an uns zu erpressen oder zu erzwingen.

Es war in etwa die Position der Stärke, die George Kennan einmal mit den Worten umschrieben hat: »Mit den Russen kann man nur auskommen, wenn man nachgewiesen hat, daß man auch ohne sie auskommen kann.« In solcher Lage befand sich die Bundesregierung am Vorabend der Gespräche mit der Sowjetunion. Als sie sich dazu entschlossen hatte, den Gang zu wagen, wußte sie, daß sie in jedem Fall mit der Forderung nach Grenzanerkennung und dem Verzicht auf Gebiete, auf Selbstbestimmung, auf Wiedervereinigung konfrontiert, der Gang nach Moskau also ein Opfergang werden würde. Es kam darauf an, diese Opfer so gering wie nur möglich zu halten und auch um die, die unvermeidlich schienen, unter Zusammenfassung aller Kräfte und unter taktischer Ausnützung der uns vertrauten Bedeutung, die einem solchen Vertrag in den Augen des Kreml zukam, zu kämpfen. Die Kenntnis der mutmaßlichen sowjetischen Forderungen verlangte selbstredend auch eine präzise Vorstellung der eigenen Gegenforderungen beziehungsweise des Preises, den man für die Erfüllung sowjetischer Anliegen jeweils erwarten durfte.

Mit anderen Worten: Die Mitwirkung der Bundesrepublik Deutschland an dem Ziel, einer zur Supermacht aufgestiegenen Sowjetunion die Übernahme globaler Aufgaben zu erleichtern und zu ermöglichen, fordert ebenso ihren Preis wie der Versuch, die Folgen eines selbstprovozierten und verlorenen Krieges zu liquidieren. Beides miteinander zu verbinden und in einen Vertrag einzuschmelzen – das war die Aufgabe, die in Moskau zu lösen war. Die Sowjetunion wußte das, wie wir noch sehen werden, sehr genau und hatte sich darauf eingestellt. Aber – wußte es auch die Bundesregierung?

Ist dieser Preis jemals mit derjenigen Präzision, die dem Vorhaben angemessen gewesen wäre, ermittelt worden? Waren sich die verantwortlichen Politiker in Bonn bewußt, worauf sie sich einließen?

Schätzten sie die Lage richtig ein und waren sie entschlossen, nur das zu tun, was sich mit ihrem besten Wissen und Gewissen als Sachwalter aller Deutschen vereinbaren ließ?

Auch wenn manches bereits im »Moskauer Tagebuch« angesprochen oder berichtet worden ist – ein kurzer Blick zurück:

Wenn man in Jalta davon ausgegangen war, daß das Ende des Krieges mit dem – endgültigen – Ende des Deutschen Reiches zusammenfallen werde (und Frankreich dessen fiktiven Fortbestand als Rechtsnachfolger nur noch insoweit zulassen wollte, wie es sich um die Bezahlung der Schulden des Rechtsvorgängers handelte), hatte die Entwicklung doch einen ganz anderen Verlauf genommen. Stalin hatte seine Auffassung geändert und trat in Potsdam für die Erhaltung Deutschlands (abzüglich der von der Sowjetunion geraubten und der polnisch verwalteten Gebiete) ein. Auch alle drei Westmächte hielten, zumal nachdem die Bundesrepublik als Provisorium aus der Taufe gehoben war, daran fest, daß sie, die Bundesrepublik, allein legitimiert sei, für das deutsche Volk in seiner Gesamtheit zu sprechen. Das änderte sich erst, als ab 1969 die »Sozialliberale Koalition« in Bonn damit begann, die »Neue Ostpolitik« zu praktizieren.

Adenauer hatte anläßlich seines Besuchs in Moskau, wie sein Schreiben an Ministerpräsident Bulganin vom 13. September 1955 ergibt, kein Jota vom damaligen Rechtsstandpunkt der Bundesregierung aufgegeben. Selbst wenn er gewollt hätte, hätte er es sich übrigens schon im Hinblick auf den dann zu erwartenden Proteststurm aus den Reihen der SPD-Opposition gar nicht leisten können ... Diese einvernehmliche Position wurde zwar im Laufe der Jahre von Eisenhower über Kennedy, Johnson bis Nixon mehr und mehr »unmerklich« relativiert, aber noch das Kommuniqué der Brüsseler Ministertagung des Nordatlantikrates vom November 1968 beklagt, daß die »Sowjetunion ... der Annäherung und schließlich der Wiedervereinigung der beiden Teile Deutschlands neue Hindernisse in den Weg« lege. Es schließt mit den Worten: »Ihre (dem Atlantikpakt angehörenden) Regierungen erkennen die ›DDR‹ nicht an und weisen alle Ansinnen zurück, die die Verewigung der Teilung Deutschlands gegen den Willen des deutschen Volkes zur Folge haben würden.«

Diese Passagen bezogen sich nicht zuletzt auch auf den vom Kabinett Erhard–Schröder am 26. März 1966 in Gang gesetzten vertraulichen Notenwechsel zwischen Bonn und Moskau über den Gewaltverzicht. Am 12. Juli 1968 wurde er vom Kreml überraschend und entgegen den Vereinbarungen publiziert, brüsk abgebrochen und damit beerdigt.

Brandt sagte zur »Beisetzung«: »Ich bedaure sehr, daß statt einer ruhigen und sachlichen Diskussion der Probleme weite Abschnitte des sowjetischen Memorandums in einem polemischen Ton gehalten sind und Angriffe gegen die Bundesregierung enthalten, deren Unbegründetheit sich allein schon aus den ... vorliegenden Dokumenten ergibt.«

Etwa zur gleichen Zeit, als das oben zitierte Nato-Kommuniqué publiziert wurde, schlug ich dem sowjetischen Außenminister Gespräche mit dem Ziel vor, entgegen dem Prinzip des »Alles oder Nichts« die Aussichten und die Bereiche eines deutsch-sowjetischen Vertrages zu testen, der, soweit eben möglich, einen Schlußstrich unter die Vergangenheit ziehen solle. Trotz Deutschland-Vertrag nebst den aus ihm resultierenden Wiedervereinigungs-Verpflichtungen der Westmächte, trotz Nato-Kommuniqué und der Gewißheit, daß der Großen Koalition mit den Mitteln der Erpressung schwerlich beizukommen sein werde, stimmte der Kreml zu. Die Position, in der sich die Bundesregierung befand, als im Dezember 1968 die Aufnahme von Sondierungsgesprächen für den Januar 1969 vereinbart wurde, war so schlecht also nicht.

Die Regierung Kiesinger–Brandt aber, auf deren Weisung ich mit Gromyko verhandelt hatte, ließ die Termine verstreichen. Mündlich und schriftlich erinnerte ich Bonn daran. Ende April 1969 schrieb ich aus Moskau an Staatssekretär Duckwitz: »Was ich bedauere, ist der Umstand, daß meinen Gesprächen mit Gromyko im Dezember v. J. und mit Semjonow im Januar d. J. kein Fortgang gegeben wurde. Sie wissen, daß ich mit Gromyko bestimmte ... Vereinbarungen getroffen habe ... und daß Semjonow mich Anfang Januar interessiert gefragt hat, wann die Gespräche denn nun aufgenommen würden. Seitdem hat es in Moskau kein Gespräch mehr gegeben. Mein Vorschlag, gerade den Gewaltverzicht trotz der Berlin-Krise (Wahl des Bundespräsidenten) weiter zu behandeln, ist unbeantwortet geblieben, ebenso meine Vorschläge über den Inhalt des Papiers, das als Grundlage hätte dienen sollen ... Selbst wenn man vor den Wahlen kaum nennenswerte Resultate erwarten darf, sollte man – und eben das schien mir auch die Auffassung des Bundeskanzlers zu sein – die locker geknüpften Fäden nicht wieder abreißen lassen.«

Duckwitz entgegnete am 12. Mai: »Sie haben recht – es liegen Themen auf dem Tisch, die mit den Sowjets besprochen werden könnten ... Wir haben seit geraumer Zeit die Absicht, Sie mit der Weiterführung des Dialogs ... zu betrauen ... Nur konnte mit dem Bundeskanzleramt keine Einigung über einen Gegenentwurf einer Gewaltverzichtserklärung erzielt werden.«

Wenige Tage darauf bat ich Duckwitz, mir möglichst rasch eine Gesprächsunterlage mit Kossygin zu übermitteln. Ein Moskauer Mittelsmann hätte Andeutungen gemacht, daß Kossygin mich wohl bald empfangen würde und hätte mich gefragt, ob ich die Absicht hätte, über das Übliche einer solchen Vorstellung hinaus auch ein politisches Gespräch zu führen? Ich hätte die Frage bejaht.

Aber der Wahlkampf verhinderte, den uns von den Sowjets zugeworfenen Ball aufzunehmen und das Spiel endlich zu beginnen. Aufmunternder Spritzen von unserer Seite bedurfte es jedenfalls nicht, um den Kreml verhandlungsbereit zu stimmen. Aber gerade die hielt Außenminister Willy Brandt für nötig. Anfang Mai 1969 spitzte man im Kreml die Ohren, als er in einer Rede in Hamburg gewisse Termini technici der Sowjets übernahm und von den »realen Gegebenheiten« in Europa sprach. Er unterschied auch zwischen der »Anerkennung der Existenz der DDR« und der »völkerrechtlichen Anerkennung der DDR«. Alles Formeln, über die zu reden gewesen wäre, sobald man – gut vor der Öffentlichkeit abgeschirmt – am runden Tisch mit den Sowjets beisammensaß, aber doch nicht vorher!

Ähnliches gilt für die Erklärung der FDP zur Ostpolitik anläßlich ihres 20. Parteitages Ende Juni 1969 in Nürnberg.

Die Herstellung von Beziehungen zwischen der Bundesrepublik Deutschland und der DDR dürfte – meinte sie – nicht »an bedeutungslosen Formeln scheitern«. Auch eine »europäische Friedensordnung, deren Dauerhaftigkeit durch den Interessenausgleich zwischen allen europäischen Völkern garantiert werden muß, darf nicht an territorialen Fragen scheitern.«

Diese Erklärung übersah, daß es zwischen einem Gesellschaftssystem, wie es der Marxismus-Leninismus verkörpert, und Demokratien westlich-bürgerlicher Prägung einen dauerhaften Interessenausgleich nur geben kann, wenn der Sozialismus Moskauer Prägung auf seine imperialistischen Pläne der Welthegemonie verzichtet.

Die Substanz dieses Elaborats und vor allem auch das höchst bemerkenswerte Geschenk an die Sowjetunion, daß eine dauerhafte europäische Friedensordnung nicht an »territorialen Fragen« (wie etwa der Spaltung Deutschlands?) scheitern dürfte, kam gerade recht, um den auf die Gespräche mit der Bundesregierung wartenden Kreml erkennen zu lassen: Die Zeit ist reif. Die einhellige Front, mit der die Bundesrepublik von der CSU bis zur SPD die Anerkennung der neuen Grenzen bisher verweigert hatte, war in voller Auflösung.

Freilich: Die Rede Brandts und das FDP-Programm »Praktische Politik für Deutschland« dürften keineswegs die ersten Signale dieser Art gewesen sein, die den Kreml erreichten: Sehr bald nach dem Karlsbader Treffen von 24 kommunistischen Parteien im April 1967, von dem sich die Sowjetunion die Summe aller ihrer Forderungen gegen die Bundesrepublik noch einmal bestätigen ließ, kam es in Rom und München zu den geheimen Treffen zwischen führenden Mitgliedern der SPD, unter anderem auch Bahr, und der KP Italiens, unter anderem auch Berlinguer.

Es dürfte sich darum gehandelt haben, den Kreml durch den Mund seiner italienischen Freunde davon zu überzeugen, daß es sich bei der neuen von Brandt konzipierten Ostpolitik nicht etwa um einen Aufguß der alten sterilen Ostpolitik Adenauerscher Prägung handele, wie die Sowjetunion ihr vorwarf. Sollte die SPD in Bonn die Regierung übernehmen, werde sie insoweit keine theoretischen, sondern konstruktiv-realisierbare Pläne vorlegen. Es war ein Versuch, das traditionell-abgrundtiefe Mißtrauen der Kommunisten gegen die von ihnen schon seit Ende des vergangenen Jahrhunderts so diskreditierten sozialdemokratischen »Arbeiterverräter« zu überspielen und den Ruf Brandts und Wehners als »blindwütige Antikommunisten« – nach dem Buche »Rapallo und die Friedliche Koexistenz« eines DDR-Verlages nur darauf aus, »Adenauer rechts zu überholen« – glaubwürdig zu korrigieren.

Die italienische KP-Zeitung »L'Unità« hing indessen das Treffen an die große Glocke, und die Regierung Brandt mußte es nach einer Anfrage der Opposition bestätigen. Laut Antwort des Ministers Ehmke habe es sich nicht um »Verhandlungen«, sondern nur um »Fragen der Sicherheit und Zusammenarbeit in Europa« gehandelt. Die Opposition gab sich mit dieser läppischen Antwort zufrieden. Den wirklichen Inhalt der Gespräche hat die Bundesregierung ebensowenig enthüllt, wie sie über die Geheimbesprechungen und Kontakte Auskunft gegeben hat, die laut Mitteilung des sowjetischen Vizeaußenministers Wladimir Semjonow (siehe »Moskauer Tagebuch«) in der Bonner Sowjetbotschaft – parallel mit den von mir mit Gromyko geführten Gesprächen – im Dezember 1968 stattgefunden haben. Bundeskanzler Kiesinger war nicht verborgen geblieben, daß hinter seinem Rücken konspiriert wurde, aber er wünschte das ohnehin sehr angespannte Koalitionsklima nicht weiter zu verschlechtern und verzichtete daher auf eine Aufklärung.

Natürlich wußte der Kreml längst, daß jede der vier Parteien des Bundestages und selbst die drei Parteien der Großen Koalition in bezug auf eine künftige Ostpolitik höchst unterschiedliche Vorstellungen besaßen. Die Sowjets mußten auch erkennen, daß der SPD-Vorsitzende Willy Brandt, der in den Besprechungen mit der italienischen KP die Kooperation mit den Kommunisten testen ließ und Anfang Mai 1969 von den verschiedenen Möglichkeiten einer Anerkennung der DDR sprach, offenbar eine ganz andere Person war als der Außenminister Willy Brandt, der Ende Mai eine amtliche Warnung an die Welt richtete, wonach »die Bundesregierung die Anerkennung der DDR als unfreundlichen Akt betrachten« werde.

Anfang Juli 1969 schlug die Bundesregierung die »Fortsetzung des Dialogs BRD–UdSSR« über einen Gewaltverzicht vor, und Gromyko erwiderte in einer Rede vor dem Obersten Sowjet am 10. Juli, seine Regierung sei bereit, »den Meinungsaustausch mit der BRD über den Gewaltverzicht bis zum Abschluß eines entsprechenden Abkommens fortzusetzen sowie einen Meinungsaustausch über andere Fragen der sowjetisch-westdeutschen Beziehungen zu führen und entsprechende Kontakte herzustellen«.

Nach dem sich daran anschließenden Moskau-Besuch einer FDP-Delegation unter Walter Scheel im Juli kam im August 1969 eine SPD-Delegation unter Helmut Schmidt (siehe »Moskauer Tagebuch«). Bei diesem Anlaß äußerte Gromyko, beide Seiten müßten nunmehr »mit dem Tunnelbau beginnen«. Die Sowjets, davon schien auch Schmidt überzeugt, wünschten dringend das politische Gespräch mit Bonn. »Es wäre«, so sagte er mit Recht, »ein schwerer Fehler, auf diese Gesprächsbereitschaft nicht einzugehen.«

Am 12. September stimmte Moskau erneut der Aufnahme von Gesprächen zu, obwohl zu diesem Zeitpunkt noch niemand den bevorstehenden »Machtwechsel« in Bonn voraussehen konnte. Trotz aller Polemik der sowjetischen Massenmedien gegen die Große Koalition bestand also kein Zweifel, daß Moskau 1969 so gut wie 1968 bereit war, eine Bundesregierung auch unter der Führung der CDU als Gesprächs- und Verhandlungspartner zu akzeptieren – und zwar ohne alle Vorleistungen von deutscher Seite! Aber anstatt nun endlich in die Sondierungsgespräche einzutreten und dabei, wie ich es vorgeschlagen und wie Gromyko es akzeptiert hatte, alle Probleme Punkt für Punkt zu erörtern und dabei diejenigen zunächst auszuklammern, die – for the time beeing – unlösbar scheinen, verhinderten die durch den Wahlkampf potenzierten Koalitionsquerelen jede aktive Politik. Die Chance, mit der Großen Koalition, einem CDU-Bundeskanzler und einem SPD-Außenminister, endlich deutsch-sowjetische Gespräche zu führen, wurde vertan.

Wenn der frühere parlamentarische Staatssekretär im Auswärtigen Amt, Karl Moersch, in seinen Erinnerungen »Kurs-Revision« schreibt, die Sowjetunion hätte im Sommer 1968 das Interesse an Gesprächen mit Bonn verloren und sich erst zwei Wochen vor der Bundestagswahl 1969 erneut gesprächsbereit gezeigt, so ist das nicht richtig. Seit der Erklärung Gromykos mir gegenüber im Dezember 1968 wartete er auf einen entsprechenden Terminvorschlag aus Bonn. Der aber kam anstatt im Januar erst im Dezember 1969.

# Verhandlungen aus einer Position der Schwäche

Kurz darauf kam es zu einer neuen Lage, als CDU/CSU nach den Bundestagswahlen aus der Regierung ausschieden und die SPD zusammen mit den Freien Demokraten die Sozialliberale Koalition bildete. In ihrer Regierungserklärung vom 28. Oktober fand sich höchst überraschend bereits die Anerkennung der sowjetischen Theorie von der Existenz zweier deutscher Staaten. Am 28. Oktober war die DDR lediglich von fünf arabischen, zehn kommunistischen Staaten und von Kambodscha anerkannt. Willy Brandt und seine Regierungserklärung brachten das Kunststück zuwege, der Bundesrepublik Deutschland dieses gegenüber der Sowjetunion und der Welt unersetzliche Verhandlungsobjekt – die Forderung nach der Anerkennung – aus der Hand zu schlagen. Gromyko hatte ihn mit der ständigen Wiederholung der in diesem Zusammenhang völlig falschen These: »Es ist kein Zugeständnis, wenn man etwas aufgibt, was man nicht hat« überlistet. Dabei widersprach er sich im Grunde selbst, als er einmal sagte: »Die Grenzfrage wurde in Potsdam definitiv entschieden. Sie könnte im Friedensvertrag nur bestätigt werden. Wer anders denkt, der lebt eben in den Wolken.«

Anstatt gründlich darüber nachzudenken, weshalb die Sowjetunion so brennend an einer verbrieften Anerkennung von Grenzen interessiert war, die ohnehin längst »endgültig« sind, »verspielte« Brandt – in Umkehrung seines eigenen Wortes –, was eben noch *nicht* »hergegeben« war.

Sein Vorgänger, Kurt Georg Kiesinger, sagte in seiner Replik am 29. Oktober: »Ich brauche nicht darauf hinzuweisen ... daß uns diese Rede von zwei deutschen Staaten nicht das mindeste einbringt, weder an Wirklichkeitsfeststellung noch an Besserung unserer Beziehungen zur Welt – zur östlichen wie zur westlichen –, noch an Besserung unserer Beziehungen zum anderen Teil Deutschlands.«

Man muß allerdings hinzufügen, daß der Kreml von diesem Geschenk weniger überrascht war als die deutsche Öffentlichkeit. Der Kreml hatte bereits aufmerksam notiert, daß der Vorgänger Brandts, Kurt Georg Kiesinger, in seiner Regierungserklärung vom 13. Dezember 1966 die DDR nicht mehr als »Zone«, auch nicht als Staat, sondern als »Gebilde« und am 29. Juni 1967 im Bundestag als »Phänomen« bezeichnet hatte. In Moskau zog man aus dieser »Begriffsakrobatik« (Baron von Guttenberg) den – voreiligen – Schluß, daß die Regierungsparteien CDU/CSU und SPD offenbar auf dem richtigen Wege, nämlich einer Anerkennung dieses »Gebildes« oder »Phänomens« seien.

Nicht weniger aufmerksam nahm man in Moskau die Vorgänge um die Zulassung der 1956 verbotenen KPD zur Kenntnis. Gewohnt, nichts ohne äquivalente Gegenleistung aus der Hand zu geben, überraschte es die Führung, daß Außenminister Willy Brandt den westdeutschen, nach dem Verbot in die DDR übersiedelten KP-Führern die Rückkehr in die Bundesrepublik und die Neuzulassung der Partei in Aussicht stellte, falls diese ihren Namen ein wenig modifiziere. Fortan hieß sie denn ja auch DKP. In Moskau hatte man einen ähnlichen Schritt wohl erwartet, aber gleichzeitig vermutet, die Bundesregierung werde mit der sowjetischen Führung Kontakt aufnehmen und für die Genehmigung einer neuen kommunistischen Partei ihre Forderungen stellen. Da davon keine Rede war, sah man ein, daß es sich im einen wie im anderen Fall um entgeltlose deutsche Vorleistungen zur Verbesserung des Klimas handele.

Brandts Regierungserklärung, daß in Deutschland zwei deutsche Staaten existieren, war nun eine dritte Vorleistung, diesmal aber mit einem definitiven Charakter. Ganz im Gegensatz zu Kiesinger, der ebenso wie seine Fraktion die Politik der Anerkennung und den damit verbundenen Verzicht auf den gesamtdeutschen Vertretungsanspruch entschieden ablehnte, schlug Brandt nicht nur eine neue Gangart ein, sondern kündigte eine neue Strategie der Ostpolitik an. Wenn Kiesinger mit dem völkerrechtlich irrelevanten Begriff des »Gebildes« die unverbindliche Andeutung einer nach sowjetischer Auffassung realistischeren Ostpolitik hatte verquicken wollen, formulierte Brandt mit den zwei deutschen Staaten den »point of no return«. Danach konnte niemand mehr erwarten, daß die Sowjets für diese Aufwertung der DDR noch irgend etwas zahlen würden.

Boris Meißner meint in seiner grundlegenden Dokumentation »Moskau–Bonn«, ich hätte mit der Behauptung, hier sei die bedeutendste Konzession, die Deutschland überhaupt hätte machen können, verschenkt worden, doch die Zugeständnisse verkannt, die die Bundesrepublik für diese Aufwertung der DDR hätte verlangen können. Ich bin allerdings nach wie vor der Meinung, daß Brandt mit seiner Erklärung vor dem Bundestag eine Situation geschaffen hatte, die die sowjetische Bereitschaft zu Gegenleistungen auf ein Minimum reduzieren mußte.

Unmittelbar nach diesem Ereignis beauftragte mich die Bundesregierung, bei Gromyko um einen Termin für die Aufnahme der fast ein Jahr zuvor vereinbarten Gespräche zu bitten.

Wenn Hellmut Diwald in seiner »Geschichte der Deutschen« bemerkt, »den Anstoß zu diesen Direktverhandlungen hatte eindeutig Moskau gegeben«, so ist das – wie so vieles in diesem Buch – eindeutig falsch! Der Anstoß ging bekanntlich von der Großen Koalition in Bonn aus, die mich im Herbst angewiesen hatte, bei Gromyko über die Aufnahme von Gesprächen zu sondieren. Die durchaus positive Reaktion der Sowjetregierung fand aber aus Gründen, die in diesem Bericht ebenfalls dargelegt sind, zunächst kein Echo in Bonn. Es mußte erst eine Regierung ans Ruder kommen, die, wie die SPD/FDP-Koalition, das Vakuum in der Regelung unserer Beziehungen zur Sowjetunion deutlich sah und entschlossen war, die zwischen Gromyko und mir längst getroffenen Absprachen nun endlich in die Praxis umzusetzen und auch für ihre innerpolitischen Zwecke zu nutzen.

Die drei daraufhin mit dem sowjetischen Außenminister geführten Gespräche überzeugten mich, daß gegenüber den von ihm geäußerten Maximalforderungen nun auch die Bundesregierung eine unmißverständliche Sprache führen sollte. »Die Stunde der Wahrheit hat geschlagen«, sagte ich anschließend in Bonn zum Bundeskanzler. Wir sollten nun auch unsererseits unsere Forderungen auf den Tisch legen, die Reaktion darauf abwarten und erst dann weitere Entschlüsse fassen. Jedenfalls würden die Gespräche mit der Sowjetunion nur einen Sinn haben und die von beiden Seiten gewünschte Entspannung bewirken, wenn die Bundesregierung von vornherein über eines keinen Zweifel lasse: daß sie den Gang nach Moskau nicht etwa als zur Unterwerfung verpflichteter Büßer antreten, sondern als souveräner, gleichberechtigter Staat ausschließlich auf der Grundlage des »do ut des« verhandeln werde.

Als der Bundeskanzler an einem der letzten Dezembertage 1969 mich im nächtlichen Schneetreiben an das von seinem ungarischen

Hirtenhund bewachte Gittertor der Villa des Außenministers begleitete, hatte ich den festen Eindruck, daß er meine Auffassung von unserem weiteren Vorgehen voll teile.

Entgegen meinen Erwartungen und meiner Berichterstattung kamen aber er und seine Berater offenbar zu dem Schluß, ein solches Procedere koste viel zu viel Zeit und sei seitens des Besiegten dem Sieger gegenüber auch nicht opportun. Sie beauftragten den Vertrauten des Bundeskanzlers mit der Weiterführung der Gespräche. Als Geste ohne Zweifel ein geschickter Schachzug! Sie versah ihn aber auch mit ganz anderen Richtlinien, als wie ich sie erhalten hatte. Man mußte das jedenfalls aus Bahrs Verhandlungsführung schließen – denn niemand hat diese Richtlinien je zu Gesicht bekommen. Bahrs neue Taktik bestand im wesentlichen darin, den Sowjets bereits in der ersten Stunde der neuen Gesprächsrunde Gewißheit darüber zu verschaffen, daß die Bundesregierung nicht viel »sondieren«, sondern möglichst rasch einen Vertrag schließen wolle und daher zu beträchtlichen Konzessionen bereit sei. Damit war schon in den ersten Tagen eine Übereinstimmung im grundsätzlichen erzielt worden, die nunmehr auch die Taktik der Sowjets und den weiteren Verlauf der Gespräche bestimmte. Die Mission Bahrs wurde damit ohne Zweifel beschleunigt, denn sie enthob die Sowjets der Mühe, ihrerseits Konzessionen aus der Schublade zu ziehen oder weiter darüber nachzudenken. Auf der anderen Seite brachte sie Bundeskanzler und Bundesaußenminister nach seiner Rückkehr in nicht geringe innenpolitische Schwierigkeiten.

»Der Ausgleich mit dem Osten« – so kommentierte, wie schon erwähnt, Willy Brandt im Frühjahr 1970 die Moskauer Gespräche seines Vertrauten Egon Bahr – »geht unser Volk in seiner Gesamtheit an.« Dieser Erkenntnis hat er in seiner Regierungserklärung nicht Rechnung getragen, denn als er die Öffentlichkeit mit der Anerkennung der sowjetischen Zweistaatentheorie überraschte, sprach er nur knapp für die Hälfte der Deutschen! Selbst Egon Bahr hatte sich, wie er mir im Februar 1970 sagte, gegen die Aufnahme dieses Satzes ausgesprochen.

Herbert Wehner, offenbar nur interessiert daran, möglichst schnell zu einem Vertrag zu kommen, gab sich mit seinem wiederholten Hinweis: »Wir brauchen die Opposition nicht« große Mühe, das deutsche Verhandlungspotential empfindlich zu schwächen – nicht viel anders, als er es später bei den deutsch-tschechischen Verhandlungen getan hat. Zum Verhandlungspotential einer Seite gehört nicht nur die Summe ihrer sachlichen Argumente, sondern – bei einem parlamentarischen Staatswesen – auch die Kraft, über die sie verfügt, um Ansprüche des Gegners abzuwehren. Diese Kraft formiert sich aus Regierung und Opposition, wobei der letzteren die Aufgabe zufällt, der Regierung Flankenschutz zu geben und ihr Verhandlungsprocedere in ständig wachsamer Kontrolle zu halten. Nirgendwo als bei einer solchen Gelegenheit sind beide so eng aufeinander angewiesen wie bei internationalen Verhandlungen. Egon Bahr lieferte übrigens dafür den Beweis, als er Gromyko davon überzeugte, das Beharren auf seiner Forderung nach völkerrechtlicher Anerkennung der DDR führe zu nichts. Die hierfür erforderliche Zweidrittelmehrheit des Parlaments setze die Zustimmung der Opposition voraus und diese sei keinesfalls zu erreichen.

Voraussetzung, daß dies Zusammenspiel funktioniert, ist freilich die Einsicht *beider* Seiten, daß es um »das Volk in seiner Gesamtheit« geht und innerpolitische Parteiquerelen zu schweigen haben. Die Entschlossenheit der Koalition, den mutmaßlichen Erfolg der Gespräche mit dem großen Nachbarn auch als Wahlschlager bei den bevorstehenden und vor allem für den kleineren der beiden Regierungspartner risikoreichen Landtags- und Bundestagswahlen zu verwenden und dabei mit niemanden zu teilen, verhinderte es leider, dem Kreml das Bild eines der Sowjetunion gegenüber geschlossenen und einigen Bundestages entgegenzustellen. Der Mißbrauch ihrer Machtstellung rächte sich schwer. Die Bundesregierung war in eine Falle geraten, die sie sich selbst gelegt hatte: Auf der einen Seite hatte sie das persönliche Engagement des sowjetischen Außenministers als Haupt-Gesprächspartner des Staatssekretärs Bahr ebenso zu honorieren wie die Konzessionen, zu denen sich Bahr als Emissär und engster Vertrauter des deutschen Regierungschefs verstanden hatte. Andererseits stand sie vor der Notwendigkeit, die Opposition und die Öffentlichkeit vorzubereiten, ohne die mit den Sowjets vereinbarte Vertraulichkeit zu verletzen. Zu welchem Behufe war Bahr nach Moskau entsandt worden? Welche Richtlinien waren ihm mitgegeben worden, und wer hatte sie ausgearbeitet? War er autorisiert, gegenüber den Sowjets Erklärungen abzugeben, die diese als verbindlich ansehen mußten? War er nur autorisiert, die Überlegungen des Kreml zu einem Abkommen zu sondieren, oder auch berechtigt, Vertragsentwürfe zu diskutieren und gemeinsam mit Gromyko unterschriftsreif zu machen? Hatte man in den zuständigen Bonner Gremien überhaupt Erwägungen darüber angestellt, welche Forderungen Moskau gegenüber erhoben werden müßten, welche die Priorität einer Conditio sine qua non genießen, welche zur ersten Kategorie gehören und welche ebenfalls bei diesem Anlaß zur Sprache zu bringen seien?

Noch vor Beginn der Gespräche wurde Ende November 1969 dem Bundespräsidenten Dr. Heinemann von einem nach Bonn ad hoc entsandten sowjetischen Funktionär bedeutet, Moskau wolle den Katalog der zu behandelnden Probleme nicht unnötig einengen. Auch über Dinge, die nur am Rande der deutsch-sowjetischen Beziehungen lägen, lasse sich gegebenenfalls sprechen. Ob es die Absicht dieses interessanten Besuches war, die von der Bundesregierung erwarteten unbequemen Gegenforderungen durch Hinweise auf denkbare Konzessionen aufzufangen, die dem Kreml leichter fielen, bleibe dahingestellt.

Daß der Bundespräsident diese und auch andere ihm von dritter Seite zugetragenen Anregungen weitergegeben hat, dürfte außer Zweifel stehen. Aber was geschah dann? In Moskau sind sie jedenfalls nicht aufs Tapet gekommen!

Nach offizieller Verlautbarung hatte Bahr nur Sondierungsgespräche zu führen und sie möglichst nicht scheitern zu lassen. Von den Vertragsexperten der Ämter entworfene, schriftlich fixierte und vom Kabinett gebilligte Richtlinien hatte er, wie bereits erwähnt, offensichtlich überhaupt nicht erhalten – ein Umstand, der in der Geschichte der Diplomatie ziemlich selten sein dürfte und ein Schlaglicht auf die Vorbereitungen wirft, die der Betrauung Bahrs in Bonn vorangingen.

Die nach jedem Treffen mit Gromyko angefertigten Gesprächsprotokolle, deren Kenntnis für die Urteilsfindung unerläßlich gewesen wäre, kennt die Opposition wohl bis heute nicht, beziehungsweise nur in den von Bahr ausgewählten Auszügen, die er dem CDU-Abgeordneten Dr. Birrenbach kurz vor der Ratifizierungsdebatte vorgelesen hat. Wenn es zutrifft, daß er, wie er später erklärt hat, diese Protokolle selbst nie gesehen, geschweige denn gelesen hätte, kann das die Auswahl der für die Opposition bestimmten Passagen keinesfalls erleichtert haben. Nun war er aus Moskau wieder zurück, und man fand – auch im Kabinett, und dort nicht zuletzt vom Verteidigungsminister Helmut Schmidt! –, daß die von ihm gemachten Konzessionen den Umfang seines Sondierungsauftrages weit überschritten hätten. Das Mißtrauen der Opposition wuchs, als sie durch Textveröffentlichungen (in »Bild« und »Quick« am 12. Juni und 1. Juli, möglicherweise von der DDR lanciert) vom Inhalt der Abmachungen erfuhr.

Die Informationspolitik der Regierung wurde immer undurchsichtiger. Sie hatte nun den Entwurf eines Vertrages in der Hand, der nichts anderes war als das Resultat des bisherigen Meinungsaustausches und sie zu nichts verpflichtete – weder zu dessen Fortsetzung, geschweige denn zu Verhandlungen. Bahr hatte zwar – in eindeutiger Überschreitung seiner Kompetenzen – am 22. Mai vor der Presse in Moskau erklärt, da alle vorzuklärenden Fragen nunmehr bereinigt seien, könnten beide Seiten vom Stadium des Meinungsaustauschs in das von Verhandlungen eintreten. Scheel korrigierte ihn am gleichen Tage mit der Bemerkung, daß beide Regierungen jetzt die Ergebnisse der Moskauer Gespräche daraufhin überprüfen würden, ob sie eine tragbare Grundlage für konkrete Verhandlungen böten.

Gromyko war noch vorsichtiger und verabschiedete Bahr mit den Worten: »Unser Meinungsaustausch muß weitergehen, auch wenn Sie jetzt abreisen. Sie müssen mit noch größerem Realismus als bisher an die Lage und an die Texte herangehen. Wir haben sehr viel Geduld.« Bahr schließlich bestätigte im Fernsehen am 5. Juni, sein Auftrag hätte sich auf Sondierungsgespräche beschränkt und »die Regierungen seien völlig frei in ihrer Entscheidung, ob sie darauf basierend Verhandlungen eröffnen wollen«.

Kurz darauf, am 12. Juni, hob Breschnew in einer Wahlrede hervor: »Diesen Meinungsaustausch betrachten wir als nützlich und sind von unserer Seite bereit, die Verhandlungen fortzusetzen und sie zum positiven Ende zu bringen.«

Man war sich also in Moskau wie in Bonn über die Interpretation des bisher Geschehenen ausnahmsweise völlig einig und hatte jede erwünschte Zeit, die weitere Marschroute zu diskutieren und festzulegen. In Bonn aber fand man, daß die Zeit dränge. Man wollte die Ernte rechtzeitig in der Scheuer haben, bevor die Parteikämpfe um die Bundestagswahl begannen. Ich fand ebenfalls, daß die Zeit dränge, und wenn ich – laut Karl Moersch – Ende Mai nach Bonn gedrahtet habe, der Außenminister möge nun bald kommen und das Eisen schmieden, solange es warm sei, dann ist dies sicherlich zutreffend. Allerdings lag mir nicht daran, schleunigst einen Vertrag abzuschließen, sondern zu verhindern, daß sich im Wege des Liegenlassens die Bahrschen Absprachen dank der »normativen Kraft des Faktischen« etwa zu einem »Fait accompli« entwickeln – worauf Bahr hinsteuerte – und ihre Prüfung durch das Kabinett und die Sachverständigen der zuständigen Ministerien damit eingeschränkt würde.

Daß die Dinge ganz anders kommen und das Kabinett eines Tages diese Absprachen mit einigen Abänderungen als Vertragstext akzeptieren würde, das konnte ich damals noch nicht ahnen. Wie ich darüber dachte, hätte Karl Moersch unschwer meiner Berichterstattung im März entnehmen können, wenn es ihm um eine faire Darstellung der Ereignisse gegangen wäre.

Die »Welt« hat am 10. April 1972 einen Artikel »Frühzeitige Warnung Allardts an die Bundesregierung« publiziert, in dem auch die nachstehenden Passagen eines meiner Telegramme abgedruckt sind. Ich hätte telegrafiert, daß »die Sowjetregierung größten Wert auf erfolgreichen Abschluß unserer Gespräche lege. Eine wirkliche Verständigung zwischen der Sowjetunion« – so hätte mein dem Zentralkomitee der KPdSU nahestehender Gesprächspartner ausgeführt – »lasse sich nur bei uneingeschränkter und definitiver Anerkennung und Achtung aller Grenzen, insbesondere der DDR-Grenze, erzielen«. Ich entgegnete, eine solche Forderung auf definitive Achtung der Grenzen hieße doch wohl unter anderem, der Sowjetregierung das permanente Recht einzuräumen, die Bundesrepublik Deutschland des Vertragsbruches jeweils dann zu beschuldigen, wenn sich jemand bei uns erlaube, vom unveräußerlichen Recht der Deutschen auf Selbstbestimmung und Wiedervereinigung zu sprechen.

Mein Gesprächspartner hätte – so fahre das Telegramm fort – bemerkt, eine solche Regelung würde in der Tat den begreiflichen Sicherheitsbedürfnissen der Sowjetunion entsprechen. Übrigens komme es bei derlei Appellen auf die Größenordnung an. Nicht jeder werde in Moskau wichtig genommen. »Wenn es aber etwa der ›Springer-Konzern‹ auch noch nach Abschluß eines solchen Vertrages als seine Aufgabe ansehe, die Deutschen für eine völlig illusionäre Wiedervereinigung zu begeistern und damit gegen die Sowjets aufzuhetzen, ohne dann durch die Bundesregierung daran gehindert zu werden, ließe sich dies natürlich nicht als vertragskonform bezeichnen.«

Ich hätte also, kommentiert die »Welt«, klar erkannt, daß die Sowjets mit Hilfe dieses Vertrages ihren Mitbestimmungsanspruch in den inneren Angelegenheiten der Bundesrepublik entscheidend verstärken wollten, und zwar mit der Unterschrift der freigewählten deutschen Regierung.

Mag ein Drahtbericht von mir nun so oder ähnlich formuliert gewesen sein – daß ich dies und auch noch manches andere erkannt hatte, zeigte sich wenig später in meinem von Außenminister Scheel verfügten Ausschluß aus der Delegation, die im Juli unter seiner Leitung die Verhandlungen mit der Sowjetführung aufnahm. Es war übrigens der gleiche Außenminister, dem ich im März alle meine Sorgen und Bedenken über den Verlauf der Gromyko-Bahr-Gespräche vorgetragen und der darauf entgegnet hatte, nach Abschluß dieser Sondierungsetappe werde das Resultat im Kabinett und den zuständigen Gremien ausführlich diskutiert werden. Ich würde dazu nach Bonn zitiert und hätte dann Gelegenheit, meine Ansichten und Vorstellungen »mit der gebotenen Deutlichkeit« vorzutragen. Aber – als es dann so weit war, wurde auch dies von ihm unterbunden. Meinungsäußerungen Dritter zu diesem Thema wurden mehr und mehr als inopportun empfunden. Dies aber öffentlich einzugestehen, war allein deshalb schwierig, weil Bahr ja angeblich nur zum Sondieren, nicht aber zum Verhandeln nach Moskau entsandt worden war, also eigentlich gar keinen Vertragsentwurf mitgebracht haben *konnte.*

So verfiel man darauf, vor der Öffentlichkeit und der Opposition die eigene Meinung zu verleugnen und die Bahrsche Mission vollends zu bagatellisieren. Dies wiederum stieß in Moskau auf Unverständnis und Kritik.

In Moskau hörte man erstmalig in der deutschen Presse von der Zwickmühle, in die sich die Bundesregierung hineinmanövriert hatte. Sie durfte Bahr – und mit ihm auch Gromyko – nicht desavouieren, um das bisher Erreichte nicht zu gefährden, sie durfte aber auch nicht – noch nicht – der Opposition zeigen, daß Bahr nicht nur Sondierungs-, sondern offensichtlich Verhandlungsvollmacht erhalten hatte. So kam es zu den – im »Moskauer Tagebuch« geschilderten – diversen widersprüchlichen Verlegenheitsäußerungen der maßgebenden Politiker über den Wert oder Unwert der von Bahr mitgebrachten Gesprächsdokumentation. Der Kreml mußte daraus den Schluß ziehen, daß die Bundesregierung die zeitraubenden Bemühungen des sowjetischen Außenministers um einen Ausgleich mit der Bundesrepublik Deutschland offensichtlich gar nicht so recht zu schätzen wisse. War das die Quittung dafür, daß der Außenminister der Weltmacht Sowjetunion die Gespräche mit einem Staatssekretär der Bundesregierung selbst geleitet hatte, anstatt einen seiner Mitarbeiter damit zu beauftragen? Die Folge war, daß Gromyko und die gesamte sowjetische Führung sich – zu Recht – brüskiert fühlten. Gleichzeitig aber erkannten sie, daß sich eben diese Brüskierung sowjetischen Prestiges trefflich für ihre Zwecke ausbeuten lasse.

Nachdem durch Beschluß des Bundeskabinetts vom 23. Juli der Bundesaußenminister beauftragt worden war, mit der Sowjetunion Verhandlungen aufzunehmen, und zwar in dem Rahmen, der »durch den Auftrag des Grundgesetzes zur Wahrung der Einheit der deutschen Nation, die Rechte und Verantwortlichkeiten der drei Mächte für Deutschland als Ganzes und Berlin durch die internationalen Verpflichtungen der Bundesrepublik Deutschland« gezogen sei, nahmen sie übel und weigerten sich zunächst, über das mit Bahr Vereinbarte überhaupt noch mit sich reden zu lassen.

»Was denn, wollen wir vielleicht wieder von vorn anfangen? So etwas ist bei uns nicht üblich!« bemerkte Gromyko strenge, mit der sittlichen Entrüstung eines Klassenlehrers, dessen Zöglinge Anstalten machen, aufsässig zu werden. Denn nun war dank der geschilderten »Öffentlichkeits«-Arbeit der Bundesregierung eine ganz neue Lage eingetreten, die den Kreml geradezu verpflichtete, sie seinen Interessen nutzbar zu machen. Auf originelle Art ließ er wissen, wie er die Lage und den Besuch Walter Scheels beurteile: Die amtliche sowjetische Meldung vom 26. Juli über die bevorstehende Ankunft des Bundesaußenministers enthielt den Passus, er beabsichtige, bis zum 31. Juli zu bleiben. Wenn er es wünsche, werde man gern in diesen Tagen eine Reise nach Leningrad arrangieren ...

Scheel hatte bei seiner Anmeldung keinerlei Abreisedatum angegeben, da er gar nicht übersehen konnte, wie lange die Verhandlungen dauern würden. Er verstand die Meldung so, wie sie gemeint war und fühlte sich nun seinerseits mit Recht brüskiert. Gromyko, darauf angesprochen, daß besagte und von ihm inszenierte »TASS«-Meldung die Öffentlichkeit über Sinn und Zweck von des deutschen Außenministers Aufenthalt bewußt falsch informiere und daß damit von Anfang an ein Schatten auf seine Anwesenheit und die Verhandlungen geworfen sei, spielte den Überraschten. Keine Ahnung, wer dieses Datum in die Meldung gesetzt haben könnte ... »Vielleicht kommt sie überhaupt aus der BRD«, meinte er.

Und so geschah es, daß die von Bahr in Moskau gemachten Notizen der »aneinandergereihten Punkte« im Verlaufe der Sommermonate 1970 unversehens und ohne jegliche Verhandlung auf diplomatischem Wege zu einem Vertragsentwurf wurden, »dessen Substanz«, wie Gromyko sagte, »nicht mehr verändert werden kann«. »Jeder Vorschlag«, bemerkte er am 29. Juli, »der die gefundenen Formulierungen in Frage stellt, schafft eine neue Lage und macht damit eine Vereinbarung unmöglich.« Und: »Worauf es jetzt ankommt, ist, aus den vorhandenen Texten Dokumente zu machen.« Nichts wäre einfacher und notwendiger gewesen, als ihn darauf aufmerksam zu machen, daß ein – nach Breschnews, Kossygins und nach seinen eigenen Worten – unverbindlicher Meinungsaustausch weder verbindliche Formulierungen noch verbindliche Texte schaffe. Aber die Bundesregierung schluckte auch dies.

Die Verhandlungen begannen also am 27. Juli und ließen rasch erkennen, daß die oben zitierten sowjetischen Warnungen kein Versuchsballon, sondern sehr ernstgemeint waren. Gromyko machte sofort klar, daß jede Änderung des Bahr-Papiers zu einer »Prestigefrage« würde. Auf weiteres sowjetisches Entgegenkommen sei nicht mehr zu rechnen. Es befremde ihn, daß auf deutscher Seite noch Unklarheiten darüber beständen. Er werde auf nichts eingehen, was die Substanz der mit Bahr vereinbarten Texte verändere. Noch deutlicher konnte gar nicht zugegeben werden, daß die sowjetische Seite diese Texte als das Optimum des Erreichbaren betrachtete und daher alles tun werde, um jedwede Modifizierung zu verhindern.

Als Bahr bei einem solchen Anlaß einwarf, daß das Ergebnis ihres Meinungsaustauschs schließlich nicht wie der Inhalt der Bibel sei, meinte Gromyko: »Die Bibel wurde auch nicht ratifiziert«, was Bahr zu der ebenso schlagfertigen wie treffenden Replik veranlaßte: »Eben deshalb verdienen seit 2000 Jahren auch viele ihr Geld mit ihrer Auslegung!«

Selbst Versuche, über bestimmte Formeln eine bestimmte Interpretation zu vereinbaren, stießen auf Gromykos Widerstand. »Es gibt auch keine vereinbarte Interpretation der UNO-Satzung, und zwar deshalb, weil diejenigen, die sie versuchen würden, sich die Beine brechen würden. Aber trotzdem – sie wird angewandt.«

Walter Scheel gelang es schließlich, die Ratifizierung des Vertrages in Zusammenhang mit einer noch auszuhandelnden Berlin-Regelung zu bringen und damit ein entscheidendes Manko der Bahr-Gromyko-Absprachen, in denen von Berlin überhaupt nicht die Rede war, auszugleichen.

Zu den Hauptereignissen dieser Tage zählte außerdem das wohlkalkulierte Getue, mit dem der Kreml in Botschaften an die Westmächte des 25. Jahrestags des sogenannten Potsdamer Abkommens gedachte. Es hätte Anlaß sein können, die nach Moskau gekommenen Bonner Oststrategen ein wenig zum Nachdenken anzuregen. Was hatte die Potsdamer Konferenz der »Großen Drei« mit der Zweistaatentheorie zu tun? Churchill schreibt über den Beginn der ersten Deutschland-Unterhaltung in Potsdam: »Was«, fragte ich, »ist unter Deutschland zu verstehen?« »Was seit dem Krieg daraus geworden ist«, antwortete Stalin. »Das Deutschland von 1937«, sagte Truman. »Schließlich einigten wir uns auf das Deutschland von 1937 als Ausgangspunkt. Damit legten wir das Problem vorläufig zu den Akten.«

Und eben da blieb es auch! Man vereinbarte, endgültige Grenzregelungen den Friedensverträgen mit einer für Gesamtdeutschland verantwortlichen Regierung vorzubehalten, inzwischen jedoch den Sowjets den Nordteil Ostpreußens mit Königsberg, den Polen aber – »provisorisch«, wie von dem britischen Außenminister Bevin und seinem amerikanischen Kollegen Byrnes später noch mehrfach betont wurde – Ostdeutschland bis zur Oder-Neiße-Linie »zur Verwaltung« zu übergeben, nachdem sich die Sowjets für die westliche Neiße entschieden hatten.

Ferner einigte man sich darauf, die in Polen, der CSSR und Ungarn ansässigen Deutschen »ordnungsgemäß und human« in das von den vier Besatzungsmächten verwaltete Rest-Deutschland umzusiedeln. Wie diese ordnungsgemäß und humane Umsiedlung in Wirklichkeit vonstatten gegangen ist und welche Hekatomben unschuldiger Opfer – fast drei Millionen – sie gefordert hat, dafür haben sich die »Großen Drei« dann nicht weiter interessiert. Es wurde auch entschieden, das übrige Deutschland als »wirtschaftliche Einheit« zu behandeln und »zentrale Verwaltungsstellen« einzurichten. Von einer Teilung war keine Rede.

Selbst das im Staatsverlag der DDR 1973 erschienene Buch »Sowjetische Außenpolitik und europäische Sicherheit« schreibt über Potsdam: »Die Beschlüsse der Potsdamer Konferenz beruhten auf dem Gedanken ... dem deutschen Volk das Recht auf Selbstbestimmung zur Gewährleistung einer friedlichen demokratischen Entwicklung zuzuerkennen ...«

Das hinderte den sowjetischen Ministerpräsidenten Kossygin freilich nicht, in seinen Botschaften vom 2. August 1970 hervorzuheben: »Die Hauptprinzipien von Potsdam bilden auch heute das Fundament der friedlichen Nachkriegsregelung in Europa. Ihre Verwirklichung in unseren Tagen bedeutet, daß die Unerschütterlichkeit der heutigen europäischen Grenzen ... anerkannt werden.« Nichts davon ist in Potsdam diskutiert worden, aber leider hat auch keiner der drei Adressaten oder die Bundesregierung sich veranlaßt gesehen, die verblüffende Vergeßlichkeit Kossygins nachdrücklich zu korrigieren.

Wer auf der Suche nach Proben dafür ist, mit welcher »Chuzpe« die sowjetische Führung Fakten nach Gutdünken – und in der leider zumeist berechtigten Erwartung, daß sich die Partner im Westen schon wegen ihrer Uneinigkeit zu keiner Korrektur aufraffen werden – manipuliert, verfälscht, ins Gegenteil verdreht, sobald sie nicht mehr ins Konzept passen – hier ist ein Musterbeispiel. Es machte übrigens bald Schule, denn schon beim nächsten Parteitag der SED im Juni 1971 wurde die Formel von der »Unerschütterlichkeit« nachgeplappert, und aus dem Munde des DDR-Außenministers Oskar Fischer hat die UNO-Vollversammlung im Oktober 1976 sogar vernommen, daß »das Volk der DDR sich in freier Selbstbestimmung für immer für den Sozialismus und die Zugehörigkeit zu den Staaten der sozialistischen Gemeinschaft entschieden« habe. Niemand ist aufgestanden und hat diesen Witzbold ermahnt, sich wenigstens vor der UNO der Wahrheit zu befleißigen.

Abgesehen davon, daß Grenzregelungen in Potsdam weder diskutiert, geschweige denn entschieden, sondern ausdrücklich der Friedensregelung mit einer gesamtdeutschen Regierung vorbehalten wurden, sollte mit dem Wort »Unerschütterlichkeit der heutigen europäischen Grenzen« entgegen dem »Modus vivendi« des Moskauer Vertrages bewußt die Endgültigkeit der Zwischenregelung unterstrichen werden. Anlaß genug, sollte man meinen, deutscherseits die Verhandlungen kurz zu unterbrechen und eine Erläuterung dieser Geschichtsklitterung zu erbitten. Man hätte sich dabei des Rates erinnern können, den der USA früherer Außenminister, Dean Acheson, Brandt kurz zuvor in der »New York Times« gegeben hatte: »To cool off his mad race to Moscou.«

Der kluge Acheson hatte freilich die Bundestagswahlen nicht einkalkuliert und auch übersehen, daß es der SPD in den 25 Jahren der Weimarer Republik nur ein einziges Mal gelungen war, die parlamentarische Mehrheit zu erlangen und damit die erste und einzige Koalitionsregierung unter ihrer Führung zu bilden. Was Wunder also, daß ihr daran lag, keine Möglichkeit auszulassen, allein oder mit der Koalitionshilfe anderer Parteien die Macht wiederzugewinnen und sie nach einer Legislaturperiode nicht gleich wieder zu verlieren. Schließlich ist auch zu berücksichtigen, daß eine parlamentarische Legislaturperiode von vier Jahren bei weitem zu kurz ist, um im Bereich der Außenpolitik dauerhafte Leistungen zustande zu bringen – vor allem, wenn man bedenkt, daß mindestens die letzten anderthalb von diesen vier Jahren, vom Wahlkampf absorbiert, der

Außenpolitik verlorengehen. Um so unerläßlicher aber ist es, »die Bereiche Außen- und Innenpolitik zu trennen und im Denken wie Handeln auch getrennt zu halten« (Dolf Sternberger), das heißt also, Außenpolitik zwischen Regierung und Opposition gemeinsam zu erarbeiten, so schwierig dies im Einzelfall sein mag. Dann allerdings muß die Regierungsmehrheit auch darauf verzichten, sich durch Alleingänge und allerlei unseriöse Propaganda billige parlamentarische Vorteile zu verschaffen.

# Die Rechte und Verantwortlichkeiten der vier Mächte

Ein anderes Beispiel, das die Methoden der Sowjetdiplomatie verdeutlicht:

Anläßlich der Verhandlungen des Bundesaußenministers in Moskau kam auch die Rede auf die »Rechte und Verantwortlichkeiten der vier Mächte betreffend Deutschland als jganzes« – eine Formel, die wohl erstmalig im Londoner Drei-Mächte-Abkommen von 1944 und später bei dem Potsdamer Abkommen, in Verträgen der Sowjetunion mit der DDR, im Deutschland-Vertrag verwendet und schließlich zu einem festen Terminus technicus wurde, der besagte: Alles was mit Deutschland geschieht, ist ein Provisorium, das der noch ausstehende Friedensvertrag zu überprüfen haben wird!

Gromyko unterbrach seinen Kollegen Walter Scheel und korrigierte: Es gehe nicht um »die Rechte«, sondern um »die Frage der Rechte«. Sie seien weder Gegenstand der Verhandlungen noch Gegenstand des Vertrages mit der Bundesrepublik. Während der Diskussion darüber, die allein deshalb notwendig war, weil die drei westlichen Alliierten als Träger der Rechte und Verantwortlichkeiten ja formell vom Vertrag unterrichtet werden mußten, fiel auf, daß Gromyko beharrlich nur von der »Frage der Rechte« sprach und zudem die »Verantwortlichkeiten« ebensowenig erwähnte wie deren Objekt, nämlich »Deutschland als Ganzes«. Es kam ihm offensichtlich darauf an, klarzustellen, daß die Formel »Deutschland als Ganzes« nicht mehr in die reale Politik passe, so daß auch »die Rechte und Verantwortlichkeiten« fragwürdig geworden seien. Die Sowjetführung könne sich jedenfalls darauf nicht mehr festlegen lassen.

Obwohl seine Hartnäckigkeit die deutsche Seite verblüffte, bestätigte er im Grunde nur eine alte Praxis sowjetischer Politik, an die die »FAZ« in einem bemerkenswerten Artikel vom 2. Februar 1973

»Deutschland – noch ein Rechtsbegriff?« erinnert hat. Die Formel »Deutschland als Ganzes« war nämlich bereits seit geraumer Zeit aus den Texten sowjetischer Verträge und Verlautbarungen verschwunden, wenn auch gelegentlich noch von einer Viermächteverantwortung gesprochen wurde. Im Briefwechsel zum deutsch-deutschen Grundvertrag wird erwähnt, daß die Rechte und Verantwortlichkeiten der vier Mächte ... durch diesen Vertrag nicht berührt werden können. Unterschlagen wird allerdings, worauf sich diese Rechte beziehen – nämlich auf »Deutschland als Ganzes und Berlin«. Die Bundesregierung hat auf diese Klarstellung ebenso verzichtet, wie sie im August 1970 bei der Diskussion mit Gromyko darauf verzichtet hat, auf eine Interpretation seiner verbalen Intransigenz zu dringen und gegebenenfalls eine Denkpause der Verhandlungen anzuregen. Denn eines ist sicher: Eine völkerrechtliche Anerkennung der DDR durch die Bundesrepublik wird (wie Jens Hacker in der »FAZ« hervorhebt) durch den Fortbestand dieser Rechte und Verantwortlichkeiten der vier Mächte unmöglich gemacht.

Gromyko indessen wollte mit seiner »Frage der Rechte« eben diese Rechte in Frage stellen, um damit der Anerkennung der DDR die letzten Schwierigkeiten aus dem Weg zu räumen. Die Bereitschaft der Bundesregierung, auf die Verankerung des Selbstbestimmungsrechts der Deutschen im Moskauer Vertrage zu verzichten, erleichterte ihm diesen Trick.

Am 26. November 1975 sagte Professor Carstens, damals Fraktionschef der CDU/CSU, dazu im Bundestag: »Ich muß Sie daran erinnern, Herr Kollege Brandt, daß es Ihr damaliger Beauftragter Bahr war, der im Mai 1970 in Moskau ein Papier mit dem sowjetischen Außenminister Gromyko vereinbarte, das sogenannte Bahr-Gromyko-Papier, in dem mit Ihrer Zustimmung, Herr Kollege Brandt, Forderungen der sowjetischen Politik uns gegenüber vollständig oder teilweise erfüllt wurden, und daß in diesem Papier das Wort ›menschliche Erleichterungen‹, das Wort ›Familienzusammenführung‹, das Wort ›Selbstbestimmungsrecht des deutschen Volkes‹ oder ›Einheit der deutschen Nation‹, ja, daß in diesem Papier das Wort ›Berlin‹ nicht vorkommt. Wo hat es jemals einen leichtfertigeren Umgang mit den Lebensinteressen unseres Volkes gegeben als damals im Mai 1970?«

Statt dessen hatte die Bundesregierung die neue Definition Gromykos übernommen. In der Note vom 7. August 1970, mit der sie die drei Westmächte über den bevorstehenden Abschluß des Gewaltverzichtsvertrages unterrichtet, hebt sie hervor, daß »die Frage der Rechte der vier Mächte« in den Verhandlungen nicht erörtert worden sei und »die Frage der Rechte von dem Vertrag nicht berührt« werde.

An diesem Beispiel wird eine Taktik der Sowjets deutlich, die stets wiederkehrt, sobald es sich darum handelt, unbequem gewordene Realitäten zu relativieren. In denselben Zusammenhang gehört eine andere Geschichte: Als Gromyko im Oktober 1970 (kurz vor den hessischen Landtagswahlen) seinen Kollegen Scheel in Kronberg besuchte und die beiden Delegationen die allgemeine Lage erörterten, bemerkte der deutsche Außenminister: »Wir müssen übrigens auch noch ein Wort über Berlin reden.« Gromyko korrigierte höflich: »Sie meinen sicherlich West-Berlin?!« Anschließend belehrte er seinen Gastgeber, daß die Bundesregierung für dieses Thema nicht zuständig sei und daher ein Gespräch darüber – etwa noch im Zusammenhang mit der geplanten KSZE – der Entspannung nicht dienlich sein würde. Es wurde aber dann doch, wenn auch nur kurz, darüber gesprochen.

Bei den Verhandlungen über das Viermächteabkommen versuchte die Sowjetunion, die Kompetenzen der drei Westmächte auf West-Berlin zu beschränken. Während die drei Westmächte von der »Stadt Berlin« und den »West-Sektoren« sprachen, verwandte die sowjetische Delegation ausschließlich das Wort »Berlin (West)«. Im Teil I des Abkommens umgeht man fragwürdig die Differenz und spricht nur von dem »betreffenden Gebiet«, in Teil II dagegen von den »West-Sektoren Berlin«. Spricht man dagegen in der Sowjetunion oder der DDR von Ost-Berlin, wird das »Ost« unterschlagen und es heißt nur schlicht »Berlin«. Schließt die Bundesregierung mit anderen Staaten Verträge ab, wird meistens die sowjetische Formel Berlin (West) übernommen. Ein Spiel mit Worten – aber eines aus tiefen Ursachen und mit folgenschweren Konsequenzen.

Solche Konsequenzen entstanden auch aus der Tatsache, daß es zwar einen amtlichen Text des Viermächteabkommens in Englisch, Französisch und Russisch, aber nicht in Deutsch gibt. Die westlichen Alliierten hatten zwar darauf bestanden, daß vor der Unterzeichnung zwischen den beiden deutschen Staaten ein verbindlicher deutscher Text ausgehandelt werde. Dies sei geschehen, wurde – am 3. September 1971 – den drei westlichen Botschaftern mitgeteilt. In dem von der Bundesregierung verbreiteten Text, der freilich keinen rechtsverbindlichen Charakter besitzt, wird dann auch das englische

Wort »ties« beziehungsweise das französische Wort »liens« mit »Bindungen« (zwischen Berlin und der Bundesrepublik) übersetzt. An anderer Stelle des Vertrages wird das entsprechende russische Wort »Svjazi«, das ebensogut als »Bindung« wie als »Verbindung« verstanden werden kann, auffälligerweise mit »Kommunikationen« übersetzt.

Nachdem sich die Bundesregierung und die DDR über das Wort »Bindungen« endlich geeinigt zu haben schienen, beruft sich die DDR nach wie vor auf die sowjetische, technisch-restriktive Interpretation und leugnet die Existenz der zwischen Berlin und der Bundesrepublik gewachsenen »Bindungen«.

Ähnliches gilt von der zwischen Willy Brandt und Leonid Breschnew 1971 vereinbarten Interpretation, nach der das Viermächteabkommen »in Berlin (West) strikt eingehalten und voll angewendet« werden soll. Wenn die östliche Seite den Berlin-Status erwähnt, spricht sie neuerdings meistens nur von der Pflicht zur »strikten Einhaltung«, verschluckt aber die Pflicht zur »vollen Anwendung«.

Anläßlich der Unterzeichnung des Abkommens sagte Willy Brandt: »Die Bedeutung des Abkommens liegt darin, daß es in Zukunft keine Berlin-Krisen mehr geben soll.« Natürlich hatte er völlig recht damit, aber er hatte die Rechnung ohne den Wirt gemacht, der sich noch stets vorbehalten hat, Krisen zu entfachen, wann und wo immer sie in sein politisches Konzept passen.

1953 und auch noch 1958 hatten die Sowjetunion und die DDR eine »Konföderation beider deutscher Staaten« (was immer man sich darunter vorstellen mochte) als Weg zur Wiedervereinigung bezeichnet. 1959 erkannte die Sowjetunion in einem Entwurf zu einem Friedensvertrag mit Deutschland »das Recht des deutschen Volkes auf Wiederherstellung der Einheit« ausdrücklich an. Noch 1966 wurde in der Bukarester Erklärung ein »Vereinigtes Deutschland« der Zukunft ausdrücklich apostrophiert.

1970 aber gelang es den angestrengten Bemühungen Scheels nicht einmal mehr, in der Präambel des neuen Abkommens einen eindeutigen Hinweis auf das Schreiben Adenauers an Bulganin vom 13. September 1955 »über die Aufnahme diplomatischer Beziehungen« unterzubringen. Der Grund? Der dritte Absatz dieses Schreibens lautet:

»Die Bundesregierung geht hierbei davon aus, daß die Herstellung und Entwicklung normaler Beziehungen zwischen der Bundesrepublik Deutschland und der Sowjetunion zur Lösung der ungeklärten Fragen, die das ganze Deutschland betreffen, beitragen wird und damit auch zur Lösung des gesamten nationalen Hauptproblems des deutschen Volkes – der Wiederherstellung der Einheit eines deutschen demokratischen Staates – verhelfen wird.«

Obwohl es sich um einen höchst offiziellen Brief der Bundesregierung handelt, dessen Gesamtinhalt die Grundlage der Beziehungen zwischen beiden Staaten – und damit auch die Basis der Vertragsverhandlungen – bildet, wehrte sich Gromyko gegen jegliche Erwähnung des Briefes und damit auch der in ihm angeführten Wiedervereinigung. Dieser Vorschlag sei, so bemerkte er beleidigt, unzumutbar und zog sich auf die wohl kalkulierte und inzwischen als äußerst wirksam erkannte Formel zurück: »Ich habe meinen Worten nichts mehr hinzuzufügen.«

Nachdem er so Wasser um Wasser in den Wein des deutschen Außenministers geschüttet hatte, kam es zum »Kompromiß«: Der Briefwechsel Bulganin–Adenauer fiel unter den Tisch und fand statt dessen als »Abschluß des Abkommens vom 13. September 1955 über die Aufnahme der diplomatischen Beziehungen« Eingang in die Präambel des neuen Vertrages.

Die Methoden beider Gegner, ihre Kräfte zu messen, waren grundverschieden. Abgesehen davon, daß sich der Kreml dank seiner Machtstellung ein weit robusteres Taktieren leisten und sich in der Grenzfrage des stillschweigenden Einverständnisses der Westmächte sicher sein konnte, hatte er das Konzept eines Ausgleichs mit der Bundesrepublik seit vielen Jahren konsequent erarbeitet, fixiert und seine ganze westpolitische Taktik darauf abgestellt. Wir – so kalkulierten sie etwa – brauchen die Anerkennung der Grenzen. Was wir dafür geben werden, wird sich herausstellen, sobald wir mit den Deutschen darüber verhandeln. Ihr gegenüber stand eine Bundesregierung, die – in ihrer Lage und angesichts der Verschiedenheit der Gewichte völlig begreiflich – als Konzept lediglich den dringenden Wunsch besaß, mit der Sowjetunion ähnlich ins reine zu kommen, wie Adenauer es mit den westlichen Siegern zuwege gebracht hatte. Die kleine Koalition Brandt–Scheel erkannte ihre – von der Großen Koalition nicht wahrgenommene – Chance, sich mit einem deutsch-sowjetischen Vertrag vor dem deutschen Volk zu profilieren, gleichzeitig den Bonner »Machtwechsel« zu konsolidieren und sie beeilte sich.

Sie beeilte sich nicht nur, weil Landtagswahlen vor der Tür standen, sondern auch weil sie das große Interesse der Sowjets an diesen

Verhandlungen weit unterschätzte. Anstatt die gute und starke Position, in der sie sich befand, durch ihre zur Schau getragene Eile systematisch zu schwächen, wäre es vermutlich wirksamer gewesen, sie hätte einmal, ein einziges Mal, ein wenig Courage gezeigt und auf Gromykos Weigerung, die Diskussion fortzusetzen, erklärt: »Nun gut! Da auch wir unter diesen Umständen nichts mehr hinzuzufügen haben, aber auch auf unser Anliegen nicht verzichten können, werden die Verhandlungen zunächst unterbrochen werden müssen.« Um sich dann, wie Adenauer 1955 in Moskau, ihr Flugzeug kommen zu lassen und die Sowjets vor die Alternative zu stellen...

Was hätte die Bundesregierung denn riskiert? Eine notwendige Denkpause, in deren Verlauf sich herausgestellt hätte, wer von den beiden Partnern besser pokern kann und wer sich als erster kompromißbereit zeigt. An dieser Frage jedenfalls – der Bezugnahme auf den Brief Adenauers – würde, das wußten die Sowjets so gut wie wir es hätten wissen müssen, der Vertrag nicht scheitern. Allerdings: Adenauer hätte sich gehütet, sich vor seiner Moskauer Reise durch gezielte, aber nicht hinreichend durchdachte Äußerungen festzulegen oder gar vor Augen und Ohren des sowjetischen Gesprächspartners sich selbst zum Erfolg zu verurteilen.

Wenn Bahr, wie oben zitiert, meinte, er hätte in Moskau eine »unentschlossene« Sowjetregierung angetroffen, die sich erst im März/April 1970 – durch ihn sozusagen in die Enge getrieben – dazu entschieden habe, das Konzept des Gewaltverzichts zu »probieren«, dann muß die »Neue Zürcher Zeitung« mit ihrer Bewertung völlig falsch liegen. Fred Luchsingers, des Herausgebers, Leitartikel »Breschnews Versuch mit Bonn« vom 14. Mai 1978 beginnt mit den Sätzen: »Als Breschnew 1973 seinen ersten Besuch in Bonn machte, kam er als Triumphator und als Propagandist seiner eigenen Vision. Er feierte den Erfolg seiner jahrzehntelang zäh betriebenen sowjetischen Westpolitik (den Bonn allerdings als Erfolg seiner eigenen ›Ostpolitik‹ ausgab) – nämlich die faktische Anerkennung der Zweistaatlichkeit Deutschlands.«

Am 6. August wurden die Verhandlungen abgeschlossen, »die Eliminierung des deutschen Geschwürs in Europa, des Wiedervereinigungsproblems« (die amerikanische Zeitschrift »Foreign Affairs«) war geglückt. Kossygin war von seinem Erfolg so ergriffen, daß er anläßlich der Unterzeichnung am 12. August zu Brandt sagte: »Wer gewinnt bei diesem Vertrag? Ich meine – die ganze Welt!« Kossygin hatte recht, ergriffen zu sein. Nicht nur der Vertrag erfüllte die meisten seiner Wünsche, er wurde überdies mit einer Schnelligkeit ausgehandelt, die sowohl hartgesottene Sowjetexperten wie auch die ganze dafür zuständige III. Europäische Abteilung des »MID« überraschte. Die sowjetischen Kollegen mußten in den Tagen der Gespräche mit Bahr täglich sehr zu ihrem Mißvergnügen bis tief in die Abendstunden arbeiten, um jeden gesprochenen Satz zu analysieren und die nächste Runde vorzubereiten, während – zu gleicher Zeit – den Rechtsexperten des Bonner Auswärtigen Amts die Botschafts- und die Bahrberichte aus Moskau vorenthalten wurden! Das Endergebnis fiel schließlich – im ganzen betrachtet – so aus, wie es sich die Sowjets nur wünschen konnten: Die Hauptkonzession – die De-facto-Anerkennung der DDR durch die Bundesregierung – hatten sie ohne jede Gegenleistung bereits kassiert: sie war in der Regierungserklärung Brandts enthalten. Was die übrigen Vertragsthemen betraf, so wußte der Kreml dank Presse, Fernsehen, Indiskretionen über die taktische Situation ihres Partners und seine Zielvorstellungen bestens Bescheid. Bei Verhandlungen zwischen einer Diktatur, die alle wichtigen Beschlüsse in kleinstem Kreise und unter strengster Geheimhaltung trifft, und einem parlamentarisch-demokratischen Regime, wie dem unsrigen, in dem selbst vertraulichste Dinge nur aus Versehen manchmal vertraulich bleiben, ist – noch einmal sei's gesagt – das letztere immer im Nachteil: Während wir über die Absichten des Gegners im dunkeln tappen, kann er seine Analysen und seine Entscheidungen an dem orientieren, was die Bonner Nachrichtenbörse auf den Markt bringt. Soweit dann noch den Sowjets 1970 Informationen fehlten, lieferten sie der Vertreter der DDR und der Sowjetunion im Bundeskanzleramt, Herr Guillaume und seine Kollegen und Kolleginnen in den Ämtern und Fraktionen. Der Kreml war also stets im Bilde, wann, wie und was seine deutschen Verhandlungspartner diskutierten und entschieden. Sie kannten bei Regierung und Opposition, bei Legislative und Exekutive die Kontroversen und Spannungen um das Pro und Contra der Vertragstexte wie der einzuschlagenden Taktik und nahmen sie als Grundlage für ihre eigenen Entschlüsse.

Wenn man einer in Mobil im Staate Alabama, USA, erscheinenden Zeitung glauben darf, unternahmen die Sowjets noch weit mehr, um stets »im Bilde« zu sein. Sie berichtet: »Eines Tages bestellte die deutsche Botschaft in Moskau eine neue Chiffrier- und Dechiffriermaschine in Bonn. Sie wurde in einer Kiste verpackt mit dem Flugzeug geliefert, aber als Angestellte der Botschaft sie abholen wollten, war sie nicht auffindbar. Sie warteten etwa 90 Minuten, und in dieser Zeit hatten Elektronikexperten des sowjetischen Geheimdienstes KGB den Inhalt der Kiste geortet, ihn begutachtet und dann mitsamt den amtlichen Siegeln so sorgfältig wieder verpackt, daß niemand auf den Gedanken kommen konnte, sie wäre geöffnet worden. Äußerst mißtrauisch hinsichtlich der sowjetischen Spionage-Methoden, weigerte sich Deutschlands Botschafter Dr. Helmut Allardt – über die Wartezeit unterrichtet –, die Kiste in Empfang zu nehmen und ließ sie ungeöffnet nach Bonn zurücktransportieren. Als man sie in Bonn öffnete und die Maschine untersuchte, stellte man fest, daß die Russen auf wahrhaft geniale Weise ein Miniaturmikrophon und einen Sender eingebaut hatten, der in der Lage war, jedwede Mitteilung zwischen Bonn und Moskau aufzufangen.«

»Begreiflicherweise«, so schließt der Artikel, »sind weder die Westdeutschen noch die Sowjets bereit, über diesen Vorfall zu diskutieren.«

Die taktischen Ungeschicklichkeiten der Bundesregierung schließlich verschafften dem Kreml auch nach der Rückkehr Bahrs aus Moskau noch die erforderlichen Argumente, um sich weiteren Verhandlungen mit Scheel zu versagen und die Bundesregierung zur Unterschrift zu veranlassen. Berücksichtigt man, daß täglich nur wenige Stunden verhandelt worden ist – und diese Stunden durch das Dolmetschen ja noch halbiert wurden –, dann ergibt sich, daß das Vorhaben zwischen der Sowjetunion und der Bundesrepublik Deutschland, ein – im eigentlichen Sinne des Wortes »weltbewegendes« – Abkommen über die Kriegsfolgen auszuhandeln, eine Angelegenheit weniger Tage war. Vom Beginn des Meinungsaustauschs am 30. Januar bis zur Paraphierung des Vertrages am 7. August 1970 hat es ingesamt 26 deutsch-sowjetische Besprechungen gegeben. Zum Vergleich: Der wichtige, wenn auch weit weniger bedeutsame Staatsvertrag zwischen Österreich und der Sowjetunion, der mit Molotow zum Teil in Wien, zum Teil in Moskau ausgehandelt worden ist, erforderte 289 Besprechungen! Was müssen die Unterhändler von SALT II oder des Nahost-Friedensvertrages doch für Stümper sein, daß sie Jahre benötigen, immer wieder Denkpausen einlegen, immer wieder ihre Regierungen konsultieren, um zu einem befriedigenden Kompromiß zu gelangen. Wir hatten Unterhändler zur Verfügung, die derlei Lappalien in wenigen Wochen erledigen!

Zieht man schließlich in Betracht, daß Bahr noch Mitte April 1970 in Washington die Frage des State Department, ob zwischen ihm und

Gromyko über konkrete Texte gesprochen werde, entschieden verneint hat und kaum anzunehmen ist, daß der Emissär des Bundeskanzlers unseren engsten Verbündeten bewußt anlügt, dann stellt sich die Frage: Wann eigentlich ist über diesen Schicksalsvertrag überhaupt verhandelt worden?

In dem bereits oben zitierten Werk »Sowjetische Außenpolitik und europäische Sicherheit« werden zwar die »vier Verhandlungsrunden« Bahr–Gromyko beschrieben, von der Reise Scheels heißt es aber nur, es wurden noch »die letzten Details abgestimmt«. Selbst eine solche Haupt- und Staatsaktion wie die Frage, wer wo diesen historischen Akt unterzeichnen soll, wurde in Minuten entschieden. Brandt schreibt in seinen Erinnerungen, er sei im Urlaub in Norwegen gewesen und hätte gar nicht die Absicht gehabt, selbst nach Moskau zu kommen. Aber dann habe ihn Scheel – »angeregt von Gesprächen mit sowjetischen Partnern« – angerufen und ihm vorgeschlagen, selbst zu unterzeichnen!

Dieses Gespräch fand am 6. August statt. Am 7. August flog Scheel nach Bonn zurück, und schon am 11. erschien er wieder in Begleitung des Bundeskanzlers in Moskau. In den drei Tagen zwischen Abreise und Rückkehr mußte das Kabinett also noch den von Scheel mitgebrachten und paraphierten Vertrag studieren, seinen Vortrag über seine Besprechungen und Erlebnisse zur Kenntnis nehmen und den Bundeskanzler ermächtigen, den Vertrag zu unterzeichnen. Die Deutschen hatten vor der permanenten Einschüchterung durch Gromyko – »ich habe meinen Worten nichts mehr hinzuzufügen« – resigniert und kapituliert. Das verblüffte, ungläubige, schließlich bewegte Gesicht des sowjetischen Außenministers, als ich ihm mitteilte, der Bundeskanzler werde zur Unterzeichnung des Vertrages tatsächlich am 11. August in Moskau eintreffen, werde ich nicht vergessen.

Im »Handbuch der deutschen Außenpolitik« von H. P. Schwarz heißt es unter anderem: »Nachdem das Ergebnis der als ›Meinungsaustausch‹ bezeichneten Vorverhandlungen in Gestalt des ›Bahr-Papiers‹ vom Mai 1970 (dessen Existenz Bahr übrigens ableugnete, als er von der Opposition im Mai danach gefragt wurde), das mit dem ›Gromyko-Papier‹ vom März 1970 fast identisch war, vorlag, konnten die Experten des Auswärtigen Amtes während der offiziellen Verhandlungen unter Leitung von Außenminister Scheel ... nur geringfügige Verbesserungen vornehmen.«

Insgesamt stellt der Vertrag, wenn man die deutschen Vorleistungen bedenkt, zu denen auch die Unterzeichnung des Vertrages über die Nichtverbreitung von Kernwaffen am 28. November 1969 gehört, einen bemerkenswerten Erfolg der Sowjetdiplomatie dar. Mit den Grenzbestimmungen des Vertrages ist der Besitzstand der Sowjetunion, der 1955 von Adenauer nicht anerkannt worden war, abgesichert und der Status quo in Europa verfestigt worden. In den Verhandlungen ist den Vorstellungen der sowjetischen Außenpolitik, soweit sie Osteuropa, die DDR und die Europäische Sicherheitskonferenz betreffen, weit entgegengekommen worden. Außerdem ist durch das Vertragswerk die Ausgangslage der Sowjetunion für eine schrittweise Ausdehnung ihres Einflusses in Westeuropa wesentlich verbessert worden.

Ebenso sahen es auch unsere westlichen Alliierten. Herr Bahr aber – in jener von Günther Schmidt erarbeiteten Studie – überzeugt sie, wie er jedenfalls behauptet, vom Gegenteil:

»Es hat seitens der USA Zweifel gegeben, ob das, was die Bundesrepublik damals tat, wirklich genau überlegt war, ob es wirklich durchgedacht war... und wir haben gesagt, jawohl, es war durchdacht, es ist durchgedacht und es ist so, daß ich in der Lage war, im Herbst 1970 den Amerikanern zu sagen, na, was haben wir euch gesagt, und die Amerikaner haben gesagt, dies ist hervorragend.«

Von wem es so hervorragend durchdacht war, hat Bahr in dieser Aussage bescheiden für sich behalten. Vom Auswärtigen Amt, das eigentlich dafür zuständig war, jedenfalls nicht! Die im Fernsehen von seinem Chef, Walter Scheel, vertretene Version, nach der die Ostpolitik »selbstverständlich... das Auswärtige Amt gemacht hat, in allen Phasen, in jeder Einzelheit«, und daß die Delegation Egon Bahrs »aus lauter Sachverständigen des Auswärtigen Amtes« bestanden habe, diese Version muß auf Mißverständnissen beruhen.

Am Tage des Abflugs von Bahr nach Moskau am 30. Januar 1970 eröffnete Staatssekretär Ferdinand Duckwitz die übliche Abteilungsleiterbesprechung mit den Worten: »Ich höre aus dem Radio, daß Bahr nach Moskau geflogen ist. Weiß einer der Herren etwas davon?«

Entweder wußte nicht einmal Duckwitz etwas oder – was wahrscheinlicher ist – er stellte die Frage, um sich selbst und das Auswärtige Amt zu distanzieren. Ich hatte mit der Mitteilung über die bevorstehende Ankunft Bahrs in Moskau die Weisung erhalten, keinen Angehörigen der Botschaft davon zu unterrichten. Noch vor seiner Abreise wurden die beiden bis dahin hauptsächlich zuständigen Referenten, Dr. Dedo Freiherr von Schenck (Völkerrecht) und Dr. Alois Mertes (Europäische Sicherheit und Gewaltverzicht), völlig ausgeschaltet. Während Mertes (der spätere rheinland-pfälzische Staatssekretär und jetzige Bundestagsabgeordnete) definitiv ausgeschaltet blieb, »durfte« von Schenck (der spätere, allzufrüh verstorbene Ministerialdirektor und Völkerrechtsexperte) Bahrs Gesprächsergebnisse verfassungs- und völkerrechtlich erst bewerten, nachdem diese »Leitsätze« zwischen Bahr und Gromyko bereits vereinbart waren.

Die Botschaft Moskau erhielt die Weisung, daß alle sich auf diese Gespräche beziehenden Drahtberichte mit dem Vermerk »Für Bundeskanzler persönlich« oder »Nur für Bundesminister und Staatssekretär« zu versehen seien. Obwohl auch so adressierte Telegramme schon aus rein administrativ-technischen Gründen von sehr viel mehr Personen eingesehen und gelesen werden, gelang es der Spitze des Auswärtigen Amtes auf diese Weise, sie doch vor denjenigen fernzuhalten, die ex officio formell zuständig und sachlich kompetent waren, sie unter staats- und völkerrechtlichen oder sowjetkundlichen Gesichtspunkten zu bewerten und operativ zu bearbeiten. Die zuständigen Abteilungen und Beamten des Auswärtigen Amtes wurden erst beteiligt, nachdem man sich im Kanzleramt entschlossen hatte, die von Bahr im Mai aus Moskau mitgebrachten »Notizen« und »Punkte« als Vertragsentwurf zu akzeptieren. Als das Kabinett am 4. Juni über die Angelegenheit und das »Bahr-Papier« beriet, wußte eine Reihe von Kabinettsmitgliedern nicht einmal von der Existenz eines »Gromyko-Papiers«, obwohl es Bahr bereits im März übergeben worden war! In der Tageszeitung »Die Welt« durften sie es dann nachlesen.

Aber schon zu diesem Zeitpunkt war es wohl angesichts der Publizität, zu der sich die Affäre inzwischen ausgeweitet hatte, auch zu spät, den Versuch zu wesentlichen Änderungen zu unternehmen. Und wer – in dieser Regierung – hätte sie wohl durchsetzen sollen – oder auch nur wollen?!

Während hier also die Sachverständigen ausgeschaltet blieben, gab es andererseits auch manche Vorgänge von hoher politischer Relevanz, bei denen der Außenminister selbst ausgeschaltet wurde. Duckwitz betrachtete sich im Auswärtigen Amt als »Brückenkopf« des Bundeskanzlers und handelte danach, was nicht nur den leitenden Beamten, sondern auch mehr und mehr im Bundestag auffiel. Einen besonders peinlichen Beweis für die Unart, den Außenminister zu übergehen, lieferte der sogenannte »Gomulka-Brief«. In ihm versicherte der Bundeskanzler dem polnischen Parteichef, daß die Bundesrepublik die polnischen Nachkriegsgrenzen respektieren werde. Er war zwischen Brandt und Duckwitz abgesprochen und von letzterem anläßlich der Fortsetzung der Verhandlungen in Warschau Gomulka übergeben worden. Der Außenminister der Bundesrepublik erfuhr von diesem hochpolitischen Dokument nur dadurch, daß ein deutscher Journalist die Übergabe des Briefes zufällig beobachtete und das Ereignis in die Zeitung brachte. Walter Scheel – liebenswürdig, stets gut gelaunt, immer um Ausgleich bemüht, Eigenschaften, die ihm bereits als Präsident des sehr schwierig zu dirigierenden »comité de pays associès« der EWG zugute gekommen waren – ließ sich von dem Vorfall nicht beeindrucken. Der Inhalt des Briefes, so sagte er, entspräche ganz seinen eigenen mit dem Kanzler mehrfach diskutierten Ansichten.

Die Taktik des Kanzlers und seiner Berater, das Auswärtige Amt bei der Gestaltung der Ostpolitik als fünftes Rad am Wagen mitlaufen zu lassen, manifestierte sich übrigens bei den verschiedensten Anlässen.

Da hatte – im Mai 1971 – der Bundesminister des Äußeren alle im Osten akkreditierten Missionschefs zu einer Konferenz nach Bonn eingeladen. Tagesordnung: »Deutschlandpolitik des Gastlandes. Reaktion auf unsere Ostpolitik mit anschließender Diskussion.«

Eine ähnliche Zusammenkunft dieser Art hatte Bundeskanzler Kiesinger zuletzt im April 1968 nach Schloß Heimerzheim bei Bonn einberufen. Allen Beteiligten, den Fraktionschefs der Parteien, den Ministern und den zuständigen Beamten wurde so die erwünschte Gelegenheit gegeben, offen alle denkbaren Aspekte künftiger Ostpolitik durchzuspielen. Im Auswärtigen Amt war von alldem keine Rede!

Der von Scheel ausgesuchte neue Staatssekretär, Paul Frank, leitete die Besprechungen und brachte das Kunststück zuwege, den Moskauer Vertrag aus den Diskussionen auszuschließen. Nicht ein einziger der auf dem Programm stehenden und gehaltenen Vorträge befaßte sich denn auch mit der Materie. Warum nicht?

Kein Mensch und kein Gesetz hätten Kabinett oder Bundestag zwingen können, etwa vorgebrachte Bedenken oder Vorschläge der zuständigen Beamten zu akzeptieren oder auch nur zu diskutieren. Immerhin hätte es sich der Mühe gelohnt, die einschlägigen Beobachtungen und Erfahrungen, die unsere amtlichen Vertreter aus

Warschau, Prag, Budapest, Sofia und Belgrad mitbrachten, unter der sachkundigen Leitung der Zentrale miteinander auszutauschen. Dümmer wäre davon niemand geworden, zumal es sich bei diesen Botschaftern um die einzigen Experten der Bundesregierung handelte, die ihr Sachwissen »vor Ort« erworben hatten. Wenn sich der Staatssekretär des Auswärtigen Amtes trotzdem dazu hergab, eine solche vertrauliche Aussprache zu unterbinden, mußte er ja wohl seine Gründe dafür haben – Gründe, die selbst das Licht einer vertraulichen Diskussion zuständiger Beamter zu scheuen hatten.

Eine ähnliche Sinneshaltung zeigte sich, als das Viermächteabkommen über Berlin ausgehandelt wurde. Die Botschafter Frankreichs, Großbritanniens und der USA in Moskau wurden selbstverständlich von ihren Regierungen über den Gang der Dinge auf dem laufenden gehalten, der deutsche Botschafter dagegen mußte sich seine Informationen bei seinen ausländischen Kollegen holen. Angesichts der generellen Problematik eines solchen Vertrages, angesichts der Erkenntnis, daß die Sowjetunion bislang ihre »Berlin-Hebel« als eines der wichtigsten Instrumente ihrer West- und Deutschlandpolitik betrachtet und benutzt hatte, wäre auch die kleinste Information, die die Botschaft hätte beschaffen können, von Wert gewesen. Allein das von Breschnew immer wieder auch gegenüber Brandt hervorgehobene Interesse an möglichst rascher Inkraftsetzung des Vertrages hätte in Bonn eigentlich wiederum nachdenklich machen müssen. Man hätte auch allen Grund gehabt, darüber zu wachen, daß des Bundeskanzlers großes Wort vor der internationalen Pressekonferenz in Bonn am 14. August 1970, »man könnte... sagen, daß in Moskau ein Schlußstrich unter den Krieg gesetzt wurde«, nicht nur eine seiner vielen visionären Floskeln blieb, die die täglichen Ereignisse stets aufs neue dementieren.

Auch die Vorbereitung des »Historischen Treffens von Oreanda«, zu dem Breschnew Brandt vom 16. bis 18. September 1971 eingeladen hatte, lief am Auswärtigen Amt vorbei. Übrigens: Warum »Oreanda«? Warum nicht Jalta, der Ort, von dem Oreanda nur ein Teil war?

Vom 4. bis 11. Februar 1945 hatten die »Großen Drei«, Churchill, Roosevelt, Stalin, auf dem Sommersitz der alten wie der roten Zaren in Jalta über die Zukunft diskutiert. Ihre grundsätzliche Einigkeit schien weder vorher, geschweige denn nachher so perfekt wie in Jalta. Sie scherzten miteinander, und der Spaßvogel Stalin sagte in einem unwidersprochen akzeptierten Trinkspruch: »In einem

Bündnis Verbundene sollten sich nicht hintergehen. Vielleicht ist das naiv. Da ich aber ein naiver Mensch bin, halte ich es für das Beste, meinen Verbündeten nicht zu hintergehen. Auch wenn er ein Dummkopf ist!« Ob er jemand speziell dabei im Auge hatte, verschwieg er. »Ich sprach mit Stalin freundschaftlich über den Krieg«, schreibt Churchill in seinen Memoiren; man überlegte, ob man das besiegte Deutschland nun entsprechend Roosevelt und Stalin in fünf oder, wie Churchill befürwortete, in drei Stücke mit Österreich–Bayern als Einheit zerschlagen solle, und Roosevelt genierte sich nicht einmal, hinter dem Rücken Churchills Stalin Hongkong anzubieten.

Stalin hatte längst begriffen, daß er in diesem Kreise die alleinige Entscheidungsgewalt besaß und sich als den eigentlichen Sieger des Zweiten Weltkrieges betrachten durfte. Sein Gegenspieler Franklin Roosevelt – die Macht Großbritanniens, repräsentiert durch Winston Churchill, war viel zu schwach, um in dieser Runde noch wirksam mitzuzählen – war schwerkrank und ohne Interesse und Fähigkeit, die Fülle der Probleme im ganzen, geschweige denn im Detail zu übersehen und zu begreifen. Gleiches galt für seinen engsten politischen Berater, den Selfmademan Harry Hopkins. Überdies besaß Roosevelt, dem europäische Fragen im Grunde stets fremd geblieben waren, eine nie verleugnete Affinität für den Herrscher der Sowjetunion und dessen Regime. Seine tiefverwurzelte Abneigung gegen das System des Kapitalismus, dem er selbst entstammte, hatte ihn längst dazu verleitet, das Regime der Sowjetunion als das einzig wahrhaft demokratische in Europa zu betrachten! Von da bis zu der Überzeugung, es sei vermutlich am besten, der Sowjetunion bei der Neuordnung Europas sozusagen das jus primae noctis einzuräumen, war nur ein kleiner Schritt.

So machten sich denn die »Drei Großen« an die Reorganisation Europas in der gleichen »robusten Manier, in der Metzger ein frisch geschlachtetes Kalb zerlegen« (»FAZ« vom 14. Mai 1955). Sie gründeten ein »Dismemberment Commitee«, ein Zerstückelungsamt also, in dem Frankreich übrigens kein Platz eingeräumt wurde, und attestierten sich im Protokoll wechselseitig »bezüglich Deutschlands höchste Machtvollkommenheit. In der Ausübung dieser Macht werden sie solche Maßnahmen treffen, einschließlich der völligen Entwaffnung, Entmilitarisierung und Zerstückelung, als sie für den künftigen Frieden und die Sicherheit für notwendig halten«.

Nun darf man allerdings nicht vergessen, daß es Stalin war, der sich exakt drei Monate später von diesen Beschlüssen distanzierte. Als er in seiner Rundfunkansprache am 9. Mai 1945 die Kapitulation der deutschen Truppen bekanntgab, fügte er hinzu: »Die Sowjetunion feiert den Sieg, wenn sie sich auch nicht anschickt, Deutschland zu zerstückeln oder zu vernichten.« Am 17. September und am 29. Oktober 1946 sagte er in Presseinterviews, daß die sowjetische Politik in bezug auf das deutsche Problem sich auf die Entmilitarisierung und Demokratisierung beschränke, und am 30. Januar 1947 ließ er die »Prawda« schreiben, daß »die politische Einheit Deutschlands gewahrt bleiben« müsse.

Ähnliche Äußerungen aus berufenem sowjetischen Munde gibt es viele bis zu den Noten Stalins vom Jahre 1952 an die Westmächte mit der Aufforderung, nun endlich gemeinsam etwas zu tun, um Deutschland – allerdings ohne die der Sowjetunion zugeschlagenen Gebiete Ostpreußens und ohne die Polen zur Verwaltung übergebenen Provinzen – wieder eine einheitliche Regierung zu geben.

Die Deutschen werden neuerdings immer mehr in dem Glauben bestärkt und erzogen, daß das Unglück ihres Vaterlandes erst in Jalta seinen Anfang genommen habe. Nun – einmal abgesehen davon, daß das Protokoll von Jalta kein völkerrechtlicher Vertrag ist, sondern unverbindliche Absichtserklärungen der Teilnehmer festhält, wäre es auch gefährliche Geschichtsklitterung, allein die »Großen Drei« mit der ausschließlichen Verantwortung für die weitere Entwicklung in Ost- und Mitteleuropa zu belasten.

»Jalta«, schreibt Hellmut Diwald in seiner »Geschichte der Deutschen«, »war die folgerichtige Antwort Rußlands auf die welthistorische Blindheit der westlichen Alliierten... Roosevelt hat die Spaltung Europas in zwei feindliche Sphären zu verantworten, die Expansion Rußlands in Europa und Asien.« Danach müßte man annehmen, Diwald habe von Hitlers »Mein Kampf« und der darin postulierten Versicherung: »Wenn wir heute von neuem Grund und Boden reden, können wir in erster Linie nur an Rußland und die ihm untertanen Randstaaten denken«, noch nie etwas gehört. Aber dieser Satz und der Versuch Deutschlands, ihn in die Tat umzusetzen, hat die Welt mehr als 50 Millionen Tote gekostet und in der Konsequenz die Beschlüsse von Jalta, die Zerstückelung Deutschlands und die Sowjetisierung Mittel- und Osteuropas bewirkt. Nach Diwald freilich, der seine Auffassungen so apodiktisch vorträgt, als hätte er Hitler eine letzte Beichte abgenommen, liegen die Dinge ganz anders: Formeln wie »Lebensraum im Osten«, »Existenzkampf gegen den Bolschewismus« etc. seien »weder Anlaß des Krieges noch sein bestimmendes Ziel gewesen. Bloß weil die territorial ausgreifenden Bestrebungen Stalins dem Konzept zuwiderliefen, das Hitler unter dem kontinentalen Konsolidierungszwang als unumgänglich betrachtete, *mußte* Rußland jetzt angegriffen werden...«

Ähnliches gilt nach Diwald übrigens auch für Hitlers Angriff auf die USA! Sie hätten ja ständig aufgerüstet, hätten England ständig alimentiert und es so vor dem längst fälligen Zusammenbruch bewahrt, und 1942 wären sie vermutlich ohnehin selbst in den Krieg eingetreten. »Ob mit oder ohne zureichenden Anlaß« – Hitler hätte das richtig gesehen – »würde für die Politiker in Washington dann keine Gewissensfrage mehr sein.« So war es – findet jedenfalls Diwald – nur zu begreiflich, daß Hitler den Amerikanern diese schwere Entscheidung abnahm und selbst den Krieg gegen sie eröffnete...

Sebastian Haffner kommt in seiner weit kürzeren, dafür aber durchdachten Studie »Anmerkungen zu Hitler« zu ganz anderen Ergebnissen als Diwald mit seinen unverantwortlichen Geschichtsklittereien.

In dem Zusammenhang, der uns hier interessiert, spitzt sich die Meinungsverschiedenheit auf die Frage zu: Wer hat die »Drei Großen« in Jalta, wie später in Potsdam, zusammengebracht, wer hat den Brand gelegt und ihn ständig geschürt, wer hat Stalin das Alibi für seine neue Sicherheits- und Expansionspolitik geliefert und alle Voraussetzungen für die damaligen ebenso haßverzerrten wie politisch törichten Entscheidungen der westlichen Sieger geschaffen? Churchill, Roosevelt, Stalin – oder Hitler? Die Antwort darauf dürfte kaum schwerfallen.

Niccolo Macchiavelli hat im 16. Jahrhundert zu diesem Thema bemerkt: »Wer die Ursache für die Macht eines anderen ist, richtet sich selber zugrunde.«

Aber zurück zu 1971! Den Bundeskanzler Rumpf-Deutschlands 26 Jahre später an diesen Ort Jalta einzuladen, ließ die Symbolik seines Rufes – sein »Geist« war ohnehin durch die »Großen Drei« restlos kompromittiert – nicht ratsam erscheinen. So verfiel man zunächst auf den Namen der nächstgelegenen Stadt Simferopol; aber der Teufel wollte es, daß just zur gleichen Zeit – am 30. August 1971 – in Hamburg der sowjetische Frachter »Simferopol« (wegen angeblicher Ersatzansprüche aus einer Kollision mit dem Großtanker »Aquarius«) an die Kette gelegt worden war. Also wiederum eine

Symbolik und was für eine... Welcher Journalist hätte der Versuchung widerstehen können, sie genüßlich und maliziös auszuschlachten, hätte Leonid Breschnew Willy Brandt nach Simferopol eingeladen. Blieb schließlich nur der Name des kleinen Vororts von Jalta, Oreanda, übrig, in dem sich auch das Sommerhaus Breschnews befindet.

Die Einladung dorthin wurde Brandt vom sowjetischen Botschafter direkt überbracht, und der Außenminister erfuhr erst durch den Bundeskanzler davon. Scheels Vorschläge, von wem sich Brandt zweckmäßigerweise dorthin begleiten lassen solle, verfielen alle der Ablehnung. Schließlich erklärte sich Brandt einverstanden, neben seinem Freunde Bahr, auf dessen »vielschichtige« Kontakte er nicht verzichten mochte, wenigstens *einen* Vertreter des Auswärtigen Amtes, und zwar den Leiter des politischen Referats »Sowjetunion«, mit auf die Reise zu nehmen. Da dieser erkrankt war, trat einer seiner Mitarbeiter, der Legationsrat Dr. Meyer-Landruth, zuvor zweimal Pressereferent in Moskau, an seine Stelle. Das Auswärtige Amt war also – verglichen mit dem Bundeskanzleramt – zwar keineswegs qualitativ, wohl aber rangmäßig niedrig vertreten. Im Anschluß-Kommuniqué wurde allerdings die Begleitung Brandts in »hohe Beamte des Auswärtigen Amtes« umgewandelt.

Der Bonner Korrespondent des »Figaro«, Henry de Kergolay, lag gar nicht so falsch, wenn er nach der Rückkehr Brandts schrieb, der »caractère de conspiration« sei schon für die Vorbereitungen dieses Treffens kennzeichnend gewesen, aber auch die Reise selbst »reste quelque peu entouré de mystère«. »Conspiration« und »mystère« paßten sowohl auf das Verhalten des Bundeskanzlers gegenüber dem Auswärtigen Amt wie gegenüber den drei westlichen Alliierten, die sich verschnupft zeigten, weil sie über die erneute Reise Brandts in die Sowjetunion weder rechtzeitig unterrichtet, geschweige denn konsultiert worden waren.

Frankreich sah die Teilung Deutschlands natürlich keineswegs ungern, wie Pompidou nach dem Treffen Breschnew–Brandt in Oreanda erläuterte. Allerdings: Die von der Bundesregierung dabei angewandten Bocksprünge, die Widersprüchlichkeiten bei der Information der Öffentlichkeit, die Geheimnistuerei und lückenreiche Information der Alliierten, die über den wirklichen Inhalt der Bahr-Gespräche erstmalig Ende Mai 1970 auf der Nato-Konferenz in Rom unterrichtet wurden, schürten naturgemäß das latente Mißtrauen gegen bilaterale Verhandlungen Deutschlands mit dem großen Nachbarn im Osten und beschworen aufs neue das Gespenst von Rapallo.

Brandt und Scheel bestritten zwar die Verstimmung im Westen mit aller Entschiedenheit. Walter Scheel, im Zusammenhang mit der spektakulären Oreandareise Willy Brandts auf den Rapallo-Komplex angesprochen, erklärte in einem Interview (vom 12. September 1971) sogar: »Ich glaube, daß der Rapallo-Komplex in manchen Kommentaren zwar erwähnt wird, aber es gibt ihn nicht in den Kreisen der Regierungen unserer Partner, weil die Zusammenarbeit zwischen der Bundesregierung und unseren Partnern im Westen so eng ist, und zwar über Jahre hin, daß es Mißtrauen gegen die Politik der Bundesregierung auch Osteuropa gegenüber nicht gibt.«

Adenauer beurteilte die Situation ganz anders! Im Oktober 1960 sagte er in einer Pressekonferenz: »Chruschtschow könnte ja hier einen Besuch machen. Aber dann würde sofort in den drei anderen Ländern, in Amerika, in England und in Frankreich wieder ein Schütteln des Kopfes losgehen. Es ist eine schrecklich schwere Situation...« Dieser Stoßseufzer gibt genau die Situation wieder, in der wir uns auch heute noch befinden. Der Staatspräsident Frankreichs, George Pompidou, korrigierte übrigens wenige Tage nach der Erklärung des deutschen Außenministers dessen optimistische Meinung. In einer Pressekonferenz verneinte er die Frage, ob er von den Deutschen vor dem Vertragsabschluß konsultiert worden sei: »Man könnte sich natürlich vorstellen« und er betonte wiederholend, »man *könnte* sich vorstellen, daß der französisch-deutsche Vertrag über Zusammenarbeit... etwas mehr vorherige Information hätte rechtfertigen können...« »Aber«, so ergänzte er bezeichnenderweise und mit der ihm eigenen liebenswürdigen Süffisanz: »Warum sollten wir es ungern sehen, wenn die BRD auf eine Anerkennung der DDR zusteuert?«

Aber nicht nur die französische Regierung war über das Drum und Dran der deutsch-sowjetischen Verhandlungen überrascht und verärgert. Vor allem den Amerikanern paßte, wie sich schon aus den oben zitierten Aussagen Achesons und Bahrs ergibt, der Vertrag zu diesem Zeitpunkt und in dieser Formulierung nicht ins Konzept. Sie sahen darin eine Schwächung ihrer Bemühungen um die Sicherheit Berlins und hatten im übrigen erwartet, in einer so wichtigen Frage wie einem deutsch-sowjetischen Grundsatzvertrag, regelmäßig konsultiert und präzise unterrichtet zu werden. Brandt und Bahr aber lag, wie sich aus wiederholten Äußerungen ergibt, daran, den Sowjets wie den westlichen Alliierten und der übrigen Welt sichtbar zu machen, daß die Bundesrepublik selbständig geworden ist.

»Vor der Frage, ob wir von unseren Partnern weiter ins Schlepptau genommen werden oder unsere eigenen Initiativen entwickeln sollten, entschieden wir uns für das letztere«, sagte – laut »New York Times« vom 26. Juni 1971 – Willy Brandt.

Der Gedanke hatte ganz gewiß sehr viel für sich. Er entsprach im übrigen auch ganz den Vorstellungen der Sowjets, die davon ausgingen, daß der politische und militärische Spielraum der USA in Europa um so mehr eingeengt werden würde, je mehr sich die Bundesrepublik emanzipiere und ihre Geschicke in die eigene Hand nehme. »Wir wissen«, sagte der bereits zitierte Leningrader Universitätsprofessor Sergej Tulpanow, »daß die USA ein großer und mächtiger Staat sind. Aber das heißt nicht, daß die Bundesrepublik keine Möglichkeit hätte, selbst Außenpolitik zu betreiben.« Und – bei anderer Gelegenheit: »Je selbständiger die Bonner Regierung ist, desto besser...«

Ob es freilich opportun war, unsere Selbständigkeit gerade dann unter Beweis zu stellen, wenn es um die Neuordnung der deutsch-sowjetischen Beziehungen ging, ist eine andere Frage. Schließlich war dabei auch zu berücksichtigen, daß ein solches Programm auch eine Neuordnung der West-Ost-Beziehungen generell implizierte und seine Durchführung die politische Landschaft gründlich verändern müßte. Schon daraus ergab sich die Erkenntnis, daß ein Abkommen der kleinen Bundesrepublik mit dem Riesenreich des Marxismus-Leninismus höchstens dann eine gewisse Aussicht auf Wertbeständigkeit besitzt, wenn die anderen Interessierten, die USA und die europäischen Verbündeten, im Hintergrund Pate stehen und mit ihnen – ostentativ – jeder Buchstabe analysiert und abgesprochen ist, bevor er an den Kreml weitergereicht wird. Andernfalls bestand die – von den USA klar gesehene – Gefahr, daß sich aus dem Moskauer Vertrag mit der Zeit eine Art »détente« Moskau–Bonn entwickelt, die den westlichen Zusammenhalt schwächt. Betrachtungen – unter anderem auch der »New York Times« vom Februar 1971. Auch acht Jahre später haben sie nichts von ihrer beklemmenden Realität eingebüßt – vor allem, wenn man sich einmal ansieht, was inzwischen aus der Entspannungspolitik – der Mutter des Moskauer Vertrages – geworden ist. Ihr Ziel, unter diesem Zeichen die Aufrüstung zu forcieren und den Westen zu überholen, haben die Sowjets jedenfalls erreicht!

Von der naheliegenden Abstimmung Deutschlands mit seinen westlichen Alliierten war jedenfalls keine Rede. Walter Scheel hatte zwar am 13. September 1973 vor dem Parlament erklärt: »Ohne den Zusammenhalt der Westeuropäer, ohne die sorgfältige Abstimmung eines jeden Schrittes, einer jeden Etappe hätte diese Politik im Bündnis keinen Erfolg gebracht.« Auch sein parlamentarischer Staatssekretär Moersch bezeichnet in seinen von der »Süddeutschen Zeitung« als »Fingerübung eines Parteilichen« titulierten Erinnerungen die neue Ostpolitik als »Bestandteil einer einheitlichen konzipierten europäischen Politik, die der Annäherung von Ost und West dienen und dadurch einen Beitrag zur Friedenssicherung leisten sollte«. Bei aller Interessenidentität »durfte doch die Furcht des Westens vor nationalstaatlichen Alleingängen – der Rapallo-Komplex – nicht geringgeschätzt werden. Durch mehr Kooperation mit dem Westen verschwanden solche Ängste.«

Und Egon Bahr hatte im »Bulletin« vom 10. August 1970 geschrieben: »Niemand kann und wird vergessen, daß die schwierigen Verhandlungen mit der sowjetischen Regierung nicht zu diesem Ergebnis geführt hätten, wenn die Bundesrepublik nicht in der Sicherheit des westlichen Bündnisses stünde und mit der Deckung der drei Mächte verhandelt hätte. Ohne diese Basis wären die Verhandlungen ein Abenteuer gewesen, das niemand hätte wagen dürfen.«

Lauter in der Theorie völlig zutreffende Erkenntnisse. Nur leider sah die Praxis völlig anders aus. Sie war genau das, was sie nach Scheel, Bahr und Moersch eben nicht hätte sein dürfen – ein bundesdeutscher Alleingang, die eher naßforsche Demonstration einer keineswegs vorhandenen Unabhängigkeit! Sie bewirkte denn auch, daß das latente, im Verlaufe des vorangegangenen Jahrzehnts etwas zum Verschwinden gebrachte Mißtrauen wieder hellwach wurde und der Rapallo-Komplex fröhliche Auferstehung feierte.

Die Sowjets wurden im Detail, die eigenen Alliierten nur obenhin und nur insoweit ins Bild gesetzt, als kritische Anmerkungen oder Anregungen von ihnen nicht zu befürchten waren. Das Wort »Abenteuer« in den pathetischen Versicherungen Bahrs trifft schon eher zu. Es war ein Abenteuer, das in seinen beiden wesentlichen Etappen eben nicht mit den Alliierten abgestimmt war: Weder die Erfüllung der sowjetischen Zweistaaten-Forderung (in der Regierungserklärung vom 28. Oktober 1969), geschweige denn die Übereinkunft zwischen Bahr und Gromyko auf der Grundlage des sowjetischen Textentwurfes vom 6. März 1970, der die meisten sowjetischen Forderungen befriedigte. Über deren erste vier Leitsätze, also die Substanz des dann später unterzeichneten Vertrages, wurden die Westmächte erst auf der Nato-Ministerratstagung Ende Mai 1970 in Rom orientiert! Daß sie sich trotzdem nach außen hin solidarisch mit der Bundesregierung und ihrem Procedere zeigten, ändert nichts daran, daß sie sich in ihrem Mißtrauen nachdrücklich bestärkt sahen.

Das aber paßte dem Kreml – wie alles, was Risse im deutsch-alliierten Einverständnis sichtbar macht – gut ins Konzept.

An zwei Äußerungen der Opposition sei in diesem Zusammenhang erinnert: Am 26. November 1975 sagte Karl Carstens im Bundestag im Anschluß an seine bereits oben zitierten Mängelrügen, den Moskauer Vertrag betreffend, zu Willy Brandt: »Sie berufen sich immer wieder darauf, daß Sie im Einklang mit den Alliierten gehandelt hätten und handelten. Vielen von uns, die im Ausland waren, ist es aber so ergangen, wie es mir ergangen ist, daß uns nämlich die alliierten Freunde... entgegenhielten: Wir – Engländer, Franzosen und Amerikaner – können doch nicht deutscher sein als die deutsche Bundesregierung... Damit wurde zum Ausdruck gebracht, daß, wenn die deutsche Bundesregierung auf alle diese (oben aufgezählten) Positionen verzichtete, man von den Alliierten nicht verlangen könnte, daß sie dafür weiter kämpften.«

Carstens wandte sich dann dem Thema »deutsch-polnische Beziehungen« zu und bemerkte: »Herr Bundesaußenminister, Sie haben von der Aufnahme der diplomatischen Beziehungen zu Polen unter der Regierung Brandt gesprochen. Es wäre fair gewesen, wenn Sie hinzugefügt hätten, daß die ersten amtlichen Beziehungen zu Polen unter der Regierung Erhard aufgenommen wurden und daß es damals dem deutschen Unterhändler – ich nenne seinen Namen noch einmal, weil er es verdient, in den Annalen auch dieses Hauses festgehalten zu werden –, dem damaligen Botschafter Allardt, gelang, Berlin in die Vereinbarungen voll mit einzubeziehen. Die Einbeziehung Berlins in die Verträge mit den Ostblockstaaten – um diese Einbeziehung kämpfen Sie jetzt, sechs Jahre nach Beginn Ihrer neuen Ostpolitik, vergeblich – ist der von der CDU/CSU geführten Regierung damals in vollem Umfange gelungen.«

Dazu müßte man allerdings hinzufügen, daß mit dem damals abgeschlossenen Handelsabkommen und der – weit schwierigeren – Vereinbarung über die wechselseitige Errichtung von Handelsmissionen der Elan der damaligen Bundesregierung erschöpft war. Die Verhandlungen mit Polen über die Grenzfrage und die Aufnahme diplomatischer Beziehungen hätten – wie auch der in Polen aus der Kriegszeit hochangesehene damalige Krupp-Chef Berthold Beitz bezeugen wird – ebensogut bereits 1962 wie 1970 beginnen können. Es war wohl in erster Linie die Rücksicht auf die einflußreichen Vertriebenen-Verbände, die – trotz nachdrücklicher Ermutigung von polnischer Seite – die Bundesregierung bei dem Erreichten haltmachen ließen.

In der Plenarsitzung des Bundestages vom 21. September 1978 hat der Abgeordnete Dr. Alois Mertes (CDU) noch einmal nachdrücklich an die damaligen Vorgänge erinnert. Bahr hatte in einer Übersicht über die von der SPD in den vergangenen Jahren erbrachten außenpolitischen Leistungen darauf hingewiesen: »Nichts von alledem wäre ohne oder gegen die Verbündeten möglich gewesen; all dies ist mit den Verbündeten geschehen.« Mertes erwiderte ihm: »Sie haben soeben die Unwahrheit gesagt, als Sie erklärten, daß die von Ihnen inszenierte Politik des Kabinetts Brandt immer mit den Alliierten abgesprochen worden sei. Die Regierung Brandt hat Artikel 7 des Deutschland-Vertrages mißachtet, als sie ohne jede Konsultation mit der Allianz eine der entscheidenden Positionen preisgegeben hat, nämlich die Ein-Deutschland-Position... Zweitens, Herr Kollege Bahr: Ihre als ›Gespräche‹ oder als ›Meinungsaustausch‹ mit dem sowjetischen Außenminister deklarierten Verhandlungen vom Frühjahr 1970 haben Sie in ihren entscheidenden konkreten Abläufen nicht mit den drei Mächten und den anderen Verbündeten abgesprochen. Nicht umsonst hat der damalige französische Botschafter erklärt, das Ergebnis der Bahr-Verhandlungen mit Gromyko habe die westliche Position in den damals laufenden Berlin-Verhandlungen erheblich geschwächt.«

# Gewaltverzichts- oder Grenzsicherungsvertrag?

Schließlich noch ein Wort zur »Nomenklatur« – zur Klarstellung der Begriffe.

Der Vertrag vom 12. August 1970 ist unter der Bezeichnung »Gewaltverzichts«-Vertrag in die Geschichte eingegangen. Aber: Wird diese Bezeichnung seinem Zweck und seinem Inhalt auch gerecht?

Bahr hat einmal in einem Fernsehinterview vom Juni 1970 gesagt: »Wir machen keinen Vertrag über das Recht der Selbstbestimmung oder Wiedervereinigung, sondern über den Gewaltverzicht.« Das aber ist nur ein Viertelchen der Wahrheit, das freilich den Vorzug hatte, sich am besten verkaufen zu lassen. Aus ihr läßt sich allenfalls entnehmen, daß die Bundesrepublik Deutschland alle Versuche unterlassen werde, die Deutschland geraubten Gebiete mit Waffengewalt zurückzugewinnen. Eine Verpflichtung also, die jeder Deutsche ohne Zögern unterschrieben hätte, zumal sich die Sowjets umgekehrt ebenfalls verpflichteten, unsere derzeitigen Grenzen als unantastbar zu respektieren.

Die übrigen drei Viertel dieser Erklärung sind eine bare Lüge. Bahr wußte so gut wie Bundesregierung und Opposition, daß es sich für den Kreml um nichts anderes als um die Anerkennung der »Realitäten« handelt und die sowjetische Bereitschaft zu einem wechselseitigen Gewaltverzicht der Preis war, den er für eine deutsche Verpflichtung zur Anerkennung der Grenzen zahlen wollte. Wer gar nichts über die sowjetischen Wünsche gegenüber der Bundesrepublik wußte – aus dem 1968 publizierten deutsch-sowjetischen Notenwechsel im Anschluß an die »Friedensnote« der Regierung Erhard–Schröder konnte er alles Erforderliche entnehmen und vor allem lernen, daß die Grenzfrage das A und O sowjetischer Deutschlandpolitik war.

In dem bereits erwähnten Buch »Sowjetische Außenpolitik und Europäische Sicherheit«, abgesegnet von keinem Geringeren als dem Vorsitzenden des Unionsrates des Obersten Sowjet, Alexej Pavlovitsch Schitikov, heißt es, die Sowjetführung gehe davon aus, »daß der Austausch von Gewaltverzichtserklärungen den Interessen der Festigung des Friedens und der Sicherheit sowie der Herbeiführung einer umfassenden friedlichen Zusammenarbeit zwischen allen europäischen Staaten *unter*geordnet sein müßte«.

Der Verzicht auf Gewalt war also nicht etwa der Punkt, auf den es den Sowjets in erster Linie angekommen wäre! Auch in dem 1973 in Moskau erschienenen Buch »Sozialistische Diplomatie« heißt es, der Moskauer Vertrag lege die »Unverletzlichkeit der Grenzen« fest. Und nach einer Weile: »Auch der Verzicht auf Drohung mit Gewalt oder Anwendung von Gewalt« habe »große Bedeutung«. »Die Sowjetunion schlug«, so heißt es weiter, »eine solche Lösung vor, die die Anerkennung des Systems der Grenzen und Staaten, die in Europa im Ergebnis des Zweiten Weltkrieges und der Nachkriegsentwicklung entstanden waren, voraussetzte.« Die Absicherung der Sowjetherrschaft in Ost- und Mitteleuropa und die Status-quo-Garantie waren also das Primäre, der Gewaltverzicht kam in zweiter Linie.

Faktisch kommt der Vertrag dieser Forderung auch nach. Andererseits aber bestimmt Artikel 5, daß die *davor* abgeschlossenen Verträge »unberührt«, also nach wie vor in Geltung bleiben. In dem unverändert gültigen Deutschland-Vertrag von 1952 heißt es nun aber: »Die Unterzeichnerstaaten sind darüber einig, daß ein wesentliches Ziel ihrer gemeinsamen Politik eine zwischen Deutschland und seinen ehemaligen Gegnern frei vereinbarte friedensvertragliche Regelung für ganz Deutschland ist, welche die Grundlage für einen dauerhaften Frieden bilden soll. Sie sind weiterhin darüber einig, daß die endgültige Festlegung der Grenzen Deutschlands bis zu dieser Regelung aufgeschoben werden muß. Bis zum Abschluß der friedensvertraglichen Regelung werden die Unterzeichnerstaaten zusammenwirken, um mit friedlichen Mitteln ihr gemeinsames Ziel zu verwirklichen: ein wiedervereinigtes Deutschland, das eine freiheitlich demokratische Verfassung, ähnlich wie die Bundesrepublik besitzt ...«

(De Gaulle hat noch am 25. März 1959 mit Nachdruck erklärt: »Die Wiedervereinigung beider Teile in ein einziges Deutschland, das vollkommen frei sein soll, scheint mir das normale Schicksal des deutschen Volkes zu sein«.)

Mit anderen Worten: Wir haben zwar im Moskauer Vertrag – und noch nachdrücklicher im Grundlagenvertrag mit der DDR – den Status quo faktisch legalisiert, bleiben aber nach wie vor legitimiert, die Wiedervereinigung mit allen zur Verfügung stehenden friedlichen Kräften zu betreiben. Dementsprechend hat die Bundesregierung denn auch – und sehr zum Mißfallen des Kreml und der DDR – stets Wert darauf gelegt, daß es sich beim Moskauer Vertrag nur um einen »Modus vivendi« handele, der später einmal durch den Friedensvertrag und die Festlegung der Grenzen abgelöst werde. Die Gefahr, daß die Deutschen ihre westlichen Alliierten eines Tages an ihre Mitwirkung erinnern könnten, wird zwar vom Kreml offenbar als sehr gering eingeschätzt. Wann sollte sich auch in absehbarer Zeit eine Gelegenheit bieten, die Wiedervereinigung auf friedlichem Wege zu versuchen? Und wer möchte daran glauben, daß der Tag kommen wird, an dem alle am Zweiten Weltkrieg beteiligten Mächte, um einen runden Tisch placiert, einen Friedensvertrag aushandeln, bei dem der sowjetische Landraub revidiert wird und die den osteuropäischen Staaten und der DDR von der Sowjetunion, dem Vorkämpfer des Selbstbestimmungsrechts der Völker, aufoktroyierten Zwangsregimes endgültig verschwinden?

Andererseits: Ist es so undenkbar, daß Deutschland in der Furcht, vom übermächtigen Nachbarn im Osten überrannt oder in einem dritten Weltkrieg völlig vernichtet zu werden, sich mit der Sowjetunion »arrangiert« und einer »Pax sovietica« zustimmt, die einerseits die Wiedervereinigung verspricht, andererseits aber das Abwehrpotential des Westens empfindlich schwächen würde? Im kommunistischen, in Mailand erscheinenden, »Corriere della Sera« vom 21. Mai 1969 befaßte sich der Bonner Korrespondent Brunelli unter der Überschrift »Le Tre Politiche di Bonn« mit dieser nicht nur ihn beunruhigenden Frage und meinte, die Außenpolitik Bonns werde zur Zeit und auch fürderhin von drei Leitlinien bestimmt: dem »Atlantismus«, dem »Dialogismus«, also dem Zwang, mit Moskau ständig im Gespräch zu bleiben, und der »Terzaforzista« – dem Bestreben, Europa zwischen den Supermächten zu einer dritten Kraft zu entwickeln. Die nationalen Interessen Deutschlands forderten gebieterisch, daß keine dieser drei Leitlinien zugunsten oder zu Lasten einer der beiden übrigen bevorzugt oder benachteiligt würden. Diese vor allem von Willy Brandt, aber im Grunde auch von Franz Josef Strauß über Helmut Schmidt bis Herbert Wehner – im Grundsatz – vertretene Politik sei ganz begreiflich, so überaus schwierig es auch sei, die drei Richtlinien miteinander zu verbinden. Auf der anderen Seite: Wenn es für Frankreich selbstverständlich sei, eine nationale oder gar, wie de Gaulle, eine offen extrem-nationalistische Politik zu betreiben, könne auch der nach wie vor mit großem Mißtrauen verfolgten Außenpolitik Deutschlands auf die Dauer nicht verwehrt werden, was jeder anderen Macht selbstverständlich erlaubt sei: seine nationalen Interessen zu wahren. Zu ihnen gehöre das Streben nach Wiedervereinigung – auch im Rahmen einer deutsch-deutschen Konföderation. Im Vergleich zum Fortbestand der Spaltung werde die damit zwangsläufig verbundene Neutralisierung »in verschiedenen und nicht nur sozialdemokratischen Kreisen als das kleinere Übel« betrachtet.

Brunelli kommt zu dem Schluß: Der Geist Rapallos sei nach wie vor lebendig und bleibe es schon deshalb, weil eine nationale deutsche Politik niemals »ganz antikommunistisch« sein könne. »Ein Rapallo ist noch immer möglich«, es bleibe also die Pflicht des Westens, »stets wachsam zu sein und aufzupassen«.

Der Artikel ist, wie mir scheint, schon deshalb interessant, weil er – vor neun Jahren verfaßt – in eine Diskussion hineinstößt, die wieder und wieder Wellen schlägt, in Paris Alarmglocken schrillen läßt und – den mit Rapallo begonnenen Kreis schließt: die Diskussion über die Außenpolitik der Deutschen.

Wenn Brunelli behauptet, die nationale Politik Deutschlands könne niemals »ganz antikommunistisch« sein, so ist hier der Wunsch seines Blattes der Vater des Gedankens. Kein Land in Westeuropa kann sich Affinität gegenüber Kommunisten so wenig leisten wie die Bundesrepublik als Grenzland. Die Gefahr der »Neuen Ostpolitik« bestand und besteht ja gerade darin, daß sie die Gegensätze zu verwischen sucht, Gemeinsamkeiten zwischen westlich-sozialdemokratischer und marxistisch-leninistischer Ideologie entdecken oder erfinden und die tiefe Kluft zwischen beiden mittels eines »Wandels durch Annäherung« überwinden möchte.

Die Annäherung hat inzwischen stattgefunden – von unserer Seite –, ist aber trotz KSZE gänzlich einseitig geblieben. »Das Wort ›Brücke‹ gefällt mir nicht«, sagte mir einmal Sagladin in seiner Erwiderung auf eine kurze Ansprache von mir. Die gesamte sowjetische Außenpolitik bestätigt nur das aus dieser Bemerkung sprechende Mißtrauen, westliche Einflüsse könnten die marxistische Ideologie verdünnen, auflockern und dann – das nämlich ist des Pudels Kern – die in sechzig Jahren erworbene Machtposition der herrschenden Schicht in Frage stellen.

So sollte die Bundesrepublik ihrerseits keinerlei Zweifel daran aufkommen lassen, daß sie sich das Gefüge ihrer westlichen Gesellschaftsordnung und ihrer Zugehörigkeit zum Westen nicht antasten lassen wird.

Daß es trotzdem Gemeinsamkeiten gibt, die Brücken auf Fachgebieten schlagen, beweist der Handel und beweist der noch längst nicht voll ausgeschöpfte Kulturaustausch.

»Atlantismus« allein – also Außenpolitik ausschließlich in Richtung Westen – kommt für Deutschland so wenig in Betracht wie bilateraler »Dialogismus« mit der Sowjetunion. Und die in sich selbst ruhende »Terzaforzista« – Westeuropa als dritte Kraft – bleibt einstweilen, verglichen jedenfalls mit den Vorstellungen mancher der EWG-Architekten, ein frommer Traum. Aber selbst wenn er realisiert würde, machte er den Kontakt zum Osten keineswegs entbehrlich.

Was also bleibt, ist das Bemühen um sachlich begrenzte Berührungspunkte, das heißt also auch um die unabdingbare Notwendigkeit, miteinander im Gespräch zu bleiben, ohne dabei ein Jota der nationalen Interessen aufs Spiel zu setzen.

Der Moskauer Vertrag – wie viele Mängel er auch haben mag und wie viele Vorteile im Verlauf der vorbereitenden Gespräche und Verhandlungen auch verlorengegangen sein mögen – hat den Spielraum unserer nationalen Interessen kaum eingeschränkt. Wir haben nicht nur das Recht, sondern die im Grundgesetz verankerte Pflicht, das Selbstbestimmungsrecht der Deutschen mit allen friedlichen Mitteln zurückzugewinnen. Unsere alliierten Freunde haben uns vertraglich zugesichert, uns dabei zu helfen, und wir sollten keinen Zweifel daran aufkommen lassen, daß wir sie in dem Bemühen, den jetzigen Spannungsherd im Zentrum Europas zu beseitigen, auch beim Wort nehmen werden. Umgekehrt sind wir allerdings auch verpflichtet, Formeln zu finden, die die durchaus begreifliche Angst vor einem Gesamtdeutschland in West und Ost beseitigen. Nur vor einem müssen wir uns hüten: eine Außen- und Innenpolitik zu betreiben, die die Spaltung Deutschlands als eine längst der Geschichte angehörende Selbstverständlichkeit erscheinen läßt.

# 5. Teil

# Letzte Moskauer Tage

*Der Kater und die Krähen · Abschiedsbesuche*

Das in etwa waren auch die Gedanken, die mich beschäftigten, als ich mit Ablauf des März 1972 das Pensionsalter erreicht hatte. Korrekterweise hätten wir spätestens am 31. März Moskau verlassen müssen. Daß wir es nicht taten, sondern erst am Abend des 3. April abreisten, lag, wie ich sogleich berichten werde, an Umständen, die nicht ich zu vertreten hatte, die aber die Verwaltung des Auswärtigen Amtes unverzüglich hellwach machten: Kaum in München eingetroffen, erhielt ich eine Rechnung über Miete und Heizung für die dreitägige Inanspruchnahme der mir nur bis zum 31. März überlassenen und nur bis dahin bezahlten Räumlichkeiten der Botschafterresidenz!

In diesen letzten Tagen ereignete sich mit einem uns liebgewordenen russischen Hausgenossen eine seltsame Geschichte. Sie gehört nicht hierher und kaum in dieses Buch. Trotzdem meine ich, sollte sie nicht unerzählt bleiben:

Die Moskauer Residenz des deutschen Botschafters liegt in der Ulitza Woroskowo, die noch im 18. Jahrhundert Ulitza Powarskaja, die Straße der Köche, hieß, weil sie alle Köche beherbergte, die im Kreml beschäftigt waren. Das Haus, das wir bewohnten, war vor der Jahrhundertwende vom Vorsitzenden der Jüdischen Gemeinde Moskaus erbaut worden und hatte die verschiedensten Bewohner oder Klubs aufgenommen, bevor es der Bundesregierung nach Aufnahme der diplomatischen Beziehungen 1957 als Botschafterresidenz zugewiesen worden war. Es war gut geschnitten, sehr solide gebaut, lag verkehrsgünstig und trotzdem ruhig, besaß einen kleinen Garten, Stallungen für die Kutschpferde, die inzwischen Autos Platz gemacht hatten, und ein nicht eben großes Häuschen, das dem Fahrer des Botschafters als Quartier diente.

Außer uns Deutschen wurde das Grundstück aber auch noch von Einheimischen bewohnt: einigen großen Krähen, die in hohen alten Buchen nisteten, aber sich auch unten am Boden zu Hause wußten, fast zahm waren und zu Recht erwarteten, Futter zu finden. Aber sie kamen keineswegs nur des Futters wegen: Da war auch »Peter«, ein grauer sibirischer Kater von imponierender Statur und eindrucksvoll-reserviertem Auftreten. Sobald wir eingezogen waren, machten wir uns miteinander bekannt, organisierten unten in der Küche seine Fütterung und luden ihn ein, uns gelegentlich im ersten Stock zu besuchen. Schließlich verlegte er seine Wohnung mehr und mehr aus dem Hof zu uns herauf – natürlich nur in der Nacht, wenn er Hunger hatte oder die Temperatur im Winter auf 20 Grad Kälte sank. Ansonsten ging er in der Umgebung auf Mäusefang oder traf sich mit Freundinnen, die auf dem Gelände der türkischen Botschaft hausten. Wenn er dazu die vielbefahrene Straße zu überqueren hatte, tat er das – nach links und rechts sichernd – mit einer Vorsicht, die jedem zweibeinigen Wesen zur Lehre dienen konnte. Schien die Sonne, lag er auf dem Hof und rekelte sich behaglich.

Vom ersten Tag an war uns aufgefallen, daß er mit unseren Krähen gut befreundet zu sein schien. Sobald er sich auf dem Hof sehen ließ, flatterten sie herab, hüpften um ihn herum, stolzierten vor oder hinter ihm her, pickten ihn in den Schwanz – aber stets so behutsam, daß es nicht weh tat – hüpften ihm auf den Bauch, wenn er schlief, oder versuchten, ihn zu erschrecken, indem sie im Fluge auf ihn herabstießen.

Mitunter machten ihm diese Spielchen Spaß, mitunter tolerierte er sie wohlwollend und mit der Grandezza eines Gentleman, der weiß, daß gelegentliche Neckereien mit den Kindern aus der Nachbarschaft seiner Würde keinen Abbruch tun. Wurde es ihm zuviel, ging er lässig davon – drei oder vier Krähen im Gänsemarsch hinterdrein hüpfend und bestrebt, ihm noch ein paar kumpelhafte Schnabelhiebe auf den buschigen Schwanz zu verpassen.

Eines Tages aber retteten die Krähen ihrem Freund »Peter« das Leben, und das kam so:

Im Gebälk unseres Hauses wurden einige dringende Dachreparaturen vorgenommen. Sie waren gerade abgeschlossen, als wir erfuhren, »Peter« hätte sich seit einigen Tagen nicht mehr sehen lassen. An sich war das bei einem Kater in den besten Jahren seines Lebens nichts Besonderes. Aber daß er nicht einmal zu den gewohnten Mahlzeiten zurückkam und auch die türkische Botschaft, wie ein besorgtes Telefongespräch mit der Botschafterin ergab, nicht mehr besuchte, das mußte auffallen. Alarmierender noch war eine gewisse Nervosität der Krähen. Wann immer sich jemand aus dem Hause auf dem Hof blicken ließ, kamen sie aus ihren Baumwipfeln herunter, hüpften unstet umher, flatterten hoch oder versammelten sich, um ein gemeinsames Geschrei zu erheben.

»Mit dem ›Peter‹ muß irgendwas sein«, sagte meine Frau, »weshalb sind unsere Krähen so aufgeregt…?«

Eines späten Nachmittags waren wir beide auf dem Hof und stellten fest, daß die Krähen ständig den Hausgiebel umkreisten, wie im Sturzflug auf uns herabstießen, um wieder nach oben zu steigen. »Ob der ›Peter‹ etwa da oben ist?« fragte meine Frau.

Da die Krähen keinerlei Anstalten machten, sich zu beruhigen, stieg schließlich Ysr, unser türkischer Diener, in den schwer zugänglichen Dachfirst. Hinter einer Klapptür hörte er ein ganz schwaches Miau-Miau und fand »Peter« – ein bißchen verhungert, ein bißchen verdurstet, ein bißchen unsicher auf den Beinen, aber lebendig.

Die Dachdecker hatten »Peter« nichtsahnend hinter sich zurückgelassen, als er ihre Anwesenheit benutzte, um die Gegend zu inspizieren. Zu seinem Glück verfügte der kleine Erker über ein von unten nicht sichtbares Fensterchen, das zerbrochen war. Dahinter lag er, dort hatten ihn die Krähen entdeckt und diese Entdeckung schleunigst an uns weitergegeben.

Die zahlreichen – für meine Frau und mich von allen meinen Mitarbeitern und von den Kollegen des Diplomatischen Corps gegebenen oder für sie von uns arrangierten – Abschiedsessen und -empfänge waren beendet. Gromyko sagte uns bei einem recht freundschaftlich verlaufenden Essen Adieu, und der Staatspräsident, der nette – inzwischen auch zur »Un-Person« erklärte – Podgorny, dem ich fast genau vier Jahre zuvor in eisiger Atmosphäre mein Beglaubigungsschreiben überreicht hatte, lud mich zu einer fast unbeschwerten, fast gemütlichen und ausführlichen Tasse Tee unter vier Augen (mit zwei Dolmetschern) in den Kreml-Palast.

Kein Zweifel, der Moskauer Vertrag hatte seine Wirkung getan, die Atmosphäre hatte sich seit geraumer Zeit spürbar gebessert. Sie reflektierte die sowjetische Befriedigung über die Unterzeichnung. Trotzdem habe ich keinen Zweifel daran gelassen, daß ich ihn nicht gerade als Stein der Weisen betrachtete. Dank seiner mangelnden Ausgewogenheit zugunsten eines Partners, der Sowjetunion, schaffe er neue Probleme, ohne alte wirksam zu beseitigen. Natürlich wußten die Sowjets längst aus Presse und Radio wie aus ihren besonderen eigenen Nachrichtenverbindungen, daß es zwischen der Bundesregierung und mir zu sachlichen Differenzen gekommen war. Das war vielleicht auch der Grund, weshalb mich in den letzten Tagen der Wunsch des von Moskau abwesenden Ministerpräsidenten erreichte, meine für den 31. März geplante Abreise bis zu seiner Rückkehr zu verschieben. Mein Abschiedsbesuch bei ihm fand also erst am 3. April statt und brachte mir die Bestätigung der kaum abzuschätzenden hohen Bedeutung des Moskauer Vertrages für die Sowjetunion sowie ihm meine relativ negative Stellungnahme. Sie war ihm deshalb nicht ganz unwichtig, weil in Moskau eine große und auch gar nicht verheimlichte Nervosität vor einem möglichen Scheitern der Ratifizierung in Bonn bestand und man wohl auch damit rechnete, daß ich, aus dem Dienst entlassen, als Wanderprediger durch die deutschen Lande ziehen und gegen den Vertrag agitieren würde. Als ich Ende April vor dem Internationalen Club in Hannover meinen ersten öffentlichen Vortrag hielt, waren zwei Beamte der sowjetischen Botschaft in Bonn anwesend und hörten genau zu. Daß und warum ich mich nicht gegen die Ratifizierung dieses damals bereits fast zwei Jahre alten und dem Sowjetbürger durch ständige Propaganda vertraut gewordenen Vertrages ausgesprochen habe, ist im »Moskauer Tagebuch« erläutert. Ich bin auch heute noch der Meinung, daß diese Überlegungen richtig waren.

Am Abend des 3. April saßen wir, meine Frau, Kater »Peter« und ich, im Lufthansa-Flugzeug nach Frankfurt und München. Wollte ich behaupten, ich hätte Moskau und meinen Schreibtisch gerne verlassen, wäre dies nach allen Schwierigkeiten und dem völligen Scheitern des Versuchs, zwischen der Bundesregierung und ihrem Botschafter in Moskau so etwas wie vertrauensvolle Zusammenarbeit zu entwikkeln, zwar glaubwürdig, aber eine Lüge. Schließlich war die Abreise kein Aufbruch zu neuen Ufern, sondern der endgültige Abschied von einem Beruf, mit dem man fast vierzig Jahre – und mit jedem Jahr etwas mehr – verwachsen war. Aber davon abgesehen, hat der Posten in Moskau etwas Besonderes: die tägliche und ständig spürbare Herausforderung an seinen Inhaber, das Eis, auf dem er arbeitet, das Eis, das ihn umgibt, zum Schmelzen zu bringen.

# Anhang

# Literaturverzeichnis

*Adenauer, Konrad,* »Erinnerungen«, Stuttgart 1965/1966
*Accoce, Pierre / Rentchick, Pierre,* »Les Malades, qui nous gouvernent«, Paris 1977
*Ahlers, Conrad und andere,* »Ostpolitik im Kreuzfeuer«, Stuttgart 1971
*Aigner, Dietrich,* »Winston Churchill und die britische Kriegspolitik«
*Allard, Sven,* »Diplomat in Wien«, Köln 1965; »Stalin und Hitler«, München 1974
*Allardt, Helmut,* »Das deutsche Volk als Gemeinschaft«, Berlin 1935; »Moskauer Tagebuch«, Düsseldorf 1973
*Anderle, Alfred,* »Rußland und die friedliche Koexistenz«, Ost-Berlin 1963
*Arzinger, Rudolf,* »Das Selbstbestimmungsrecht im allgemeinen Völkerrecht der Gegenwart«, Ost-Berlin 1966
*Autorenkollektiv,* »Sowjetische Außenpolitik«, Berlin 1974
*Autorenkollektiv,* »Sowjetische Außenpolitik und europäische Sicherheit«, Ost-Berlin 1973

*Barckhausen, Joachim,* »Männer und Mächte am Bosporus«, Berlin 1938
*Bazna, Elyesa,* »Ich war Cicero«, München 1964
*Barzel, Rainer,* »Auf dem Drahtseil«, München/Zürich 1978
*Belezkij, W. N., und andere,* »Sozialistische Diplomatie«, Ost-Berlin 1974
*Bergmann, Karl,* »Der Weg der Reparation«, Frankfurt/M. 1926
*Best, Werner,* »... wird erschossen«, München 1932
*Bournacel, Renata de,* »Rapallo. Naissance d'un mythe«, Paris 1972
*Blücher, Wipert von,* »Deutschlands Weg nach Rapallo«, Wiesbaden 1951
*Blücher, Wipert von,* »Zeitwende in Iran«, Biberach an der Riss 1949
*Bracher, Karl Dietrich,* »Die Auflösung der Weimarer Republik«, Villingen 1960, »Parlamentarische Demokratie in Deutschland«, Bonn 1970, »Deutschland zwischen Demokratie und Diktatur«, Bern 1964
*Bracher, Karl Dietrich, Sauer, Schulz,* »Die nationalsozialistische Machtergreifung«, Opladen 1960
*Boveri, Margret,* »Die Deutschen und der Status quo«, München 1974, »Der Verrat im XX. Jahrhundert«, Hamburg 1956
*Buchheit, Gert,* »Der deutsche Geheimdienst«, München 1966

*Carr, Edward Hallett,* »Berlin – Moskau«, Stuttgart 1954
*Charisius, A., und Mader,* »Nicht länger geheim«, Ost-Berlin 1969, s. Auflage 1978
*Churchill, Winston,* »Great Contemporaries«, London 1937, »Der Zweite Weltkrieg«, Bern 1954

*D'Abernon, Viscount, Edgar Vincent,* »Memoiren«, Leipzig 1928
*Diwald, Hellmut,* »Geschichte der Deutschen«, Frankfurt/M. 1978, »Documents on British Foreign Policy«, London o. J.
*Dönhoff, Marion Gräfin,* »Deutsche Außenpolitik von Adenauer bis Brandt«, Hamburg 1970, »Die internationale Politik 1970 bis 1972« (Forschungsinstitut der Deutschen Gesellschaft für Auswärtige Politik), München/Wien 1978
*Dirksen, Herbert von,* »Moskau, Tokio, London«, Stuttgart 1955

*Ehlert, Nikolaus,* »Große Grusinische Straße Nr. 17«, Frankfurt/M. 1967
*Erdmann, K. D.,* »Deutschland, Rapallo und der Westen«, München 1963
*Eyck, Erich,* »Geschichte der Weimarer Republik«, Stuttgart 1954
*Europa-Archiv,* »Zeitschrift für Internationale Politik«, Bonn o. J.

*Fabry, Ph. W.,* »Die Sowjetunion und das Dritte Reich«, Stuttgart 1971, »Der Hitler-Stalin-Pakt«, Darmstadt 1962
*Fischer, Louis,* »The life of Lenin«, New York 1964
*Fischer/Marek,* »Was Lenin wirklich sagte«, Wien/München/Zürich 1969

*Gilbert, Gustave M.,* »Nürnberger Tagebuch«, Frankfurt/M. 1947
*Gorkij, Maxim,* »Unzeitgemäße Gedanken«, Frankfurt/M. 1972
*Guttenberg, Karl Theodor, Reichsfreiherr von,* »Fußnoten«, Stuttgart 1971
*Geyr, Heinz,* »Auf dem Wege zur Aussöhnung«, Stuttgart 1978

*Haas, Wilhelm,* »Lebenserinnerungen« (als Manuskript gedruckt)
*Hallmann, Hans,* »Zur Geschichte und Problematik des deutsch-russischen Rückversicherungsvertrages«, Darmstadt 1968
*Haffner, Sebastian,* »Anmerkungen zu Adolf Hitler«, München 1978
*Hencke, Andor,* »Augenzeuge einer Tragödie«, München 1977
*Hilger, Gustav,* »Wir und der Kreml«, Frankfurt/M./Berlin 1955
*Högner, Wilhelm,* »Flucht vor Hitler«, München 1977
*Höpker, Wolfgang,* »Die Stunde der Wahrheit«, Stuttgart 1972
*Hundhausen, Karl,* »Propaganda«, Mülheim 1975

*Jahresbericht der Bundesregierung,* Bonn 1968, 1969, 1970
*Jaehnicke, Heinrich,* »Dreißig Jahre und ein Tag«, Düsseldorf/Wien 1974
*Just, Artur, W.,* »Rußland in Europa«, Stuttgart 1949

*Kennan, George F.*, »Memoiren 1956–1963, Frankfurt 1973, »Diplomat in Prag«, Stuttgart 1972
*Kissinger, Henry A.*, »Großmacht Diplomatie«, Düsseldorf/Wien 1962
*Krecker, Lothar,* »Deutschland und die Türkei«, Frankfurt/M. 1964
*Kroll, Hans,* »Lebenserinnerungen eines Botschafters«, Köln/Berlin 1967
*Knatchbull-Hugessen, Sir Hughe,* »Diplomat in Peace and War«, London 1949

*Lange-Prollius,* »Praxis des Ost-Westhandels«, Düsseldorf/Wien 1977
*Leyden, Ferdinand Prinz von der,* »Rückblick zum Mauerwald«, München 1965

*Machiavelli, Niccolo,* »Der Fürst«, Stuttgart 1955
*Matthias, Erich und Morsey, Rudolf,* »Das Ende der Parteien 1933«, Düsseldorf 1960
*Matthey, Ferdinand,* »Entwicklung der Berlin-Frage«, Berlin 1972
*Meissner, Boris,* »Moskau – Bonn«, Köln 1975, »Die deutsche Ostpolitik, 1961–1970«, Köln 1970, »Gruppeninteressen und Entscheidungsprozeß in der Sowjetunion«, Köln 1975, »Die Breschnew-Doktrin« (»Osteuropa« 9/69), »Rußland, die Westmächte und Deutschland«, Hamburg 1953
*Moersch, Karl,* »Kurs-Revision«, Frankfurt/M. 1978
*Montherlan, Henry de,* »Tagebücher«, Köln/Berlin 1961

*Nadolny, Rudolf,* »Mein Beitrag«, Wiesbaden 1955
*Noack, Paul,* »Rapallo – Wunsch und Wirklichkeit«, o. J. und o. O. »Deutsch-russische Beziehungen, 1922–1933«, München 1960
*Nolte, Ernst,* »Deutschland und der Kalte Krieg«, München 1974, »Der Nationalsozialismus«, München 1971

*Önder, Zehra,* »Die türkische Außenpolitik im Zweiten Weltkrieg«, München 1977

*Papen, Franz von,* »Der Wahrheit eine Gasse«, München 1952, »Appell an das deutsche Gewissen. Reden zur nationalen Revolution«, Oldenburg 1933, »Rede vor der Universität von Marburg«, Berlin 1934, »Vom Scheitern einer Demokratie«, Mainz 1965
*Paquet, Alfons / Groener, Wilhelm / Hopmann, Albert,* »Von Brest-Litowsk zur deutschen November-Revolution«, Göttingen 1971
*Pfleiderer,* »Politik für Deutschland«, Stuttgart 1961
*Picker, Dr. Henry,* »Hitlers Tischgespräche im Führerhauptquartier 1941/42«, Stuttgart 1963

*Rasch, Harold,* »Bonn und Moskau«, Stuttgart 1969
*Ribbentrop, Annelis von,* »Die Kriegsschuld des Widerstands«, Augsburg 1974

*Rosenfeld, Günter,* »Sowjetrußland und Deutschland«, Berlin 1960
*Rummel, F. von,* »Die Türkei auf dem Weg nach Europa«, München 1952
*Rapallo, gestern und heute,* »Protokoll der Tagung des Instituts für Geschichte des Völkerrechts der UdSSR«, Moskau o. J.

*Salomon, Michel,* »Faut-il avoir peur de l'Allemagne?«, Paris 1969
*Scheffer, Paul,* »Augenzeuge im Staate Lenins«, München 1972
*Schellenberg, Walter,* »Memoiren«, Köln 1959
*Schieder, Theodor,* »Die Probleme des Rapallo-Vertrages«, Köln 1956
*Schmid, Günther,* »Deutschlandpolitik Brandt/Scheel«, München 1975
*Schmidt, Paul,* »Statist auf diplomatischer Bühne«, Bonn 1949
*Schmitt, Matthias,* »Industrielle Ost-West-Kooperation«, Stuttgart 1974
*Schulz, Eberhard,* »Moskau und die europäische Integration«, München/Wien 1975
*Schwarz, Hans-Peter,* »Handbuch der deutschen Außenpolitik«, München/Zürich 1975
*Schwarzkopf, Dietrich,* »Die Idee des Gewaltverzichts«, 1967 o. O.
*Seeckt, Hans von, Generaloberst,* »Deutschland zwischen West und Ost«, Hamburg 1933
*Seydoux, Francois,* »Memoires d'Outre-Rhin«, Paris 1975
*Shinnar, Felix E.,* »Bericht eines Beauftragten«, Tübingen 1967
*Shirer, William L.,* »Aufstieg und Fall des Dritten Reiches«, München 1963
*Smith, Hedrick,* »Die Russen«, Bern/München 1976
*Speer, Albert,* »Erinnerungen«, Frankfurt/M./Berlin 1969
*Stehle, Hansjakob,* »Nachbar Polen«, Frankfurt/M. 1963
*Stern, Immanuel,* »Diplomatie zwischen Ost und West«, Ost-Berlin 1960
*Stökl, Günther,* »Osteuropa und die Deutschen«, München 1970

*Tabouis, Geneviève de,* »Vingt ans de suspense diplomatique«, Paris 1958, »Chantage à la guerre«, Paris 1935
*Truchanowskij, Wladimir Grigor,* »Geschichte der internationalen Beziehungen«, Ost-Berlin 1965
*Tschirschky, F. G. von,* »Erinnerungen eines Hochverräters«, Stuttgart 1972

*Wallsdorf, Martin,* »Westorientierung und Ostpolitik«, Lemgo 1971
*Wenger, P. W.,* »Die Falle«, Stuttgart 1972, »Deutsche ost-russische Westpolitik«, Stuttgart o. J.
*Willms, Bernard,* »Entspannung und friedliche Koexistenz«, München 1974
*Wetter, G. A., Leonhard, W.,* »Sowjet-Ideologie heute«, Frankfurt/M. 1962
*Winzer, Otto,* »Der Rapallo-Vertrag und seine nationale Bedeutung für Deutschland«, Ost-Berlin 1952
*Weber/Jahn,* »Synopse zur Deutschlandpolitik, 1945–1973«, Göttingen 1973
*Wodak, Walter,* »Diplomatie zwischen Ost und West«, Graz/Wien/Köln 1976

# Personen- und Sachregister